"十二五"国家重点图书出版规划项目
当代财经管理名著译库

金融风险管理中的已知、未知与不可知

基于 KuU 思想的度量方法及践行理论

（美）弗朗西斯·X.迪博尔德 尼尔·A.多尔蒂 理查德·J.赫林 编著

唐英凯 译

The Known, the Unknown, and the Unknowable in Financial Risk Management

Measurement and Theory Advancing Practice

Francis X. Diebold Neil A. Doherty Richard J. Herring

东北财经大学出版社
Dongbei University of Finance & Economics Press
大连

X. Francis X. Diebold，Neil A. Doherty，Richard J. Herring：The Known, the Unknown, and the Unknowable in Financial Risk Management：Measurement and Theory Advancing Practice

Copyright©2010 by Princeton University Press

辽宁省版权局著作权合同登记号：图字 06-2013-89

图书在版编目（CIP）数据

金融风险管理中的已知、未知与不可知／（美）迪博尔德（Diebold，F. X.）等著；唐英凯译．
—大连：东北财经大学出版社，2014.6
（金融瞭望译丛）
ISBN 978 - 7 - 5654 - 1409 - 1

Ⅰ．金…　Ⅱ.①迪…②唐…　Ⅲ. 金融风险－风险管理－研究　Ⅳ. F830.9

中国版本图书馆 CIP 数据核字（2014）第 006307 号

东北财经大学出版社出版发行
大连市黑石礁尖山街 217 号　邮政编码　116025
教学支持：(0411) 84710309
营 销 部：(0411) 84710711
总 编 室：(0411) 84710523
网　　址：http：// www. dufep. cn
读者信箱：dufep @ dufe. edu. cn
大连图腾彩色印刷有限公司印刷

幅面尺寸：170mm×240mm　字数：339 千字　印张：22 3/4
2014 年 6 月第 1 版　2014 年 6 月第 1 次印刷
责任编辑：李　季　王　玲　　　　　　责任校对：赵　楠　刘　洋
封面设计：冀贵收　　　　　　　　　　版式设计：钟福建
定价：49.00 元

序　言

　　本书是对现代金融风险管理各个方面的成败得失所进行的全面观察，然而，完成关于金融风险管理中的"已知、未知与不可知（KuU)"问题的讨论并非我们的本意——且在逻辑上也确实绝无可能。相反，我们旨在对一个基于KuU视角的思想观念进行全面阐述，以实现对金融风险的界定及对有效风险管理策略的设计。书中，我们有时候重点关注K，有时候重点关注U，但大多数时候更关注由K、u和U所构成的混合体。的确如此，K和U刚好处在一组连续状态中的两个极端，其间则包含着许多极为有趣且相互关联的各种状态。

　　书中的成果强调了三重现实。第一，由于情况各异，金融风险度量方法和理论既有高度精准的，也有极度初级的。第二，在特殊情况下，金融风险度量方法和理论处在典型性的未获得同等改善的阶段。第三，在很多重要情况下，尽管有些金融现象能够通过统计或数学方法进行量化，有些则不能，但金融风险度量方法和（或）理论可能从未得到改善。基于上述考虑，模糊的现实环境（契约的、组织的、政策制定等）的典型特征即是充斥着大量已知和不可知内容，我们的关注的焦点也就集中在包括风险释放及风险管理在内的数量化风险度量方法及其局限性。

　　斯隆基金会对于沃顿金融机构研究中心在本研究项目上的慷慨支持使得研究成果得以升华并结集成书。斯隆基金会和沃顿金融机构研究中心都意识到：

正如度量方法让理论研究受益匪浅，实践者也使得研究机构获益良多。我们由此盼望着能够将二者结合起来，而两场专题会议的应势召开更取得振奋人心并富有效率的成果。第一场会议在奥维咨询的慷慨赞助下于费城举行。会上来自金融政策制定、银行、风险资本、保险以及资产管理行业的精英们进行了一系列的专题讨论。一些一流的学术机构出席了会议，并介绍了它们的研究进展。第二场会议于一年后在波士顿召开，专家学者们再次展示了最新研究进展，业界精英们也给予了生动的评论。

众多因素促成了本书的完成。首先，正如前面所说，斯隆基金会以及奥维咨询提供了慷慨赞助。其次，来自普林斯顿大学出版社的团队，尤其是 Peter Dougherty、Seth Ditchik 以及 Tim Sullivan 提供了有益指导。再次，各位同事提供了额外智慧和管理，他们包括：Geoffrey Boisi、Sid Brown、Nathan Carr、Janie Chan、Mark Chandler、H. Rodgin Cohen、Esq. 、Sir Andrew Crockett、John Drzik、Brian Duperreault、Brenda Gavin、Lawrence R. Klein、Ugur Koyluoglu、Andrew Metrick、Michael Mussa、Stan Raatz、Charles S. Sanford、Anthony Santomero、Myron Scholes、Hemant Shah、J. Michael Steele 以及 Ralph Verni 等人。

书中难免存在错误与疏忽，我们对此表示诚挚的歉意。尽管如此，我们还是希望本书的局部和总体内容能够有助于拓展金融风险管理前沿，并且能够为了解当今最佳实践及其局限和促成未来更大进步作出贡献。

目　录

第 1 章 引言

Francis X. Diebold、Neil A. Doherty 及 Richard J. Herring

成功的金融风险管理需要不断地应对已知、未知和不可知（"*KuU*"）。我们不仅没有将 *KuU* 看做 "*the known, the unknown, and the unknowable*" 的简单缩写，而且将其视做一种概念性框架。我们相信：*KuU* 思想有助于提升决策水准——帮助我们认知 *K*、*u* 和 *U* 的不同处境及它们之间的区别，并在针对不同处境使用不同工具的同时，使我们谨记它们之间原本模糊并且可能发生改变的界限。

最应当注意的或许是对于 *KuU* 思想广阔的应用性以及对 *KuU* 中每项元素的重要性的认知。首先，*KuU* 思想涵盖所有类别的金融风险，其中，贯穿于市场风险、信贷风险和运营风险的 *uU* 的比例正在稳步增长。其次，*KuU* 思想涵盖金融服务业所有环节的风险度量和风险管理，这些环节包括投资、资产管理、银行、保险和房地产。再次，*KuU* 思想还同时涵盖被监管公司和监管机构：虽然监管机构关注的大部分主题都与被监管公司相契合（风险度量和风险管理），但监管机构对系统风险更是额外关注。

1.1 度量知识和理论知识

度量知识同时包括度量方法和理论学说。我们通过对所处世界的观察和度量而获得了众多事实，如果我们没有能力把它们与概念性模型联系起来，那么这些事实对我们将毫无意义。

比如说，人类发现了很多动物和植物的化石，如果不是因为这些化石在关于现实世界的智慧模型中占有一席之地的话，它们其实根本不值一提。如果没有达尔文提出的进化论，那么化石只不过是一堆漂亮的石头。而实际上，如果不是有这些漂亮石头的存在，达尔文可能也不会构想出进化论。

当我们谈到知识时，其实并不存在一条清晰的界限能够将度量方法同理论学说截然分开。尽管无论单独通过度量方法还是理论学说，我们对现实世界均可窥见一斑，但知识却能使现象性观察和概念性结构相互衔接，并以一种对拓宽人类经验更有意义的方式把它们组织在一起。比如说，我们可能会认为以下两种论断属实：

当你可以度量你所谈及的事物并能以数字将其表达出来的时候，可以说你对你所说的内容略知一二；但是当你无法度量你所谈及的事物，也无法以数字将其表达出来的时候，那么只能说你学识浅薄、不尽如人意。尽管它可能成为获取知识的始点，但是你已经无法把自己的思想提升至科学的高度。

——Lord Kelvin（Popular Lectures and Addresses，1891—1894）

由人类智力、普适观念和法律、固定和外部对象、法则以及人和神组成的整个机制可由如此众多的符号及代数进行表达。它们代表着某种体验，某种我们无法保存并进行审视的众多而直接的体验。假如不凭借这些智慧型工具为自己指引航向，我们将如动物一样绝望地挣扎。理论学说有助于消除我们对事实的蒙昧。

——George Santayana（The sense of Beauty，1896）

可见，当我们讨论已知事物和未知事物时，我们可能数据不充分，无法证明我们的理论；也可能理论不完善，它无力解释我们观察和度量的离奇现象。

在这本书中，我们采用了 Ralph Gomory（1995）在其一篇著名文章中所采用的知识分类法。Gomory 将知识划分为已知知识、未知知识和不可知知识。根据这种方法，我们划分出了 KuU（已知、未知和不可知）。在将这种分类方法应用到作为度量方法的知识和作为理论学说的知识之后，我们将"*KuU*"的理论框架做如下大致设想：

作为度量方法的知识。度量方法知识的重点是度量可能的结果和相关的概率。

1. *K* 是指一种概率分布可完全确定的情形。比如说，一家保险公司的汽车保险索赔或人寿保险索赔的概率分布基本上是已知的。这是奈特（1921）对于结果和概率均已知的风险的定义。

2. *u* 是指一种概率至少在某些事件中无法确定的情形。金融体系的系统风险和恐怖主义风险可以归于此类。这就是奈特（1921）对于事件已知，但概率未知的不确定风险的定义。

3. *U* 是指一种甚至连事件本身都无法预先界定的情形——事件与概率一样均不可知。这些事件一旦出现，它们即进入 *u* 的范畴。回顾过去，激增的基于石棉长期伤害（或属实，或为想象）所进行的索赔案件就是一个例子，事实上，这正如很多法案的颁布与实施均源自创新的法学理论一样。

作为理论学说的知识。理论学说知识的重点是概念模型，这种模型可以帮助我们了解有趣现象的基础结构。

1. *K* 是指一种基础模型已被全面理解的情形。我们可以将其称做一种范式。这并不是说这个模型就是正确的，只是说众多专家对此已经达成了广泛共识。比如说，基于达尔文理论的科学进化模型就属于一种科学知识。我们可能并不认可其全部细节，但其大概结构则获得了科学家们的普遍认同。我们可以说公司治理或风险中性的期权定价涉及的大概原理是一种知识。因此，简而言之，已知风险是针对成功的理论学说。

2. *u* 是指一种虽有很多富有竞争力的模型，但无一能够获得一种范式地位的情形。信贷风险和操作风险都被归为此类风险，其他的例子可能包括新兴经济体中的市场和金融机构的表现。如果说"*K*"是指理论学说，那么"*u*"则是一些假设，或是更不可靠的推测。

3. *U* 是指一种毫无任何基础模型（或无任何科学可信度的模型）的情形。这并不意味着我们在未来不能形成令人信服的假设，甚至是理论。但是，如果无法构造出概念模型，我们就无法理解所观察到的某些现象。事实上，我们甚至可能无法界定这些现象，因为在缺乏假设或理论时，这些现象并不会引起我们的注意！举个例子，如果我们没有一个描述物体在绝对重力下运动方式的理论，我们是绝对不会去寻找黑洞的。

这两种分类法其实是相辅相成的。举个例子，我们无法确定一个概率的尾部分布的原因可能是数据的缺乏以及统计理论的缺陷。因此，像极值理论这样的创新可以引导这两种分类法下的知识升级（从不可知到未知或从未知到可知）。换另外一种阐述方法来说，针对尚未界定的现象存在理论上的空白也就不足为奇了，而这些事件的发生则能促成在度量方法和理论学说两方面的学术进步。

本书的大部分作者均采用了 KuU 框架（这一点并不奇怪，因为我们确实曾引导他们使用同样的方法），其中大部分作者使用该方法来解决度量的知识问题，还有一部分作者对该框架进行了修改。比如，Richard Zeckhauser 提出在度量时，我们可以将 KuU 描述为风险、不确定性和未知。同样地，还有 Howard Kunreuther 和 Mark Paul，他们在使用我们的未知风险和 Knight 的"不确定性"时，以相似方法使用了交替模糊法。尽管如此，研究 KuU 最常使用的方法还是坚持观察信息的不对称性。比如说，Ken Scott 观察公司治理下的 KuU，其部分原因归结于经理和公司所有者掌握的信息（和技能）不一致。相同地，Zeckhauser 观察到一些投资者相比其他人拥有信息和技术优势，然后又调查了那些认清自己劣势地位的非知情投资者如何制定策略以从他们所缺少的知识和技能中获取较高回报并受益。

很多章节都有一个共同的主题，那就是不同利益相关者根据其所重视事项的不同而选择不同的语言。Clive Granger 指出：风险对不同人的意义是不一样的。特别是很多人主要思考的是风险的下降趋势，因为那是他们所担心的事情。因此，他强调了风险下降趋势的度量（如风险度量的不同价值），这在风险管理中正日益重要起来。Scott 也指出公司治理背后的利益冲突部分应归因于不同利益相关者强调的分布部分是不同的。相比多元化的利益相关者来说，单一化的经理们会更加关注下跌风险。

1.2 "KuU" 风险对于金融市场和金融机构的教训

这里，我们强调从 KuU 思想中出现的几条实用规定，并将这些规定贯穿于接下来的每个章节中。首先我们要谈论的是 K，这一点不足为奇。事实上，我们总结发现，现有的风险管理文献大多仅讨论 K，比如说 Jorion（1997）、Doherty（2000）和 Christoffersen（2003）的几篇著名文章，并强调巴塞尔资本协议Ⅱ的资本充足率框架，该框架采用概率统计方法以设定最小资本充足要求。

我们可能对文献聚焦于 K 感到十分惊讶，但是本文的重点是 u 和 U。原因很简单：我们清楚地发现现实世界中风险管理所面临的绝大多数挑战都是 u 和 U。确实，玩世不恭者可能认为现有文献主攻 K，使得我们仅掌握了与财务风险管理关系最小的一类风险。我们认为通常情况下，已知风险确实与财务风险相关，但是我们同时也认为未知风险和不可知风险也具有同样的相关性，对于可以导致公司破产的"杀手风险"来说尤其如此。

1.2.1 向知识投资

虽然已知世界中的生活并不轻松，但是相比未知世界来说，其还是要轻松得多，而未知世界中的生活又比不可知世界中的生活轻松很多。因此，一个人从不可知到未知再到已知的过程，就是通往知识殿堂的旅程，他将从中受益匪浅。那么，现在的问题就是如何做到这一点：如何向知识投资？很自然，考虑到我们对知识的分类，即度量知识和理论知识，现在我们面前有两条道路：更好的度量方法和更好的理论。这两种途径是相互促进的，更好的度量方法会促进理论的发展，而更好的理论也会激发度量方法的提升。

更好的度量方法。首先，在某种程度上，更好的度量方法意味着数据更好，而获取更好的数据可以通过多种渠道。一种渠道是对以前度量过的现象采取更准确、及时的度量方法。比如，从 GDP 数据的初步公布到最终得到修正值的过程就是不断扩大度量范围的过程。

其次，更好的数据与有关现象本质的新数据相符合，而这些数据以前是不存在的。比如说，交易所买卖房屋价格的期货合约在最近才开始交易。很多人现在开始收集并检验期货价格信息，其中包括一些跟房屋价格可能存在变动的市场观点有关的有价值线索。但是，以前没有人收集这种数据，因为这些数据以前并不存在。Bardahan 和 Edelstein 有关房地产市场 KuU 的文章便让我们回想起很多类似的情节。究竟有谁会在贷款市场及相关提前还款期权发展前收集并分析贷款提前偿还数据呢？

再次，通过数据的获取、传输和组织方面的技术进步可以得到更好的数据。最好的例子就是 Andersen 等人（2006）强调的金融资产价格超高频（逐笔交易）数据。大体上，只要发生交易就存在类似数据，人们就可以收集这些数据，但是电子金融市场的出现和成长导致对计算和数据库资源的巨大需求，最终使得这些数据非常易于获得。

最后，或许也是最重要的就是，更好的财务数据可能源于针对风险回报决定因素的新视角。虽然在此之前我们也可能去收集类似数据，但是在概念突破之前，收集数据看起来是毫无意义的。比如说，传统的 Markowitz 风险收益思想仅强调收益平均值和方差。但是，这种方法（及其扩展方法，即 Sharpe 著名的资本资产定价模型）假设了收益为高斯分布，并包含常数方差。很自然地，随后几代的理论开始探索更加普遍情况下的资产定价，这也导致了新度量方法的诞生，这些方法本应提早出现。新度量方法的研究结果表明资产收益尤其在高频情况下呈高度的非高斯分布，并且无常数方差。而且，新世界观中同时蕴含着重要的陷阱和机遇。比如说，Mandelbrot 和 Taleb 强调了在收益分布为高度厚尾分布的情况下假设常态的缺陷（风险评估校准发生严重错误），而 Colacito 和 Engle 则指出了与利用可预测变动性相关的机会（由波动择时推动增强的投资组合绩效）。

到目前为止，我们将更好的度量方法视做更好的数据，但是我们应该使用哪些更好的工具来总结并最终理解这些数据呢？如果在有些情况下，更好的度量方法意味着更好的数据，那么这也就意味着更好的统计模型或计量经济学模型——很明显，这两种模型并不存在排他性。比如说，波动性度量不仅需要数据，更需要模型。以前我们使用类似收益的平方这样的原始数据代替波动性，现在我们使用了更为精确的估值，比如基于 ARCH 模型的估值。这种做法使得我们可以构造更为细致微妙的模型，比如 Colacito 和 Engle 在其章节中为了度量变动性整体期间结构所构建的模型。他们构建了一个关于时间变动性的强大模型，其中包含了不稳定性和变化的分布，其推动了统计的波动性建模以解决 uU 问题。同样地，还有 Litzenberger 和 Modest，他们也开发了一种新模型，该模型涉及数据制度转换时交易策略的不同形式，以及采取的不同风险机制，而且制度转换概率因内生性不同而随不同交易发生较大变化。由此该模型也涉及了"交易驱动型风险"。

在本章最后，我们想强调尽管更好的数据和模型可能促进 u 向 K 转换，但是在应对 U 时，更好的数据必然是更具推测性的。从这个意义上讲，U 代表了想象力的不足，但是，我们对于相近差错——极难避免的灾难的数据收集和分析可以为我们进入 U 领域并掌握替代结果打开一扇窗。我们面临的挑战是如何从相近差错中总结学习。

更好的理论。正如我们之前所说的那样，研究市场和机构行为以及推动它们决策的文献几乎都围绕着 K。因此，我们可以设定风险价格，投资者可以选择策略以平衡风险和报酬，经理人可以在一种已知的安全水平下运营，管理者可以决定安全标准，等等。同样地，如果希望核查或补充其结果的话，从评级机构到灾害模型公司等各种信息提供商可以为投资者评估风险。

这些文献不仅依靠对 K 的潜在错误的假设，同时也假定行为者富有经验且行事理性。比如说，个体决策的经济理论主要基于预期效用最大化。精密的企业风险管理模型也要求相同程度的合理性，现在该模型已经问世并被日益广泛采用。

即使有些风险确实被准确表述为 K，对于精确的合理假设也存在问题。正如 Granger 在其章节中强调的那样，人们真正的行为经常会违反期望效用定理，虽然这些定理看上去无伤大雅，这也与很多实验结果和新兴的行为经济学研究结果一致。如果行为经济学确实在 K 的领域里取得了成功，那么我们可以假设对于人们不太了解的 uU 领域来说，行为经济学将具有更大的意义。Kunreuther 和 Pauly 都讨论了这一点，他们调查了未知的灾难性损失，比如重大恐怖袭击事件。他们确定了框架性的异常，比如防止行动发生的"这事儿

不会发生在我身上"的心态。^①

全书将涉及有关如何构建并应用"更好的理论"（走向 u 领域和 U 领域的理论）的内容。比如说，Zeckhauser 指出当我们向 K 领域投资时，一切看起来都是如此轻松，完全就是数学计算问题。然而当一切概率均为未知，且潜在情节还会将其变得不可知时，一切就变得不那么轻松了。随后，他强调了解决这个问题的一些创新策略。其他章节的作者也在问，假定我们无法预测未来，我们究竟可否依照这种思想安排我们的个人事务（撰写合同、设计组织架构、制定策略等），并在充满变数的未来作出良好的决策。Scott 强调了长期动机的重要性，他认为这种动机将促使 CEO 将其工作焦点设为公司在未来的长期生存和价值。

1.2.2 分摊风险

人们希望分摊风险，这一点不足为奇。然而时下流行的主题却是人们对于与不同类型风险匹配的风险分摊机制的渴望，确切地说是必要性。

我们为 K 设定简易保险。金融机构的运行大都被简化为 K。拥有已知资产、负债分配的银行和保险公司可设定适当的风险调整价格（利率和保险费）。主要的难题来自于资产、负债的相关结构和动机问题，比如逆向选择和道德危机。

监管者的任务在 K 也被简化了。^② 监管者通常会设定最低资本需求量。他们对机构进行监视，并可能对灾难事件进行干预，他们所扮演的角色是补充评级机构，即为市场提供违约风险的信息，从而为风险调整定价的过程提供支持。

我们在此看到的大致情况是，在 K 的情况下，金融机构可以分摊特殊风险和预期损失准备金，这样银行储户和投保人承受的风险就会较小。剩余的系

---

① 但是，想要找到预期效用的替代物还是很困难的，比如在预期理论中未知概率的权重函数看起来就是徒劳的。

② 本段的主张适用于被判定为 K 的情况和真正属于 K 的情况。正如最近的金融危机所表明的一样，被解读为 K 的情况可能导致结果大相径庭。

统风险可以通过设置风险资本或监管资本来控制。在这样的环境下，机构违约并非信息失真，而是无法提供足够经济资本的结果。

为 *u* 设定互助保险。 对于未知风险来说，潜在事件是可以确定的，但是要想分配其概率是十分困难甚至是不可能的。而且，人们总想扩展定义使不同风险之间存在关联。一种方法是表明对于这种 *u*，我们既不知道其概率，也不知道其相关性。如果我们就事件对每个人造成的后果来对事件进行定义的话，那么这一定义是恰当的。因此，不同的代理人和机构需要独自面对不同的市场风险、信贷风险、运营风险等。第二种方法是定义事件，以包含该事件对于每个人的影响以及整体的影响，正如以下详尽的互斥事件所示：（1）我的投资组合总市值下跌了 40%，而你的却没有；（2）你的投资组合总市值下跌了 40%，而我的却没有；（3）我们的投资组合总市值都没有下跌 40%；（4）我们的投资组合总市值都下跌了 40%。

究竟哪一种方法合适，将由环境决定。但是，重点是一些未知风险会对人们产生不同的影响，而有些未知风险又会对人们产生相同的影响。就拿气候变化来说吧，气候变化因为其属性可以对全世界产生影响，但是我们完全无法确定其所有影响的各种方式和量级。因此，气候变化属于未知风险，同时全球变暖的不确定性会造成本地影响和全球性影响。虽然海平面上升的高度未知，但其对于沿海地区造成的影响是一致的，人们都必须面对不断上升的洪水和潮涌所带来的风险。尽管如此，温度上升带来的干旱风险在不同地区会造成差别巨大的影响，目前我们尚不了解也无法预测其影响方式。在之前有关海平面上升的案例中，不确定性是存在关联的，在后面的干旱风险案例中，不确定性的关联性较低。这一差异在决定 *u* 在类似保险结构中应如何有效分摊风险方面至关重要。

在存在非关联未知风险的情况下，风险分摊其实并不存在什么真正的障碍。一些地区的概率（同时也包括因此而随机产生的结果）较高，而其他地区的概率则较低。这完全是一个两段式抽奖的过程。在阶段 1 中，随机选取分布，而在阶段 2 中产生了结果。保险机制可以涵盖阶段 1 的分布风险和阶段 2 的结果风险，只要这两个风险均为随机风险且无关联即可。针对阶段 1 的保险其实是为了规避未来保险费损失，针对阶段 2 的保险则是为了规避未来结果风险。

对于存在关联的未知风险来说，风险分摊更具挑战性。阶段 1 的实现会对价格整体水平以及用于完成阶段 2 所要求的风险资本水平产生影响。然而，只要按照 Borch（1962）针对已知关联风险所提出的模式，设想一个最理想的风险分摊办法其实并不困难。一个共同的结构可以在某种程度上实现特殊风险的风险分摊（不论是抽奖的阶段 1 还是阶段 2），同时系统风险可以通过事后派发股息、评估或交税这样的手段将风险在风险人群中进行分摊。[①]

Kunreuther 和 Pauly 对灾难风险保险进行了案例研究，其中混合了针对 K 的简易保险和针对 u 的互助保险。他们指出 K 风险和 u 风险适合相同类型的多层公私合作计划（尽管根据推测其细节可能有所差异）。该构想将为缓解损失带来有力的刺激，同时又凭借商业保险和资本市场的风险承担能力，来获得最大化的或有多元化利益。最底层将为自我承保。第二层将为商业保险合同，保险费根据风险计算。第三层将为再保险，或通过与保险相关的证券进行扩展。最后一层将在整体经济基础上分摊最高损失水平，其可能使用多国风险分摊方式或联邦政府干涉，以作为再保险者的最终手段。

U 风险的事后财富再分配。Borch 的交互式风险观点强调，效率要求投保特殊的个别风险并分摊社会风险，随着我们从 u 到 U 的过程，这一观点变得更具说服力。随着我们进入 U 领域，这就变得无法确定了，更不用说价格了。风险可以通过标准合同的方式转移。相应地，我们也无法为缓解无法确定的风险提供刺激。然而，我们确实知道目前不可想象的意外在未来可能出现，并且我们也可以预期到我们可能希望以可预见的方式进行回应。举个例子，当未知或不可知灾难发生时，政府为灾难幸存者重新分配来自于纳税人的财富以把灾难损失在所有人口中平均分摊。当然这种做法并不常见。

有趣的是我们注意到，在实践中，事后的慷慨存在巨大的差异性，很明显这与政治必要性相关。当灾难程度超过某个特别限度时，这种政治必要性将特别强烈。试想近年来最著名的美国恐怖事件，即"9·11 恐怖袭击"和早前的俄克拉荷马市爆炸案。"9·11 恐怖袭击"受害人的赔偿金总计 70 亿美元，每

---

① Borch 的理论与资本资产定价模型十分类似，在这个模型中所有人均按比例分享社会财富（如市场投资组合）。

个人平均获赔 180 万美元，93％ 受害者的家庭获得了赔偿。相比之下，尽管俄克拉荷马市爆炸案也为重大事件，但是由于其严重程度较低，受害者没有获得类似的赔偿。

同样，对于投资失利的金融机构实施紧急救助事实上也需要满足一个规模标准（这一标准并未明示），同时可能会高度依赖于金融机构投资失利发生时感知到的市场脆弱性。值得注意的是，北岩银行（Northern Rock）和贝尔斯登投资公司（Bear Stearns）都是在大范围的金融危机中获得紧急救助的，但是它们都未被视做大型、复合型金融机构，也未被国际货币基金组织视做国际金融体系运行的关键。

另一方面，来自于这类大型事件紧急救助的动机是十分扭曲的。即使对于类似自然灾害这样的外部危机来说，人们在得知可能采取紧急救援后，也可能会不愿购买保险或投资于缓和措施。而且很多危机（至少部分）为内在危机，或源于代理人的行为——金融危机就是一个很明显的例子。这就加剧了紧张的形势：灾难后紧急救援可能出于社会的需求，但是事前了解这类救援的可能性（或确定性）可能会提高灾难发生的概率！比如说，银行可能更不愿意遵守财务纪律，而它们的客户也会更加不愿意监管它们。解决这一道德危机的关键是设计有效的财务监管体制。

1.2.3 创造灵活的、具有适应性的结构

Paul Kleindorfer 在一段评论中指出（我们分类法的两个部分均包含该观点，并为 KuU 奠定了度量知识和理论知识的基础），随着我们从 K 到 u 再到 U 的过程，偶然性风险（依赖于不确定结果）和认知风险（与不完全理解或认知相关）不断改变。尤其是在已知环境中，风险管理的重点将为风险转移，但是由于我们正向不可知风险转移，因此风险管理将重点解决适应性和灵活性问题。当风险已知时，这就像一个交易商品、金融衍生物以及保险合同的市场一样，风险也会随之产生。或者说，如果我们理解了产生风险的过程，那么我们就可以事前降低风险。比如说，正如 Kunreuther 和 Pauly 指出的那样，我们可以通过选择地址和构造抗风或抗震建筑来降低已知灾难风险。已知风险的情况是指我们可以对风险进行定价，同时可以作出明智的资本预算决策。

对于未知风险和不可知风险来说，风险转移和事前降低更加困难，在这些情况下风险管理的重点转为适应性和灵活性，以及稳健性和危机应对。这些战略包括事前战略和事后战略。对于未知和不可知损失发生可能性的了解，会使我们在资金和投资决策方面小心。比如说，额外的资金将对未知风险起到缓冲作用，同时在未知风险和不可知风险环境下，要求的投资回报率会被更加谨慎地选择。

尽管事实上 u 和 U 很明显是无法事前确定的，但是提高关于它们存在的认识是十分重要的。我们已经提到过持有更多资金将对抵抗类似冲击起到缓冲作用，同时，我们可以将其视为财务杠杆的改变（固定融资成本变量比率的更改）。同样地，运营杠杆的改变，即固定融资成本变量比率的更改，可能使任何公司在应对 K、u、U 的冲击时更加稳健。举个例子，微软公司采取了雇用高比例的合同员工而非在经济不景气时可以轻易裁减劳动力（payroll labor）的方法。

其他几位研究者也提出了有关创造企业灵活性和适应性的策略案例。比如说，Scott 指出如果 CEO 和其他高层经理的报酬基于长期财富最大化来计算，那么这种做法将促使经理人以保护股东权利的方式管理危机。但是，这无需完全在事后临时进行。事实上，采取结构适当的报酬制度可以激发经理人预测对于危机的回应方式，并为增强危机回应能力而进行投资。即使在预测的危机并未发生时，这种做法可能也是有益的。举个例子，虽然我们有惊无险地度过了千年虫危机，但是应对千年虫的预防措施却获得广泛好评，并且在纽约金融中心遭受"9·11恐怖袭击"后提高了金融体系的适应性。

Kleindorfer 同样讨论了危机管理，并强调了危机管理团队在创建企业回应能力时所扮演的角色。尽管危机产生的原因可能具有独特性和不可预测性（u 或 U），但是我们要求的风险回应通常都是相似的，同时如果一个风险管理团队准备充分的话，那么通常可以将损失限定在一定范围内。举个例子，大地震会带来不确定性，而组织缜密的危机回应（措施）可以消除顾客和投资者的疑虑，并确保供应链安全。设计缜密的危机回应（措施）甚至可以让人们虎口脱险。举个例子，在泰诺产品的氰化物恐慌事件发生后，强生公司将产品回收并对其产品和包装进行重新设计并设定标准，这些做法使其在业内获得领先地位和稳定的竞争优势。

合理的危机管理不仅可以降低危机的影响，更可以让人们掌握新的知识。确实，有点讽刺意味的是，有些时候风险是引领我们从 u 到 U 最后到 K 的"领路人"。比如说，1992 年的安德鲁飓风、1997 年的亚洲货币危机、2001 年的"9·11 恐怖袭击"以及 2007 年开始的金融（经济）危机都激励了我们采取新的方法为极端事件风险构建模型。安德鲁飓风引发了学者们构建灾难模型的兴趣，其随后改进了建模方法。亚洲危机引发了人们对于尾部风险（肥尾风险和尾部相关性）的新兴趣，其成果已经包含于新一代模型中。最后，"9·11恐怖袭击"导致人们开发了灾难对策论建模技术。

1.2.4 使用激励机制促进期望结果的实现

风险管理策略必须面对一些问题，例如，激励机制的问题以及通过诱导那些具有目的性的理性经济行为人以期望方式行事来遏制道德危机（尽管这种方式在特定情况下可能会很卑鄙）。我们要从广泛意义上解读"策略设计"，在此将讨论三点：设计组织安排（治理安排）、设计合约和设计投资工具。

组织和关系：委托人或代理人关心的公司治理问题。 K 风险是可以确定的，且可以为其分配概率。如果我们可以系统掌握已知风险，那么通常情况下各方就可以共同对行为进行观测，也就可以撰写出简易合约，并根据可能的情况详述其中包含的行动。在这种简单世界中，不存在道德危机和逆向选择问题。比如说，可以撰写保险合约或贷款合约，银行和保险公司将会因此了解每位顾客和价格的情况。因无效行动造成的私有财产转移（被投保人对降低损失投资不足或借款人过度承担风险）将得以规避，因为合约条款排除了这些情况，同时机构也将因此而可以进行相应的监管。

原则上，特殊目的工具（SPV）以这种方式运行。它们可能被组织成信托或有限责任公司，用于特殊的有限目的（通常情况下是促进证券化）。在证券化的过程中，特殊目的工具购买资本集合并发行债券，这些债券将通过来自于该资本集合的现金流，以独特的方式谨慎偿还。特殊目的工具与一系列合约义务紧密相连，这些合约义务可以确保特殊目的工具的行为在最开始便确定下来且完全透明。特殊目的工具可能存在小部分资本化的现象，同时缺少独立管理或雇员，由一名受托人控管其行政职能，该受托人根据详细合约接收并分配现金。特殊目的工具仅针对已知风险领域，目的在于相对于通过资产负债表不透明或不进行积极管理的机构进行筹资，可以通过更加廉价的方式积累资本。2007 年夏季次贷市场的混乱揭示出一些特殊目的工具远没有假设得那么具有透明度，同时投资者（以及它们所依赖的评级机构）事实上是在 u 领域而非 K 领域中进行操作。这导致了风险的重新定价和市场混乱，并且这种混乱远远不局限于与次贷资本化相关的市场。

大部分公司的治理都不会像特殊目的工具那么直截了当。同时，在某种程度上问题来自于劳动的复杂性和劳动分工。公司需要面对无数潜在的可能性，而预测经理人以适当方式应对每种可能情况的合约也将是非常难以处理的。而且要预想股东（或他们的代理人）撰写该合约就需要假定他们已经具备其力图使用的管理技能。事实上，雇用经理人的原因是他们本身已经知道如何进行适当回应。

劳动分工问题可被视做一个信息问题。相比股东来说，经理人在应对管理机遇和危机上掌握更多知识。从这个角度来看，问题不在于是否拥有知识和技能，而是如何将这些知识和技能"传播"给所有股东。Ken Scott 在公司治理的信息这个角度进行了深入的研究，并且探索了当公司风险为 u 或事实上为 U 时应该如何设计公司治理机制。

Scott 特别强调了公司治理的风险管理（"风险治理"），同时，他从对比主要股东的风险偏好开始研究。各种股东都在寻求反映分布上涨和下跌的价值的最大化，相比之下，单一的经理人可能更具有风险规避能力，同时报酬机制往往也会提升他们对风险的偏好。保护消费者利益的政府和监管机构同样也对下跌风险更加感兴趣，尤其是下跌风险的蔓延趋势或系统风险。它们关注的是如何规避企业无法承受的损失。

对于 K 风险来说，风险中性决策提升了股东和社会关注的兴趣，而治理问题通过设计适当的报酬机制进一步实现了这一目标。但是设计一个同时可以提供中性风险刺激和正确报告的协调报酬机制不是一件易事。因此，Scott 强调了在企业内部建立"风险文化"的重要性。该过程可以从要求高层经理人将其风险管理策略相互贯通的董事会成员开始，同时这种做法也会影响到进行（边际）[1] 风险分析的部门经理和项目经理。协调问题可以通过任命首席风险官来解决。

对于 u 来说，公司治理的部分问题是鼓励获取更多的信息。也就是说，通过投资信息将 u 转化为 K。另一部分问题是对管理措施设计内部控制体系和监督委员会。Scott 给出了一个重要观点，即如果管理层无法保持其红利中的非法所得（来自于操纵买卖所得），那么以上做法将更加有效。

银行倒闭造成的外部效应被归为 u。合约设计可以影响对这些风险的控制，同时 Scott 指出在银行走向破产时，如果金融衍生品获得有利地位，那么就会产生反常案例，这将减少人们监管银行以及为风险进行合理定价的动力。监管机构已通过巴塞尔协议和巴塞尔协议 II 提出的要求解决了银行破产风险，其目的在于提供更多的风险信息并建立监管资本的适当水平。但是，更有趣的是随着银行的资金量下降，决策权也会转移。美国法律中的即时矫正制度允许机构监管者在银行资金量下降时存在下跌风险偏好，以战胜股东风险中立的观点。

对于 U 风险来说，Scott 提出财务灵活性和管理动机与银行的长期生存相关。因此，在未知风险出现后，经理人应当因为找到回应方式并保护了其他股东利益而获得奖励。风险的这种独特属性导致用于缓冲无法预见的银行倒闭所需的额外资金无法被准确估算。而且，额外的资本利润将降低银行倒闭的可能性，同时对机构进行有序排名也是可行的。

获取知识（无论是事实还是个人理解）的过程不仅可以创造出使用新知识的机会，同时还会产生机构性压力。其原因是机构掌握的知识日益过时，同时知识正在不断更新，且不同股东获得的知识具有不对称性。在过去二十多年中，资本市场经历了巨大的变化，其中包括在我们构建的市场运行概念模型中

---

[1]　边际风险分析确认了每个行为对公司整体风险的增量作用。

发生的变化，以及数据量的变化。从单因素资本资产定价模型到近期的多因素模型，资本定价发生了演变，同时衍生证券定价也发生了改变，公司财务理论也有所提升，这些转变共同改变了投资者和管理层的决策方式。这些理论上的创新引发了人们对于新数据的需求以确定并校正新模型。同时，计算机能力的非凡成长也刺激了人们对于数据的迫切需求。人们对于关键经济机制有了更好的理解，加上更好的数据，这些都在潜移默化中使得所有股东作出决策，以创造出更多价值。

在财务理论的演变和数据爆发的同时，还有市场的增强，这种现象被Bravler和Borge称做资本市场强度。更多的信息和更深的理解使投资者得以即时监控公司财富的变化并采取相应行动。消极的投资者可能仅会进行买进或卖出。但是，股东行动主义尤其在对冲基金中存在着日益上涨的趋势，这种趋势已使得投资者参与到公司决策的过程中。这一过程通过对管理层直接施压、影响董事会构成、解雇管理层人员等方法实施。投资者可以通过这些方法对管理层施加直接影响，以寻求偏好的风险—回报投资计划的实施。与此同时，这些创新针对管理层采用了更好的工具，以满足投资者的需求。特别是，一些财务工程的精细工具和一系列金融工具为管理层赋予了几近无限的灵活性，以重新设计其风险—回报计划。

Bravler和Borge认为不断增强的资本市场强度对基于委托—代理的传统公司治理模型构成了挑战。传统模型假设经理人在信息和决策技能上相比投资者具有比较优势，但是投资者可以通过激励—相容雇佣合同诱导经理人创造价值。在资本密集的新世界中，（至少是部分）投资者和经理人之间的大部分比较优势已经消失。Bravler和Borge构建了一个类似于双边市场结构的新模型。CFO的职责类似于管理层和投资者之间的协调者："CFO是公司在资本市场的代理人，也是公司内部资本市场约束的代理人。"事实上，我们可能仍将CFO视做整个公司的代理人。尽管如此，Bravler和Borge的观察结果仍然不会受到影响，他们认为应该重新定义CFO的角色，以重新调整公司对于为投资者创造价值的关注度，并使用现有的强大策略和工具实现这一目标。如果CFO在这个任务中失败了，那么日益积极的投资者可能会自行操作。

合约：有意而为的不完整和"劫持"。现在未知的事物可能随着事件的发展而变成已知事物。"9·11恐怖袭击"告诉我们恐怖主义的其他方式和量级。最近的金融危机、著名的亚洲危机以及次贷危机都告诉我们尾部风险目前的未知关联，这些关联使我们对系统风险有了更深入的理解。尽管如此，新事件和新理论均可以让我们从 U 迈向 K。举个例子，在简单的单因素定价模型中可能出现标价错误的资产或许在多因素模型中可以被正确标价。不幸的是，退步同样也会发生。已被证明多年稳定的统计关系可能会瞬间瓦解。被人们完全理解的制度结构可能被证明存在隐藏缺陷。在正常情况下看起来可靠的政策可能在危机中无法运作。

如果我们无法预测事件或不理解事件的后果，那么就无法撰写有效的合约。比如说，近期保险业因为几个新类型的索赔而倍感意外，因为保险业以前从未质疑过这些索赔内容，也就没有将其写入保险责任范围内或明确将其涵盖进来，其中包括有毒真菌对于建筑和内部居民健康的不利影响以及恐怖主义的新方式。这些方式使传统的恐怖主义和真正的战争之间的界限变得模糊不清。其他例子还包括创新的法律裁决，原本有些内容看上去已经写入了政策，但模棱两可。现在这些裁决致使人们将这些内容明确写入保险范围之内。其中包括将卡特里娜飓风过后索赔中洪水和风灾保险责任范围之间的差异取消，并对"突如其来、意想不到"的责任保险范围进行了重新解读。

保险合约通常为定险而拟定，或包含一个广义类别的险种，在这种情况下这些风险不会被合约条款明确排除。无论使用哪种方式，合约都定义了保险范围内、外的险种。如果涵盖的险种为已知风险，那么可以为（已知）预期损失和指明资金损失的其他分布参数设定价格，即使事件尚且未知。比如事件本身能够确定但其概率无法确定，这时依然可以撰写合约，虽然此时保险金的设定显得有些困难。但是，当事件本身也无法确定时，合约（的确定）就无法轻易想象了。

Doherty 和 Muermann 提出是否可以将真正不可知的风险转嫁给保险公司。他们通过使用不完备的合约理论指出可以将这些风险分摊给保险公司。当保险公司通过独立代理人和经纪人拟定合约时，会授予中间人相当大的阻碍权。代理人和经理人在认为符合股东利益时有权转移公司收入。同时，

Doherty 和 Muermann 指出这一阻碍权的作用是扩展保险责任范围，旨在将一些未指明事件也涵盖在内。如果一个至今未知的事件发生了，那么将由经纪人决定这件事是否可以在未来成为可保险事件（比如，这件事已从 U 转为 u 又成为了 K）。如果是这样的话，经纪人可能会利用这件事的影响力与保险公司交涉，商讨其客户的解决方法。事实上，在撰写合约时，甚至就可以预想到这种事后交涉，保险金也会因此上调。经纪市场能够以这种方式确保市场的有序性。在这个市场中，尽管并未正式将未知事件写入合约中，但未知事件依然可以被纳入保险责任范围之内。

不完全契约可能是解决未知事件的常用利器。举个例子，CEO 以及其他高管的雇佣合约就是不完全的，这些合约不会预想详细的场景并将详细的管理回应描述在内。相反，合约会通过薪酬体系设计而依赖于 CEO 和股东之间的利益联盟，为 CEO 分配较大的自由裁量权，使 CEO 对 KuU 范围内的事件进行回应。CEO 可以通过这种方式获得相当大的空间，以立即对新信息进行回应。

投资工具：与消息灵通者共同驾驶"跨斗"。Richard Zeckhauser 调查了 uU 环境下的投资，在这种环境下市场不活跃，同时那些拥有资源和才能的人可以冒险进入未知领域，获得潜在的巨大超额收益。这可以帮助人们在投资失利时（经常发生）使用数十亿美元进行投资、稳定情绪、补充技能，同时又免受指责。沃伦·巴菲特和他的追随者们可以在这一领域获得成功，但是我们呢？我们是否可以在这个有趣又吓人的领域里进行真正的突袭并从中受益呢？Richard Zeckhauser 在其一篇非正统论文中提出了这个问题，这篇文章不仅融入了他自己的经验（作为一名"跨斗"投资者），同时还有他对于经济学的深刻见解，这种见解通常不被视为与投资者相关。

试想一下那些资金雄厚、头脑冷静并有着互补技能的投资者。他（或她）可能很愿意进行投机性投资，并愿意为了赚取大量预期回报而担负巨大风险。那么，那些不具备太多技能和资源的投资者是否也可以依附这架强大的"摩托车"并借"跨斗"的光而赚上一笔？这显然是一个危险的领域。"骑车者"需要使用资金以应对这些风险，而"驾驶跨斗"的投资人则要担负更大的风险。

同时，与那些消息灵通人士打交道会使我们面临逆向选择风险，这就需要通过他们的资源和技能来平衡这一绝对优势。如果我们能够弄懂这场交易，那么"跨斗"投资的机会就存在。① Zeckhauser 通过使用博弈论和行为经济学理论说明了如何权衡逆向选择和绝对优势，同时也列出了一些启发性例子，包括俄罗斯石油投资以及巴菲特的再保险投资。

像"9·11恐怖袭击"和卡特里娜飓风这样的灾难会降低承保能力，通常还会提高保险需求并导致超额需求，这种需求可以在冷清的保险市场感受到。在再保险中可以感受到最强烈的市场紧缩。发生损失后供给尤为缺乏，且价格急速攀升。通常情况下，从 K 到 u 再到 U 的转变会促进超额需求。举个例子，"9·11恐怖袭击"为未来恐怖主义风险带来了巨大的不确定性，而卡特里娜飓风又使我们对于未知的全球变暖感到更加恐惧。冷清的再保险市场加上期货风险的不确定，创造了 Zeckhauser 所认为的那些可以带来丰厚回报的条件。再保险人拥有互补技能（如果需要的话，任何人都会具备），但是对冲基金才具备参与的资金和对于模棱两可的参与的容忍。结果，"跨斗"结构发展了起来，通常情况下对冲基金投资者会以再保险条约的同样条款承担投资份额。这与向再保险人进行股本投资是不一样的，因为向再保险人进行股权投资仅包括指明的风险且时间周期通常较短。

以再保险为基础的"跨斗"中，绝对优势可能胜过逆向选择。尽管在原始合约关系中可能存在一些逆向选择，且再保险人也是依靠这些逆向选择"对原保险人进行担保"的，但是在再保险人和"跨斗"投资者之间的派生关系中并不可能存在太多的额外逆向选择。因此，价值创造受绝对优势所影响，同时"跨斗"投资者可以共享该附加值。

1.2.5　使用财政政策在事前降低遭受冲击的可能性并减少事后影响

当未知或不可知冲击将金融体系从已知领域转移至未知领域时，财政政策的相关度最高。财政政策制定者负责降低金融体系遭受类似冲击的可能性，并

---

①　Robert Edelstein 指出房地产企业通常以那种方式构建。投资者有钱，而开发商又具有互补技能和经验。最后，开发商会赚上一笔，并且投资者会获得经验。

在这些冲击发生后缓解其带来的影响，旨在提高货币和金融稳定性。在实践中，几乎财政政策所有的方面都具有不稳定性。举个例子，这些目标定义的精确程度究竟怎样？在货币政策方面，怎样的通货膨胀程度才可以保证经济获得稳定、可持续增长？怎样的通货膨胀措施才合适？货币机构在稳定的低通货膨胀时期防止资产泡沫的做法，在技术上和政治上是否可行？[1] 在审慎政策方面，金融稳定性的主要目标必须是保护金融体系在时间和空间上正常提供支付服务和促进有效资源配置。关键金融市场或机构缺乏信息可能会对该目标的实现产生威胁。但是金融机构究竟要多安全才行呢？所有失败是否都需要防止呢？对于金融机构担负风险的限制要求是否会降低金融中介的效率或减少投资？这会剥夺经济获得创造性破坏的动态效益的权力吗？但是，如果不要求金融机构绝对安全，那么当局出于审慎的角度应该达到怎样的安全程度呢？

实现这些目标需要哪些工具？怎样的治理结构最可能鼓励政策制定者按公众利益行事？公共部门的报酬合约相比那些金融服务公司高层的报酬合约限制性更高。更重要的是，如果没有清楚定义目标，那么建立并实施问责制度就变得很困难了。对于大多数官僚主义者来说，回避因不作为而受到的责难是首要目标。

尽管审慎的监管机构有众多责任且定义不明，但是它们几乎无权限制营利机构承担那些它们认为存在过度不确定性冲击的风险。为了防止监管权的武断使用，在大多数国家中，官员指定的惩戒性决定以行政复审或司法复审为准。一个监管机构在约束一家银行时不仅需要了解该银行正在承担过度风险，同时还要向复审机构进行证明，以排除合理怀疑。因此，这就自然导致只有在过度风险承担的损害发生后惩戒措施才会出台。[2] 同时，这也导致官员们主要对已发生事件（客观证实事件）作出反应，而不是基于对可能发生事件（天生具有

---

[1] 前以色列央行行长 Jacob Frenkel（Thornhill 和 Michaels，2008，p. 4）对货币机构是否完全了解如何在处于危险境地前缩小泡沫提出了疑问。他认为真正的选择是"你想要哪一个体系：在这个体系中货币机构剌中五个泡沫中的三个泡沫或三个泡沫中的五个？因为我们深知要将问题全部解决是不可能的。"

[2] 正如 Kenneth Scott 指出的那样，美国采用的及时纠正措施旨在通过在一定程度上免除监督的自由裁量权抑制这一妨碍资本监管实施的趋势。

争议性）的预测行事。Charles Goodhart 对 *KuU* 框架进行了改进，在他的框架中，*K* 被划分为过去的真实数据和期望值，监管机构通常对过去真实的损失有所反应，而非未来的预期值，即使当治理概率分布被认为已知时也是如此，更不用说未来损失分布的其他方面了。前联邦储备体系管理委员会主席艾伦·格林斯潘（2008，p.9）对于监管机构是否能够完全了解事实并抢先作出回应表示怀疑："监管机构为了提高效率，必须前瞻性地对下一次金融系统运转失灵进行预测。这一做法的可行性尚未证实。与实时不确定性进行对抗的监管机构很少达到了对于未来把握准确以便提前回应的水平。"

以不完整信息进行监管。 信息问题对监管机构提出了最根本的挑战，这些监管机构必须审查受监管金融机构的偿付能力。危机发生时，当监管机构必须作出艰难决策时，过去数据和未来期望值均不可靠。银行会计向来混合了历史性的成本会计、权责发生制以及按市值调整的会计方法。有时，由于重视高风险地位、抵消套期保值以及即使风险已经降低时也要增加收入的变动性，人们承担套期保值风险的积极性可能会减低。很多人怀疑，这些标准是否可以真实公正地说明金融机构目前的地位。新的财务会计标准要求企业将资产分为三大类：（1）可根据活跃市场中相同工具的定价调整至市场价格的资产；（2）可根据可观察市场数据调整至类似资产报价的资产；（3）可根据活跃市场将如何对这类资产标价进行评估，并根据模型估价的资产。这三类资产代表了监管机构面临的重大难题，监管机构正面临信息不对称的问题。监管机构怎样才能完全依靠这三类资产的估价呢？审计师和评级机构的意见可能会帮助监管机构免受指责，正如 Goodhart 指出的那样，关键问题是"当这些估值出错时，谁来承担责任呢？"

正像 Stewart Myers 在一次研讨会上指出的那样，部分问题是金融理论仅能为评估不在积极市场中交易的资产提供两种工具：（1）已贴现现金流的现值，该工具在 *K* 领域中有效；（2）实物期权理论，如果你可以写出一个决策树并包含未来大部分关键不确定性和决策点，那么该工具有效。基础价值依赖于相对摇摆的基础，而且如果受到冲击，那么价格就可能从 *K* 转移至 *u*。

甚至连分类 1 中的资产也会在危机中出现问题。我们把资产价格泡沫问题放在一边，要是资产在广阔、深入、恢复能力强的市场进行交易，那么市场价格是可靠的。在这种市场中，人们通常会对比资产之前的价格或同类资产的价格，然后进行定价。当受到冲击并削弱人们对于相对价格的信心并造成损失时，交易者通常会撤出市场，直到他们在评价模型中重拾信心。这种冲击会把价格从 K 转移至 u。人们很可能会开始关注其他可能面临过度冲击的同类市场，同时市场开始萧条起来。随后可能出现安全投资转移，直到人们对评价模型重拾信心且其他类似市场也恢复时，市场上的资金流动才会恢复。

危机防范。大多数的政策制定者都会同意 Don Kohn 的观点，即相比在危机发生后试图管理并缓解危机，对危机进行防范的效果更好。但是，危机防范会带来巨大的负担，且这些负担主要落在了当局的肩上。审慎的监管当局试图为金融机构制定健康运行的准则，并为金融基础设施设定关键元素，比如清算协定。在理想情况下，审慎的政策制定者应该考虑到 K 以外的风险以预测引起系统性风险的资源，以此适当调整审慎的政策。在现代金融动态领域中，这要求政策制定者必须理解不断变化的机构、产品、市场和交易策略以对抗新类型冲击以及新的冲击蔓延渠道的方式。但是我们依然不能忽略 K。金融机构依然无法以同样的方式承担过度集中的信用风险，或轻率地批准短借长贷。

审慎的监管当局需要面对很多交易，这些交易必须在一些不确定的期限内进行。银行要多安全才算安全？Goodhart 指出建立一系列惩罚措施相对简单一点，这些措施将保证银行体系绝对安全，但这基本上与协调储户和投资者无关。Scott 认为公司治理的最大特点是在有着中立风险偏好的多元化股东与不愿承担风险的经理人之间形成联盟。这一想法不可能将体制失灵的系统成本计算在内，因此，我们推测审慎的监管当局将选择更高的安全程度，但是什么程度才算更高？

金融体系需要多少竞争呢？竞争通常被视做金融体系的一个正面特点。它可以促进创新，降低金融服务的成本。但是，竞争也会降低银行的特许权价值，并且可能导致其承担更大的风险。Goodhart 指出随着时间的推移，官方对于竞争的看法已经从一个极端转移至另一个极端。在大萧条期间，监管机构把竞争看做是不稳定的来源，并实施了很多改革以限制竞争。近期，尽管信贷市场当前的危机可能会造成逆转，但是市场主流是开放性竞争。

我们是否应该鼓励金融创新？证券化推动了风险的多样化，降低了成本，并将借款人从以前仅依赖特定放款人的局限中解放了出来，但是次贷危机表明证券化依然可能颠覆信贷标准，并通过回避资本适足要求使银行实现更高的杠杆效果。金融机构在金融衍生品的帮助下得以更高效地划分并管理风险，但是这些衍生品同样也可以用于承担大量杠杆风险。不断完善的风险管理技巧使得机构可以不断扩大已知风险的范围，但是由于这些技巧太过复杂，风险管理技巧在危机发生时也会构成一项挑战，因为监管当局无法掌握所有的危机状况以及管理这些危机的方式。正如 Gomory（1995）在其有关 KuU 的论文中警告世人的那样，"随着科学工程不断发展壮大和日益复杂化，它们本身也会变得无法预测。"

监管当局拥有很多规定，包括专利使用规定、对于具有过度风险活动的限制要求、流动性要求、资本需求量以及公开资料规定。当局同样也会试图明确并鼓励人们广泛使用风险管理中的最佳实践做法，这些做法可以有效促进私人部门将 u 转为 K。

迄今为止，审慎监管部门作出的最大努力就是为资本充足率制定了巴塞尔协议 II。Andrew Kuriztkes 和 Til Schuermann 为分析银行所承担风险中的 KuU 提供了一个框架，并表明了符合该框架的巴塞尔协议 II 资本适足要求。他们认为如果一个风险可以事前确定并量化，那么这个风险就是已知风险。他们观察到金融机构对于评估下跌尾部风险信心十足，从而使得其发展了经济资本概念。于规定信心水平内防范盈利波动的资金需求量应与金融机构目标债务信用评级相关的违约率相符。经济资本已经成为了度量与聚集金融服务业风险的公分母。不幸的是，经济资本一直固定在已知风险领域，无法被轻易地转移到未知风险领域。

Kuritzkes 和 Schuermann 认为如果一个风险可以事前确定但无法有效量化，那么这个风险属于 u。如果一个风险不可预测，也无法事前量化，那么该风险属于 U。由于这些风险无法量化，因此也无法对其管理，但是有时可以将其转移。Kuritzkes 和 Schuermann 采用了这个框架以分析 KuU 根据不同风险类型的变化，其依据是可用于评估每种风险的数据十分丰富、粒度精细。他们发现，从市场风险到信贷风险，从资产/负债管理风险到操作风险和商业风险，K 不断减少，而 u 和 U 不断增加。

另外，Kuritzkes 和 Schuermann 分析了银行控股公司的盈利波动性，以评估美国银行业体系中的所有风险，并将这些风险分类。他们发现，金融风险——市场风险、信贷风险和资产/负债管理风险——占盈利波动性的 70%。在金融风险中，市场风险占 6%，信贷风险占 46%，资产/负债管理风险占18%。非金融风险——操作风险和商业风险——占盈利波动性的 30%。在非金融风险中，操作风险占 12%，商业风险占 18%。

当银行管理者对有关资本充足率的原巴塞尔协议进行扩展以考虑市场风险时，他们开始注意经济资本迅速变化的概念。《1996 年市场风险修订案》为我们提供了一个设定资金要求的新方法，这种方法依赖于引导银行度量并实施管理的方式。原来的巴塞尔协议仅根据预期损失对资本需求量进行粗略设定。经济资本的概念明确指出资本的作用是承担非预期损失，同时建立准备金以承担预期损失。因此，监管机构并没有要求银行向原始风险配置它们的头寸，或对于头寸采用机械的资产定价以求接近风险；相反，监管机构为合格企业提供机会，在受到监管的情况下使用它们的内部模型来决定面临市场风险时它们所需的资本量。

内部模型法旨在带来多项好处。第一，它可以降低或消除利用监管资本套利的动机，因为资本支出会反映出银行对于其自身风险的评估值。第二，内部模型法可以带来多样性，它可以描述不同风险立场之间的关系。第三，它可以更加灵活地应对财务创新，并在这些创新被融入银行自己的风险管理模型后立即将它们融入监管框架中。第四，它可以刺激银行改进其风险管理流程，使这些流程满足内部模型法。第五，它可以减少合规成本，根据规定管理企业的运营。总体来说，针对市场风险的内部模型法已通过了 1997 年、1998 年和 2001年极端市场干扰的测试，并被证实取得了巨大的成功。这与 Kuritzkes 和 Schuermann 的观点一致，即大部分的市场风险属于 K。内部模型的巨大成功，加上为信贷风险构建模型取得的进展，使得金融业呼吁修改原来的巴塞尔协议，以融入内部模型法来对信贷风险进行资本监管。

巴塞尔协议 Ⅱ 试图对这种新方法进行扩展，为信贷风险和操作风险设定资本需求量。尽管监管机构当时认为信贷评分模型大大增加了信贷风险，使其归入已知风险领域，但是它们对于信贷风险内部模型是否和市场风险模型具有一样的可信度和可证实性表示怀疑。类似零售贷款等具有的信贷风险与市场风险一样拥有大量精细数据集；其他类型的信贷风险相比之下不太能经得起实证分析的检验，因为相对于过去的信用循环其数据太少，明显不够精细。最后，监管机构反对使用内部模型，但是允许合格银行使用它们内部模型的信息资源——对违约率、违约损失率、违约风险敞口和敞口持续时长的估值——作为监管模型的信息资源，用以决定资本需求量。这些第一支柱的资本要求确认了银行在将信贷风险扩展为已知风险的过程中在分析和实证上取得的进步。

在 *KuU* 的转变过程中，为操作风险设定第一支柱资本要求的决定则更具争议性。在此情况下，监管机构不再像市场风险和信贷风险案例中那样简单地采用最佳实践法。它们试图通过要求在度量和管理操作风险上加大投资来升级最佳实践法。将操作风险转变为已知风险是一项巨大的调整。金融业直到最近还没有就操作风险的定义达成一致意见。而且，量化和分解操作风险难度很大，数据太少，理论又太薄弱。

因为巴塞尔协议 II 是银行监管体系巴塞尔委员会成员磋商后达成的一致意见，所以它反映了很多政治妥协，这些妥协使其无法在技术上实现对于精确性的追求。其对于监管资本的定义明确体现了这一点。该定义基于账面价值，包含很多不能反映金融机构承担非预期损失能力的会计科目，切断了其与风险管理最佳实践法的联系。

第一支柱的资本要求旨在解决已知风险。第二支柱即监管复查过程，旨在解决可以确定但不足以量化并建立第一支柱资本要求的未知风险。我们推测，由于理论和实证成功地将一些风险转化为已知风险，因此将来也会为这些风险建立第一支柱资本要求。Kuritzkes 和 Schuermann 经分析后惊奇地发现资产/负债管理风险被归为第二支柱，而操作风险被归为第一支柱。尽管流动性本身就很难测算，因为它至少包括三方面：价格、时间和规模，但是资产/负债管理风险的另一个重要方面，即利率风险，相比操作风险来说更容易量化，同时它在银行盈利变动性资源中，相比营运风险更加重要。Kuritzkes 和 Schuermann 因此提出疑问，即监管资源和产业资源在规范描述和度量资产/负债管理风险上是否更加可控且更加有用。

Benoit Mandelbrot 和 Nassim Taleb 警告称金融形势经常被错误认定属于

K，也就是说，相比我们通常的认知，其实金融形势更常为 u 和 U。过去绝不是未来的完美预言者。新的因素可能成为重要因素，而且当市场正常时评估的关系在市场紧张时可能瓦解。我们之前认为具有一定随机性的事情通常被证明是完全随机的，因为金融市场不受高斯分布支配。Will Roger 认为关键风险就是那些我们想当然地认为不应是这样的风险。

对 u 进行监管分析所使用的主要工具为压力测试和情景分析。前者要求经济判断，以勾勒并校正暴露出潜在弱点的情景。这就要求我们仔细思考当市场紧张时什么关系会维持下去而什么关系会瓦解。Mandelbrot 和 Taleb 警告称传统的压力测试依靠的是从过往数据中选择大量最糟情况的情景。这可能会造成严重的误导，因为它假设了我们预期这次冲击造成的波动将是最严重的。他们指出经济崩盘发生在没有任何先兆的情况下。举个例子，在 1987 年经济崩溃以前，人们不会采取股价单日下跌 22% 的压力测试。他们指出在过去 50 年中，股票市场收入的 63% 仅仅来自于 10 个交易日。他们认为应该使用分形法来推断各种场景，这将帮助风险经理人和审慎的监管者对于投资组合在整个极端风险范围内的稳健度进行评估。

Goodhart 强调了有关压力测试和情景分析的另一个关注重点。对于危机最重要的是，当很多机构在同时尝试以同样方式改变其投资组合时可能发生的交互效应。这对于理解一家机构在危机中的漏洞十分重要，但是却未被包含在大多数情景中。

即使这些危机根本没有发生过，压力测试和危机模拟也是具有价值的。危机模拟所需的数据在监控危机漏洞时可能十分有用，同时自己考虑危机的影响和后果可能对战略和（或）危机管理产生影响。危机很少会按照预想的情景发生，但是当不同种类的冲击发生时，我们为其他类型冲击事先制定的策略很可能会十分有效。举个例子，摩根大通在 1993 年世贸中心爆炸案发生后制订的疏散计划使其在更为严重的"9·11 恐怖袭击"中成功保护了所有雇员。

第二支柱下监管纪律的要素是监管当局对于压力测试结果感到不安时，它是否有能力向某家机构征收额外资本费用。因此，监管当局必须扮演惩罚那些易受未知冲击攻击的机构的角色，尽管其报酬不如银行经理高，消息也不如他们灵通。以往对银行监管的历史并不能为其监管提供多少成功基础。

最后，审慎的监管者应当如何处理不可知风险呢？正如 Scott 指出的那样，企业可以限制它们的杠杆作用，并确保足够资本和流动性以"吸收"实际发生的不可知损失。但是，究竟财务要宽松到什么程度才合适呢？经济萧条本身就是不可知的，且所有银行应对风险的举措成本高昂，同时竞争压力可能使银行保持这样的警惕性变得十分困难。那么，监管机构是否应该要求银行保留大大超过最低监管要求的资本以抵抗未知和不可知冲击？为那些无法确定的风险而提高的资本要求已经成为了净损失，这很可能导致银行规避监管，造成更具风险的结果。对于政策制定者来说，保持与过度繁杂的预防性措施相关的效率损失和事后回应不良事件的成本效率之间的平衡本身就是十分困难的。对于监管机构和企业来说，财务宽松的度是未知的。

巴塞尔协议 II 的第三支柱旨在通过增加信息披露来增加市场约束。监管机构可能会收集并公布数据，这些数据可以帮助市场参与者了解当前经济和金融市场行情，以及受监管金融机构的情况。但是，由于我们对于使用动态交易策略管理风险的依赖程度越来越大，导致我们无法掌握风险敞口。立场改变的速度很快，以至于信息在被发布当天就会过时。同时，因为监管机构不允许具有系统重要性的金融机构的债权人遭受损失，市场约束的首要动力——对于损失的恐惧——已经逐渐减弱。

巴塞尔协议 II 试图将风险管理的已知内容融入资本监管中，但是这种做法可能造成计划外后果，使金融体系转至未知领域。巴塞尔协议 II 试图强迫所有的大型企业采用同样的"最佳实践法"，特别是采用一种信贷风险监管模式。这种做法可能会增加发生羊群效应的可能性，并使其在回应冲击的过程中于系统内蔓延。也就是说，巴塞尔协议 II 无法解决系统性风险。

危机缓解。因为监管机构很难履行它们的职责，因此事后决策制定者必须采用危机管理模式制定政策，以缓解冲击带来的事后影响。Kohn 认为在金融危机中，u、U 比 K 更加重要。政策制定者必须解决未知风险，比如金融震荡的规模。但是，金融震荡的规模到底有多大呢？多少公司会涉及其中呢？它会持续多久呢？它对实体经济活动产生严重溢出效应的可能性有多大呢？

其中一部分问题是如何预测问题蔓延的渠道。哪些公司将直接受到冲击？哪些公司因为它们是那些直接受到冲击影响的公司的对手或债权人，或因为它们也拥有类似的风险敞口并且可能无法进行外部融资而受到间接威胁？哪些公司因为在非流动性市场内被迫进行资产清算而处于危险境地？风险偏好和风险感知是动态变化的，因此经常会发生安全投资转移。市场参与者可能会出售贬值资产，并避免将这些资产销售给那些可能遭受损失的同类公司。

另一方面，问题在于政策制定者必须在不完全掌握当前经济形势且不了解其行动对于经济活动影响的情况下制定政策。同时，货币政策的运行存在较长时间的滞后，且充满变数，因此，要想预测市场对于冲击的回应是十分困难的。但是，Kohn 认为货币监管机构必须立刻决定金融体系究竟是否具有足够的流动性，以及货币政策是否需要进行调整以对抗风险引发的信贷紧缩对于经济造成的影响。

当危机发生时，政策制定者必须立刻将 u 转变为 K。这就要求一个国家内部的监管机构之间，或者推而广之的各个国家的监管机构间进行紧密合作。主信息源必然是主要的市场参与者。但是，利益冲突可能造成信息断流。人们可能有选择地传播信息，以满足利己主义市场参与者的利益，这些参与者可能因风险管理政策而受益。这是否意味着风险经理在监管具有系统重要性的机构时扮演直接的角色？尽管美联储十分坚持这个观点，但是很多国家的中央银行缺乏这样的权力（Herring 和 Garmassi，2008）。同时，财政部的新提案为了改革美国金融体系，已经取消了美联储的监管权，并增加了美联储进行风险管理的责任。如何以最佳方式进行审慎监管和危机管理目前仍是未知的。

政策制定者同样必须在危机中传达信息。Kohn 提出了一个疑问，即什么才是适当的回应。政策制定者可能会催促企业依照其认为可使企业受益的方式进行回应，就像发生在 1998 年的长期资本管理公司危机那样。但是什么时候才是再保险的适当时机呢？什么时候才能证明再保险是无法达到预期目的的呢？

危机管理可能在不经意的情况下带来更严重的危机。如果风险承担者免遭其决策带来的副作用的影响，那么它们很可能会在未来承担更大的风险。这使得风险管理进退维谷。不作为的代价是立即呈现的，且十分明显。想象破坏性结果很简单，同时利己主义的市场参与者会迫切需要官方的支持，它们也可以轻易地获取政治支持。在危机中不作为即使是适当的也很可能遭受指责，但这也可能会导致过多的公众支持。一旦获得了公众支持，既得利益产生的影响使得参与者愿意保持这些利益，同时其他活动也可能依赖于此。同时，道德危机显现的速度更慢，很可能不会与任何特别的政策选择相关。

Kohn 认为如果针对广阔市场制定政策而非针对每个企业，那么就不太可能存在道德风险。从这个角度来看，开放的市场运行可以更好地调节整体流动性以满足安全资产转移带来的需求。或许进行这种回应会鼓励企业承担风险，但同样也会真正地降低风险。直接借款和救市计划很可能会扭曲人们的动机。最终，有效的解决政策可能是抵抗道德危机的最佳方法。但是在很多国家里，政策制定者并不具备解决复杂的大型金融机构问题的适当工具，而且这些工具必须不对金融体制内的其他部分构成威胁。

1.3　一路向前

之后的章节将重点帮助我们加强对于 K、u 和 U 的存在和区分的认识，并穿插不同的环境以提升风险度量和管理策略。由于 K 通常服从于统计加工，u 和 U 通常则相反（尽管它们的潜在巨大影响是服从于统计加工的），因此，学术界、产业界和政府还会继续投入大量资源，以在可能的情况下将 K 扩展至已知领域。Gomory（1995）的观点无疑是正确的，他认为很多今天的未知事物将来会成为已知事物。因此，本书重点研究 K 是恰当的。

但是，我们同时还强调，将未知和不可知风险扩展至 K 领域存在很大的限制，因此，本文把更多章节的焦点放在 uU 上也是十分合适的。uU 世界中的重要问题多为经济战略问题，而非统计问题，并与激励机制存在重要联系：中心问题是在撰写合约（设计组织结构、制定财政和货币政策、起草规定和进行投资等）时，究竟应该以怎样的方式撰写才能创造出激励机制，使人们愿意采用最佳实践风险管理方法。这种风险管理方法适用于所有类型的风险（尤其

包括 u 风险和 U 风险），具有前瞻性和互动性。Gomory 同时也指出“我们在应对风险时，甚至都不知道我们所应对的风险是部分已知的，大部分未知的，还是大部分不可知的”（这也是我们强调的观点）。我们希望本书可以促进并加速金融风险管理向 K、u 和 U 领域均衡发展。

参考文献

Andersen, T. G. , T. Bollerslev, P. F. Christoffersen, and F. X. Diebold (2006) . Practical volatility and correlation modeling for financial market risk management. In M. Carey and R. Stulz, eds. , *Risks of Financial Institutions*. Chicago: University of Chicago Press for NBER, 513—48.

Borch, K. (1962) . Equilibrium in a reinsurance market. *Econometrica* 30, 424—44.

Christoffersen, P. F. (2003) .*Elements of Financial Risk Management*. San Diego: Academic Press.

Doherty, N. A. (2000) . *Integrated Risk Management: Techniques and Strategies for Reducing Risk*. New York: McGraw-Hill.

Gomory, R. (1995) .The known, the unknown and the unknowable. *Scientific American*, June.

Greenspan, A. (2008) .The Fed is blameless on the property bubble. *Financial Times*, April 7, p. 9.

Herring, R. J. (2004) .International financial conglomerates: Implications for national insolvency regimes. In G. Kaufman, ed. , *Market Discipline and Banking: Theory and Evidence*. Amsterdam: Elsevier, 99—129.

Herring, R. J. , and J. Carmassi (2008) . The structure of cross-sector financial supervision. *Financial Markets, Institutions and Instruments* 17, 51—76.

Jorion, P. (1997) . *Value at Risk*: *The New Benchmark for Managing Financial Risk*, (3rd ed. , 2006) . New York: McGraw-Hill.

Kelvin, W. T. (1891 — 1894) . *Popular Lectures and Addresses*. Three volumes. London: MacMillan.

Knight, F. H. (1921) . *Risk*, *Uncertainty and Profit*. Boston: Houghton Mifflin.

Rawls, J. (1971) . *A Theory of Justice*. Cambridge, MA: Belnap.

Santayana, G. (1896) . *The Sense of Beauty*. Dover Edition, 1955.

Thornhill, J. , and A. Michaels (2008) . Bear Stearns rescue a "turning point. " *Financial Times*, April 7, p. 4.

第 2 章 风险：决策者眼中的风险

Clive W. J. Granger 爵士

风险是一个普遍却又精深的概念，它被人广泛地使用和论述，但却没有得到很好的理解。[①] 在本章的最初几节中，我将先尝试讨论各组一致观点的来源，然后再讨论各组分歧的形式和含义。

方便起见，我将从列举的经济领域中关注风险的几个主要群体开始。

a. 不确定性经济学家。这组经济学家历经半个世纪提出了一种有力的理论，这个理论是关于不确定情况下人们的行为的。而这种行为则主要体现为在多种不同的结果约束下决策人的行为。这些经济学家包括：Savage、von Neuman、Morgenstern、Samuelson、Arrow、Stiglitz、Rothschild、Allais、Machina 和 Quiggin 等人。同时，这些经济学家中有四个是诺贝尔奖获得者，其余的人也都是诺贝尔奖的潜在得主。

b. 金融学家和计量经济学家。理论主义和经验主义的经济学家们关注的是金融市场的经济学，包括证券投资组合理论等。代表人物有：Sharpe、Merton、Scholes、Markowitz、Mundel、Engle 等。他们都是诺贝尔奖获得者。

c. 保险代理人及该方面的经济学家。保险业的业内人士对风险感兴趣与

[①] 我为能和我的朋友还有同事 Mark Machina 一起进行这个很有意义的讨论表示由衷的感激，尽管他们与我的观点有很大的不同，但仍允许我保留并且发展自己的观点。我也非常感谢我在新英格兰的昆士兰科技大学和坎特伯雷大学举行的研讨会的参与者。

重视的原因一目了然。该领域的一个著名的经济学家就是 Karl Borch。

d. 财务代理人和财务经理。例如，信托管理者、公司财务主管。这些都是金融行业高层级的实际决策人。

e. 其他行业的专业人员。例如，建筑工程师、医药业人士、律师和气象学家，等等。

f. 公众。这是一个人数众多、多样化、很重要但却常常在各种论述中被忽略的群体。这个群体包含了绝大多数的决策人，特别是消费者。

就在最近，Google 记录显示，"风险"这个词有 5.1 亿次的点击量，远远多于经济方面其他流行的常用词，如"利润"和"税金"等，但是少于"金钱"。因此有必要问一问，所有的这些人是否以同样的方式在使用"风险"一词，即他们是否给"风险"这个词下了相同的定义。可以看到，他们所持有的一些观点是相同的，一些却是大相径庭的。下面两个观点是相同的：

a. 风险与不确定性相关。

b. 风险与回报分布尾部有关。

在上述及后面的论述中，当你在正规的场合下买了一些"资产"，然后在过了一段时间后从购买的资产中获得的收益或者"效用"是不确定的时，对这种不确定性在概率因素中有极好的描述。[①] 上文中的两个陈述指出，风险只能够在描述概率的情况下出现，所以，只有存在不确定的因素才可能有风险。但是，根据一些观点来看，具备不确定因素同时不存在风险的情况也是可能的。关于这种观点的例子将在稍后给出。特别需要强调的是，这里所说的"风险"并非经典的奈氏不确定性意义上所说的那种已知结果和概率的风险，所说的不确定性指的是已知结果却不知概率的情况。解释上述术语并不代表经济决策人会在实际中运用它们。

在所有的大字典里，风险往往与一些不幸的事件形影不离。例如，你买了一座房子但是遇到了大火或者洪水，其价值因此大打折扣；你遵从医嘱吃了药却起了不良的反应；再或者你做了一次投资但最后得到了难以接受的低回报。

---

① 为简化该论述，所涉及的所有概率都被认为是主观的。

这些都是尾部风险。这里指的是更低的尾部。这些风险并不一定出现在最底端，只要是靠近尾部的地方都可能出现。这些靠近尾部出现的风险叫做下行风险，为了方便，表示为 d-风险。

"风险"一词在牛津字典（1993）中是这样定义的："风险，出现在可能受伤或发生损失的情况下。危险，是指损失、受伤或者其他不利的情况发生。"一些经济学家，特别是上述前两组的经济学家们，认为风险可以出现在任何一端，这种风险被称为双尾风险。在使用的时候同时有两种定义的情况令人很疑惑，特别是一些研讨会的发言人可能在一个句子中同时使用了两种定义却没有明显意识到混淆的情况。这两种定义方式导致了两种不同的风险度量方式以及不同的风险管理方法。这些度量方式和管理方法是相互关联的，并且也是重要的主题。具体情况会在下文讨论。

这种包含一种或者两种尾部的定义是互相排斥的。一个人不可能在同时使用两种定义的时候其思维还符合逻辑。而一个人选择何种定义仅仅代表了其个人，所以我们无法证明到底哪种定义更胜一筹。但是如果谁能举行民主投票，那么下行风险将会轻松胜出，因为只有 a、b 组的一少部分成员运用双尾风险，其余组用的都是下行风险。

这里讨论一个简单的例子来阐述这两种方法。假设在一个简单的抽奖活动中你赢得了一等奖。这个抽奖活动由两部分组成：（a）赢 100 万美元的几率为 1/2；（b）赢 200 万美元的几率为 1/2。最终能否拿到奖金由组织者的一次投币决定。这个过程很明显牵涉到一个不确定的事件，因为需要用概率来描述它。但唯一的问题是，它是否涉及风险？毕竟可以确定你至少能够赢得 100 万美元，而不确定的是你是得到 100 万美元还是 200 万美元。你会发现两边的人对这个问题都有自己的看法。如果奖金较高的那一个（b），变成 100 万美元加50 美元，那么对结果的讨论会不会有所改变呢？你当然不希望一个事件是由风险和事件所涉及的金钱的多少决定。例子里的风险很明显为上行尾部风险，属于双尾风险的一部分，但不是下行风险。

第二个例子是关于一组资产（包括现金）的一名拥有者。这些资产会在下个月带来收益。现在假设这个拥有者用 100 美元的现金买彩票。这会减少主体部分的投资收益，但是增加了在小范围获得极端收益的概率。因此，下行风险没有发生改变，但是上尾风险发生了改变。这笔资产的拥有者大概会更倾向于第二种投资方式，而这也是为什么人们会去购买彩票的原因。在这个例子中，一些人倾向于不确定性的增加，另一些人则倾向于风险形式的增加。

如果一个人运用双尾风险的定义，那么风险将会等同于不确定性，就像有句话所讲的那样——"哪里有不确定性，哪里就有风险"。如果一个人用了下行风险的定义，那么这种说法将会变为"哪里有风险，哪里就有不确定性，但是有不确定性，却不一定有风险"。[①] 上述的两种例子就是生动的证明。在第一个例子中，如果你得到了100万美元，那么较坏的事就是你无法得到额外的收获。在第二个例子中，一旦其买了这个彩票，那么这部分花费就成了沉没成本，将无法收回。现在最坏的情况是你什么也得不到，而其余情况下你多少有所收获。因此，明显不存在下行风险。

一些人称自己是"风险偏好者"，但将此种分类解释为一种需要具体化的风险类型。如果一个人考虑的是一些包含下行风险的活动，比如各种形式的赛跑、蹦极、登山或者探索被淹没过的洞穴，那么下行风险将需要与活动中获得的大量乐趣有关。如果这个风险是上尾风险，像赌博，则一旦下注，就没有下行风险，那唯一的不确定性是你能够赢多少钱。不过在赌博中也存在一个严重的下行风险，即当你在输钱之后还采取继续赌博的策略。

2.1　风险的度量

大多数决策涉及的情况都含有下行风险，包括广大的决策者如店主、雇佣者、旅行者和投资者，但不涉及具体的风险度量方法或对风险的定义。这些决

---

① 这是一种过度简化，因为并不是一群人中所有人都同意。例如，Grant 和 Quiggein（2004）把风险和不确定性画上等号，但是 Rigotti 和 Shannon（2005）根据 Knight（1921）的理论，在概率"可以被度量"时，客观地区分了这两个概念。

策者会比较几种回报分布或者结构松散的效用，然后选择更为倾向的一种。每天大多数人都在做这样的决定。举个例子，我可能会从卖者那里买一个苹果。我的下行风险是我可能不喜欢它的味道，那么这次的购买则会是一种时间和金钱的浪费。卖者的下行风险是如果我不喜欢这个苹果，那么我以后可能就不会再来他这里买水果了。在每种情况下，我们明白它涉及的风险类型，但是我们不需要对将要发生的典型交易中的风险进行度量。

在一些例子里，比如当一个人想去买卖风险，即用一个风险交换另一个风险，或者正式地去管理风险，准确度量风险的方法就变得很重要。对于双尾风险，最常用的度量方法是方差法和平均绝对偏差法。对一个这样的时间序列，给定数据 y_t 以及 $t=1$，$\cdots$，n，则方差是：

$$V_n - \frac{1}{n} \sum_{t=1}^{n} (y_t - y)^2$$

然后，它的平均绝对偏差如下：

$$\text{MAD}_N = \frac{1}{n} \sum_{t=1}^{n} |y_t - y|$$

其中：$y = \frac{1}{n} \sum_{t=1}^{n} y_t$ 是样本平均值。如果数据符合高斯分布，那么使用方差法可以得到风险的准确度量值，但是在现实金融序列中很少有符合高斯分布的。如果数据符合双指数分布，那么 MAD 就是离散程度的近似度量值。方差法讲究实效，更加有用，但是当数据的分布带有长尾时，其统计特性就较差，而数据的这种分布在经济中又常常出现。而 MAD 则更适合这种情况。从形式上看，MAD 的平方像方差的一部分，但是方差的平方形式则是四阶，能够根据长尾样本的数据很好地估计样本偏差。当序列含有很多的离群值时，序列的平均数可以用截短的序列平均数或者序列的中位数代替，不过需要这种替代的情况很少。方差法用得很广泛，常常不用深入思考就能用其来识别风险，所以商学院的大多数学生常把方差和风险等同起来。

下面来看看下行风险的度量方法，Nawrocki（1999）已经就此进行了广泛的回顾，Fishburn（1997）提出了一些有用的理论。他们将目标值或者说回报值记为 T，凡是小于 T 的回报，都被视为是令人失望的。

函数 ρ（F）可以称做 F 分布的风险度量值，那么：

$$\rho(F) = \int_{-\infty}^{T} \varphi(T-x)dF(x)$$

其中：当 $y>0$ 时，φ（y）是个正的不递减的函数，φ（0）$=0$。

一个特殊的情况是 k 下偏矩：

$$\mathrm{LPM}(k) = \int_{-\infty}^{T} (T-x)^k dF(x), \; x>0$$

当 $k=2$ 时，LPM 给出的是低于目标的半方差。如果 $T=m$，m 是序列的平均数，那么可以得到低于平均值的半方差。这种最新的度量方法其实有很长的历史，Markowitz 在他 1959 年关于投资组合的一部书中就有提及。甚至在更早的时候，Borch（1990）提到 1786 年在 Tetans 关于保险的研究工作中，用了度量单侧 MAD 的表达式：

$$R = \frac{1}{2}\int_{0}^{\infty} | x - p | dF(x)$$

其中：F（x）是回报低于合同规定时的概率，它不能超过 x；

p 是保险费用。

一个明显的可替代的下行风险的度量方法是低尾风险分位数估计，这是在险价值（VAR）的基础。有趣的是，它是由一群银行业者提出的，他们属于上述的 d 组，而不是 b 组。值得指出的是，很多决策者是属于 c、d、e 和 f 组的，尤其是 f 组。他们制定关于风险投资的决策，反对制定时没有一种精确的风险度量方法而不能够作出合理的决策。你往往只需要一个相对的风险排名以作决策。但是在决策中所用到的风险水平往往是感知上的下行风险而不是确定的。如果一个人去旅行，会有几种可选择的交通方式，像自驾、乘坐公交、火车或者飞机。一个人选择何种方式取决于它的花费、方便程度、所需时间以及他个人对于下行风险的判断。在美国，乘坐公交和飞机拥有低下行风险，自驾明显具有最高水平的实际风险。但是大多数的驾驶人员对于自己的驾驶技术有偏高的估计，往往倾向于自驾游。个人对于下行风险的观点很大程度上取决于其自身是否处于可控状态。当一个人能自我掌控时，下行风险往往会被低估，比如驾驶、游泳、喝水等。当一个人不能自我掌控时，下行风险可能会被大大地高估，比如在加利福尼亚游泳时被鲨鱼袭击，比如在山上徒步时被狮子袭击。[①]

　　一些极其重要且让人难忘的事件包含极端的下行风险，比如最大的风暴、最大的海啸、最强的爆炸、最凶猛的洪水等。对于一个统计员来说，从严格意义上讲，极端是指一串数据的最大值和最小值，所以样本的极端就只有两个。你可以考虑一个波动的样本，谈论过去 5 年里最大的洪水，但这降低了概念的影响。近年来，对极端事件和尾部行为的经验分布的建模越来越受到关注。很明显的特征是，即使拥有的数据很少，但是只要几个市场都被使用，极端事件的模型就会被定义。当数据很少时，标准的做法是用一个理论代替它们。有很多很好的关于独立序列的极端值分布的理论，但这些理论和股票市场回报有多大的吻合度并不清楚，因为波动实验表明它们是相互联系的。统计员可能会惊讶，比起极端值，对最新纪录的关注程度相对要小一些。纪录是指过去的所有样本中最大或最小的值，因此它会很频繁地出现并且都会有一个有趣的解读，也可以是指一个能够在 i.i.d 序列和一些不独立的序列应用的简单统计理论。归功于全球变暖，我们可以很容易地看到极端值和纪录出现的频率比起以前已经高了很多，但却很难使其更加精确。

2.2　不确定性理论和预期效用

　　研究不确定性理论的经济学家是一群很重要、很有影响力的人，他们已经提出了强有力而且很有吸引力的理论，这套理论试图从本质上包含整个领域。下面我只谈及理论里的重点主题以及与我总体计划最为相关的部分。

　　这个理论从一组显而易见的关于偏好的可信公理开始。比如，比起 B 我更喜欢 A，比起 C 我更喜欢 B，那么比起 C 我会更喜欢 A。理论一开始有 5 至 6 个这样的公理，每一个都很简单，毫无争议。根据这些，先是 Savage 然后

---

　　① 　鲨鱼和狮子袭击人是极少出现的情况，但每次出现都被广为报道宣传，而在路上死亡的人太多了，反而极少有人报道。

是 von Neumann 和 Morgenstern 证明了理性的决策者不会仅仅考虑回报效用的分配，而会作出理性的选择使预期效用达到最大。因此，如果一个消费者在三个产品间作选择，每个产品都有其相关联的效用分配，那么，拥有最高平均数或者期望值的产品将会是最好的选择。

因为统计人员常常会被告知，他们可以忽略分布其他所有的特征（像分布的尾巴、宽度、偏度），而只需考虑平均数，显然这与他们所接受的基础培训背道而驰，所以很自然他们就会怀疑。这种怀疑是在一些复杂分析过程中被发现的，主要针对公理的逻辑性。可以用一个现实的、非常简单的但并不是一定被接受的例子来思考上述的公理。

比如我一开始在苹果和橘子之间作选择，然后我选择了苹果，那么对于我来说，苹果的效用＞橘子的效用。然后我又被要求在橘子和香蕉之间作出选择，我选择了橘子，所以对于我来说，橘子的效用＞香蕉的效用。如果我现在需要在香蕉和苹果之间作出选择，根据上述的公理，我应该选择苹果。但实际上我作出选择的环境已经发生改变了，我现在拥有了苹果和橘子，那么我很可能会选择香蕉，除非我真的不喜欢这种水果。若绕过这种类型的困难，则这些公理可以很容易地拓展开来，但是很快它们就失去了吸引力和简易性。这些公理的最后也是最具决定性的打击来自 Ellsworth、Allais 和 Machina，他们说这些公理是一系列"悖论"。他们进行了一项简单的实验，实验参与者的表现与那些公理所预测的大相径庭。

尽管这个基础理论存在重大的问题，但是其中很多的定义和推论仍然被保留了下来。提出不确定性理论的经济学家把不确定性和风险等同起来，是为了让风险变成双尾。尽管它的理论意义远大于实际意义，预期效用的最大值依然是这些经济学家重要的研究方向。有一点很有趣，不确定性理论经济学家是双尾风险的运用者，但却不赞同方差法在风险度量中的运用。他们认为方差法不够灵活，很难表达他们的想法。不确定性理论的经济学家对普遍使用的术语、公式等有一些很严格的使用规则，比如"不确定性"这个词只能用在主观的可能性上。当一个人在考虑一次掷硬币活动时，如果大家都同意一面朝上的概率为 1/2，那么他们就不会形容这个结果是不确定的。进一步来说，在掷硬币或者转轮盘赌博这些活动中是不存在风险的，因为它们只涉及客观的可能性。但是这些约束在一些领域比如贸易和金融领域却没有影响或者没有实际影响。因此，我们不会对其作进一步的探索。

2.3　*E-V* 分析法

这一节主要解决对于投资回报均值方差的分析以及其他相关的问题。虽然之前几节讨论了几种分析方法，但是其是复杂且理论化的，实际应用性很差。而这一节则相反，介绍的内容理论性不强，而更加侧重实际应用。

在这里，回报的分布将用平均数（记为 *E*）和方差（记为 *V*）近似估计。如果这些回报是正态分布的，那么这两个统计数据已经足够描述它了。但是，早在 1959 年甚至更早的时候，人们就已经确切地知道股票市场的回报并不符合高斯分布。Markowitz（1952）在他第一次论述"组合证券投资选择"的时候，就使用了 *E-V* 分析法。这个分析法被认为是组合分析的重要的基础技术，因为它很容易理解，而且它是线性形式，因此使用起来也就显得很方便。对于一对 *E-V* 组合，给出 *E* 的一方希望给出的 *V* 是最小的，给出 *V* 的一方则希望给出的 *E* 是最大的，但是有一些 *E-V* 组合是无法排序的，比如下述这几个例子。

下面是个简单有用的例子（由 Mark Machina 提出），比较下列两组随机结果或者奖金（这里 K 表示千美元）。

a. 1／3 的概率获得 20K 美元，2／3 的概率获得 5K 美元。

b. 2／3 的概率获得 15K 美元，1／3 的概率获得 0 美元。

每一组的平均值都是 10K 美元，方差都是 50K 美元，所以按照上述的标准无法确定哪组较好。但是，调查显示大多数人（虽然不是全部）更倾向于选择 b 组。值得指出的是，若奖金独立，则 a、b 两组各占 1／2，选择新的投资组合，则会发现新组合的平均值为 10K 美元，方差为 25K 美元，很明显这组比 a、b 各自的回报要好。但是我怀疑即使这样还是有许多人仍旧选择 b 这个组合。

在广大的投资者中，有一些是预期效用的支持者，而有一些则使用 *E-V* 分析法。假设有一些投资者同时使用两种方法（这是有可能的），那么他们的效用函数可以表示如下（其中 x 是一笔资产的回报）：

$$u(x) = a + bx - cx^2$$

x 的范围在 0 到 $b/2c$ 之间，在这个范围之外的没有定义。如果有人提出有其他的关于效用函数的表示，那就不属于这里讨论的范围了。

一个投资者用在 2.1 节中讨论的风险的下偏矩度量法。Fishburn（1997）指出，如果预期效用的方法仍然可以用，那么适当的效用函数如下：对于风险的函数 $\int_{-\infty}^{T} |T-x|^a dF(x)$，平均风险模型和预期效用模型相等，则有效用函数：

$$u(x) = \begin{cases} x & x \geq T \\ x - k(T-x)^a & x \leq T \end{cases}$$

有一些作者不喜欢这个结果，因为当在 T 之上时，这意味着效用函数是线性的。不过如果允许投资者将这种约束放在分布的上尾部分，则这种约束可以被消除，条件是他们也希望这么做。

有一种方法可以替换 E-V 分析法，这种方法比考虑全部的分布要简单，它只用考虑分布的低尾部分、中间部分和高尾部分。中间部分可以大致用平均数代替，虽然用中位数替代更好，但一般这也没什么争议，因为平均数总是存在的。尾部延伸多远由个人决定，问题是是否用同一种度量风险的方法度量两个尾部。用度量下行风险的方法度量则把所有的重心放在了一侧，而用方差法度量则在两个尾部放了相同的力度，然后将它们加在了一起。在实际的分布中，这两种方法都显得太过简单了。

在 E-V 领域，由夏普比率给出了一种简化的投资组合表现视图，它表示投资组合的平均回报和当前无风险比率的不同之处，由回报的标准差划分。比起标准差，类似的数量也可以用下行风险来构建。这一类形式叫做 Kappa，由 Kaplan 和 Knowles（2004）提出，形式如下：

$$\text{Kappa}(k) = \frac{m - T}{\sqrt[k]{\text{LPM}(k)}}$$

其中：m 是组合的平均数；

T 是现在的无风险比率；

LPM 是 2.1 节中定义的下偏矩。

K_1（减 1 之后）与之前介绍的 Omega 概念相同。Kaplan 和 Knowles 从

11 个对冲基金指数和几个截断值中为回报估计出了 K_1、K_2、K_3。通常来说，K_1、K_2 的差别会很大，而 K_2、K_3 的差别会很小。当 k 的值为非整数时，还不太清楚 K 的实际有效性是否值得研究。

需要提醒的是，普遍的观点认为波动和风险总是关系密切，所以波动越大，风险也越高。波动在统计学中并没有被很好地定义，即使对于一个时间序列也一样。它最常用的地方是股票回报，其次是双尾增加分布的波动，所以其方差是自然测度的。事实上，字典上波动和方差的定义是相同的。但是如果我们查看美国东南部的降水量数据，则其会有一个标准的分布。但在一些年份中，那里也会有很多意料之外的热带风暴，这些风暴可以视为是降雨量分布上尾部增加的波动，而降雨量的分布则涉及下行风险。运用均值保持利差（Rothschild 和 Stiglitz，1970），可以先用一个标准的分布型，将较多的数据移至低尾部，然后在低于平均值的其他部分少用一些数据用以修正补偿，以此来创建一个平均值不变，下行风险变大，方差变大且有额外上尾风险的分布。同样，也可以创建一个和之前相似但是平均值和方差都不变，没有额外下行风险的分布。因此可以创建出两个分布，在形式上和 $E\text{-}V$ 相同，但是一个重点在下部，另一个重点在上部。至于选择哪个是个人的偏好。

有一个来自 Dick Herring 的有趣事情，那就是上行波动可能是关于下行风险大小的标示，而且有可能是唯一一个有用的标示。如果一笔资产始终在增长，而且增长得很惊人，则正如那个长期资本管理的著名例子所显示的一样，这预示着下跌即将发生。因此在某些情况下，即使最终关注的是下行风险，但上行风险还是需要考虑。

2.4 风险管理

尽管风险度量是一个重要的话题，但是如何管理风险这个问题更为重要。大多数的风险管理涉及的都是下行风险，很少为上行风险设计风险管理。很多形式的下行风险都有其对应目标，其目的是把风险降低到一定程度，此处称之为风险应对（co-risks）。比如，家庭保险是用来降低火灾、洪水、地震所带来的风险；汽车保险是用来降低车祸带来的风险；航空保险和健康旅行保险；买车时，车要有安全带、安全气囊、安全的方向盘设置；小心地阅读药瓶上的使用说明以及不时补充关于日常食物健康风险问题的知识等。

我们可以将下行风险和很多风险应对联系起来以降低风险值。一些风险应对确实降低了风险，比如那些药瓶上的提醒和汽车的安全配置。但其他比如保险则仅仅降低了风险带来的经济损失。一些已经存在很久并被人了解的下行风险一般有相应有益的风险应对，但是一些新出现的下行风险一般还没发展出相关的风险应对。对于一个风险的度量应该在其相应的风险应对的应用实现之后进行。上行风险的风险应对不存在，因为没人希望降低或者约束这种风险。似乎没有像发现金矿暴富或者从亲戚那里继承巨额财产这样的能够获取高收益的市场。我想一个杰出的经济学家可以以现金的形式出售他/她未来诺贝尔奖的份额，假设他/她可以获得该奖，但这从未出现过。我想可能是因为存在这样的市场会降低获奖的概率。

在标准化保险的情况下，你向公司交付了年度销售额中的一小部分，但是假设小概率的事也会发生，则在下尾部，公司会给你一个较高的年度奖金。在上尾的相等处，公司会给你较低的年度奖金，但是如果你有额外的收入，那么绝大多数需要交给公司。像这些"反保险"的情况很少出现，但还是存在的。比如一个机构雇佣发明家思考，并以协议的形式从发明家的发明获利中得到一部分为其收入，这种情况的确存在。

对于双尾风险来说，一个合适的风险应对可以降低下尾风险而保持上尾部分不变。如下文中所讨论的，运用一些方法、手段是能够完成的，然而如果标准的线性组合工具是设计用来减少方差的话，那么双尾都会被减少。因此减小下行风险可取方式是先将回报分布的上尾部分减少。

考虑复杂的投资，涉及衍生品，连同采集的数据的长短和风险应对的思想以及保险和反保险，这可能是一个复杂的讨论，但却是一个潜在的有趣话题。我将这个问题留给那些有能力讨论的人。

如果风险应对存在的话，那么它的形式和程度很大程度上将取决于对应风险的形式、新奇性和大小，这点将在 2.5 节中进行讨论。b 组（金融学家）、c

组（保险代理人）和 d 组（财务代理人及财务经理）在风险管理的实践操作中做得很好。作为一个非专业人士，很难去评论保险公司的好坏。对于外行人来说，保险业是一个能够在时下吸收大量冲击的行业。b、d 组的人解决不同类型的问题，同时也用不同的方法管理风险，一部分原因是他们对于风险的定义是不同的。d 中的财务经理常常会列举他们正面对的很多风险，这些风险大多是下行风险。他们常常用期货合约、互惠信贷、各种形式的贷款来管理这些风险。我认为其也可以构造衍生品，以减少一部分下行风险。这个市场不包括典型的小投资者。

在 b 组中，管理股票、债券或者类似金融资产的组合风险时，最受推崇的方法是线性组合理论。这个理论可信，易理解，但如果资产较多，就难以实施，尽管这对于现代数学和计算程序来说并不算什么。这个理论也引导了一些有趣的简化理论，比如固定资产定价模型理论。但是在基本组合理论里，度量风险的方法是方差法，对应的是双尾风险。如前所述，如果你选择一个基于这个双尾风险度量方法的投资组合，那么就该通过减少上尾部分收益率的方法获得一个下尾部分比重较少的投资组合。同样也可以通过采取最小化尾部风险的方法形成一个投资组合，但这个方法在计算上就显得困难很多。但是在网上的一个调查显示，很少有商业公司宣布它们用下行风险度量的方法构造新的投资组合。另一种方法是用均值保留展型和一些必要的衍生品将投资回报的原始形态"雕刻"成所偏爱的形态。这个过程一点都不简单，但似乎已变得随处可见。

目前在数学上有一类关于风险管理的各种方法的研究文献。McNeil 等人（2005）中有一个有用的调查。它的第 6 章谈到了总风险，所谓总风险就是一组资产组合的总风险。很多属性是数学家们认为一个好的度量风险的方法所需要具备的。一个具有这些属性且有 4 个公理表示特点的风险度量方法被称为相干法（coherent）。这些公理尽管有些争议，但每个都是显而易见的。比如第二个次可加性公理"反映了风险可以被多样性减弱的观点"。有发现表明风险的度量是基于数量的，像 VaR（在险价值）就不是相干的。这仅仅表明了那些由数学家指出的属性和决策者所要求的是不一样的。

2.5 已知、未知、不可知风险及其风险应对

将未来的风险分成3组可能对后续研究有帮助：

a. 已知风险，这类风险的形式、任何相关的分布都可以被准确说明。我们处理来自日常生活中的很多风险，包括了饮食、旅行、一般的健康问题、正常的人际交往、衰老和常规的购物。相应的风险应对常常建立在日常经验的基础上，而且它的用处也很容易被理解和采纳。

b. 未知风险，这类风险的形式可以被指明，但是因为没有被大多数人遇到，所以它的扩展类型和完全简化形式都还不清楚。就像一个将进化成的新的我们无法预料的病毒，像某地无法预料的大级别的自然灾害（如海啸、地震、飓风、火山喷发等），像电脑病毒的新形式。一些恐怖袭击也可以归属于这个范畴，虽然大多数都属于已知的风险。一个更为深入的例子是，某个地方的风险突然出现在另一个地方，而当地先前并没有这类例子，例如一种和非洲的某种疾病很像的病在阿根廷出现。对应的风险应对可以从原先的地方转移到新的地方。

一般很难给未知风险一个确定的风险应对，但有一个成功且通用的风险应对存在，而且应用得很广泛。需要帮助的人受到了附近的某个地方或其他地方相似的一群人的帮助。在一个严重的问题出现之后，人们就会希望从邻居、贸易伙伴以及更加富裕的地区的人们那里得到帮助。如果他们在别人需要帮助时提供过帮助，这样的情况很可能发生。很明显，这类情况能否成功取决于问题的大小和问题所处的地方。国家希望提供这样的帮助以便在自己需要帮助的时候也能获得援手。我看到过对于太平洋三个岛国的描述。它们都是自立自营的国家，相互之间只有40英里的距离。它们没有日常的贸易往来，但是一国的船只偶尔会袭击其余两国以捕获一些妇女，让三国的基因库发生融合，增加一些其他国特有的基因。这三个国家本应该是敌对的。但每几年都会有一场很强的风暴穿越太平洋并且刮过其中一个岛国，对这个国家造成极大的破坏。另外两个国家就会在风暴过去后竞相尝试给予被破坏的国家最大的帮助。原因很明

显：这是一种保险。当风暴袭击它们的时候，它们都希望邻国也可以提供帮助。这是阐述风险应对的一个很好的例子。

需要提醒的是，这类风险应对在某地的某种规模的发展可能需要很长的时间去组织，就像 2005 年的印度北部和非洲一样。

c. 不可知风险，这种风险包含了所有不能提前识别的风险。一些或者所有事件发生的概率不得而知，而且结果的现实边界也不可能被指出。比如一颗彗星的一部分袭击地球就属于这种情况。有人提出一个确切的例子，美国的保险行业就受该国与石棉造成的健康成本相关的法制的影响（因素）。

现在来讨论不可知风险的风险应对问题，我们仍然可以期待和上述同样的类属形式，也就是从别人那里获得帮助，但是灾难的规模将会变得很大。对于一个可控的小规模事件，不可知风险可以被近似地看做未知风险，但是规模非常大的不可知风险就归属于另一个类别了。这种情况下，风险应对的目标将会发生改变，从救助越多人越好变成保证至少人口、经济和文明中一些重要的部分可以得以延续。如何定义这样一个客观的目标，还需要进一步仔细的讨论。[①]

2.6 结束语

风险一词对于不同的人有着不同的含义，不同的人在使用这个词的时候可能有替代的含义。所有的决策者都熟悉涉及风险的情况，而且都在没有太关注精确的定义和度量方法时就作出了决定。

大多数决策者把风险和一些将要发生的坏事情等同起来，其在这里被称为下行风险。但是在一些金融和理论经济领域中，风险又等同于所有的不确定性，这就导出了双尾风险，双尾风险通常由分布和样本的方差来衡量。可以这

---

① 一个叫做"SAFE：Design Takes on Risk"的展览于 2005 年 10 月下旬至次年 1 月 2 日在纽约的现代艺术博物馆举办。展览中展示了"300 件用来感知当前风险的产品"。2005 年 12 月 29 日的《经济学家》杂志的第 82 页有相关评论。

样说，大多数"风险"一词的使用者，包括财务经理、工程师、律师、医护人员等，使用的风险都是下行风险，然而许多学术工作者和金融投资者使用的风险是双尾风险。在现实生活中这将是一个问题，因为使用者没有指出他所用的风险是何种含义。而且这个情况正变得越来越复杂，因为大多数人同意风险和不确定性是相关的，但是也有两组人不赞同这种观点。下行风险的使用者会说可以存在可能性却不存在风险，而双尾风险的支持者会说在他们的理论中不确定性和风险是一起出现的。即使我们相信两组对于不确定性的定义都是相同的，但是他们对其进行的应用却是不同的。对于投资者来说，目前最大的挑战是如何构建未必是线性的投资组合，该组合可减少低尾风险，而不会大量减少投资回报分布的上尾风险。

参考文献

Borch, K. (1990). In K. Aase and A. Sandmo, eds., *The Economics of Insurance*. Amsterdam: North Holland.

Fishburn, P. C. (1997). Mean-risk analysis with risk associated with below target returns. *American Economic Review* 67, 116—26.

Grant, S., and J. Quiggin (2004). Increasing uncertainty: A definition. A Risk and Uncertainty Program Working Paper 4/R04, School of the Economics, University of Queensland.

Kaplan, P. D., and J. A. Knowles (2004). Kappa: A generalized downside risk-adjusted performance measure. Available on the web, at datalab. morningstar. com.

Knight, F. H. (1921). *Risk, Uncertainty, and Profit*. Boston: Houghton Mifflin.

Markowitz, H. M. (1952). Portfolio selection. *Journal of Finance* 7, 77—91.

Markowitz, H. M. (1959). *Portfolio Selection*. New York: Wiley.

McNeil, A. , R. Frey, and P. Embrechts (2005) . *Quantitative Risk Management*. Princeton, NJ: Princeton University Press.

Nawroki, D. N. (1999) . A brief history of downside risk measures. *Journal of Investing* , 8, 9—25.

Rigotti, L. , and Shannon, C, (2005) . Uncertainty and risk in financial market. *Econometrica* 73, 203—43.

Rothschild, M. , and J. Stiglitz (1970) . Increasing risk, 1: A definition. *Journal of Economic Theory* 2, 223—43.

von Neumann, J. , and O. Morgenstern (1947) . *The Theory of Games and Economic Behavior*. Princeton, NJ: Princeton University Press.

第 3 章 低敏感度与高敏感度随机性：对于风险问题的关注

Benoit B. Mandelbrot 和 *Nassim Nicholas Taleb*

　　无论是在统计学、经济学，还是金融学或者社会科学方面，常见的对不确定性的研究，都与所谓的钟形曲线有着紧密的联系。钟形曲线图就是一个对称的曲线图，它代表了一种概率分布。19 世纪的数学家 Carl Friedrich Gauss 曾把钟形曲线用于描述天文度量误差，而且钟形曲线或者是高斯模型也被普遍应用于我们的商业和科学领域。而诸如 $\sum$（求和）、方差、标准差、相关系数、判定系数和夏普比率等全都与钟形曲线直接相关。新古典主义的融资和投资组合理论也是完全植根于钟形曲线。

　　如果你读了共同基金的招股章程，或对冲基金风险披露文件，就会了解赔率是那些包括一些自称是衡量风险的定量总结的信息。这些措施将建立在上述源自钟形曲线及其相似曲线的专业术语的基础之上。这些关于未来不确定性的术语满足了我们根深蒂固的人类欲望，即其被简化成足以描述所有事物的单一变量。此外，它们还迎合了人类的心理学偏差以及人类倾向于淡化不确定性以形成对于这个世界的认知错觉的心理。

　　纵然钟形曲线的瑕疵对于任何有经验的实践者总是明显的，但这个工具依然被沿用了 200 年之久。① 诚然，它经过了那些正在用的方法如补充的"跳跃"、压力测试、体制转换或者是称为"GARCH"的精致方法的修补完善，但当它们显示出好的影响的时候，它们就无法去弥补钟形曲线无可救药的瑕疵了。不确定性中正在使用钟形曲线的专业方法忽视了急剧上升的或者不连续的可能性。因此，它们没有意义和结果。使用这些方法就像为了一棵小树而失去整片森林。实际上，当罕见的、偶然的、不确定的较大的偏差出现时，它们不能被视为离群值，这是因为它们的长期影响是显著的。特别对于从业者而言，好消息是分形模型比高斯模型直观并且易于计算。它也在 20 世纪 60 年代出现，但我们好奇的是它在此之前不能实施的原因。

用以观察世界的传统高斯分布方式是通过关注平凡的事物开始的，而且此后它仅被用做处理例外的事物或者所谓的异常值的辅助手段。② 但是这里也有第二种方法，它将所谓的例外作为起点并且用次一级的方式处理一般性的问题——原因很简单，即这个一般性的问题不是那么重要。这两种模型与两种相互排斥的随机类型形成对照：一方面是低敏感度或者高斯类型，另一方面是高敏感度或可做大数乘法的幂次定律类型。通过钟形曲线和高斯模型来看，处理低敏感度的随机的高斯模型是合适的，然而对于那些高敏感度随机型的易受影响的因素只能通过分形规模精确表达。

---

① 高斯分布中的"正常性"很少：我们习惯于证明非高斯性，然而，却存在着很多需要被具体证明的高斯性。限制理论的假设的必要性证明已经显示出它是非常受限制的。就像独立或者短期运作的记忆，与其他的建筑一样，它是罕见的具有垂直性质的。与泊松理论是同样的道理。的确，这里有许多不定期发生的随机进程。

更多地从技术上来说，这个想法是 i.i.d 的总和，有限的变化的随机性是多种多样的，是高斯包含了极限或者是趋近于真实值的那部分。在 1925 年，不仅是 i.i.d 直观方面在自然的一些事中被察觉，而且在很长的一个阶段里面，我们应该都会死亡，并且科学随着与结果的相趋近，越来越受到人们的关注，包括这个极限到达的速度。从长远来看，实际上比它被接受的速度要慢得多——通过研究附录下面的章节，所有的中心极限理论设置都是建立在没有狭隘的中心联合带的高斯极限的基础上，在它的尾端，并没有对没有高斯函数的分布产生障碍。

② Pareto-Lévy-Mandelbrot 分形模型的关键在于"跳跃"的存在。正因如此，捕获异常值和保存新古典主义的金融成果时，很多作者都很简单地"满足"于高斯函数上的跳跃，在现代金融领域里这个移植被大量地使用，但是它终究还是不充分的。

让我们先转向一个低敏感度的随机性说明。假设你在一个随机的时间里随机集合 1 000 个人然后把他们带进体育场里。然后把你能想象的体重最重的那个人加进这个样本。即使假设他体重为 300 千克,比普通人重 3 倍,他也仅能代表整个人口中极小的一部分(假设为 0.3%)。同样地,在汽车保险业中,任何一起单独的事故都不会导致年度收入的减少。这两个例子都与大数法则相关。它暗示了随机样本的平均值很可能与整个人口的平均值接近。

在一个遵循低敏感度随机性的群体中,一个单一的现象,就像一个很重的人,作为个体看上去会很重,但却影响不了整个集合或整体。低于平均值的随机性是无关紧要的。样本如果够大,就能使其多样化。这里有一些关于钟形曲线行之有效的具体衡量指标,比如,体重、身高、卡路里消耗、因心脏病死亡或者一个赌徒在赌场的表现。一个人身高几百万英尺在生物学上是不可能的,但是其却具有不同类型的变量。正如接下来我们将要看到的,等量规模的例外性不能用不同类型的变量排除。

3.1　高敏感度随机性

什么是高敏感度随机性?[①] 简单地说,它是一个整体的环境,在这个环境里面一个单一变量或特殊数据就能影响整个环境。考虑到大型的事件是可能发生的,但是其太罕见了以至于不会有结果,因此从这个意义上讲,这个钟形曲线存在细尾,但是很多基本量遵循的却是"肥尾"的分布——能够明显影响总量的极端值的更高概率。人们可以忽略掉长到几百万英尺或者重达几百万千克的奇事,但是大量此类的事情却从未在生活的其他领域被排除过。

前面的实验已经考虑过 1 000 人的体重组合问题了,现在转而讨论 1 000 人的财富问题。在这 1 000 人中加入一位这个星球上最富有的人——比尔·盖茨,微软的创建者。假设他的资产净值是 800 亿美元,他能代表这个世界上多

---

① 低敏感度与高敏感度随机性的概念由 Mandelbrot(1997)提出。从技术上讲,它的范围为纯低敏感度到纯高敏感度。

少的财富呢？99.9%？的确，在过去的几秒内，其他所有人所代表的都不会超过他的个人投资组合的变化。如果用体重来代表该份额的话，那他的体重需要重达 3 000 万千克。

再举一个例子，比如说书本销售。假设集合 1 000 名作家，然后在他们中加入哈利·波特系列的作者。她那几亿册的销量将使其他 1 000 位作家相形见绌，因为其他作家的书的销量总计也就几十万册。

所以，当体重、身高和卡路里消耗符合高斯分布的时候，财富却并非如此。收入、市场回报、对冲基金规模、金融市场的回报、战争中（人口）死亡的数量或者是恐怖主义袭击造成的伤亡也都不符合高斯分布。几乎所有的人为变量都是敏感的。而且，物理科学接着发现了越来越多敏感的不确定性的例子，比如地震、飓风、海啸的强度等。

经济生活展示出了众多高敏感度不确定性的例子。比如在 20 世纪 20 年代，有几年德国马克兑美元汇率在 30 000 亿∶1 到 40 000 亿∶1 之间。那些在外汇交易行当里摸爬滚打多年的交易员们仍然记得在最近的 20 世纪 90 年代，短期利率飙升了几千个百分点。

我们生活在一个胜者为王的两极分化的世界中。例如，让我们来思考，谷歌是怎样搭上互联网快车的，微软是如何独占个人电脑系统软件市场的，美国 1% 的人口是怎样拥有近 90 倍于美国 20% 的底层人口收入的财富的，或者说资本市场的半壁江山是如何被不超过 100 家公司把持的。

把它们结合起来，这些事实足以证明这是不规则的"异常值"，而这也是我们建模所需要的。举个例子，仅仅几天的股票交易就能对股票市场产生影响：仅仅 10 个交易日（的交易）就得到了过去 50 年 63% 的回报。

让我们回到高斯分布来更加深入地观察它的"尾部"。远离平均值的标准差的总和在接近股票市场的 0.7% 到 1% 间波动，或者高度在 8 厘米到 10 厘米间波动。这个超出了求和倍数的概率是由一个复杂的数学公式得到的。利用这个公式，我们能发现如下特点：

超出的概率

0 西格玛：1/2 次

1 西格玛：1/6.3 次

2 西格玛：1/44 次

3 西格玛：1/740 次

4 西格玛：1/32 000 次

5 西格玛：1/3 500 000 次

6 西格玛：1/1 000 000 000 次

7 西格玛：1/780 000 000 000 次

8 西格玛：1/1 600 000 000 000 000 次

9 西格玛：1/8 900 000 000 000 000 000 次

10 西格玛：1/130 000 000 000 000 000 000 000 次

……

20 西格玛：1/36 000 000 000 000 000 000 000 000 000 000 000 000 000 000 000 000 000 000 000 000 000 000 000 次

很快，在 22 西格玛之后，结果就像谷歌的标志，一个 1 后面跟了 100 个零。

有了诸如高度和体重的衡量方法，这个概率看起来很合理，因为它要求超过 2 米的平均偏差。但这些却不能用于谈及其他方面的变量，如金融市场。例如，22 西格玛的水平已经超出了 1987 年股市崩溃的结果和 1992 年的欧洲利率的变化，更不用说新兴市场货币的经常性贬值了。这里的关键是要注意频率是如何在前述的表中下降得如此之快。这个关于规模的比率是不变的。

现在让我们用财富的例子来进一步研究分形分布或大树乘法分布。[①] 我们

---

① 数学上，一个具有分形特征的分布被定义为：$P_{>x}=Kx^{-\alpha}$。其中：$P_{>x}$ 是大于 x 的概率，它在 x 足够大时服从渐近幂定律；α 是它的渐近指数。这个分布在不同尺度下都一样，即没有一个特征尺度。具体来说，当 x 足够大时，分布函数的相对比率 $(p>x)/(p>nx)$ 不依赖于 x，只依赖于 n。而其他分布则取决于尺度。比如，一个分布的密度函数 $p(x)=\exp[-ax]$，它的尾部指数衰减，衰减尺度就是 $1/a$。对于高斯分布来说，它的尺度是标准差。

这样的分布所产生的不可忽略的结果就是：它的矩仅仅直到 α 阶才是有限的。实际上，只有 $n-\alpha<0$，即 $n<\alpha$，函数 $x^n x^{-\alpha-1}$ 从 1 到比如说无穷大的积分才有限。这样就不允许现代组合理论要求的泰勒展开，对于大树乘法分布，高阶矩就会发散。比如，我们从股票中观察到 $\alpha=3$，其三阶或者更高阶的矩就是无穷大。

发现在欧洲遇上百万富翁的几率如下：

财富超过 100 万欧元：62.5 人中有 1 人

财富超过 200 万欧元：250 人中有 1 人

财富超过 400 万欧元：1 000 人中有 1 人

财富超过 800 万欧元：4 000 人中有 1 人

财富超过 1 600 万欧元：16 000 人中有 1 人

财富超过 3 200 万欧元：64 000 人中有 1 人

财富超过 3.2 亿欧元：6 400 000 人中有 1 人

这完全就是具有尾部指数或阿尔法为 2 时的分形法则，这意味着当数字翻倍时，在第 4 种情况下事件的发生概率按照该数字的平方下降。如果你观察它变化的比率，你会发现该比率对于规模来说是不变的。如果阿尔法为 1，而数字翻倍，则此时事件的发生概率减少一半。这将会产生一个扁平型分布，借此低概率事件会更多地影响总量。

财富超过 100 万欧元：62.5 人中有 1 人

财富超过 200 万欧元：125 人中有 1 人

财富超过 400 万欧元：250 人中有 1 人

财富超过 800 万欧元：500 人中有 1 人

财富超过 1 600 万欧元：1 000 人中有 1 人[①]

我们已经在这里举过财富的例子，但是同样的分形规模至少能够被用做股票市场回报和很多其他变量的一个模糊的下限。换句话说，此法提供了一种替代高斯模型的定性方法。的确，分形法可以被证明是一种在极端风险条件下识别投资组合脆弱性的非常强大的方法。传统的压力测试是通过从过去的数据中挑选任意数量的最坏情形来进行的。假设一个人看到 10％ 的变化，那么他可

---

① 这里有一个问题，即"大"到底有多大。该扩展性可能会在某一处停下来，但是我们并不知道在哪里停下来，因此我们可能认为它是无限的。这里有两个陈述：第一个陈述，"它是非常大的，但是我不知道它具体有多大"；第二个陈述："无穷大"，这看起来不同，但从认识论角度却是可替换的 (Table, 2007b)。可能存在一点，在该点上分布有轻微的跳动。只要我们看一看附录中的图表就一目了然了。

以得出结论：这个波动将是他预期中最糟的。这个方法忽略了股市崩溃的发生往往都没有先兆。在1987年的股市崩溃之前，压力测试不允许变化超过22％。通过运用分形法，很容易推出多种情景。如果你过去最糟糕的情况是变化为－5％，并且如果你假设它每2年发生一次，那么，用阿尔法为2计算，你可能认为每8年会发生－10％的变化，并将该可能性加进你的模拟中。

运用这个模型，（可以推出）每16年可能会发生－15％左右的变化，等等。将风险视做一系列的可能性，能给你一个很清晰的风险认识。你也能改变阿尔法来形成其他的情形——降低它意味着可以增加大偏差的概率，而增加它意味着降低概率。什么能够使这个方法显示出来呢？它的确能够做西格玛及其同类所不能做的，这是为了展示投资组合为何比其他的东西对于整个极端风险范围更为强健有效。它也能够显示一些投资组合能够格外地从高敏感度的不确定性中获益。

尽管钟形曲线有不足之处，但是我们对它的信赖却在增加，并且能够扩大现实与标准衡量工具之间的鸿沟。这个一致性看起来就好像有任何数字都比没有数字好——即使这个数字是错误的。金融学术界也已经确立了低敏感度的高斯范式，而非称呼它为"一个可以接受的近似值"。

再重复一次，高斯（泊松）分布不是近似值。通过放宽钟形曲线的假设、编造或者添加偶然的飞跃而提炼出投资组合理论工具的任何尝试都是不充分的。我们通过随机跳跃以及为随机游动设计工具生活在这个世界上，并且通过为随机步行设计的工具可以定位出错误的问题。正如我们胡乱摆弄气体模型，试图将其特征变得跟固体一样，我们将其称之为"充分近似"。当大树乘法法则尚未产生精确的方法时，它们就成为了审视世界的替代方式和方法论。该方法论中大偏差和压力事件控制了分析方法而非其他方式。在未知的世界上，我们尚不知道更为有效的决策制定方式。

3.2 关于分形模型和高斯分布的一些观察和结论

我们在此观察了高斯分布和分形模型的不同之处。表3－1为我们提供了参考。

表 3-1　　　　　　　　　　　　不可拓展和可拓展随机性的比较

不可拓展	可拓展
最典型的就是最普通的	这个最典型的例子是伟人或者矮人，即这里没有典型的人物
赢家只得到整个饼的一小部分	胜者几乎起到了所有的作用
例如，留声机前一名歌剧演员的听众	例如，一名艺术家今天的观众
最有可能从我们祖先生活的环境中发现的东西	更有可能在我们当今的环境中发现的东西
由重力所致	数字将达到多少并没有物理限制
与物理数量相对应，如高度	与数字相对应，如财富
整体不由单个例子或者观察结果决定	整体将由少量的极端事件决定
当你观察了一会儿之后，你就会知道到底是怎么回事	需要较长时间弄清楚是怎么回事
共同性主导	偶然性主导
从你所见的到你未曾见过的都很容易预测	很难用过去的信息进行预测
历史的缓慢前行	历史的跳跃变化

• 对于它自己来说，没有一个单独的数字能够描述不确定和风险的特征，但是正如我们看到的一样，只要有一个表格、一张图和开放思维，我们就能掌握它。

• 在高斯的世界里，标准表格显示出 67% 的观察结果位于 -1 到 $\sum 1$ 的区间内，在高斯函数之外，$\sum$ 失去了它的大部分甚至是全部的意义。有了可拓展性的分布，你就有 80%、90% 甚至是 99.9% 的观察结果位于 -1 到 $\sum 1$ 的区间内。在分形模型里，这个标准差绝不是一个典型的值，并且甚至可能是无限大的。[1]

---

① 即使在当 $\infty > 2$ 的"有限方差的"例子中，我们也不再将方差作为分散风险的措施。从附录中可以看到，一个立方指数如何模拟随机波动以及很容易被误解的例子。

- 在评估给定的金融、经济或者社会战略时，这个观察之窗需要足够大以包括大量的偏差，所以战略必须基于长时间的框架。甚至在某些情况下，你是看不见财产的。

- 你远不如你自己想象得那样多样化。因为市场回报在很长的时期内将会被少量的投资支配，你需要尽可能地拓宽投资渠道来降低发生损失的可能性。广泛的被动索引要比主动筛选有效得多。

- 赤字、绩效、利率的预计与巨大的误差"结伴而行"。在很多预算中，美国的利率在 2001 年被预测为 5%（而不是 1%），石油的价格在 2006 年被预测为每桶接近 22 美元（而不是 62 美元）。在价格预测方面，预测的误差由分形模型的分布决定。

- 价格选项模型，像期权定价模型（Black-Scholes-Merton）在表示风险的情况下深深根植于钟形曲线。期权定价模型基于通过持续的动态套期交易消除选择性风险的可能性。该套期交易是一个与分形的不连续性不兼容的程序。[1]

- 一些爆炸性上攻的投资种类，如风险投资，需要从没有这种潜力的投资中受益。其技术投资名声不佳，但如果被适当地定价（在前期），它们就可以转移巨大的潜在利润。当然这得感谢意外之财的微小但及其重要的发生可能性。[2]

- 大的波动引起大的波动，市场会记住过去波动的偏差。精妙的理念、分形的记忆提供了对大事件和政权更选现象的集合进行建模的固有方式。它涉及市场从低波动向高波动转变的阶段。[3]

---

① Taleb（2007a）说明了伊藤原理为何不再应用，以及我们为何不能再用动态对冲操作来减少风险。

② 截然相反情况适用的是，对于大偏差称之为"凹"的业务，例如银行业、灾难保险或者是对冲套利。它们由长期资本管理公司进行实践。

③ 通过 ARCH 模型可知，以幂指数衰减的波动率与记忆递减的指数很不同。

技术附录

大量有限的并与之相关的样本先兆性渐进

自从 1963 年以后,当幂率密度第一次通过帕累托·利维·曼德布罗特 (Pareto-Lévy-Mandelbrot) 模型进入金融领域时,这个对概率理论极限定理的实际限制已经提出了重要的问题。让我们追踪幂率分布。它的定义如下: $P_{>x} = Kx^{-\alpha}$。其中:$P_{>x}$ 是超越变量 x 的概率;α 是远远大于 x 的渐进于幂率函数指数。如果是这样的话,第一个局部的结果是在那些变化的数字中,n 并不随着 α 的变化而变化,最大值可以用 $n^{1/\alpha}$ 表示;相反,第二个局部的结果是大量的变量依赖于 ($\alpha-2$) 的变化。

如果 $\alpha>2$,则这个变化是有限的——这是一个没有经过思考的假设。但是中心极限定理究竟告诉了我们什么?假设 EX=0,它包括了如下的经典结论:当 EX 无限大的时候,在 EX 附近存在一个钟形曲线的重心,与高斯函数相比,它的总和快速地增加,而高斯函数的标准偏差行为与 $n^{1/2}$ 接近。从总和里减去 nEX 并且把两个局部的结果结合起来,一个发现是这个最大的加数可得出的相对的结论为 $n^{1/\alpha - \frac{1}{2}}$。例如,$\alpha=3$,这是由 $n^{-1/6}$ 决定的,再一次使 n 渐进于无穷大,正如所期望的,这个比率接近于 0,但是函数的收敛是非常缓慢的。相比较而言,检测 EX 不等于 0 时,来源于总和的相类似的熟悉比率被平均划分成几块,在总和的条件下,你把前者看做是 $n^{1/2}$ 的标准差的倍数,那么后者——假设 EX 不等于 0,表达式为 nEX。因此,这两个因素相比得 $n^{-1/2}$,为了将它分为 10 份,需要先将其乘 10,这样就会使得数据变得很大。现在我们回到:为了将它分为 10 份,我们将其乘 1 000 000。在一些经验主义的实践中,这些因素几乎是不值得考虑的。

现在我们考虑一个人们普遍担忧的情况 $\alpha<2$,在这种情况下,它的方差是无穷大的。最大行为仍是 $n^{1/\alpha}$,但是如果减去 nEX,行为变化总和将由 $n^{1/2}$ 变为异常的 $n^{1/\alpha}$。因此,相对贡献较大的加数来自等式 $n^{1/\alpha - 1/\alpha} = n^0$。加上

所有附加的因素可以发现，最大的加数仍然是总数的重要部分，即使 n 趋于无穷。

结论：在用这个理论解决渐近体制（asymptotic regime）时，得出了完全不同的结论，但是在其发生前，一个人在实际工作中，特别是考虑抽样波动时，这两种表达式是很难区别开的。或者说，当 $\alpha = 2$ 时，这个明显的间断性给金融运行带来了许多的问题。而它实际上会被一种渐变所取代。在渐近的情况下，利维（Lévy）稳定的帕累托·利维·曼德布罗特模型依然受限制，但在先兆性渐进的情况下，如果 α 比 2 不是大很多，则这仍然成立。

图 3—1 和图 3—2 代表典型的尾部可拓展部分。

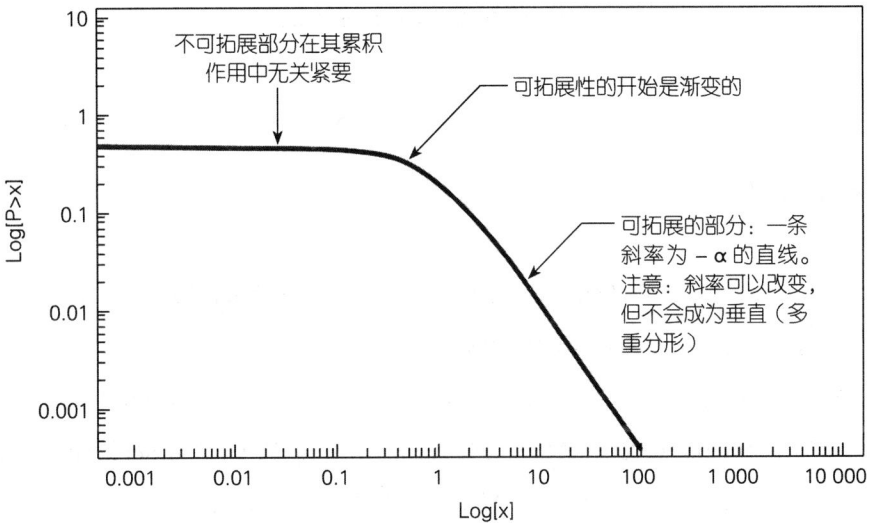

图 3—1　尾部可拓展部分（一）

依据图 3—1 看这个可扩展分布：$\mathrm{Log}P > x = -\alpha \mathrm{log}X + C'$。当我们分别以 Log 为横轴、为纵轴作图时（即画出 $P > x$，且 x 在对数范围内），如图 3—1 和图 3—2 所示，我们可以看到一条渐进的直线。

图 3—2 有两个详尽的吸引域：有着负无穷大或恒负 α 的斜率的垂线和直线。注意：由于概率总计需要达到 1，所以对于两个凹区不能有替代。这就是我们为什么将其缩小至这两者的原因——因为我们说这两个范式是相互排斥的。

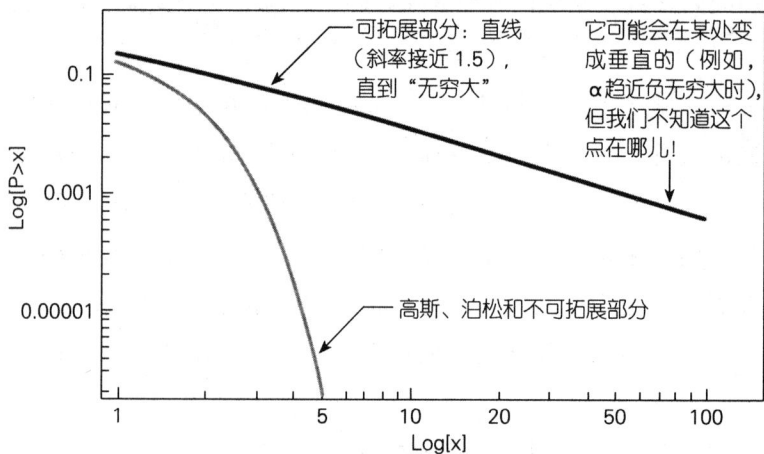

图 3—2　尾部可拓展部分（二）

参考文献

Cont R. , and P. Tankov （2003）. *Financial Modelling with Jump Processes*. Chapman & Hall/ CRC Press.

Mandelbrot, B. （1963）. The variation of certain speculative prices, *Journal of Business 36*, 394—419; reprinted in P. H. Cootner, ed. , *The Random Character of Stock Market Prices*, Cambridge, MA, 1964, 307—32.

Mandelbrot, B. （1967）. Sur l'épistémologie du hasard dans les sciences sociales: invariance des lois et vérification des hypothèses, *Encyclopédie de la Pléiade*（Gallimard）. *Logique et Connaissance Scientifique*（Dirigé par J. Piaget），1097—113.

Mandelbrot, B. （1997）. *Fractals and Scaling in Finance: Discontinuity, Concentration, Risk*. New York: Springer-Verlag. Reproduces earlier classic papers.

Mandelbrot, B. (2001) . Stochastic volatility, power-laws and long memory. *Quantitative Finance* 1, 558—59.

Mandelbrot, B. , R. L. Hudson (2004) . *The (Mis) behavior of Markets: A Fractal View of Risk, Ruin, and Reward.* New York: Basic Books.

Taleb, N. N. (2007a) . Scale Invariance in Practice, Working Paper.

Taleb, N. N. (2007b) . *The Black Swan: The Impact of the Highly Improbable,* New York: Random House and London: Penguin.

第4章 风险的期限结构、已知和未知风险的作用及非稳定分布

Riccardo Colacito 和 *Robert F. Engle*

很久以前，我们目睹了前所未有的美国银行系统的大崩溃，很多人认为我们的金融市场存在极大风险。这些风险包括大规模的预算赤字、贸易逆差、能源和其他很多原材料的高成本、美联储（FED）政策的不确定性、日益恶化的伊拉克局势、温室效应以及一直以来由中国政府掌控的数额极大的美国国债。除此之外，还有一些值得注意的问题，巨大的全球衍生品市场、不受监管的风险对冲基金、跨国合并的金融市场、爆炸式增长的私有股票型基金，都使得金融系统在危机发生时更加不稳定和更脆弱。这些担忧并不新鲜，多年来它们已成为重要的讨论话题。

然而，事实是，在新世纪的最初几年里，金融市场一如既往地低迷。这一事实已在2004—2006年得以验证。这就是美国资本市场的情况，同时也是全球资本市场的真实情况。世界大多数股票市场的波动率已降到非常低的水平，如图4-1所示。

前五幅图分别反映了法国、英国、中国、韩国、美国股票市场的收益（如顶部曲线）和水平（如底部曲线）。第六幅图显示了美国股市波动率指数。

上述的观察结果引出了一个问题。是金融市场忽略了这些风险，还是这些风险并不那么严重？本文中我们对这个问题给出了另一个答案。相对于未来而言，大多数的风险是潜在的。从长远来看，它们并非短期内的风险。特别是对一般投资者和个人投资者，金融市场风险可能存在周期结构。这一概念需谨慎地定义，并用经验加以检验。最后，我们还必须考虑到资产定价和投资组合的

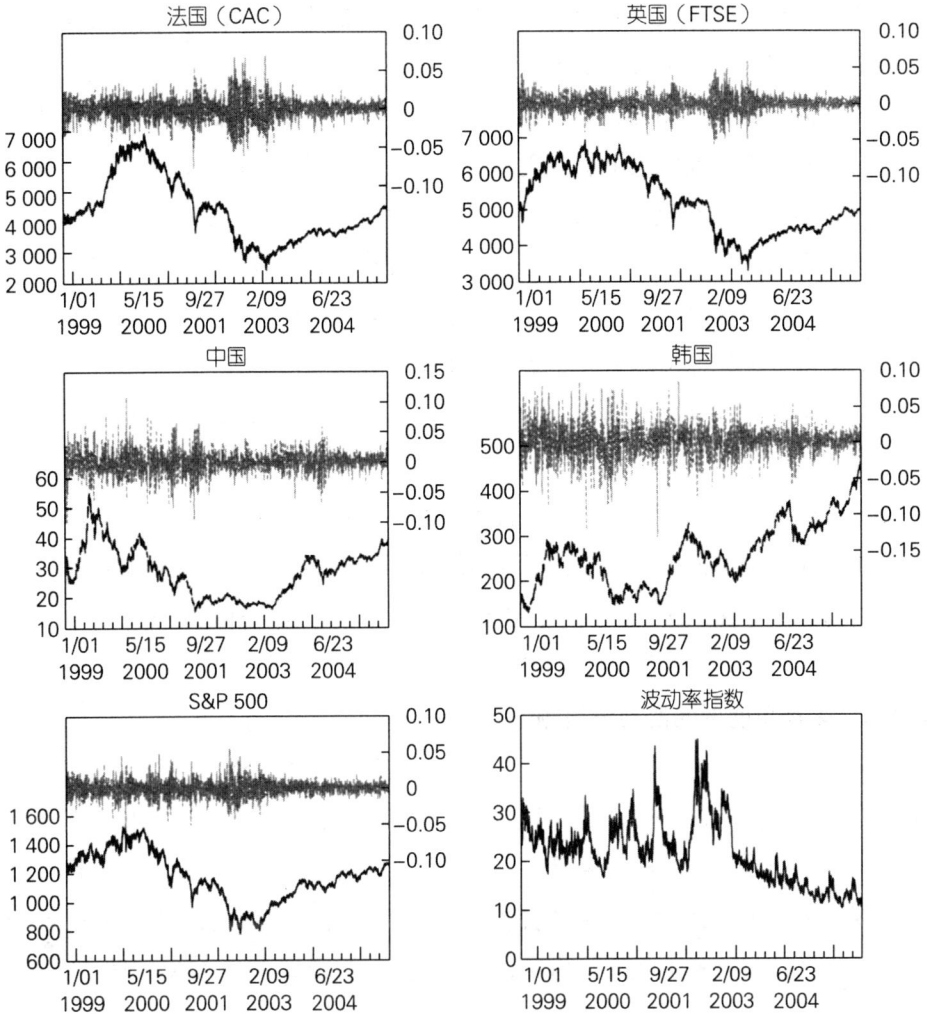

图 4—1 世界股票市场波动率

构建。

4.1 度量

本章中我们以长远的眼光，将长期风险与被动投资组合损失的概率和幅度相联系。当价格水平或无风险利率的购买力只进行轻微调整时，按名义价值计算风险才是适当的。这一分析可在其中任意一个框架下实现。我们选择研究名义收益时，聚焦于金融市场动态学，而不是虚拟经济整体。

相反地，在 Bansal 和 Yaron（2004）引入长期风险时，采用的是在假定实际消费时，于预期回报中引入变量的诱导因素缓慢变化的方法。因此，长期风险是低消耗状态的风险，对应于一个低的收益状态。若没有进一步详细阐释，在未来，对风险的预测是不会随着时间推移而发生变化的，原因是采用当前的信息没法预测这些事件。从概念上讲，与我们的模型更类似的模型会采用消费方差来引入长期风险，而不是它的水平。

为了量化长期风险，我们将采用 Guidolin 和 Timmermann（2006）的方法，考查长期方差和长期在险价值（LRVaR）。这些度量方法被广泛应用于财务规划，但用长远眼光看可被赋予新的含义。未知和无法预测的风险以惊人的收益出现在历史数据中，并且因此成为预测方差和在险价值（VaR）的一部分。有时非平稳性风险可以校正，因此它可用来改善风险评估和决策。

4.1.1 多种角度下的波动率预测

只有当波动预测模型被明确规定后，预测任务才能完成。但什么才是与基本经济模型有关的合理假设呢？明白了这是为了统计上的方便而不是为了一个经济模型，就会觉得假设回报遵循一个平稳过程再正常不过了。上述结论可由简单的例子证明，且让我们得以引进将在余下分析中使用的符号。令 r_t 为计算金融资产回报（率）的零均值随机变量，并假设它遵循 GARCH（1, 1）过程：

$$r_t = \sqrt{h_t}\varepsilon_t, \quad \varepsilon_t \sim N(0, 1) \tag{4-1}$$

$$h_t = (1-\alpha-\beta)\ \omega + \beta h_{t-1} + \alpha r_{t-1}^2$$

用平方回报的无条件期望计算，我们得到：

$$E[r_t^2] = E[h_t] = \omega$$

上式即为对长期风险的常数估计。长期风险是在时间上的平均短期风险，无条件期限结构的波动性风险与 $\sqrt{T}$ 成正比。

尽管如此，长期风险是可以随时间推移而变化的，或者至少没有先验的理由来限制我们统计模型。事实上，未知和不可知事件是可能发生的，如果事后我们说分布有变化，那么我们就必须在事前评估其概率。关键性的问题在于：历史上的风险是否能被用来分析未来风险，并且这也是销售量稳定性研究中需解决的问题。如果销售量是固定的，那么未知和不可知风险依然会被合理地纳入对未来风险的预测中。但如果销售量是变化的，则这些变动必须也被建成模型。

包含时间变化的长期风险模型中，Eengel 和 Rangel（2005）的样条函数GARCH 是一例。在此模型中经济或外界产生的变量，如经济衰退、通货膨胀和宏观波动，增加了长期差异（即方差）。这是一个乘法模型，在该模型中，条件方差被假定为长期和短期两部分的乘积，并且这两项都是随时间变化的。特别是，均零收益遵循此过程：

$$r_t = \sqrt{\tau_t g_t} \varepsilon_t, \quad \varepsilon_t \sim N(0, 1) \tag{4-2}$$

$$g_t = (1-\alpha-\beta) + \alpha\left(\frac{r_{t-1}^2}{\tau_{t-1}}\right) + \beta g_{t-1}$$

通过计算平方回报的无条件期望：

$$E[r_t^2] = \tau_t E[g_t \varepsilon_t^2] = \tau_t E[g_t] = \tau_t$$

可清晰看出被解释为方差的长期预测。我们也用这一概念代指低频率方差，或在与确定性或外生变量为函数关系时，代指无条件方差。一种可能就是长期方差 τ_t 是一个时间的二次幂样条函数：

$$\log(\tau_t) = \omega_0 + \omega_1 + \omega_2 + \sum_{k=1}^{K} \theta_k [\max(t - t_k, 0)]^2$$

在图4-2中，有尖顶的线为短期波动，平滑的线表示长期波动。

图4-2记录了被样条曲线 GARCH 模型预测的 S&P500 的短期和长期波动率。图4-2说明了可能存在短期风险（较粗的线）高而长期风险低的周期，或同理但与之相反的周期。图4-2同时说明了直到2006年达创纪录新低水平以来，波动是如何出现的，同时长期波动率高一些。上述例子并非只代表美国，同时也代表了很多国家，如图4-3所示。

4.1.2 在险价值的周期结构

早于现在 T 周期的在险价值，是 $(t+T)$ 时收益条件分布的 α 分位数，其数学表达形式是：

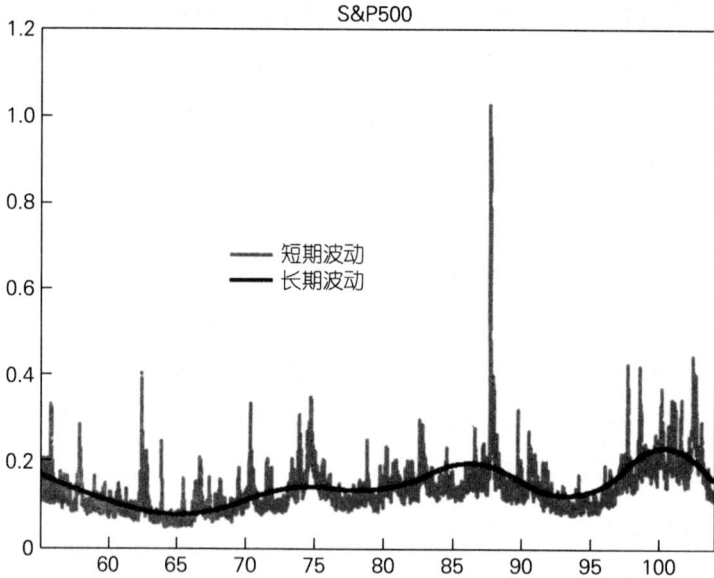

图 4-2 S&P500 **长期与短期波动率**

$$Pr_t(r_{t+T} \leqslant -VaR_{t+T}^a) = \alpha$$

我们将以 i.i.d. 零均值收益的例子为基准：$r_t \sim N(0, h)$，$\forall t$。此种情况中，在险价值完全正比于根号下的时间：

$$VaR_{t+T}^a = \sqrt{hT}\,\Phi^{-1}(\alpha) \tag{4-3}$$

在图 4-4 中，在每个返回枝节处都有一个对称分枝，但紧接的正收益期间的波动率降低，而经过一段时间负收益区间的波动率增加。上述反映了多期收益的非对称性分布。

在式（4-3）中用规范量度很方便，在此情况下，i.i.d（独立同分布的）收益等同于恒定的风险期限结构。

当收益不是独立同分布时，在险价值的期限结构可以呈斜坡增长或下跌。遵循 TARCH（1，1）过程下的收益是一个值得思考的有趣案例：

$$h_t = \omega + \beta h_{t-1} + \alpha r_{t-1}^2 + \gamma r_{t-1}^2 I_{(r_{t-1}<0)} \tag{4-4}$$

$$r_t = \mu + \sqrt{h_t}\,\varepsilon_t$$

条件方差的运动法则是：负收益期间出现后，接连会有一个相对较高方差的未来期望。虽然一阶段收益是对称地分布在每一时间点上的，但多阶段收益并不像图 4-4 所显示的那样。任何资产分配的工作背景下，都应考虑事件背

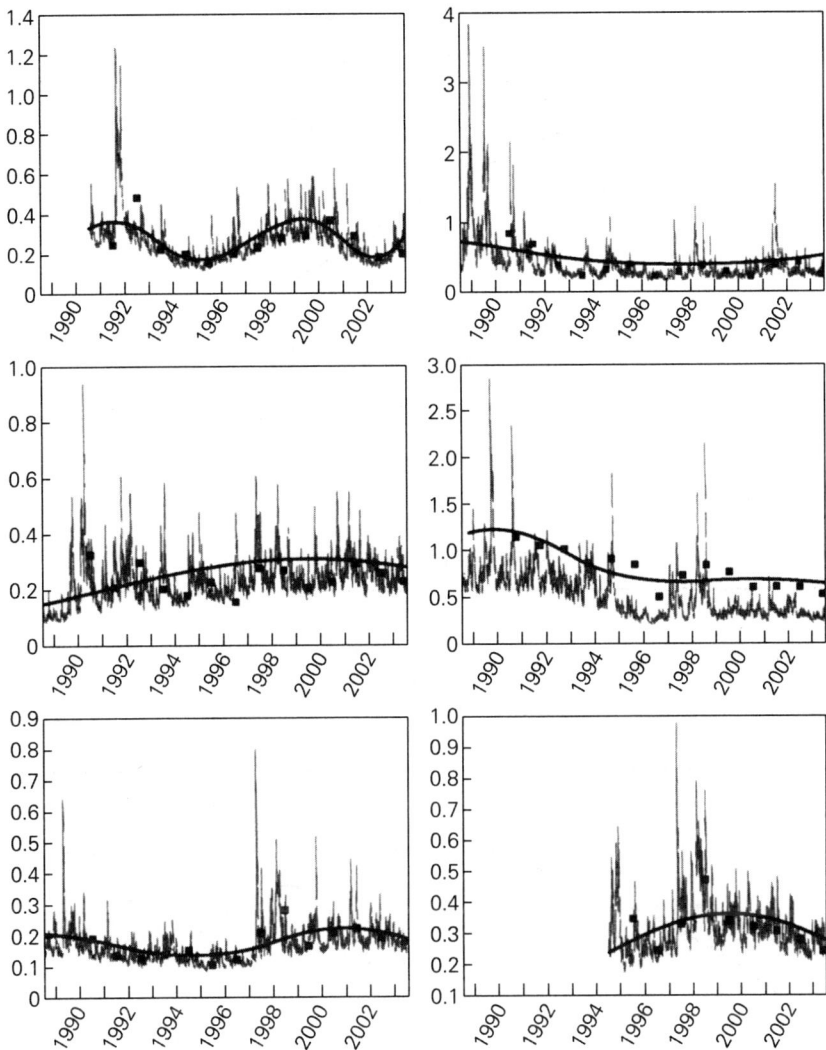

在每幅图中，有尖峰的线代表了条件波动，平滑的线代表了非条件波动，小方块是各年实现的波动率。每个代表了一个国家。从左上到右下依次是：印度、阿根廷、日本、巴西、南非和波兰。

图 4－3　波动率的测定

后潜在重要后果发生的可能性，未来很多时期中或许会发生具有这种可能性的极度负面的事件。

表 4－1 列示了对式（4－4）的参数估计值，其为 1950—2006 年间

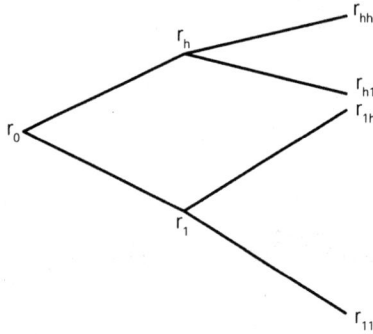

图 4—4　非对称波动：二叉树

S&P500 年间 S&P500 的长期日常准则值。正如预期，非对称波动参数是积极的，且 95％的置信水平很显著。预测未来的差异是：负面冲击是正面冲击的 3 倍。图 4—5 说明了高斯模拟的结果。

表 4—1　　　　　　　　　　　TARCH (1，1)：**参数估计值**

	ω	α	β	γ
估计值	8.36×10^{-7}	0.035	0.918	0.074
误差	6.40×10^{-7}	0.003	0.003	0.002

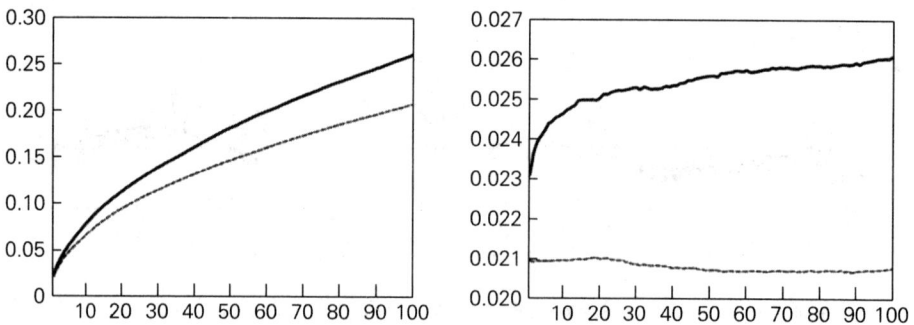

图 4—5　TARCH 高斯模拟的在险价值

左边的图是通过表 4—1 模拟的，是时间从 0 到 100 的 TARCH (1，1) 模拟的在险价值，而虚线是例子 i.i.d 的基准。右边的图是 $\dfrac{VaR\,\dfrac{a}{t+h}}{\sqrt{T}}$。

4.2　资产配置的含义

正如 Christofferen 和 Diebold（2006）所记录的那样，最近出现的波动则是和传统的市场时机在根本上相关。Fleming 等人（2001）和 Fleming 等人（2003）研究了期限为一天的资产配置问题，并且记录了不同有条件波动和已实现波动的经济价值。Engle 和 Colacito（2006）指出正确的变动和相关的时机，相当于投资期限为一天的 50～60 个基点。然而，大多数组合投资经理人的投资期限超过一天，即使他们最终做的是静态资产投资。很自然地就能想到，一个投资者在知道本节之前讨论过的 TARCH 过程后的收益以后，会把下行风险考虑到组合投资的比重中去。本节中，我们将给出当波动不对称时，一个投资者可以从最优化投资组合中期望多少回报的答案。

我们可以考察最简单的情形：一个投资者只能把他的财富投放在有风险和无风险两种资产中。我们定义在时刻 t 到 $(t+T)$ 之内，w_{t+T} 是有风险投资在组合中所占的份额，r_{t+T} 是风险资产连续复利收益超过零风险率 r_f 的部分的对数。我们假设代理人想根据指数效用函数将最终的财富最大化：

$$\max_{w_{t+T}} E_t - \exp\{-b(w_{t+T}r_{t+T})\} \exp\{-br^f\} \tag{4-5}$$

其中：b 是反映绝对风险厌恶的偏好参数。

零风险率是一个每天都会出现的常量。如果对数收益是呈条件正态分布的，则一个想要最大化收益的投资者可以根据式（4-5）轻松地解决均值-方差的问题：

$$\max_{w_{t+T}} E_t [w_{t+T}r_{t+T}] - \frac{b}{2} E_t [w_{t+T}^2 r_{t+T}^2] \tag{4-6}$$

然而，如果收益不呈对数正态分布，则式（4-5）和式（4-6）不再等价。当收益符合非对称 GARCH 模型时，我们根据式（4-5）近似找到了一个选择投资组合的方法。第一步是近似计算出高阶矩的效用函数。结果在附录中推导，可得到下式：

$$\max_{w_{t+T}} - \exp\{-bw_{t+T}\mu_{t+T}\} [1 + \frac{b^2}{2} w_{t+T}^2 h_{t+T} - \frac{b^3}{6} w_{t+T}^3 s_{t+T}] \tag{4-7}$$

其中：μ_{t+T}、h_{t+T}和s_{t+T}分别代表条件期望下的平均值、方差和三阶中心矩。

这个效用函数说明了投资者喜欢正的一、三阶中心矩，不喜欢二阶中心矩。从另一方面来看，代理人关注于在图4-4中描绘的分布得较低的尾部分布。这个结果可以根据预测的一、二、三阶中心矩计算出来。这个最优化方法是简单的，但是不能给出一个封闭形式的解决方法。在下面描述的实验当中，平均数是一个常量。我们用在附录中推导的递归式来预测三阶中心矩。首先，$E_t\left[h_{t+k}^{3/2}\right]$的$E_t\left[(r_{t+1}+r_{t+2}+\cdots+r_{t+k})^3\right]$。然后，用泰勒公式近似计算，三阶中心矩就可被预测出来，并且可用于每一时刻的最优化投资组合。明显可以看出，三阶中心矩的负值越大，投资者选择风险投资的几率越小。

为量化已知呈非对称正态分布的收益，我们根据式（4-4）模拟每日的收益，然后把两个投资者用同一个目标函数（即式（4-5））做对比：一个用式（4-4）中提到的TARCH（1，1）过程预测收益的分布，另一个用式（4-1）中的GARCH（1，1）过程预测收益的分布。[①] 当比较两个结果的时候，我们假设两个模型都服从于非条件假设的平均收益和方差。[②]

我们采用的测算方法是基于式（4-5）的标准的。对于一个给定的零风险率，一个避免投资有风险资产的代理人会得到平均收益 U（r^f）= — exp $\{-br^f\}$。通过分配组合投资中非零的一部分到实际无风险率为 r^f 的有风险资产中，他可以期望获得效益 U（r^f）= — E [exp $\{-b(w_{t+T}\,r_{t+T})\}$] exp $\{-br^f\}$]。可以很容易地写出[③]使他在两种方法中收益相同的零风险率为：

$$r^f = r^f + \frac{-\log E \exp\{-bw_t r_t\}}{b} \tag{4-8}$$

因此，基于式（4-4）和式（4-1）的预测，我们得到最佳投资组合权重的估算方法，然后比较有期望值的样点和"确定性等价"收益。我们希望量化这个收益。

---

① 更确切地说，我们用上述方法描绘超过平均值的回报的过程。

② 附录中也给了计算三阶中心矩多段预测的详细过程。

③ 将在附录中推导。

图 4—6 反映的是投资期限为 20 天（左图）和 252 天（右图）的年均回报。纵轴上的数字 1 说明一个投资者在不对称波动过程和组合投资最优化中，为了避免在风险资产中投资而比忽视非对称的投资者多出 100 个基点。我们用 *b* 来表示绝对风险厌恶系数的增加值。平均的增长可以高达 220 个基点，它随着 *b* 下降只因为风险投资的总额随着风险厌恶下降。当把 20 天的投资延长为 252 天的时候，还有一个可观的收益。平均收益的减少被归因于精确预测的难度和多期回报分布随着期限增加而增加。

尽管这代表了投资组合配置中最简单的结果，但是本节中呈现的结果预示了超过一天的适当投资可能得到的可观收益。同时不难想到，多元资产配置将会带来更大的收益，这是当计划投资期限延长时必须考虑的。

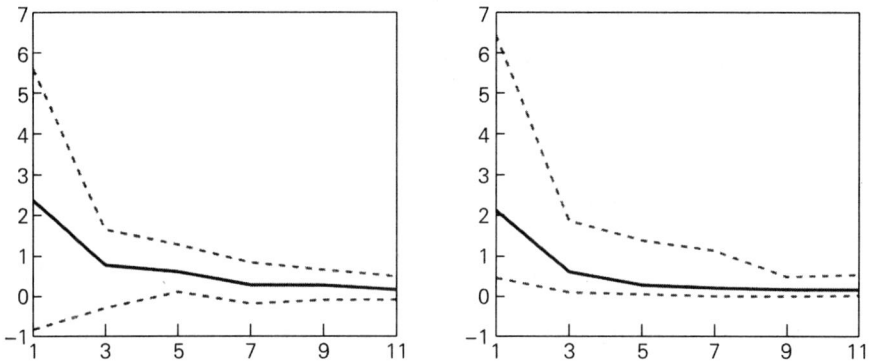

图 4—6　投资期限为 20 天（左图）和 252 天（右图）时的波动择时的年化利率

在图 4—6 中，纵轴表示的是一个知道波动过程的对称性可以获得的情况下的超额回报。横轴表示的是偏好系数 *b*。实线代表平均回报，虚线代表置信区间为 95% 的回报。

4.3　结束语

在本章中，我们记述了风险期限结构的出现并且为学者或实践者提供了在风险下降时积极管理组合资产的工具。文中提到简单资产配置的例子是用来说明要考虑到在多期资产分配回报中非对称时间变化可以带来潜在的巨大的金融收益。这一点给我们提供了探索文中提到的大规模体系中获得收益的有用起点。

附录

效用函数的近似计算

根据 4.3 节的定义，效用函数是：

$$U_t = E_t - \exp\{-bW_{t+T}\}$$

其中：$W_{t+T} = w_{t+T} r_{t+T}$。

泰勒公式关于 $w_{t+T}\mu$ 的三级展开式为：

$$U_t \approx -E_t \exp\{-bw_{t+T}\mu\}\left[1 - bw_{t+T}(r_{t+T}-\mu) + \frac{b^2}{2}w_{t+T}^2(r_{t+T}-\mu)^2 - \right.$$

$$\left. \frac{b^2}{6}w_{t+T}^3(r_{t+T}-\mu)^3\right]$$

$$= -\exp\{-bw_{t+T}\mu\}\left[1 + \frac{b^2}{2}w_{t+T}^2 h_{t+T} - \frac{b^3}{6}w_{t+T}^3 s_{t+T}\right]$$

其中，定义为分布的三阶中心矩。这是在 4.2 节中讨论的分析形式。

对二阶、三阶中心矩的多期预测

以下给出了求超额回报对数的步骤：

$$r_t = \sqrt{h_t}\,\varepsilon_t$$

$$h_t = \omega + \alpha r_{t-1}^2 + \beta h_{t-1} + \gamma I_{r_{t-1}<0}\, r_{t-1}^2$$

对多期收益波动的条件预测的计算公式为：

$$E_t\left[\left(\sum_{j=1}^T r_{t+j}\right)^2\right] = \sum_{j=1}^T E_t[r_{t+j}^2]$$

$$= \sum_{j=1}^T E_t h_{t+j}$$

$$= h_{t+1} + \sum_{j=1}^T \left[\omega \sum_{i=0}^{j-2}(\alpha+\beta+\frac{\gamma}{2})^i + (\alpha+\beta+\frac{\gamma}{2})^{j-1} h_{t+1}\right]$$

我们定义三阶条件矩为：

$$s_{t+j} = E_t \left[\left(\sum_{i=1}^{j} r_{t+i} \right)^3 \right]$$

在三阶矩之前其等于零：

$$s_{t+1} = E_t \left[h_{t+1}^{3/2} \varepsilon_{t+1}^3 \right] = 0$$

两段连续复利收益的三阶条件矩为：

$$s_{t+2} = E_t \left[(r_{t+1} + r_{t+2})^3 \right]$$

$$= 3E_t \left[r_{t+1} r_{t+2}^2 \right]$$

$$= 3E_t \left[\sqrt{h_{t+1}} \varepsilon_{t+1} (\omega + \alpha h_{t+1} \varepsilon_{t+1}^2 + \beta h_{t+1} + \gamma I_{\varepsilon_{t+1}<0} h_{t+1} \varepsilon_{t+1}^2) \right]$$

$$= -\frac{12}{5} \gamma h_{t+1}^{3/2}$$

同理：

$$s_{t+3} = s_{t+2} + 3\sqrt{h_{t+1}} E_t \left[\varepsilon_{t+1} h_{t+3} \right] + 3E_t \left[\sqrt{h_{t+2}} \varepsilon_{t+2} h_{t+3} \right]$$

$$= s_{t+2} + 3\sqrt{h_{t+1}} E_t \left[\varepsilon_{t+1} (\omega + \alpha h_{t+2} + \beta h_{t+2} + \frac{\gamma}{2} h_{t+2}) \right] - \frac{12}{5} \gamma E_t \left[h_{t+2}^{3/2} \right]$$

$$= s_{t+2} + 3\left(\alpha + \beta + \frac{\gamma}{2}\right) \sqrt{h_{t+1}} E_t \left[\varepsilon_{t+1} h_{t+2} \right] - \frac{12}{5} \gamma E_t \left[h_{t+2}^{3/2} \right]$$

$$= s_{t+2} + 3\left(\alpha + \beta + \frac{\gamma}{2}\right) (s_{t+2} - s_{t+1}) - \frac{12}{5} \gamma E_t \left[h_{t+2}^{3/2} \right]$$

并且：

$$s_{t+j} = s_{t+j-1} + \left(\alpha + \beta + \frac{\gamma}{2}\right) (s_{t+j-1} - s_{t+j-2}) - \frac{12}{5} \gamma E_t \left[h_{t+j-1}^{3/2} \right], \quad \forall j \geqslant 4$$

其中：$E_t \left[h_{t+j}^{3/2} \right]$ 可以近似为一阶：

$$E_t \left[h_{t+j}^{3/2} \right] \approx \left(\bar{h}^{3/2} - \frac{3}{2} \bar{h}^{3/2} \right) + \frac{3}{2} \bar{h}^{1/2} E_t h_{t+j}$$

$$= k_0 + k_1 F_t h_{t+j}$$

确定等价零风险率的计算

给出本文中讨论的效用函数、一系列投资组合的权重以及实际无风险利率，得出下列期望收益：

$$U(r^f) = -E \left[\exp \{ -b w_t r_t \} \right] \exp \{ -b r^f \} \tag{4-9}$$

一个把他的资产全部投在无风险率为 $\bar{r}^f$ 的资产中的代理人可获得：

$$U(\bar{r}^f) = -\exp \{ -b \bar{r}^f \} \tag{4-10}$$

使投资者在式（4.9）和式（4.10）下获得相同收益的公式为：

$$U (r^f) = U (\hat{r}^f) - \log E [\exp \{-bw_t r_t\}] \exp \{-br^f\} = -\log \exp (-b\hat{r}^f) -$$
$$\log E [\exp \{-bw_t r_t\}] + br^f = b\hat{r}^f$$

由此可得：

$$\hat{r}^f = r^f + \frac{-\log E [\exp \{-bw_t r_t\}]}{b}$$

参考文献

Bansal, R. , and A. Yaron (2004) . Risks for the long run: A potential resolution of asset pricing puzzles. *Journal of Finance* 59, 1481—1509.

Christoffersen, P. , and F. X. Diebold (2006) . Financial asset returns, direction-of-change forecasting, and volatility dynamics. *Management Science* 52, 1273—1288.

Diebold, F. X. , A. Hickman, A. Inoue, and T. Schuermann (1998) . Scale models. *Risk Magazine* 11, 104—107.

Engle, R. , and R. Colacito (2006) . Testing and valuing dynamic correlation for asset allocation. *Journal of Business and Economic Statistics* 24 (2) .

Engle, R. , and G. Rangel (2005) . The spline garch model for unconditional volatility and its gobal macroecon mic causes. Working paper.

Fleming , J. , C. Kirby, and B. Ostdiek (2001) . The economic value of volatility timing. *Journal of Finance* 56, 329—352.

Fleming, J. , C. Kirby, and B. Ostdiek (2003) . The economic value of Rolatility timing using realized volatility. *Journal of Financial Economics* 67, 473—509.

Timmermann , A. , and M. Guidolin (2006) . Term structure of risk under alternative econometric specifications. *Journal of Econometrics*, 131, 285—308.

第 5 章 金融市场上的危机风险与非危机风险：风险管理的统一方法

Robert H. Litzenberger 和 *David M. Modest*

在 20 世纪的 1／4 时间里，多数金融机构经营失败。由这些失败引起的一系列金融危机和经济损失大大地刺激了健全企业风险管理系统的设计、发展和运行[①]——这一系列危机包括：1979—1980 年亨特兄弟银行危机，20 世纪 80 年代美国次贷危机，1982 年开始的墨西哥违约危机和拉丁美洲的债务危机，1984 年伊利诺伊州大陆国民银行的失败，1985 年由纽约银行系统失败导致的纽约联邦储蓄银行一夜透支 240 亿美元事件，1987 年股票市场的暴跌，1990 年日本股票交易市场的崩溃和个人资产价值的缩水以及德崇证券的破产，1991 年萨洛蒙兄弟的信用丑闻，1993 年金属混合物有限公司民用原料油交易的亏损，1994 年美国和欧洲债务市场的崩溃，1994 年奥兰治县金融衍生工具的损失，1994 年墨西哥比索贬值和墨西哥金融危机的爆发，1995 年霸菱的失败和达亿瓦公司的交易丑闻，1996 年住友金属铜的交易丑闻，1997 年亚洲金融危

① 本文所讨论的风险管理框架，是在 2003 年，我们一起在方位信托工作的时候开发的。感谢所有为方位信托模式发展作出贡献的同事，尤其是 Alex Shapiro 和 Paul Toldalagi，同时也感谢 Amy Litzenberger 的社论援助以及 Rene StulZ、Darrell Duffie 和 Philippe Jorion。另外，还要感谢国家经济研究局的金融机构风险工作组。

机，1998 年俄罗斯长期资本管理公司的危机，"9·11 恐怖袭击"带来的股票市场价格暴跌，2001 年安然公司的破产，2002 年爱尔兰联合银行交易损失，2005 年瑞富公司的破产，2006 年对冲基金快速终止保值措施，2007 年的次贷、信用、流动性和股权危机。2008 年的次贷危机蔓延到了 2009 年，导致了房地产价格、股票和公司债券价格大幅下跌，相关对冲基金和私人基金发生大额损失，包括贝尔斯登公司、雷曼兄弟、美林证券公司、美国国际集团和花旗集团在内的众多金融机构试图廉价急售和（或）申请紧急援助。然而，这类危机中很重要的一方面总是在商业企业的风险管理系统中被忽略：在危机发生期间，资产回报分布取决于交易者财务清算状况的相互作用。历史收益、方差和协方差与危机发生期间的资产回报分布只有很小的或没有相关性。[1]

在险价值是被全球金融机构普遍用于报告公司风险敞口的、最受欢迎的风险衡量标准。[2] 在险价值是损失限度的估计值，使得在指定的置信区间 [1，α]，损失的概率大于这个限度，超过了特定的临界值时，它等于 α（例如 1％和 5％）。有两个方法用来计算在险价值：一个是参数方法，一个是非参数方法。前一种方法的依据是目前投资组合估计的标准差，以及与产生的未来收益的分配相关的参数假设。普遍使用的常量假设简化了分析，因为常量的总和分配随机变量是简化了的，因此，这一过程同样可以对个人证券和投资组合起作用。但是，使用这种方法并不能反映观察到的数据，因为收益率的左边存在厚尾。非参数的方法采取一般的投资组合，生成这个组合的利润和损失超过特定时期的历史数据。为了计算确切的在险价值，就要读取有关假定历史损益分布构成的有价证券的百分比。一般来说，使用这种非参数的方法也不能准确地反映厚尾，因为所用的数据是短期相关的历史数据。由于这些限制，两种方法都

---

① 在 Kindleberger 和 Aliber（2005）中，其对过去 4 个世纪的金融危机指数进行了分析。它们都有自己的风格，但在重要的特质方面也有相似之处。它们都被标记上了金融财富亏损的字样，同时随着主要金融机构的破产，很多人受到了伤害。这样的事经常发生，几十年来经常会出现，而且已经影响了一个完全不同的集合资产，包括股票、房地产、郁金香、运河、大宗商品、债券、铁路、贵金属、写字楼、外汇和高尔夫球场等。

② Jorion（2007）对 VaR 进行了全面的讨论。

用负荷试验和方案分析作为补充。

在险价值的计算方法在未来价格变动的预测上同样存在不足之处，它取决于财务状况。例如，考虑两支股票涉及到兼并的套利交易。财务状况的长期目标和短期收购者的未来价格行为很可能与在宣布兼并之前孤立的往期表现没什么关系。在险价值框架的另外一个缺点是它不能反映较短时间内损失的实际大小。因此预期尾部损失（ETL）是一种比在险价值更好的度量尾部风险的方法，因为它考虑到了尾部损失的分配情况，它度量了大于特定值 α 损失限度条件下的预期尾部损失。[①] ETL 和分配收益率常量假设的联合使用，仅仅适用于一个乘数产生的风险度量的标准差。因此，作为风险度量它的价值取决于非常态的收益，而且在左边厚尾的情况下，它是特别有益的。

1994 年，为了应对欧洲债券价值的巨大缩水，高盛投资银行开发了一个企业内部的风险管理系统，这个系统能够进行企业交易定位，并根据历史方差和资产收益率之间的协方差度量每日在险价值——在险价值的参数方差。[②] 为了试图捕捉方差和协方差的逐步变化，采用了以指数下降权重来估计二阶矩量的方法。考虑到厚尾，混合常态分配的 99.6％ 被用来计算损失限度值，使得每年每日预计的损失预期超过该限度值，但不超过之前的值。[③]

从 1987 年股票市场的崩溃以及 1994 年债券市场的崩溃中学到的简单直观的一课，就是全企业定向敞口是特别具有风险的。另一方面，崩溃的发生是由于相对价值交易的均值回复性质与极低（或零）的参数相关联，[④] 使得预期收益/风险特性下，使用风险度量方法构建的模型出现问题。结果就是一个全球性的基于风险度量方法的风险在办公桌、部门和全公司范围内被限制，并且被

---

① 在某种意义上，1999 年，Artzner 等人的研究发现，作为一种连续的风险测度法，预期尾部损失有它的优势，而在险价值则不是一种连贯的分析度量法。

② 当交易敞口在交易工具中大范围聚集成一个重大的成就时，该系统的缺点也在 1998 年的相对价值对冲基金危机中暴露。

③ 出于其年报的目的，高盛报告基于正态分布的单日水平线的在险价值为 95％ 的水平。相较高盛而言，JPM 报告其在险价值基于非参数方法，该法使用当前头寸和过去 12 个月市场价值变化的历史仿真模拟（J. P. Morgan Chase&Company 2005 annual report, p.76）。

④ 对彼此以及定向头寸。

限制的范围迅速扩大。

在接下来的几年里，固定收益市场和股票市场的相对价值交易是相当有利可图的，投资银行和对冲基金的交易地位也在迅速提升。例如，长期资本管理公司（LTCM），在 1994 年开张后的 10 个月内产生的总回报率为 28.15％，1995 年为 58.77％，1996 年为 57.47％。LTCM 的良好表现和名声促使许多模仿者和资本涌入这些类型的交易。虽然不同模型被用来确定交易量，但在跨不同对冲基金和财产交易部分确定的地位是相同的。而在现货市场，价格差创造了相对价值的交易机会，使快速套利的资本大量用于相对价值交易。这导致降低了已实现的波动性和个人相对价值交易与组合的相对价值交易分离的概率。

例如，长期资本管理公司的总收益率，1997 年下降到 25.28％；收益率的每月标准差从 1994 年的 3.46％下降到 1997 年的 1.64 ％。[1] 事后看来，拥有 20/20 的收益的发生在平均回复交易的波动性降低是交易拥挤的标志。这表明，这种方法是增加而不是减少灾难性风险。在 1997 年年底，LTCM 将 27 亿美元的资本金归还给了投资者，还剩下 46.7 亿美元的权益资本。[2] 当时，长期资本管理公司的风险集合（在险价值模型的参数形式，其输入的参数部分基于历史数据，部分基于对未来风险的预期）预测它的损益的每日标准差为大约6 000万美元。[3] 考虑到 LTCM 的 46.7 亿美元的资本基础，这大约相当于 20％的年标准差。[4] 到 1998 年 1 月 30 日，在以前 252 个交易日中标准普尔 500 指数的日波动百分比变化约为 19％。所以长期资本管理公司预测的每天变化情况与标准普尔 500 非常相似。但是，考虑到大多数交易复杂的多层结构，

---

[1] 1995 年，每月回报的标准差为 1.80％，1996 年为 2.68％。

[2] 37％的资本在 1997 年 12 月被收回。相关价值交易的波动降低，在某种程度上反映了交易的拥挤，但其无疑使得长期资本管理公司比在波动性增加时归还资本更轻松。

[3] 长期资本管理公司的风险聚合模块假设短期范围，如一个月的关联性要比长期范围的更大。在 1997 年 12 月，该聚合模块预测了较大的关联性下 8 100 万美元的每日标准和较低的关联性下 6 000 万美元的每日标准。直到危机降临，LTCM 的风险聚合模块一直以来预测的高风险终于成为了现实。例如，1998 年 1 月，实际每日风险离差损益为 4 100 万美元。该信息由 Modest（2001）提供。

[4] 1998 年 1 月，基于 4 100 万美元的每日实际波动，每月实际标准差约为 14％。

未来潜在的波动性变化会比标准普尔 500 大得多。

1998 年，包括萨洛蒙兄弟在花旗银行非官方的套利债务清偿、俄罗斯卢布货币贬值及其对内债务违约和大范围信贷扩散在内的一系列事件，导致了损失和相关价值交易波动性的增加。[①] 1987 年，风险管理模式的扩散以在险价值测定为基础，运用了最近的历史收益数据，与证券保险影响股票价格相似。它影响相对价值交易的损失。[②] 相对价值交易最初的损失和变动幅度的增大导致在险价值的风险限额被突破，并且引起了相对价值交易的进一步清算。看似无关并且在历史上确实是无关的交易变成了相关交易，仅仅因为它们被同时清算。不同相关价值交易的市场变得较少流动，并且实际上它已在一定的时间内被评估。因为公司不把自己看成价格的接受者，也不知道其他公司的定位或它们的清偿方案，也不想冲击市场的地位，所以它们缓慢地清偿头寸，这导致了一系列的相关损失持续了多个月。高盛投资公司进行的交易与美国长期资本管理公司一样，与许多公司经历的 2 到 3 倍的增长变动相似，且在交易中的收益相关性也增强了许多，这些财务状况在 3 个月中积累了许多损失。

在 2007 年夏天，次级借贷市场的损失刺激了借贷的极端运动，相关控制股权收购的股票价格的快速下降导致了许多大的对冲基金和自营交易平台的去杠杆化，并最终导致许多在市场上持中立态度的信托投资基金强行平仓。这就导致了价格波动远远超过了根据历史数据得到的合理估计的预测值，也导致了相对价格在 8 月初极端变动。例如，在净资产价值方面：高桥统计－加州市场中型基金在 2005 年 12 月 1 日到 2006 年 12 月 31 日之间日收益标准差等于0.161%。2007 年 8 月 2 日至 10 日这 7 天中，该基金的收益率分别为－0.25%、－0.75%、＋0.81%、－1.26%、－2.30%、－2.09%、＋2.14%。这些与下面在历史标准差的单位移动相关：－1.54、－4.62、－5.04、－7.82、－14.25、－12.97 和＋13.25。高盛投资公司首席财务官 David viniar在 2007 年 8 月评论公司最重要的定量保值对冲基金时说："我们在原来几天中

---

① 例如，长期资本管理公司在 1998 年 5 月和 6 月连续两个月出现亏损。

② Brunnermeir 和 Pedersen（2007）中的模型体现了此类现象的许多方面。Chan 等人（2007）认为，关于对冲基金回报的连续关联性可以为深刻了解流动性的未来情况提供特殊的参考。

看到的都是放大 25 倍的标准差。"① 被看做是 David Viniar 评价的基础在非危机时期的可能性分布是通过几十年中每天的数据预测出来的，对于危机时期有很少的甚至没有关联。8 月观察到的每日回报是由于相似交易头寸被定量股票基金和自营交易平台同步平仓而产生的。由于它们在同一时间被清算，看似不相关的定量股票策略广泛地变为了相关。从 8 月 2 日到 8 月 9 日债务清偿极端的增加导致了高压的保值基金被分解成了压力较小的基金。一些资产交易平台被要求清偿资产来减少公司的风险。公开清偿资产进行修复只能部分地减轻基金和交易平台的损失，但它能显著地使资产降到最低点。

所以，从 1998 年和 2007 年相关价值危机中得出的重要教训是：从近期历史收益数据中预测的方差、协方差以及一系列关联性在交易驱动的金融危机中是具有误导性的重要指标。在变化的市场中损失能自发地由集中贸易和交易者原始损益的状况产生。事后看来，这也应该是从 1987 年股票价格暴跌（集中交易投资保险）和 1994 年债券价格暴跌（这是长期债券集中交易的地方）学到的教训。高盛投资公司和其他公司对于 1998 年所经历的危机的反应是，在交易管理危机中进行负荷测试，在一定范围内投资更可信赖的投资组合。例如，3 个月内债务扩展分析被用于高盛易波动的定期债务收益资本风险极限的设定。在负荷测试债务扩展的基础上建立交易极限的过程中，高盛在 2007 年次贷危机时建立了控制敞口的文化，并且一直延续到了 2009 年初。不幸的是，这种基本的风险控制显然没有被美林公司应用，这种部分控制在美林公司并不适用，美林公司被出售给美国银行（美国银行要求美国政府支持在更多投资组合的信息被披露之后，不取消此次出售）和美国国际集团、花旗集团（只能靠大量的政府贷款存活）。然而，这些公司仍然通过历史的方差和协方差计算风险值，因为该模型在不同交易类型对风险进行聚合方面进行分析时容易处理并且可以向监管者求助。

现今要依靠这些教训去制定一个容易分析解决的风险管理衡量标准。这能精确地测定金融危机中重要的透明数据，同时获得在非金融危机时期的变化程度。我们构建了一个假定在非危机期间描绘市场多层次管理的重要损失结构，

---

① "Goldman pays the price of being big", *Financial Times*, August 13, 2007.

这个结构是灵活的，它可以包含任意多变的危机数值。通过 1998 年和 2007 年危机得到的一个重要的教训是收益之间可以是相互关联的，因为撇开任何经济原理不谈，资本从根本上讲是交易的集聚（或策略）。[①] 这是我们模型的一个重要特点。其中包含了本质上就有指导性的危机而且收集了诸如发生在 1994 年和 1987 年的具有极强指导意义的变化。其中也包含了能充分体现源于策略（或源于交易）的危机，就像 1998 年和 2007 年危机。[②] 其中还包含了相对价值以及具有指导意义的危机共同出现的可能性，例如 2008 年和 2009 年早期的危机。

危机与消极对策的回报和波动的突然增长相关。消极影响的大小依赖于很多因素，包括形成策略的流动性工具、贯彻策略的定位的总量以及交易的复杂性。当危机发生时，所有可影响对策的投资都受到影响，这导致它与回报之间的相关关系在危机期间倾向于一个特征，这个实证特征必须由任何现实的风险模型体现。我们的模型包含了期望的特点：（1）在危机时期和非危机时期，它可以准确地预测投资组合的变动；（2）在危机时期，可以在现实的趋势中获得实际压力的变化；（3）它与一些经验观察相符，即金融市场的回报具有左厚尾分布特征；（4）它为比较交易提供了框架，这些交易风险可能由典型的日常非危机波动和危机风险按不同比例构成。

本章余下的部分将分为如下几节。5.1 节展示我们的模型。在 5.1.1 节里，我们将描绘金融市场，该市场包括静态变动时期或非危机变动时期，以及严重市场压力时期，我们还规定了一系列灵活的状况。在 5.1.2 节中，我们将讨论预期的厚尾损失的计算方法，并证明它能像状态依存的平均概率加权一样被表达出来。5.2 节将展现这个模型怎样被用于分解由危机和非危机组成的投资组合的风险，以及怎样分解对策对于两种风险类型的作用。同时，人们也在按照 Black-Litterman 模型的精髓使用这个模型，以检查预期回报是否与给定

---

① 另一个为 Soros（2008）所争论的教训为：价格效应反过来影响其基本面。

② 具有争议的是，1987 年股票市场的崩溃同样是基于交易，而非基于基本面的任何变化，它取决于投资组合保险交易的密集性（crowding）。1994 年，债券市场在美联储短期利率 6 次连续增长后崩溃，但又由于长期债券套利交易而加剧波动。

的投资组合一致，以及预期回报如何改变以证明远离初始分配倾斜的投资组合的合理性。在 5.3 节中将讨论该模型在大量对冲基金管理中的实际执行情况。

5.1 模型

5.1.1 危机风险和状态空间

在本文中，我们假定金融市场以静态变动时期、非危机变动时期和严重市场压力时期的非经常性分布为特征。我们假定有 C 种类型的金融危机。$C>2$ 时，状况 S 的数值等于：

$$S = C + 2 + \sum_{k=2}^{C-1} \frac{C!}{k!\ (C-k)!} \tag{5-1}$$

例如，如果有三种可能类型的危机，就存在八种可能状况：一种非危机状况（大多在静态变动时期发生），三种单个危机状况，一种三危机状况，三种双危机状况。① 每种情况下的收益假定由独立的正态分布的状况产生。此时，独立的状况在长时间范围内是不断变化的。在一个给定的时期，状况的概率为 π_s，其被选为与不独立分布的危机或者相关联的危机一致。虽然在执行时，我们假定这些概率是连续的，但是它们在一段时间内也可能变动。

被给定危机的类型影响资产的情况有独立的背离标准，它受危机乘数影响而增长，并且经历了一个非独立的危机下降时期，这意味着它向等于 z 价值倍数和它们非独立状况标准差移动。这种平均的下降等于完全相关的收益组合。这将引起所有资产的关联性受一个特殊危机趋向另一个危机的影响，尽管它们不完全相关。在这个模型运行时，人们会很自然地想到一种原始层次的资本，例如个人股票或特别债券。但是通过 1998 年和 2007 年危机得出的一个重要的教训是强制平仓将导致关联交易，而且事实上将使个人资产向与经济学上预计

---

① $C=1$，$S=2$：一种非危机状况和一种危机状况。$C=2$，$S=4$：一种非危机状况、一种双危机状况和一种单危机状况。

的证券现金流相反的方向流动。

以 1998 年荷兰皇家石油公司和伦敦壳牌运输与贸易公司为例。在 1907 年 2 月，两个公司合并成一个集团公司。荷兰股东拥有新公司 60％的股份，英国股东拥有 40％。直到 2005 年 7 月 20 日，该集团一直是双重上市公司。荷兰皇家石油公司是标普 500 指数中的一员，它主要在纽约和荷兰经营。尽管通过美国存托股证在纽约交易，壳牌运输与贸易公司主要还是在伦敦经营。荷兰皇家石油公司趋向于以高于壳牌运输与贸易公司的价格（大约 60：40 的收益分配）交易，因为它包含在了标普 500 指数中。美国长期资本管理公司有 21 亿美元的套利头寸：壳牌运输与贸易公司的多头和荷兰皇家石油公司的空头。在 1997 年，在两个公司分配的平均贴息率少于 8.83％。[①] 在 1998 年的 8 月到 10 月期间，美国长期资本管理公司的贴息率增长到 18.53％的峰值——因为担忧市场状况，美国长期资本管理公司被迫快速清偿债务。[②] 所以 1998 年危机导致了两份几乎相同的资产朝相反方向转移。这个现象在 2007 年又出现了，并且产生了巨大的影响。当时市场中性对冲基金长期持有的股票价格骤降，而被同样基金持有的短期股票价格则大幅增长，同时二者的市场总体水平相对不受影响。这揭示了风险系统的需求不仅集中在个人资产上，还体现在交易上。

为了解释我们的模型，在 5.4 节中，我们假定给定的状态发生的概率 π_s 会持续一段时间。因此模型的时间周期必须不短于危机的典型时长。这样才能确定 $(t+1)$ 时期发生危机的可能性是否独立于 t 时期发生的危机。我们选择的周期为一个季度。一个季度的时间足够考虑非现金交易对风险的延长影响，同时也足够反映投资银行一个季度报告周期的重要性。图 5-1 清晰地揭示了在简单的双态无压力框架下，有条件的独立状态和无条件的收益分配。

颜色较浅的线表示的是在有条件的非危机条件下发生的分配的标准差，颜色较深的线表示的是在有条件的危机条件下发生的分配的标准差。有条件的危

---

① 百分比利差被定义为荷兰皇家石油公司美元市值减去壳牌运输与贸易公司美元市值的 1.5 倍，再除以壳牌运输与贸易公司的美元市值的 1.5 倍。这是使用纽约的美国储蓄证券（ADR）封闭价格计算得出的。

② 在 1998 年 10 月 8 日达到峰值差（peak spread）。

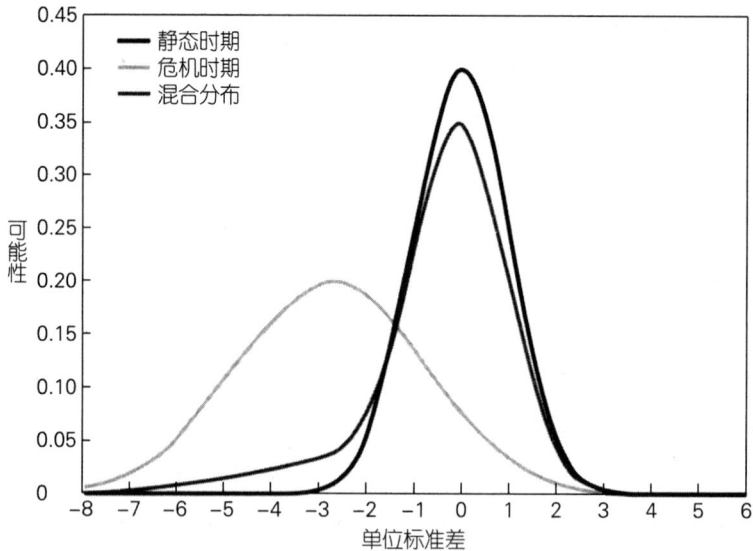

图 5-1　简单的双态无压力图解

机分配反映了：（1）向下平均转移反映了完全相关的危机组合的向下移动；（2）与非危机状态相关的波动性的增加。颜色最深的线表示的分配下降是无条件下的分布，这个概率加权的分布超过了非危机（静态）和危机的状况。

5.1.2　风险危机和预期尾部损失

正如之前讨论过的，在此模型中风险危机的中性度量，是指事先规定的百分比水平（$1-\alpha$）下的超过了指定的临界值（designated horizon）τ 的预期尾部损失。[①] 图 5-2 表示的是 95％水平下的预期尾部损失。

我们的框架考虑到了各类资产预期尾部损失集合以及对于个人资产（或策略）预期尾部损失组合所作贡献的度量。假定每种情况下都服从正态分布，当资产回报呈正态分布时，或有状态预期尾部损失的解与众所周知的看跌期权价值公式相似。预期尾部损失总值被表示为或有状态看跌期权的概率加权平均值。状态依存下正态分布的假设与限定的危机类别数量在资产数量增长时导致

---

① 例如，正如其年报中所说的那样，高盛关注（$1-\alpha$）百分比水平为 95％的在险价值和日水平线。J. P. Morgan Chase 则报告其在险价值（$1-\alpha$）百分比水平为 99％，且日水平线相同。

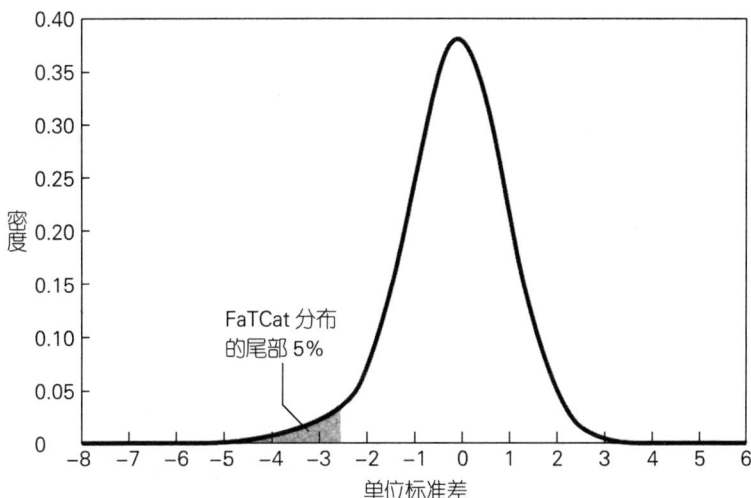

图 5—2 预期尾部损失

轮廓分明的厚尾分布。当资产数量增长时，混合正态分布的使用与存在有限分布的跨资产独立混合概率的反差是正常的。

更正式的情况下，预期尾部损失在投资组合（或资产）p 上可表示为：

$$\mathrm{ETL} \equiv \mathrm{E}\left[\tilde{R}_p \mid \tilde{R}_p \leqslant A\right] = \sum_s^S \pi_s \mathrm{E}\left[\tilde{R}_p \mid \tilde{R}_p \leqslant A, s\right] \tag{5-2}$$

其中：S 是状况的表示数字；

π_s 是 s 状况发生的概率；

R_p 是投资组合收益超过无风险的收益的比率；

A 是依赖于百分比 α 选择的收益界限。[①]

可替换的预期价值公式为：

$$\mathrm{ETL} = \sum_s^S \pi_s \int_{-\infty}^A xf(x, \mu_{p,s}, \sigma_{p,s}) dx / \alpha \tag{5-3}$$

其中：$f(\cdot)$ 表示标准的非独立状态的可能性下的正态化投资组合收益的密度函数。

求式（5-3）右边的解析积分为求预期尾部损失提供了闭型解，在 Λ 条

---

① 虽然 A 更正式的写法为 $A(\alpha)$，但是为了简化符号，我们将其写为 A。A 也是状态依存和标准差的隐函数，这在 5.4 节中已有演示。A 还与被称为（$1-\alpha$）的在险价值标准差一致。

件下，混合正态分布的回报临界值百分比 α 为：

$$\text{ETL} = \sum_s^S \pi_s \left[\mu_{p,s} F\left(\frac{A - \mu_{p,s}}{\sigma_{p,s}}\right) - \sigma_{p,s} f\left(\frac{A - \mu_{p,s}}{\sigma_{p,s}}\right) \right] / \alpha \tag{5-4}$$

其中：$F（\cdot）$ 表示标准状态依存下的正态化投资组合回报积累的分布函数。[1]

界限 A 可以使用下面的公式估算：

$$\sum_s^S \pi_s F(A, \mu_{p,s}, \sigma_{p,s}) = \alpha \tag{5-5}$$

20 世纪八九十年代是全球金融市场十分动荡的时期，尤其是对市场中积极的参与者来说，这场动荡像是百年一遇的洪水，现在至少每 5 年发生一次了。在高盛投资公司，对于此类事件再次发生的周期的预测有大量的讨论，目的是为了判定不同交易中非危机概率水平的充分性。5 年中的一个季度（共 20 个季度）被主观地确定为可持续充分盈利的交易行为的决定性基础。在本文，我们做了同样的假定，假定在模型运行中，每个季度给定的风险概率为 5%，即 $\alpha = 0.05$。

5.2　个人资产对投资组合风险的贡献

5.2.1　对于预期尾部损失的边际贡献

考虑到投资组合 $p^\dagger$ 在投资组合 p 中第 i 个资产中的权重为 w_i，在投资组合 p 中的权重为（$1 - w_i$）。非独立状态的平均值为 $\mu_{p^\dagger,s}$，标准差为 $\sigma_{p^\dagger,s}$，则新组合可表示为：

$$\mu_{p^\dagger,s} = w_i \mu_{i,s} + （1 - w_i）\mu_{p,s} \tag{5-6}$$

$$\sigma_{p^\dagger,s} = [w_i^2 \sigma_{i,s}^2 + （1 - w_i）^2 \sigma_{p,s}^2 + 2 w_i （1 - w_i）\sigma_{ip,s}]^{1/2} \tag{5-7}$$

其中：$\sigma_{ip,s}$ 表示资产 i 收益和回报组合 p 收益之间的状态依存协方差。

---

[1]　该离差与 Brennan's（1979）正态回报和指数效用下看涨期权的价值离差相似。风险中立条件下，产品阿尔法与预期尾部损失是当价格低于 A，但不要求用 A 支付时看跌期权运动的未来价值。

为了计算第 i 个资产对投资组合预期尾部损失的影响，式（5－4）对 w_i 进行了微分，同时被式（5－5）给定的约束条件制约，在 $w_i=0$ 的条件下进行估算。下面的表达式定义了投资组合的预期尾部损失对投资组合权数改变的敏感度：

$$
\frac{d\text{ETL}}{dw_i}\bigg|_{w_i=0} = \frac{1}{\alpha}\sum_s^S \pi_s \left\{ \left(\frac{d\mu_{p^\dagger,s}}{dw_i}\right)F(\cdot) + \mu_{p^\dagger,s}\left(\frac{dF(\cdot)}{dw_i}\right) - \left(\frac{d\sigma_{p^\dagger,s}}{dw_i}\right)f(\cdot) - \right.
$$
$$
\left. \sigma_{p^\dagger,s}\left(\frac{df(\cdot)}{dw_i}\right) \right\} \bigg|_{w_i=0} \tag{5－8}
$$

其中，关于投资组合权重的导数在 $w_i=0$ 的条件下进行估算。考虑到投资组合权数的数值表示为式（5－4），对 w_i 积分，与 A 近似。正如附录中提到的，当 A 必须由基于式（5－5）的数值约束条件求得时，基于式（5－5）的 A 的隐微分可以经过分析求得。

第 i 个资产对组合 $p^\dagger$ 的预期尾部损失的部分贡献类似于这个组合中产品的权重 w_{ip}，它关于组合 $p^\dagger$ 的预期尾部损失 β，可以用下面的公式计算：

$$
\beta_{i,p^\dagger}^{\text{ETL}} = 1 + \frac{\frac{d\text{ETL}}{dw_i}\bigg|_{w_i=0}}{\text{ETL}} \tag{5－9}
$$

组合的预期尾部损失部分贡献的计算与组合中其中一个资产权重为 w_{ip} 时第 i 个资产对组合方差的边际贡献，以及它的波动率 $\beta_{i,p^\dagger}$（σ^2）的计算相同：

$$
\beta_{i,p^\dagger}^{\sigma} = 1 + \frac{\frac{d\sigma_{p^\dagger}}{dw_i}\bigg|_{w_i=0}}{\sigma_{p^\dagger}} \tag{5－10}
$$

但是，不像更为人们熟悉的波动率 β，预期尾部损失的 β 不能作为回归系数中最小二乘法的斜率被估计。

5.2.2 最佳投资组合和隐含风险利差

考虑到股票交易预期超过回报和预期尾部损失的投资者的投资组合最优化问题，我们提出它的投资决策在一段时间内的一系列问题。[1] 因为投资组合风

---

[1] 实际上，一些资产所有人可能关心正常时期的预期尾部损失和资产组合波动率。例如，投资银行关注更为典型的尾部损失——因为它会威胁到企业期货的波动率。其也关注预期每季度交易利润和损失的预期波动，因为分析人士将此用做管理层的风险管理技能测试计。为简化起见，本章中我们假设预期尾部损失只与投资组合风险措施有关。

险溢价（R_p）和每一美元股票的预期尾部损失是按比例转为杠杆、无杠杠的组合，所以在混合了借贷的情况下，它超出预期尾部风险的最高风险溢价比率是最佳的。就像在图 5-3 中描绘的那样，其中在曲线切点的投资组合被记为 p^*。

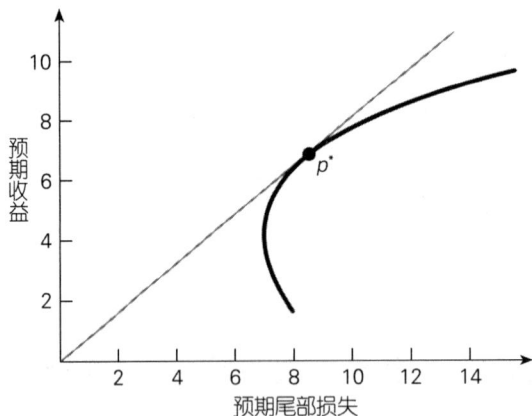

图 5-3　预期收益（Y 轴）/预期尾部损失边界（X 轴）

个人资产对投资组合的预期尾部损失的贡献，被视做驱动最大化风险收益率的充分必要条件。最优投资组合的首要条件是：

$$\frac{E_i\ (p^*)}{\beta_i^{\text{ETL}}} = \frac{E_j\ (p^*)}{\beta_j^{\text{ETL}}} = E_p^* \ \forall\, i,\ j \tag{5-11}$$

其中：p^* 是最优投资组合的比率和反映个人资产对组合预期尾部损失的边际贡献的危机 β 值；

$E_i\ (p^*)$ 是与投资组合 p^* 为最优组合一致的资产 i 的预期收益。

不受约束的最优的均值方差对于预期收益的微小变动都很敏感，这些变动能够使得组合产生极端权重。[①] 由此，计算最优投资组合的权重不是解决问题的好方法，因为结果是高度不稳定的。布莱克和莱特曼（1990）提供了供选择的解决方法，这个方法决定了调整的投资组合方向的预期收益。本章中的方法就是这种方法。

p 表示投资组合的基准或参考。给出组合 p 的多种选择，在 5.1.1 节中的

———————————

① 例如，可参见 Best 和 Grauer（1991）。

最优投资组合权重的首要条件暗示了每种资产的风险溢价，这对于投资组合权重最优化十分必要。

基于投资组合 p 的可能选择包括所有资产（包括对冲基金和其他可选择的资产）的市场投资组合、对冲基金市场的投资组合，如摩根斯坦利资本国际公司（MSCI）资产权重的对冲基金指数，或现有投资组合的对冲基金。第一个选择用于合理地分析高净值投资者选择的投资组合，一阶条件可能被解析为在不同投资者有相同看法的情况下市场平衡的条件。这给出了在预期收益－ETL空间下的CAPM模型。第二种选择适合扩大的对冲基金的指数基金，通过这个基金可以看出它决定对冲基金策略方向的要求。MSCI策略的权重将会增加每单位 $E_p/$ETL 的预期尾部风险的风险溢价组合，$E_p/$ETL 与夏普比率的均值－标准差范围相同。[1] 最终选择对于期望通过重新分配对冲基金权重或对冲基金经理权重来增加 $E_p/$ETL 比率是合适的。

考虑到一个被管理者打算用来代替基本投资组合 p 的基准候选的投资组合 p^*，要使 p^* 成为最优组合，$E_i(p^*)$ 必须等于资产风险溢价 i 的贝斯概率的估计量。所以在新的风险利差均衡条件下，投资组合均衡条件是内含的贝斯定理的估计量。这个估计量应该是凸函数方差的最小值，是由之前贝斯定理和 $E_i(p)$（等于作为均衡组合的原始基准投资组合成为最优组合的原始风险溢价）和预测风险溢价 $E_i(f)$（样本估计量）混合形成的。假定之前预测的误差和样本估计量是相互独立的，则贝斯定理的后验估计量可描述成：

$$E_i(p^*) = \frac{E_i(p) + k^2 E_i(f)}{1 + k^2} \qquad \forall i \qquad\qquad (5-12)$$

其中：k 是预期风险溢价（样本估计量）相对于与基准相同的风险溢价（前一个估计量）的置信度，通过后者可以度量相关标准误差。[2]

当 $k=0$ 和预测风险溢价的置信度为 0 时，后验估计量仅简化了相同基准/之前的风险溢价。$k=1$ 时，预测风险溢价与先前的平衡风险溢价的权重是

---

[1] 风险溢价是指相关的无风险利率的预期回报。

[2] 用 $\sigma_i(f)$ 表示样本/经理预报的标准误差，用 $\sigma_i(p)$ 表示先前预报的标准误差。k 可由 $1/\sigma_i(f)/1/\sigma_i(p) = \sigma_i(p)/\sigma_i(f)$ 得出。

相等的。相同地，当 $k \to \infty$ 时，先前的均衡风险溢价的置信度 $1/k \to 0$，后面的估计量汇集了预测（样本）风险溢价。

因为提供的对于基准投资组合和再分配投资组合的暗含的均衡风险溢价是从一阶条件和基本投资组合的风险溢价/预期尾部损失比率得到的，所以该平衡可由隐含预测的风险利差得到，并且对于与新平衡投资组合一致的预测是必要的：

$$E_i(f) = E_i(p^*) + \frac{1}{k^2}[E_i(p^*) - E_i(p)] \qquad \forall i \qquad\qquad (5-13)$$

5.3　组合式对冲基金的执行

多个状态的损失模型是我们在 2003 年与方位信托（Azimuth Trust）合作时建立的，即组合式对冲基金。这个模型需要的条件明显与和对冲基金策略回报相关的厚左尾的粗略检查不同。例如，考虑到历史上固定收益套利策略回报的波动，在 1990 年到 2006 年期间该策略年均收益变动率为 4.15％。[①] 同时还存在正常分配收益的假设。与 1998 年那次 −13.96％ 的下跌相比，这就暗示了任意 5 年中 3 月期最大预测损失为 −4.30％。该信贷回报以及不良证券对冲基金策略显示出相似的模式：年波动率为 −5.94％，基于正态分布回报的 3 月期预期最大损失为 −6.14％，3 月期实际最大损失为 −12.82％。

上述提供的模型对于掌握危机类型的任意数量是十分有用的，事实上这个模型的运用在危机数量很少时更加易懂。例如，方位信托用了 3 种类型的危机运行这个模型：（1）相对价值对冲基金危机；（2）股票市场崩溃；（3）对冲基金宏观危机。在方位信托，我们的方法是使用该框架来决定对于不同对冲基金策略的策略分配。一旦策略分配被确定，我们就试图找出最好的资金筹集方法，这能我们带来想要的策略敞口（strategy exposure）。

---

① 该数据来自 1990 年 1 月—2006 年 5 月的《对冲基金研究》。回报的年度波动假定月度回报总是与时间有关。

每一个受给定危机类型影响的对冲基金使得其标准差随具体基金危机乘数而上涨，未受影响的标准差则不变。[①] 对冲基金投资组合的状态依存标准差是用对冲基金的状态依存标准差和不变的相关矩阵估算出来的。[②] 危机的密切相关因素为每个受到影响的基金建立了下行均值偏移模型，该基金 1.654 倍于其状态依存危机标准差。投资组合的平均数是通过不受影响的非危机时期平均数的权重来估算的。个人保值基金的危机乘数是基于许多事实主观推算的，它包括：(1) 基础工具的流动性；(2) 头寸大小；(3) 交易的密集度；(4) 交易的复杂性；(5) 基金的杠杆率；(6) 基金的风险管理政策。

从 1998 年到 2007 年获得的一个重要教训是，从基本面上看本应降低风险的套期保值，却可以使危机中的交易损失恶化。回顾一下 1998 年可转债的套利事件，长期可转债头寸套期保值的合理方式是对利率风险敞口进行掉期套头保值，用互惠外汇信贷来保值，用标的股票对净德尔塔值进行套期保值，用指数期权对变化集合的波动水平进行套期保值以及用信贷工具对信贷风险进行套期保值。1998 年秋，那些未对 vega 集合敞口（aggregate vega exposure）进行套期保值的人的情况反而要好些，因为虽然可转债的隐含波动率在显著下降，但同时指数期权的隐含波动率却在大幅增长。[③] 这就是一个例子，用以解释为什么危机中更复杂的交易往往有可能表现得更糟糕，而且要求更高的危机乘数。如出一辙的是，更密集的交易、绝对值更大的交易以及更多非流动性证券的交易更有可能遭遇更高的危机损失。所以需要制定一个更高的危机乘数，因为流动性或风险原因导致的债务清偿更有可能导致廉价抛售。

我们应力损失的结构乘数管理制度的一个好的特点是，它使得投资组合风险被预期尾部损失的贡献和连续统一框架下非危机组合的波动分解。这种分解

---

① 对冲基金可能受不止一个危机的影响。这就要考虑多头/空头股票对冲基金 35％的净多头敞口。该基金预期可能受相对价值对冲基金危机和股票市场崩溃的影响。对冲基金危机可能影响投资组合的对冲部分，而股票市场的崩溃可能严重影响净多头敞口。

② 将一个单独对冲基金标准差看成一个或多个策略敞口的结果的系统组成部分和专项基金的特殊部分是合理的。该特殊部分应当反映特殊市场因素以及运营和信贷风险敞口。

③ 这反映了长期资本管理公司重要的可变长期头寸和指数波动下的短期头寸，尤其是更长的波动率期限结构。

分析在表 5—1 中已有阐述。总之，这种投资组合每年预期收益变动率为4.5％，预期尾部损失为－5.6％。[1] 表 5—1 包括：这个投资组合对冲基金权重的信息、[2] 该策略的预期波动率在模型中的主观数据、[3] 3 个月预期最大应力损失、[4] 每个策略对于投资组合预期尾部损失和波动率的贡献、预期尾部损失策略和波动的 β 因素以及与最优构建的投资组合一致超过预期回报。

对比全球宏观策略和固定收益套利策略对于投资组合整体风险的贡献是非常有趣的。在这个例子中，21％的基金资产被投资到全球宏观策略中。尽管全球宏观策略趋向于更大的相对变动，但其在资产价值持续变化时仍然表现良好。

所以，全球宏观策略占到了投资组合的预期尾部损失的 16.12％，而在非危机时期为投资组合变动的 23.99％。固定收益套利的表现方式截然不同。如表 5—1 所示，基金资产的 5.75％被投向了固定收益套利策略。这种投资占到了投资组合预期尾部损失的 6.57％，而在非危机时期，只是变动的 1.35％。MSCI 指数中最大的对冲基金种类是长/短期股权对冲基金，它们包括重要的长期偏好的基金、市场中性基金以及持续的短期偏好基金。这些类型基金占据着 41.02％的美元投资组合分布。[5] 它们对于预期尾部损失和投资组合变动的贡献分别为 39.80％和 48.05％。

---

[1] 给定 4.5％的波动率和正态分布回报假设，预期尾部损失将为－4.6％。如上所述，预期尾部损失法衡量预期尾部损失的实际大小，而传统在险价值衡量法仅提供了损失阈值。基于多重状态应力损失模型，95％的传统单季度在险价值为－4.4％。给定常态假设，95％的单季度在险价值为－3.7％。

[2] 自 2007 年 1 月起，这些权重就与摩根斯坦利资本国际对冲基金指数中的资产加权权重对应。我们重新分配了基金。我们把基金从它们的多进程类型分配到了其他对冲基金策略中。我们假定全球宏观策略受自身宏观经济危机的影响，长/短期股权和事件驱动套利受股票市场危机的影响，并且余下的策略受到相对价值对冲基金危机的影响。

[3] 正如 Chan 等人（2007）讨论的那样，很多对冲基金策略的月回报显示了很重要的系列关联性。我们的主观预期波动率是一个加权的组合，该组合由标准的波动率估计量和同步调节波动率估计量组成。

[4] 这也是一个输入模型，取决于我们对策略危机乘数的主观估计。关于确定适当乘数的因素问题，前面已经进行了讨论。

[5] 平均而言，该类别中基金的 β 指数大约占标准普尔 500 指数的 1/3。

表 5-1　　　　　　　　　　　　　对冲基金策略资产配置实例

策略	分配/美元	策略预期波动率	ETL策略	对投资组合的贡献	βETL	对投资组合波动率的贡献	βσ	超过预期回报
全球宏观策略	21.00%	6.00%	-8.00%	16.12%	0.77	23.99%	1.14	4.90%
长/短期股权	41.02%	5.50%	-7.00%	39.80%	0.97	48.05%	1.17	6.20%
信贷和不良资产	17.68%	4.50%	-9.00%	24.40%	1.38	15.96%	0.90	8.90%
固定收益套利	5.75%	2.50%	-8.00%	6.57%	1.14	1.35%	0.24	7.40%
换股和波动套利	5.27%	4.50%	-7.00%	4.83%	0.92	2.88%	0.55	5.90%
统计套利	3.59%	2.50%	-4.00%	1.83%	0.51	0.87%	0.24	3.30%
事件驱动套利和并购套利	5.70%	6.00%	-8.00%	6.45%	1.13	6.89%	1.21	7.30%

　　预期尾部损失策略和变动的 β 因素，在式（5-9）和式（5-10）中被定义过并且在表 5-1 中也出现过。它们以不同的方式代表了策略对于投资组合预期尾部损失的贡献。预期尾部损失最低的策略是统计套利（0.51）和全球宏观策略（0.77）。如果给定最低美元分配，则该策略分配中的边际增长对于投资组合的总体预期收益影响很小。全球宏观策略的边际增长对预期尾部损失的相对影响很小，是因为它受自身宏观经济危机的影响并针对相对价值对冲基金和股票危机提供分散投资。具有最高预期尾部损失 β 值的两种策略分别是信贷和不良资产（1.38）以及固定收益套利（1.14）。这反映了相对价值危机期间它们损失的大小以及在决定投资组合的总体预期尾部损失中相对价值对冲基金的重要性。当固定收益套利具备最大 β 值中的一个时，没有策略具有一个较低的波动 β 值（0.24）——反映了其适度的投资组合权重以及它在非危机时期的波动。对于投资组合波动率贡献最大的是事件驱动套利，以及通过用 β 值为 1.21 的波动率和 β 值为 1.17 的长/短期股权进行的并购套利。全球宏观策略波动率 β 值为 1.14，处在平均水平之上——反映了相对高的美元分配和非危机时期的高波动性。

　　如果给定一系列非危机标准差的假设、策略回报关联系数、危机乘数以及基础投资组合 p 的选择，就可以像上述讨论那样使用我们的框架，产生一系列与给定的最优投资组合权重一致的隐含预期回报。这样操作的结果在表 5-1 中展示过。表 5-1 最后一栏的数字提供了超过预期回报，它与给定的最优策略投资组合权重一致——给定了 6.4% 的投资组合总体预期回报。固定收益套利在该投资组合中占美元投资的 5.75% 和预期尾部损失的 6.57%。表 5-1 显示了对于固定收益套利的超过预期回报超过无风险利率 7.4%。这个预期回报使 5.75% 的投资组合权重达到最优，背景是同时持有其他股票，并且假设该经理作出投资决策仅仅基于超过预期回报和预期尾部损失。而如果投资人仅仅以超过预期回报和波动率为基础作投资决策，那么固定收益套利的超过预期回报将比伦敦银行同业拆解利率少 100 个基点。全球宏观策略是一种在相对价值套期保值危机期间提供更好的分散投资的策略，尽管它对正常的逐月投资组合回报波动率 (23.99%) 有明显的影响。为了优化该投资组合结构，这种策略必须产生 4.9% 的超过预期回报。该回报反映了它对于投资组合预期尾部损失的弱影响力。

正如在 5.2.2 节讨论的那样，这种结构可以被用于指导管理着由众多对冲基金组成的基金的经理们，他们把摩根斯坦利资本国际公司对冲基金指数作为基准并试图通过策略倾斜和资产分配实现增值。表 5-1 表明，在我们的风险模型下，与摩根斯坦利资本国际公司对冲基金策略权重一致的隐含风险利差可以最优化。投资组合 p^* 成为超越基准的最优改进，新投资组合 E_i (p^*) 中的每项策略的隐含风险利差必须等于式（5-12）给定的资产 i 的风险溢价的贝叶斯后验估计。表 5-2 和表 5-3 显示了需要在两种不同的假设情况下偏离 MSCI 策略权重的隐含风险离差：（1）预测的风险利差与基础平衡利差（先验估计量）有着相同的置信度，即 $k=1$（见表 5-2）；（2）预测的置信度是先验的一半，即 $k=0.5$（见表 5-3）。[1]

表 5-2　　　　　投资组合与所需超额收益：预测和

先验具有相同的置信度

策略	-50% 组合权重	-25% 组合权重	基础隐含的超额收益	25% 组合权重	50% 组合权重
全球宏观策略	0.8%	3.4%	4.9%	6.3%	7.5%
长/短期股权	3.3%	5.1%	6.2%	7.7%	8.6%
信贷和不良资产	6.0%	7.6%	8.9%	9.9%	10.7%
固定收益套利	6.4%	6.9%	7.4%	7.8%	8.3%
换股和波动套利	5.5%	5.7%	5.9%	6.1%	6.2%
统计套利	3.2%	3.25%	3.3%	3.35%	3.4%、
事件驱动套利和并购套利	6.9%	7.1%	7.3%	7.5%	7.6%

---

[1]　当投资组合权重发生改变时，我们假设它是按比例重新分配给其他策略的。

表 5—3　　　　　　　**投资组合与所需超额收益：预测的**

置信度是先验的 0.5 倍

策略	−50% 组合权重	−25% 组合权重	基础隐含的 超额收益	25% 组合权重	50% 组合权重
全球宏观策略	−3.2%	1.0%	4.9%	8.5%	11.4%
长/短期股权	−4.7%	1.4%	6.2%	9.8%	12.2%
信贷和不良资产	1.8%	5.7%	8.9%	11.4%	13.4%
固定收益套利	4.9%	6.2%	7.4%	8.5%	9.6%
换股和波动套利	5.0%	5.5%	5.9%	6.3%	6.7%
统计套利	3.1%	3.2%	3.3%	3.4%	3.5%
事件驱动套利和并购套利	6.3%	6.8%	7.3%	7.7%	8.2%

　　表 5—2 和表 5—3 的第一列显示隐含风险利差需要从摩根斯坦利资本国际公司策略分配向全球宏观策略偏离 21%。一个投资者需要一个更高的预期回报来证明全球宏观策略的更大分配和更低的预期回报以证明更小的分配。如表 5—2 所示，如果投资者期望该策略超额回报为 6.3% 而不是 4.9%——假设前后置信度相同，则将全球宏观策略的权重从 21% 增加到 26.25%（投资组合权重增加了 25%）可以得到证明。如果投资者预测的置信区间较低，则预测风险利差就应当更高。这在表 5—2 和表 5—3 中对比相应风险利差时已经用图示阐明了。在表 5—3 中，此时 $k=0.5$，风险利差需要证明在策略权重中 25% 的增加且应为 8.5%——比表 5—2 中相应的风险溢价大了 220 个基点。

　　在表 5—2 中，风险利差显示在需要证明各种投资组合倾斜的风险利差变化与基础策略分配大小和危机敞口性质之间有一种重要的、直观的关系。总之，小的投资组合分配策略（对总体投资组合预期尾部损失影响较小）要求在风险利差方面相对小的变化以证明与较大分配策略相比较的偏离。例如，基础分配最小的策略是统计套利（3.2%）。它仅仅动用 5 个基点的风险溢价的改变就证明了策略分配 25% 的增长或下降。与最大分配策略相对照的是，最大的分配也受到相对价值对冲基金危机的影响：信贷和不良资产套利。表 5—2 显示影响信贷策略分配 25% 的增长，需要风险利差 100 个基点的增加（从 8.9% 到 9.9%），而影响 25% 的下跌则需要风险利差 130 个基点的下跌。对于长/短期股权类型，摩根斯坦利资本国际公司最大策略分配是41.02％。该策略25％的分配增长需要相对大的150个基点的风险利差增长（从6.2％到7.7％），分配方面相应的下降则需要110个基点的风险利差下降（从6.2％到5.1％）来实现这样的倾斜。

在表5—3中，风险利差的增长和下降需要投资组合倾斜的实现，当预测的置信度较先验更小时，风险利差的增长和下降都比表5—2中利差的相应变化要明显得多。事实上，全球宏观和长/短期股权策略分配降低50％需要负风险利差。相似的直觉导致了这两种结果。该模型在运行中，全球宏观策略是唯一受宏观经济危机影响的策略。因此，要将其投资组合分配减少50％（从21％到10.5％），就必须预期该策略能够赚到320个基点，该基点是少于无风险利率的。否则，它就会具有更大的敞口以达到最优。在摩根斯坦利资本国际公司资产权重指数中，长/短期股权以41％的分配成为最大（的分配）。该分配中50％的减少量以及伴随而来的对于其他策略的再分配将显著增大相对价值对冲基金危机和宏观经济危机投资组合的敞口。因此，投资者将不得不预期少于伦敦银行同业拆借利率（Libor）470个基点的风险溢价，以实现降低长/短期股权风险敞口50％的投资组合倾斜。

尽管这已超出本章范围，但同样的架构仍然可用于分析个别对冲基金对于投资组合的预期尾部损失、投资组合的波动率、策略的预期尾部损失以及策略的波动率的影响。在将本架构应用到个别对冲基金时，很自然会想到个别对冲基金回报来自一个系统分量、策略回报。一些份额来自于特殊分量。这表明，如前所述，基金的预期波动率取决于预测的策略和特殊波动率。这些特殊波动率将很可能反映针对特定基金的市场以及操作风险因素和信贷风险因素。[①]

---

① 实际上，如果给定20年内很多著名的对冲基金的失败案例，则特别风险会变得相当重要。例如，Granite基金（1994）、长期资本管理基金（1998）、Maricopa基金（2000）、Lipper&Company基金（2002）、Beacon Hill Asset Management基金（2002）、Lancer Offshore基金（2003）、Millenium Partners基金（2003）、Bailey Coates Cromwell基金（2005）、Aman Capital基金（2005）、MotherRock基金（2006）以及Amaranth基金（2006）。

5.4 结束语

本章中，我们已经开发出一个多管理应力损失风险架构，该架构包含了一个观点，即金融市场的特征大多数时候由静态期塑造，而危机时期则起到了点缀作用。该架构容许任意数量的危机，容许那些具有导向性的危机以及建立在以往金融危机核心教训基础上的与贸易相关的危机。那些头寸之间不但因为经济基本面，而且因为跨交易的资本而相互关联。危机时期的特征是急剧下跌的回报以及不断增长的波动性。给定的危机的回报分布假定为正态分布。无条件的回报分布，是一个正态分布的混合体。该无条件回报分布有厚左尾，而该厚左尾塑造了无条件实证回报分布的特征。该风险架构通过统一设定可用于在典型时期捕捉非危机时期波动，以及在危机时期捕捉应力损失。这与大多数从业者风险管理框架形成鲜明对照。那些框架使用在险价值衡量正常时期的潜在损失并用点对点的应力损失方法对其进行补充。

我们的风险管理框架需要被校准，其校准要基于对危机可能性和危机期间的应力损失的事先主观评估。危机事件的罕见性决定了事实上不可能对仅仅基于以往数据的概率进行预估。而且，金融危机不断改变的特性，很大程度上应归因于金融市场创新的快节奏。而且在危机时期，不断改变的特性还导致很难仅仅依靠以往数据且不参考当前的交易结构对损失进行建模。① 对于一个对冲基金的投资者来说，发生潜在的损失很有可能取决于很多因素，包括各策略下金融资产的流动性、策略下总头寸的大小、交易的繁忙程度以及交易的复杂性。

我们的架构中衡量风险的一个自然方法是预期尾部损失。我们向那些有着预期超额回报和预期尾部损失的投资者展示，一阶投资组合最优化条件要求预期尾部损失 β 的预期超额回报比率要等于投资组合中的每份资产。在一个投资

---

① 哲学是我们风险管理框架的基础，因此和极值理论形成了强烈反差，这就要求我们提高对仅基于历史资产回报的极端可能性的预测。

者都相同的世界中，预期尾部损失的资本资产定价模型（ETL CAPM）应当持续下去，而 Sharpe-Lintner-Mossin 资本资产定价模型不应当持续。我们将该架构应用到对冲基金投资者所成立基金的资产组合问题中，并展示该架构如何被用于化解投资组合风险并为每项对冲基金策略导出隐含的预期超额回报，这些基金策略与最优化的一系列资产组合权重一致。我们还分析了投资者如何能够用最优的、内在一致的方法将主观回报预报与先验信念结合。先验信念由策略分配倾斜的基准投资组合揭示。

在实施过程中，我们假定一个季度为一个周期，三种不同类型的危机的出现是相互独立的，危机的概率是时间和状态的常量，分布的状态依存矩不会随时间而改变。然而，框架是有弹性的：它允许多重危机的出现，并且世界的状态概率以及回报的分布矩概率可以随时间变化。我们还假设基金的经理人在构建他的最优资产组合时，让他的投资问题成为处理预期超额回报和预期尾部损失的一系列单期投资决定。在实践中，经理人可能还关心他的资产组合波动情况，因为每月的波动都很有可能影响其吸引资本的能力。[1] 这种情况下，这个框架可以延伸到允许投资者处理预期超额回报和预期尾部损失的加权平均值以及非危机波动率。另一个有趣的扩展是养老基金经理面临的问题——设法构建最优对冲基金分配，以及其他替代资产以补充传统股票和债券的敞口。这方面的工作我们今后将继续下去。

附录

本附录提供了计算资产 i 关于资产组合 p' 的 ETLβ 所需的分析导数。如本文正文所示：

S 代表状态的数量；

---

[1] 这就和投行的管理层很相似。虽然危机期间的损失会威胁到企业期货的可行性，但每季度股票分析师追踪波动率的能力被看做是其管理风险的能力。因此，管理层很有可能希望管理、控制无风险时期的波动率和危机事件的应力损失。

π_s 代表情况 s 发生的概率；

A 代表取决于百分比选择的回报界限。

此外，规定 s 情形下标准化回报界限 a_s 为：

$$a_s = \frac{A - \mu_{p^\dagger, s}}{\sigma_{p^\dagger, s}}$$

考虑到投资组合 $p^\dagger$ 在第 i 个资产中投资组合权重为 w_i，在投资组合 p 中为 $(1-w_i)$。预期尾部损失可以表达为：

$$\text{ETL} = \sum_s^s \pi_s [\mu_{p^\dagger, s} F(a_s) - \sigma_{p^\dagger, s} f(a_s)] / \alpha \tag{5-14}$$

当 $F(\cdot)$ 代表归一化（normalization）投资回报组合的标准状态依存正态累积分布函数，$f(\cdot)$ 代表相应的标准状态依存正态概率密度函数时，式（5-14）受如下限制：

$$\sum_s^s \pi_s F(a_s) = \alpha \tag{5-15}$$

每一情形下的预期尾部损失取决于状态依存平均值 $\mu_{p^\dagger, s}$。标准差，也就是投资组合中的 $\sigma_{p^\dagger, s}$，被赋值为：

$$\mu_{p^\dagger, s} = w_i \mu_{i, s} + (1 - w_i) \mu_{p, s} \tag{5-16}$$

$$\sigma_{p^\dagger, s} = [w_i^2 \sigma_{i, s}^2 + (1 - w_i)^2 \sigma_{p, s}^2 + 2 w_i (1 - w_i) \sigma_{ip, s}]^{\frac{1}{2}} \tag{5-17}$$

此时，$\sigma_{ip, s}$ 表示资产 i 的回报和投资组合 p 的回报之间的状态依存协方差。

ETL 关于 w_i 的导数是：

$$\left. \frac{d\text{ETL}}{dw_i} \right|_{w_i=0} = \frac{1}{\alpha} \sum_s^s \pi_s \left\{ \left(\frac{d\mu_{p^\dagger, s}}{dw_i} \right) F(a_s) + \mu_{p^\dagger, s} \left(\frac{dF(a_s)}{dw_i} \right) - \left(\frac{d\sigma_{p^\dagger, s}}{dw_i} \right) f(a_s) - \right.$$
$$\left. \sigma_{p^\dagger, s} \left(\frac{df(a_s)}{dw_i} \right) \right\} \bigg|_{w_i=o} \tag{5-18}$$

在 $w_i = 0$ 时，评估投资组合权重的导数，式（5-18）受如下限制：

$$\sum_s^s \pi_s \frac{dF(a_s)}{dw_i} \bigg|_{w_i=0} = 0 \tag{5-19}$$

式（5-18）中所给出的分析导数是资产 i 对投资组合 $p^\dagger$ 预期尾部损失所需的关键分量（component）。

现在我们提供了式（5-18）分量的分析导数。状态依存的导数平均值和 w_i 的标准差是：

$$\frac{d\mu_{p^\dagger,s}}{dw_i}\bigg|_{w_i=0} = \mu_{i,s} - \mu_{p,s} \tag{5-20}$$

$$\frac{d\sigma_{p^\dagger,s}}{dw_i}\bigg|_{w_i=0} = \rho_{i,p,s}\sigma_{i,s} - \sigma_{p^\dagger,s} \tag{5-21}$$

此时，$\rho_{i,p,s}$ 是状态 s 中投资组合 p 和第 i 个资产回报间的相关系数。

使用这条链状法则，我们得以将累积分布和标准化投资组合回报的密度函数对投资组合权重的导数写为：

$$\frac{dF(a_s)}{dw_i}\bigg|_{w_i=0} = \left(\frac{da_s}{dw_i}\right)\left(\frac{dF(a_s)}{da_s}\right)\bigg|_{w_i=0} \tag{5-22}$$

$$\frac{df(a_s)}{dw_i}\bigg|_{w_i=0} = \left(\frac{da_s}{dw_i}\right)\left(\frac{df(a_s)}{da_s}\right)\bigg|_{w_i=0} \tag{5-23}$$

各分量导数是：

$$\frac{da_s}{dw_i}\bigg|_{w_i=0} = \frac{1}{\sigma_{p^\dagger,s}}\left\{\frac{dA}{dw_i}\bigg|_{w_i=0} - (\mu_{i,s} - \mu_{p,s}) - a_s(\rho_{i,p,s}\sigma_{i,s} - \sigma_{p,s})\right\} \tag{5-24}$$

$$\frac{dF(a_s)}{da_s} = f(a_s) \tag{5-25}$$

$$\frac{df(a_s)}{da_s} = -a_s f(a_s) \tag{5-26}$$

将式（5-24）右边的 $\dfrac{da_s}{dw_i}\bigg|_{w_i=0}$ 代到式（5-22）和式（5-23）中，并使用式（5-25）和式（5-26），其就变为：

$$\frac{dF(a_s)}{dw_i}\bigg|_{w_i=0} = \frac{f(a_s)}{\sigma_{p^\dagger,s}}\left\{\frac{dA}{dw_i}\bigg|_{w_i=0} - (\mu_{i,s} - \mu_{p,s}) - a_s(\rho_{i,p,s}\sigma_{i,s} - \sigma_{p,s})\right\} \tag{5-27}$$

$$\frac{df(a_s)}{dw_i}\bigg|_{w_i=0} = -a_s\frac{dF(a_s)}{dw_i}\bigg|_{w_i=0} \tag{5-28}$$

将式（5-22）右边代到式（5-19）中来解决 $\alpha\%$ 尾部上界（tail upper bound）对投资组合权重（即 $\dfrac{dA}{dw_i}\bigg|_{w_i=0}$）的求导问题，其就变为：

$$\frac{dA}{dw_i}\bigg|_{w_i=0} = \sum_s^S \pi_s \frac{f(a_s)}{\sigma_{p,s}}\left[(\mu_{i,s} - \mu_{p,s}) + a_s(\rho_{i,p,s}\sigma_{i,s} - \sigma_{p,s})\right] \div \left(\sum_s^S \pi_s \frac{f(a_s)}{\sigma_{p,s}}\right) \tag{5-29}$$

需注意的是，A 是对状态依存正态分布的百分之 $(1-\alpha)$ 的 VaR。因此，最后的这项导数可被解释为在险价值对资产 i 在投资组合中权重变化的灵敏计。

这就完成了对 $\dfrac{d\mathrm{ETL}}{dw_i}\bigg|_{w_i=0}$ 的分析表达。

参考文献

Artzner, P., F. Delbaen, J-M Eber, and D. Heath (1999). *Coherent Measures of Risk*, *Mathematical Finance* 9, pp. 203—228.

Best, M. J., and R. R. Grauer (1991). On the sensitivity of mean-variance-efficient porfolios to changes in asset means: Some analytical and computational results. *Review of Financial Studies* 4, 315—342.

Black, F., and R. Litterman (1990). Asset allocation: Combining investor views with market equilibrium. Goldman Sachs & Company Fixed Income Research, Ssptember 1990.

Brennan, M. J. (1979). The pricing of contingent claims in discrete time models, *Journal of Finance* 34, 53—68.

Brunnermeier, M. K., and L. H. Pedersen (2007). Market liquidity and funding liquidity. Working paper, February 2007.

Chan, N., M. Getmansky, S. M. Haas, and A. W. Lo (2007). In M. Carey and R. Stulz, eds. *Systemic Risk and Hedge Funds in Risks of Financial Institutions*. Chicago: University of Chicago.

Jorion, P. (2007). *Value at Risk: The New Benchmark for Managing Financial Risk*, 3rd ed. New York: McGraw-Hill.

J. P. Morgan Chase & Company Annual Report, 2005.

Kindleberger, C. P., and R. Aliber (2005), *Manias, Panics and Crashes*, 5th ed. Hoboken, NJ: Wiley.

Modest, D. M. (2001). Long-term capital management: An internal perspective. Presentation at Yale School of Management, April 10, 2001.

Soros, G. (2008). *The New Paradigm for Financial Markets: The Credit Crisis of 2008 and What It Means*. New York: Public Affairs.

第6章　银行风险的已知、未知和 不可知：Trenches 的观点

Andrew Kuritzkes 和 *Til Schuermann*

本章旨在了解在银行业中，已知（K）、未知（u）和不可知（U）是怎样随风险类别而变动的。[①] 我们假设对风险的认识系统性地随风险类别变化——例如，对信用风险的认识大于对市场风险的认识，对金融风险的认识大于对非金融风险的认识。了解各种风险间的区别和它们之间的相互联系对收入波动的影响能够使银行业的风险划分更明了：相对于未知是不可控的，已知和可知是可控制的。

我们首先要做的是描述包括风险经理和政策制定者在内的从业者在银行风险方面的已知、未知和不可知的情况。焦点在于对当下的银行业进行快速审视，找出 K、u 和 U 随时间变化的界限。特别是要找出当代业内实践中的证据，用以帮助在我们的框架下对风险进行定位。巴塞尔资本协议 II，是当前实践中的一个重要标志——它是重要的国际性监管措施，为银行设置了对风险敏感资本的要求——它反映了监管者对银行业"最佳实践"法典化的一致希望，

① 感谢 Arturo Estrella、Dick Herring、Beverly Hirtle、David Jones、Jose Lopez、James Morgan、Sid Sankaran、Kevin Stiroh 和 Stefan Walter 等人以及 2005 年 1 月在沃顿商学院和 2006 年 1 月在波士顿举行的 *KuU* 会议的与会者。对于会上提出的有益评论和建议以及 Matthew Botsch 和 Kristin Wilson 所做的研究，我们一并表示感谢。我们愿为依然存在的错误负责。其中出现的任何观点仅代表作者个人观点，与纽约联邦储备银行或联邦储备体系无关。

而这与风险和资本度量紧密相关（BCBS 2001a，p. 99）。

我们从这一前提开始：风险是导致预期结果存在偏差的潜在原因，而且从业者总是与逆向偏差相关。在这个前提下，我们将对与 Knight（1921，第 7 章）对风险和不确定的区分密切相关的已知、未知和不可知进行明确定义。[①]

若能事前识别并量化，那这个风险便是已知的。对于从业者来说，风险量化有特殊的意义：它是在事关银行偿付能力标准的高度保密条件下估测下行尾部风险或者极端损失事件。这个概念是经济资本的基石，是银行业中风险计量的公分母。风险计量的经济资本方法是巴塞尔资本协议 II 下信用风险、市场风险和操作风险的资本要求设置的基础。

若是属于一系列可识别风险中的一种，只是现在还未有效量化，则这个风险便是未知的。举个例子，若银行的 CEO 因欺诈而被刑事起诉，那之后对银行名誉的影响便是未知风险。由于一般的信誉风险都可以识别，而具体的结果在事前可能由于太分散或者具体事实不明而无法有效计量。久而久之，信誉风险就可能找到起因并直接测算了，这种情况下名誉风险就变得更"已知"一些，不过在一般的信息条件和科技条件下却并非如此。因为这个原因，巴塞尔资本协议 II 特意将信誉风险从银行必须为其保留资本的"操作风险"目录中除去（BCBS 2005，p. 644）。

若是风险的存在与否都无法预测，更不用提事前量化了，那这个风险便是不可知的（U）。举个例子，在"9·11 恐怖袭击"发生时，恐怖分子操控飞机撞进双子塔，导致建筑物倒塌，对于世贸中心里的交易来说这就是不可知风险。理由是，1993 年世贸中心曾发现炸弹，就算对国土安全部门来说这个风险是可预见的，银行风险经理也绝不可能预料到"9·11 恐怖袭击"的发生（就更不用说量化了）。"9·11 恐怖袭击"之前和之后恐怖活动保险市场的不连续性意味着，至少在保险领域没人预测到类似"9·11 恐怖袭击"发生的可能性。

基于以上概念，本文的第一部分提出了将来源不同的银行风险归入 K、u

[①]　关于已知、未知和不可知定义的进一步深入讨论，请参看本书由 Granger 撰写的第 2 章。

和 U 范围的框架内。与从业者所定义的风险一样，我们也将"风险"定义为与预期收益的偏差——或者相当于收益波动——然后将风险划入五个类别中。前三个类别包括来自交易活动的市场风险、信用风险和资产/负债管理中的结构利率风险，它们一起构成了金融风险的主要来源。剩下两个类别是指非金融风险，包括操作风险和商业风险，而后者包含了所有其他非金融性收益波动的风险。

基于已有的证据，我们主要按两个特征来对这些风险进行排序：反映它们可计量性的"量化"和反映分解性的"粒度"。根据我们的排序，市场风险是最容易被量化和分解的，其次是信用风险、资产/负债风险、操作风险和商业风险。我们认为 K 随着可计量性和风险分解程度的增长而增长，而与之相反的是，u 和 U 随上述二者的下降而增长。从业者和政策制定者对市场风险"已知"最多，而对商业风险"已知"最少。已知与未知的界限决定了当前正在（或者至少是能）被管理的银行风险的构成。未知的风险是未被管理的，而不可知的风险大多是不可管理的。[①]

本章第二部分将用对银行收益波动性的实证研究来衡量风险的已知和未知部分。首先，我们要问银行风险的总量是多少。我们的研究早于信用危机和2007 年中期的金融市场混乱。然而，对于 1986Q2 到 2005Q1 总资产超过 10亿美元（2005Q1 美元）的公司的 300 多家美国控股银行来讲，这明确了收益波动总水平在不同分位点是怎样的情况（可由巴塞尔资本协议中风险性资产的季度回报偏差反映出来）。分析包括对与 0.1％违约率相对应的 99.9％水平的细致观察，巴塞尔资本协议 II 中对该风险比重程度进行了调整。有一点很重要，那就是我们总结了当前巴塞尔资本协议中最低 8％的银行资本监管水平大概在 99.98％的程度上保护了季度收益波动，这与 A 级债的季度违约率相一致。若是考虑 6％的最低水平，则对于相应的一级资本门槛来讲，对应的收益波动保护率为 99.94％。我们对 1981 年以来的季度分析和年度数据进行对比，发现这 8％（6％）的缓冲资本对应着 0.28％（0.49％）的年度违约率，或者

---

① 这并不是说对于存款人、债券持有人、联邦存款保险公司（FDIC）以及保险人而言，未知风险和不可知风险之间不能相互转化，而是说，你无法积极地或者有意识地管理你所不知道的东西。

换成可信率为 99.72%（99.51%），则其与 BBB（BBB－）级债券的年度违约率一致。尽管是基于比较少的样本数据，但对于有 100 亿美元以上资产（2005Q1 美元）的银行巨头来说，8%（6%）的监管缓冲资本与年违约率 0.12%（0.37%），或者可信率 99.88%（99.63%）的数据相一致，对应 A－（BBB）级信用评级。[①] 这是我们已知的首次应用大型收益波动数据资源对银行风险总量进行评估。

接下来，我们分别对经过分类的 5 种风险来源对银行收益波动性的影响进行估量。研究发现，尽管市场风险是"已知"最多的一类，却对银行收益风险影响最小——在 99.9% 的水平上只影响了风险总量的 5%。不出意料的是，信用风险是银行面临的主要风险，在 99.9% 的水平上造成了一半的收益波动。不过有点意外的是，在同样的可信度水平上，资产/负债风险和非金融性风险分别占总风险的 18% 和 30%。根据其他研究的结果，我们将估测的 30% 非金融性风险分为 12% 的操作风险和 18% 的商业风险——而根据我们的分类框架，这是已知最少的一种。所有的这些风险组成对 99% 到 99.95% 的尾分位点选择很重要。

最后，我们发现多样化收益，即全部和各部分总和的差异，大约为 1/3。

本章的最后一部分为从业者和政策制定者提供了一些基于经验发现的建议。第一，我们的分析使得巴塞尔资本协议 II 框架中的最低资本监管要求可以根据实际偿付能力标准进行调整。巴塞尔协议 II 中的银行最低总资本（一级资本加二级资本）规定，最低风险加权资产的 8%，可转换为 99.72% 的年偿付能力水平，大致为 BBB 级信用评级。对银行来说，BBB 级偿付能力标准并不算高：这只是投资等级中的倒数第二级，这也许解释了为什么大多数银行都保有比规定下限要多的资本（Berger 等人，2008）。与监管最低线相关的低偿付能力引发了人们的疑问，即巴塞尔资本协议 II 中的资本水平是否足够保护银行系统。无论政策评价怎样，资本监管要求应当基于对上述偿付能力水平的全面实际了解来调整。

---

① 每季度的结果并不会因为体量的不同而变化。

第二，对于从业者来说，我们的风险分解说明曾经对市场和信用风险管理的关注——尽管不是不重要——其只覆盖了银行收益波动一半不到的内容。我们可以从其他三类了解不是太多的风险管理中获得比较大的期望回报。

第三，从政策的角度来讲，巴塞尔资本协议Ⅱ的三支柱框架可以灵活适应各种风险的已知、未知和不可知内容之间的差异。第一支柱是确立规则来设置最低资本要求，它更多地关注已知的分析，例如市场和信用风险。而第二支柱依赖以判决为基础的银行整体风险档案监管，能更好地解决已知较少的风险类别（第三支柱通过提高披露水平来强调市场纪律，是对前两级的补充）。这样的话，巴塞尔资本协议Ⅱ又出人意料地为操作风险增加了第一支柱资本控制。操作风险是比较小的收益波动性来源，我们对它的了解也不太多。同时，资产/负债风险被划入第二支柱下的监管方向，和商业风险一样不受重视——尽管资产/负债风险和商业风险已占了总收益波动的1/3以上。对于从业者和政策制定者来说，该信息就如同（明明）在路灯下却停止找钥匙一样。在风险管理中应当关注于"已知"最少却对收益波动性影响最大的风险来源。

当应用这些发现时要记住一些提醒。我们的分析是在 2007 年爆发信用危机和随后的市场混乱发生之前进行的。在 K、u、U 范围内对风险进行排序也是对危机前市场实际情形的反映。回想一下，2005 年前后的 10 年时间（即分析的截点）是信任风险管理的鼎盛时期，而这是以银行风险反常的乐观时期为基础的。尽管如此，我们的 K、u 和 U 框架和实践发现仍有指导性的意义，甚至可以用最近的数据来更新所得的结果。

我们用了 300 多家银行作为样本并一直追溯到 1981 年，这为我们提供了统计上的优势，却还是忽略了样本期间的主要结构性改变。有些观察者把 1991 年颁布的《联邦储蓄保险公司改善法案》（FDICIA）和 20 世纪 90 年代末增加使用的风险转移作为样本期间向低风险"制度转变"的证据。

稳健性检验确认了以 1993 年划分的样本前半段与后半段中，风险总量和风险分布的差别非常大。例如，在 99.9％在险级水平上，前半段比后半段季度数据多了 2 倍多，用年度数据的话则是 3 倍多。两段时期风险水平的差别意味着收益波动很大程度取决于世界形势，而且在"坏"时期比"好"时期需要更高的资本水平来达到相同的偿债能力标准。总风险也随着分布而变化。近期的结果表明风险明显从信用风险转移向了市场、结构利率和非金融性风险，它们成为了收益波动的来源。

类似地，我们的整体样本未能反映出不同规模银行间风险状况的区别。单独的稳健性检验根据银行规模把样本割裂开来。在这个样本时期里，大银行——2005 年资产大于 100 亿美元的——比小银行得到的极端不利结果要少。

最后，就像银行的风险状况一样，在某种程度上，它不光取决于我们对风险的了解程度，也受政府政策的影响。安全网的存在，比如保险存款或者最后借款人制度，会使得银行经理冒更大的风险——或者留存更少的资本。参见 Santos（2001）中关于此的大量文献研究。因此我们的实践研究只有在美国银行系统有这样一个安全网的情况下才适用。比如联邦储蓄保险公司（FDIC）就设定好了一个通常的银行损失分配的风险比例。银行的风险承担方式和资金水平决定了分配情况。Kuritzkes（2005）在 2000 年底用了从下而上的 Merton 基础方式计算了 FDIC 的银行保险基金的偿债能力水平，发现变动范围是 99.85％（BBB＋级）到 98.83％（BB 级），并且取决于参数的选择和模式。任何通过本研究得出的政策结论都应当使我们意识到银行资本水平和收益波动性并不是由内因决定的，而是银行系统机构性特征的反映。

6.1　在 *K*、*u* 和 *U* 范围内归类银行风险

6.1.1　风险计量、收益波动性和经济资本

在从业者中，银行业风险被专门从收益波动方面进行定义（Rajan，2005）。收益波动可能会造成损失。而损失需要弥补，这也增加了银行维持资本的需求。资本是资产负债表上的缓冲，能够吸收（负向的）收益波动并防止公司陷入资不抵债（Berger，1995）。

收益波动和资本的直接联系对银行业风险计量至关重要。风险越来越多地以在险价值来计量，或者用经济资本——在规定的置信区间里防范收益波动所

需的资本——来计量。[1] 之所以在一个选定的置信区间里计量风险是因为波动自身不足以描述整个收益分配情况。两种截然不同的分配和不同数量的负面风险会导致相似的波动。VaR 衡量了波动用以明确置信区间,这样才能把风险折算成统一货币来直接比较不同的风险因素。图 6-1 描述了这个问题,归因于各种银行风险的收益(或损失)表现很不同,但是若假定在同一时间点上,它们就能在同样的条件、同样的置信区间里被计量了。除此以外,这些风险单独的量也可以合计起来(尽管由于分散效果而不能简单相加)为银行总体专门构建损失分布。

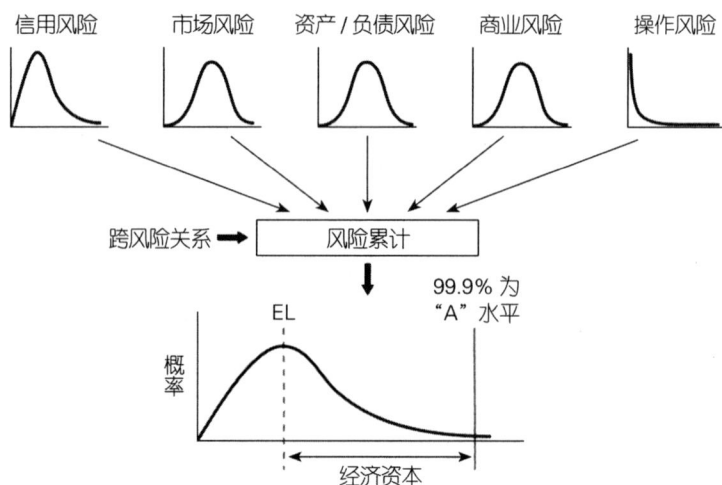

图 6-1 银行业 5 种主要风险类别下的单独(末端)和总体(共同)风险分布及经济资本

经济资本的置信区间通常和与银行预期负债评级或偿债能力水平相关的违约率相同。试想银行的预期负债评级是 A-,而相对应 A-级债券的年度违约率是 0.1% 或者 10 个基准点。[2] 这样的话,银行就会将经济资本的限度设为在 99.9% 置信级的年度收益波动量,这是因为上述数量能决定银行在除了那可能的 10 个基准点损失的所有情况下为继续经营所要保留的资本数量——正好与 A-级债券的违约风险相当。

---

① 我们将使用在险价值和略微可交替的经济资本。严格说来只有当风险在正常范围内时,这才是恰当的,尤其是以年计算时。具体例子可参看 Jorion(2001,第 16 章)中的讨论。

② 为方便起见,我们使用 S&P 术语。关于信用评级导致的预计违约率的讨论请参看 6.2.1 节。

在与银行偿债能力水平相当的置信区间内计量风险有其内在逻辑，这样的做法也意味着量化特殊的尾端事件也是有可能的。若是已知就意味着可以从经济资本方面计量风险，那 K 的门槛值就要设得非常高。

6.1.2　银行风险分类

随着风险管理技术的进步，经济资本模型已经延伸至了新的风险领域，为整体的收益波动组成提供了更好的解决方案（Allen，2004）。巴塞尔框架下的银行资本监管的变化就体现了这一进展。1988 年当巴塞尔资本协议刚开始施行时，银行风险管理太过于注重信用风险了（BCBS，1998）。[①] 巴塞尔资本协议的资本监管要求完全以银行信用资产的规模为基础，用不同的风险量来反映信用风险不同的等级。1996 年巴塞尔资本协议的市场风险补充（BCBS，1996）将交易中的价格风险归为明确的资本费用，并促成了账簿中计量市场风险的 VaR 方法的制度化。巴塞尔资本协议 Ⅱ 后来又单独点出了"操作风险"——用来定义由内部失误和外部事件引起的损失——作为非金融性风险的一个特殊分类，并为与操作风险有关的损失弥补设置了新的资本要求。

顶尖金融机构将收益波动分为五种主要来源。图 6－2 展示了这种分类，包括：

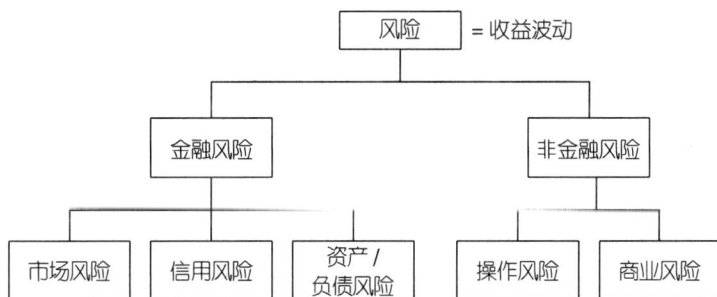

图 6－2　银行风险分类

---

　　①　在巴塞尔资本协议 Ⅰ 被采用时，典型的大银行的风险管理框架是由信贷部门组成的。信贷部门对放贷进行批准并向首席信贷官汇报。首席信贷官对银行信贷风险管理绩效负责。风险披露仅限于不良贷款及坏账冲销信息。对于交易风险、资产/负债风险以及非金融风险却不进行披露。除有一些明显的例外之外（如信孚银行），银行尚未建立更广泛的风险管理基础设施以指定首席风险官或披露非信贷风险。

1. 市场风险，或者是银行主要交易仓位的负向价格变动造成的收益影响。

2. 信用风险，或者是由无法向信用对象支付而造成的潜在损失。

3. 资产/负债风险，或者是由资产与负债不匹配和遭受利率变动而造成的收益影响。

4. 操作风险，或者是（BCBS，2005，p. 664）"由内部流程、人员和制度的不健全或失效，及外部事件造成的损失风险"。

5. 商业风险，或者是非金融性收益波动的其余原因引起的损失风险。

前三个类别是当银行作为金融中介和投资人时的金融风险的直接来源。由于在很多方面金融风险的承担和转移是金融机构自身的决定性特征，因此可以说这些风险造就了银行业。后两个类别的风险在本质上是非金融性的且对所有的公司都适用。尤其是商业风险，其是包括所有间接导致内部故障或外部事件的非金融风险的大箩筐。这个类别掩盖了许多内幕，从需求下降、成本飙升、技术落后、监管变更、价格战到决策失误，可以预见它是非金融公司面临的主要风险。①

6.1.3 *K*、*u*和*U*框架

基于以上银行风险分类法，我们可以从从业者的角度来描述已知、未知和不可知。我们假设K、u和U随两个因素变化。第一个因素是量化：随着风险计量能力的增加，K增加，u和U减少。这个关系是公理性的——因为这就是从我们对K、u和U的定义中得出的——不过明确风险计量能力会系统性地随着风险类别变化，这一点非常重要。

第二个因素是粒度：随着在低聚合态下的分析度量能力的增加，K增加，u和U减少。粒度反映了在组织的不同程度上计量和管理风险能力的系统性差别。风险认识的粒度越大，就越容易对风险进行识别、度量和控制。例如在市场风险中，单笔交易对银行整体市场地位的影响能够被计量，甚至在真实情况

---

① 可以肯定的是，即使其粒度不高，一些商业风险还是可以被细致衡量的。例如，支行经理们可能掌握着当地业务和客户流的详细信息。

下有可能达到相当高的精确度。因此风险经理人就可以像管理银行交易业务中的累积风险一样，通过对动态 VaR 的限定来管理单个交易中的风险了。有些合同中的商业风险，例如声誉风险，只会存在于公司层面且无法分解到低一些的层面上。这种无法分解的风险就更难从来源上进行控制了。

基于以上因素，我们提出将银行业风险来源归入 K、u 和 U 范围的框架。如图 6－3 所示，银行风险 5 个主要来源可按其计量和分解水平进行排序。我们将风险在这个框架里排序，从最易量化和粒度最高的，即最"已知"的开始向下排。这个框架里还有个时间维度：当前风险顺序和 K、u 和 U 曲线的轮廓反映了业内现状。随着时间变化，风险的分类更清晰，更多的数据被收集，新模型也被开发，已知的边界也就逐渐被向外推。同时，随着之前稳定的关系因某种行为、市场动态或外因而被破坏，"制度改变"会引起已知范围缩小。

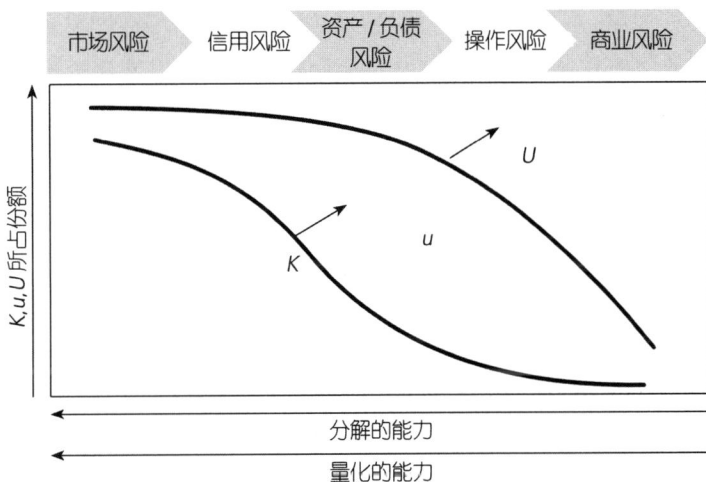

图 6－3 银行风险 KuU 框架

K、u、U 三者的比例显示在竖直方向中，随着时间增加，三者都可能向外移，如箭头方向所示。

当下框架内的银行风险分类原理如下：

市场风险。市场风险是主要银行风险类别中最易量化和粒度最高的。市场风险模型可追溯至 20 世纪 80 年代，那时在险价值被定义为交易仓位风险计量（Holton，2003，第 1 章）。到 20 世纪 90 年代中期巴塞尔资本协议市场风险补充文件实施后，VaR 模型在商业范围内才开始大量使用。市场风险应用

VaR 模型差不多已经是银行造市和做盘活动中通用的惯例了。尽管计算方法可能会有所不同——例如参数风险值对比历史模拟——但应用的方法论在行业内已被高度标准化了（Jorion，2001；Allen，2004）。

VaR 模型早期的发展反映了市场风险丰富的数据环境，至少是在流动性市场。市场风险的因素通常以很高的频率被观察，一般是每天，而且对于那些主要货币、利率和股指，特别高的观测频率（每分钟数笔交易）也是可能的（Andersen 等人，2003）。

至于粒度，市场风险的 VaR 由连续水平的聚合而决定，从统一的全公司账册到单个交易员，再到末端交易对整个投资组合的风险影响（正面或者负面的）。事实上，交易室系统技术使得单个交易员能够实时地看到单笔交易的 VaR 影响。

不足为奇的是，考虑到市场风险计量状况，对市场风险的资本管制措施比对其他类别风险的管制要先进得多。表 6-1 总结了在巴塞尔资本协议 I 中的资本管制方法和巴塞尔资本协议 II 提出的市场风险及其他主要类型风险的规定。市场风险是巴塞尔资本协议 I 中提出的公司能够使用自己内部 VaR 模型（在法规规定范围内）来计算监管资本水平的风险类型。由于市场风险每日都有模型，并且频繁地被度量，对市场风险的 VaR 计算进行回测并以有统计意义的方式进行预计是可以做到的（Diebold 等人，1998；Lopez 和 Walter，2001）。

表 6-1　　　　　　　　　　**针对银行风险的巴塞尔资本协议**

	巴塞尔资本协议 I 的资本要求	巴塞尔资本协议 I 的资本基础	巴塞尔资本协议 II 的资本要求	巴塞尔资本协议 II 的资本基础
市场风险	是	内部 VaR 模型	是	内部 VaR 模型
信用风险	是	不成熟的监管权重	是	内部评级模型
资产/负债风险	否	—	否	第二支柱 EVE 检验
操作风险	否	—	是	内部损失模型
商业风险	否	—	否	—

尽管我们认为市场风险是银行风险中"已知"最多的一种，但我们对它的了解还远远说不上充分。"需要提前约定交易"的非现金性金融工具或许会有

每日计算的 VaR，但其波动性并不很重要。已经通过证券化变得流动的资产会突然转回"非现金"的弱流通状态，使得其在标准 VaR 机制中的内容变得可疑。而更流动的工具，例如有有效管理的汇率的货币，则会受制度变更影响，这已由 1992 年 9 月欧洲汇率机制瓦解所证。甚至连最好的模型有时也无法抓住其中复杂的相互关系——1998 年秋 LTCM 的崩溃就是例证（Jorion，2000）。因此，我们将市场风险的一部分归于未知和不可知。

从这样的结构变化中可得知市场风险模型受到精度限制。Marshall 和 Seigel（1996）就专门对商业 VaR 模型做了实验。他们将同样的投资方案提供给 11 个不同的卖家，然后发现他们中 95% 的提前一天 VaR 预测在 1%（只对 FX）到 28%（对更复杂的利率期权）之间变动。Pritsker（1997）观察了 6 种对非线性工具（他用的是 FX 期权）不同的 VaR 方法的精度和计算时间，发现计算时间（不出所料）和精度（出人意料）的跨度范围都很大。相对较易度量的市场风险，结果都有如此的跨度，其他类型风险的跨度就更宽了。

信用风险。信用风险计量自巴塞尔资本协议在 1988 年实施以来一直在快速进步，不过相比市场风险，其计量能力还差一大截。在交易层面上，信用评级模型正在被广泛用来度量预期损失，其根据是各单次暴露的违约可能性（PD）、违约损失率（LGD）和违约风险暴露（EAD）。在投资组合层面，例如 KMV 投资经理计算了非预期损失和经济资本，其根据是信用风险内在关系的结构模型。在交易和投资层面计量信用风险的宽泛框架在业内已经标准化了，不过各银行使用的内部模型和参数是为顾客量身定制的（Crouhy，2001）。

信用风险交易层面的特点表明信用风险计量是高粒度的，原则上是到单笔借贷的水平。在这个水平上，信用风险被标价和管理，还有很多计量应用——包括定价工具、RAROC（风险调整后资本收益率）计量和对冲模型——来支持这个水平上的决策。

巴塞尔资本协议 II 采用了很多最新的信用风险计量方法来为信用风险确定资本要求，这一点很重要。在内部的以评级为基础（IRB）的方法中，银行可以用内部评级模型来决定交易层面的信用暴露的风险特点（BCBS，2001b）。不过，由于业内的信用投资模式的相关性假设范围很广（BCBS，1999），巴塞尔资本协议 II 要求交易层面风险计量对资本的描述要以采用通用相关性假设的监管方法为依据（BCBS，2005，p. 272）。[1] 监管限制了单个贷款的边际风险，以此在多样投资水平的基础上区分经济资本水平。

跟市场风险一样，对信用风险的了解水平也随着资产规模的变化而变化。对流动性好的就了解得多些，（在美国）这包括公司债券、抵押、信用卡、其他消费者应收账款、公开评级的贷款和大公司等。而流动性差的则了解得较少，比如对小公司的贷款、商业不动产和中型公司等（Treacy 和 Carey，2000）。

甚至在流动性较好的资产中，协议风险计量也就只能到此为止了。违约是罕见的事件，且数据也不多——不像高频率观察的市场风险——这就限制了在交易层面（PD、LGD、EAD）和投资（UL、经济资本）层面上的计量精度。不仅如此，由于信用违约率随着商业周期而变更，信用风险计量的精确度和有效性就有待核实。美国监管者对巴塞尔资本协议 II 下的资本水平预期变化采用了 2004 年定量影响计算（QIS4）也证明了这点。银行间 QIS4 的水平和离差结果的差异震惊了监管者，这也是他们将巴塞尔资本协议 II 的实行时间从 2008 年推迟至 2011 年的一个原因。[2]

在交易层面，Carey 和 Hrycay（2001）发现信用评分和用来决定 PD 的映射模型中有偏见存在。他们还发现偏见是由评级的不稳定性而产生的，就像制度变化和周期性波动一样。PD 预测同样范围很宽。例如，他们用给定的 PD 评级中第 25 个和第 75 个百分位计算了一系列巴塞尔资本协议 II 类型的对典型投资组合的资本预测。从第 25 个百分位到第 75 个百分位，资本水平变动了不止两倍。

在投资层面，Koyluoguo（2000）比较了三种商业模型，CreditMetrics、CreditRisk＋和 KMV 组合经理，发现跟市场风险研究类似的结果（例如，

---

① 巴塞尔资本协议 II 有五个监管组合，每个组合都具有不同的风险加权函数。这些函数在相互关系中表现出根本的不同。

② 参看州长 Susan Schmidt Bies 于 2005 年 9 月 26 日在华盛顿发表的评论（可在 www. fedralreserve. gov/ boarddocs/ speeches/ 2005/ 20050926/ default. htm 上查到）。她在加入国际银行家协会之前曾任州长。

Hendricks，1996），且末端可能性选择或者 VaR 水平是关键因素。在 99％ VaR 水平上的各模型区别最稳定（极值间差别约为40％），但是在 99.9％VaR 水平上就差不多到 2：1 了。

随着证券化技术的普及，市场风险和信用风险的界限正在模糊。事实上，大多数银行把 ABS（资产支持的证券）看得跟其他市场上流通的证券一样，也将其纳入他们的（市场风险）在险价值机制中。2007 年和 2008 年市场流动性的突然加大带着争议使人们重新明确了一些模糊的界限，但由此也对用标准市场风险 VaR 方法对待 ABS 的适宜性提出了质疑，而该方法比较适合具有更高流动性的金融工具。在由 ABS 发行的债券市场价格不明的时候，市场参与者已经在评测以不流动抵押资产为支撑的 ABS 风险时转向了更传统的信用风险方法，以此作为对这些 ABS 风险进行管理的一种方法。此外，ABS 中的信用风险和其他新型信用衍生品的信用风险，例如，CDS 和其他相应的风险，比起传统的信用工具来说本身就已知得更少，原因是市场已经在最近的金融危机中吸取教训了。总之，Carey 和 Hrycay 报告中交易层面上的和 Koylouglu 在投资组合层面上的二比一范围，与之前信用风险比市场风险更难量化的观点相一致。

信用风险计量研究同时也指出了信用风险比市场风险更"未知"。违约风险的结构性改变、恢复程度、利用率和信用内部关系对信用计量都有很大影响。信用风险也受不可知的制度变更影响——比如美国破产法修改。举个例子，Gross 和 Souleles（2002），在观察美国消费者欠款受破产法影响的时候，发现随着破产费用的降低，违约的可能性增加，而且程度不小。Domowitz 和 Saitain（1999）也如是说。

结构性资产/负债风险。结构性资产/负债风险与市场风险有关，不过其计量问题要复杂得多。尽管资产/负债风险中主要的风险因素是利率变动——而且在金融经济学家和从业者中一直都有利率建模的传统——但是这并不是主要的难点。主要的难点在于从资产和负债两方面，从内嵌期权和银行投资方案对冲两方面，从银行结构性资产负债表的长期持有，最重要的是从计量标准的不统一情况中（Bessis，1998；Saunders，2000），来描述不确定的现金流。而且一旦资产负债现金流能根据其有效的利率期限被描述出来，下一个难点就是银行自身信用扩散的变化导致的融资效果了。在市场不流通的阶段，融资效果惊人，而且会导致融资费用超过某些短期负债的资产规模。

在现金流描述方面，银行对利率的敏感性取决于所有的资产和负债中的现金流是否匹配。要确定现金流是否匹配，反过来就要预计不确定到期负债的期限——例如"核心"活期存款或现金管理账户——它们的实际到期时间会比合同规定的时间要长。此外，到期账户、税金和租金都有现金流的不确定和设定到期日的特征。估测不确定到期日的现金流期限需要大量技巧，所以许多银行还在用经验法则（Mays，1996）。[①]

对可选择利率证券的投资——尤其是有预付和延期风险的贷款支持证券——在分析计量上也很复杂。内嵌期权和相关对冲的估值远远不是一门单纯的科学——就如 2004 年 Freddie Mac 和 Fannie Mae 的会计报告更正所反映的那样。

同时，与交易仓位不同，银行结构性资产/负债仓位的持有期间通常较长，一般为一年。而短期利率的波动却能极大地改变银行的资产/负债风险。长期持有使得动态管理政策的影响更难以预计，比如，止损限度。

虽然如此，至少从美国 S&L 危机起，结构性资产/负债风险在主要银行里已被主动监管了。不过和市场风险及信用风险不同，资产/负债风险计量没有标准的方法。事实上，从业者甚至就适当的方法应当是基于净利率收益变动的所得法还是基于经济权益价值（EVE）（即资产现值减去负债）的估价法都无法达成一致意见。银行投资利息收益的晦涩的会计处理方法使人们就计量有所争论，有的资产（不一定包括对应的负债）使用市场价方法，而有的资产（归为"可供出售"或"持有至到期"）则依旧依据权责发生制。[②] 无法对资产

---

① 持续期假设的变化所造成的影响非常重要：对于一家市值 1 000 亿美元拥有 25％的核心存款的银行，3 年期到 5 年期核心存款的有效成熟度假设发生变化将对银行造成 0.5 年的持续影响。这意味着在（100−bp）利率变动的情况下，500 亿美元银行股权经济价值的增加。

② 在美国公认会计准则下，投资组合中"可供出售"或"持有至到期"的资产调整到市场价格的变化，并不影响银行的净利润报告，但是会在财务报表中以脚注的形式披露。同时，调整到市场价格（MTM）的变化在可供出售的投资组合中降低了银行的有形普通股权益资本比率，但是 MTM 的变化在持有至到期的资产组合中则不会。会计处理的混乱导致了真正的混乱。该混乱与风险在国债投资组合中的相关单位是什么，并且应当如何对其进行测度有关。

/负债风险计量达成一致意见是账外利率风险为何不受巴塞尔资本协议Ⅱ（第一支柱）资本监管的主要原因，不过在第二支柱下其就被涵盖了（BCBS，2005）。

在缺乏标准的情况下，资产/负债风险计量就毫不奇怪地出现了多种方法。简单的包括计算固定利率——比如收益率曲线100个基准点或者200个基准点的平移变化——对银行EVE和净收益的影响。巴塞尔资本协议Ⅱ认为200个基准点这样简单的平行位移测试是确认资产/负债风险的一种方法。更复杂一点的方法是将资产负债表视为利率变动的完全模拟，并根据概率权重来调整结果（包括尾端风险）（Bessis，1998）。

在粒度方面，在大多数银行中，资金转移定价使得资产和负债的价值被分解（依据行为假设）到存款和交易池中。不过原则上资产/负债风险的风险水平较高，而且是在合并资产负债表的层面上被计量和管理。

操作风险。操作风险是风险类别中最后出现的一种。在早期的巴塞尔资本协议Ⅱ咨询文件出台之前，操作风险的定义并无定论，更不用说怎样计量了。巴塞尔资本协议Ⅱ对操作风险确立了标准定义和分类方法——将内部和外部事件细分为7个种类，将操作风险限定于操作失误的"直接"结果，并从定义上排除了间接结果，例如声誉影响。后来，巴塞尔资本协议Ⅱ要求银行试着采用先进的计量方法来计算操作风险（这也是美国银行的唯一选择）。开发内部经济资本模型来估测在一年期99.9％的水平上银行可能遭遇的操作损失（BCBS，2005）。在巴塞尔资本协议Ⅱ发布前，操作风险经常和其他非金融风险一起被归入"经营风险"，并在经济资本框架下计量，这样的话，就是通过收入支出比之类的模拟和基准来获得的。

巴塞尔资本协议Ⅱ对操作风险的建模和计量做出了很大的贡献。不过操作风险计量的障碍却在于操作损失特别肥尾（de Fontnouvelle，Rosenberg和Schuermann，2006）。根据定义与计算经济资本最相关的损失是任何公司都无法估测的低效和高严重性事件带来的损失。由于这个原因，巴塞尔资本协议Ⅱ要求银行从外部数据和操作损失模型中的极端损失情况中获取信息。银行尝试过各种计量方法来适应操作损失分配的尾部，包括极值理论中的方法、EVT（Netter和Poulson，2003；Allen，2004）。

尽管最近取得了一些成果，操作风险计量仍然处于初步发展阶段。计量操作风险的标准方法还未出现。而且在 99.9％的水平上参数估计的很小变化都会对结果有很大影响。举个例子，De Fontnouvelle（2006b）应用 EVT 技术来为 6 家银行估测操作风险损失分布，以内部报告数据为依据。预测结果很精确。Kuritzkes（2006）表明为 6 家银行预测的广义的帕累托分布的形状参数与结果的经济资本中 10：1 的范围相一致。

同样地，由于对极端尾部事件的关注，操作风险很难被分解到低聚集层。单个交易单元中可观察到的风险都趋向于高频率低严重性的风险，而不是低频率高严重性的与经济资本有关的风险。尾部风险——比如财务报告不实的法律责任风险或者证券集体诉讼风险——通常需要通过外部数据来源获得，而且只在公司层面有意义。

与操作风险计量不成熟的情况相匹配的是，操作风险的未知部分相应地也比市场风险、信用风险或者资产/负债风险要大。理由是，操作风险中含有以前认为不可知现在却已明确的风险。有关的例子就是 2001 年 "9·11 恐怖袭击"，其直接结果就是成为巴塞尔资本协议 II 中操作损失定义里的 "外部事件"。Kuritzkes 和 Scott（2005）将法律风险归于事后司法和监管范畴，有些风险是无法事前预计的。此类风险的例子有瑞士银行在 20 世纪 90 年代中期面对的大屠杀控诉，即大屠杀受害者的账户被不当处理的四五十年后，余波使得银行因客户欺诈而受过。Brown（2005）展示了事前法律风险怎样影响了管理方式和收益预期。

商业风险。 商业风险是分析归类和计量风险的最后界限。如同巴塞尔资本协议 II 发布之前的操作风险，商业风险也没有明确的定义，有的时候它也被叫做 "策略" 风险（Slywotzky 和 Drzik，2005）。在前述的分类中，我们对商业风险最了解的却是它 "不是" 什么：它不是由任何其他规定类别的风险引发的，包括市场、信用、资产/负债或操作风险。

由于商业风险的兜底性质，我们很难单独划出剩余收益波动的驱动力。在概念上，商业风险反映了公司收入在支出固定的时候也可能会波动，甚至是在市场风险、信用风险、资产/负债风险和操作风险的影响都被剔除的情况下。最终的利润空间反映了一个公司管理与收入相关的支出和避免操作损失的能力——这是每个公司都会面临的基本风险，而且解释了非金融公司为何不能利用无限杠杆来操作。

尽管这样，许多银行还是未将商业风险的明确计量纳入它们的经济资本框架中。对那些做到的银行来说，商业风险的计量是通过以下几个方式之一：最简单的是从从事相似活动（加工、咨询、IT 服务）的非金融公司的资本化程度中推算出商业风险资本要求；另一种方法是从银行收益的公开数据中剔除金融和操作风险，然后建立一个相似银行的商业风险波动的替代方法；第三种是建立明确的剩余收入波动模型和业务线水平上的费用规定。上述方法无一是以商业风险的起因为依据的，而且在系统化确定商业风险波动的个体原因方面进步甚微（Slywotzky 和 Drzik，2005）。

在粒度方面，商业风险在银行层面是最易观测的。在所有的风险类型中，它是最难分解到低聚合层的。这不是说商业风险就无法"管理"了，只是说在粒度上难以管理。银行，跟巴塞尔资本协议 II 的监管者一样，都试着去忽略商业风险的影响，或者说认为其和"策略"二者无法区分。

6.1.4 综上所述

我们再次用到图 6－3，我们对银行风险在 K、u 和 U 中归类有如下主张：

1. 对银行风险的了解随着计量风险的能力增加而增加。

2. 对银行风险的了解随着将风险分解到粒度更高水平的能力增加而增加。

3. 对银行风险的了解随时间变化，新风险会被分别归类，并且计量的粒度也会越来越大（或者历史关系破裂，在市场混乱的时候变得不稳定）。

基于上述主张，市场实践的证据表明：

4. 我们现在对风险的了解程度为：市场风险＞信用风险＞结构性资产/负债风险＞操作风险＞商业风险。

尽管我们对风险排序的了解比风险领域的 K、u 和 U 曲线轮廓要多，我们还是推论：

5. 已知曲线在金融学和非金融学风险中急剧下降，原因是市场风险、信用风险和结构性资产/负债风险比操作风险和商业风险在计量和分解上要容易得多。

6. 不可知曲线在操作风险和商业风险上明显上升，原因是这些风险的分散特质和人们对其起因一贯缺少重视。

6.2　经验性分析

这一节中我们将分析一些持有公司（银行）股份，并使用公开监管报告数据的美国银行样本来解决两个问题：（1）银行风险总量究竟有多少（至少在美国银行中）？（2）我们界定的 5 种风险来源在总体风险中相对占了多大比例？通过系统地计算收益波动率，我们希望能把银行风险在 K、u 和 U 中作更明确的划分。

我们将 1986Q2—2005Q1 的样本用做季度分析，1986 年到 2004 年的用 Y−9C 监管报告作年度分析。样本时期从 1986Q2 开始，原因是之前需要剔除市场风险的交易收入且没有单独的报告。所有年初总资产超过 10 亿美元的银行都被算入了 22 770 个银行样本中。[①] 我们的样本时期中只有两次衰退，其中一个是银行破产远超过平均数据的 1988—1991 年，而 20 世纪 30 年代的大萧条和更近些的 2007 年却未在其中。[②] 我们还将整体风险的年度分析延伸至 1981 年来进行稳健性分析。扩大后的年度样本包括更明显的 1982 年衰退。

6.2.1　风险总量有多少？

由于从业者和其他人对风险的定义是在收益波动率方面（Rajan，2005），我们就在银行报告的净收益中寻找实际变动来确定总计的银行风险有多少。要想在银行之间直接进行比较，则收益要转化成以回报为基础的度量。一个明显的方法就是用（税前）净收益除以总资产来得到资产利润（ROA）。不过这种方法将所有的资产类型做了相同对待：把国债和对新的小公司的贷款视为相

---

① 以名义美元进行报告的总资产用 2005Q1 的 GDP 紧缩指数来衡量则出现了紧缩。这会错误地包括更多而不是更少的银行。注意，并购和兼并在这里没有被计算在内。

② Carey 于 2002 年使用基于重新采样的方法尝试着模拟大萧条的场景。

同。监管报告以巴塞尔资本协议的风险衡量为基础提供了风险加权资产（RWA）。尽管很残酷，而且确实比巴塞尔资本协议Ⅱ的风险衡量要残酷得多，但 RWA 却比未加权（总）资产好，原因是它起码对所说资产的风险进行了一些调整。遗憾的是，巴塞尔资本协议 RWA 只在 1996 年后才有。要想从样本时期的一开始就调整总资产，我们要用个简单的方法来检测行业内可以找到的样本时期中 RWA 对总资产的比例，来反推至样本初期。

净收入与 RWA 的比例，我们叫做风险加权资产收益率（RORWA），它决定了收益的计量方法。[①] 我们样本中的平均季度 RORWA 是 0.34%，或者说平均年 RORWA 为 1.35%。由于风险和资本与预期收益的误差相关，因此我们就可以通过从每个时期的观察报告中减去样本时期各银行的平均 RORWA，来还原银行控股公司（银行）效应了。详细地来说，设 $Y_{i,t}$ 为银行 i 在 t 时段的净收益，使 $RWA_{i,t}$ 为相应程度的风险加权资产。然后，我们将 RORWA 定义为第 i 个银行在 t 时段的：

$$r_{i,t} = \frac{Y_{i,t}}{RWA_{i,t}} \tag{6-1}$$

并且，银行 i 在 t 时段的平均调整的 RORWA 为：

$$\bar{r}_{i,t} = \frac{Y_{i,t}}{RWA_{i,t}} - \frac{1}{T_i}\sum_{t=1}^{T_i} r_{i,t} \tag{6-2}$$

为了简单起见，下面我们将用式（6-2）来代替 RORWA（即总是平均调整的收益）。22 770 RORWA 的标准季度波动率为 0.40%，或者年度波动率为 0.80%。[②]

---

① 尽管巴塞尔资本协议 I 的风险加权资产确实充分体现了资产负债表外的风险，但是它还不完善。不论如何不完善，只要所体现的比例保持相对不变，我们的向后预测法就能够充分体现出相似比例的资产负债表外的风险。从这些风险中所获得的收益，不论是正还是负，都被风险加权资产收益率公制计算器充分体现出来。

② 这种减去银行平均回报的方法的潜在缺陷如银行的平均回报为 20%，那么这个 20% 可能就是一段时期内 5% 的"糟糕"回报与 -15% 的偏差的总和。根据观察，这等同于 5% 与 -10% 的单期回报的平均值。我们对于后者与前者自然应当区别看待。为了核对，我们以没有偏差的方法重复了整个分析，发现平均值很高（为正而不是为零）时，回报分布的尾部更加极端。这表明前一个例子是病态的，而后一个例子则是典型的。

在巴塞尔框架（I和II）下，资本监管要求也用 RWA 来表达，银行被要求保持足够的资本 C（见式（6—3））来到达 C 最小值。通常最小值为 0.08（见式（6—3））。[1] 由于年度 RORWA 波动率为 0.80%，资本监管水平可以使银行足以应对在 RORWA 上抵御 10σ 的年度事件。如果我们假设 RORWA 回报是正常分布的，那此类事件的发生几率是非常小的：1 000 万亿年也不到一次。感觉够安全了吗？

$$\frac{C_{i,t}}{\mathrm{RWA}_{i,t}} \geqslant C_{\min} > 0 \tag{6—3}$$

答案可不像正态假设的结果那样安全。图 6—4 显示了 RORWA 以年度和季度频率计算的分布情况。很明显这些分布都很肥尾，季度数据峰态为 123，年度的则为 40，而 3 是平均分布。在当前聚集下，我们预计低频率数据会更接近正常，正如我们这里的情况一样。每个分布都有些负向的扭曲，扭曲的协同因素为季度回报－1.1，年度回报－2.6。

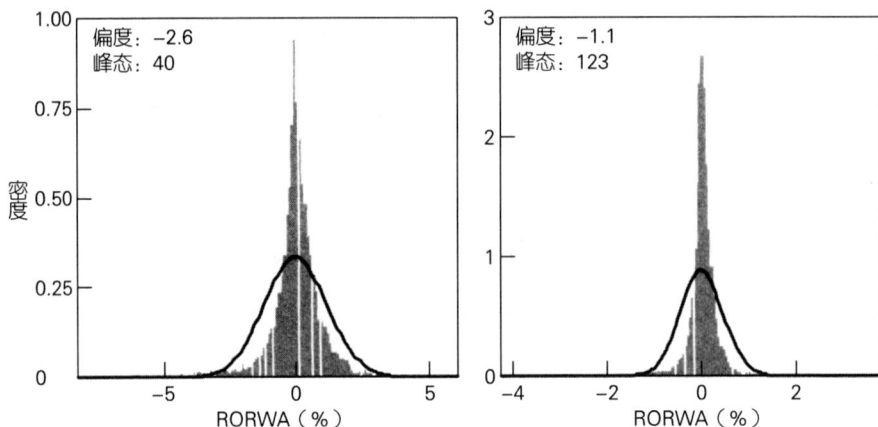

图 6—4　年度和季度 RORWA 图——根据银行平均值调整

图 6—4 中的每幅图都将正常密度与相同平均值（0）以及数据所示的标准差进行了叠加。

要考虑尾端非参数分析的话，数据是很充分的，也就是说，我们可以直接

---

[1]　由于涉及到不同类型的资本，实际资本需求当然也就更加复杂（第一级 vs. 第二级）。为方便起见，我们用的是 8% 的临界值并且接受该文献其他研究中更加简单的比较。该文献中 8% 的节点是典型的。有时候，我们也参照 6% 的第一级临界值。当然，使用不同的临界值更加直截了当。

从经验分布中推出尾端分位数，尽管远尾中的小分位数预测会比较复杂。由于银行收益受共同效应影响，类似 EVT 的其他方法就可能不太适合，因为这需要独立分布的数据（Diebold，1998b）。

尾端归零，表 6-2 显示了季度 RORWA 分布左尾的经验百分位。例如，数据中 0.1 的百分位（或者 99.9％尾端）就是-4.85％的季度 RORWA，而且还有 23 个结果"更差"（就是更负向）。所有的尾端观测都在 1986—1992 年间，大多数由德州和新英格兰的银行获取。根据经验性记录，如果银行至少保留 8％的资产，则可以抵御 10 000 个季度里两个季度的 RORWA 负面事件。这种事件远比普通分布的 1/1 000 万亿要大得多。实际上，-8％的季度 RORWA 就在 0.02 百分位上，或者是 99.98％尾端。用 6％作为限度，百分位就是 0.06，或者尾端 99.94％。

表 6-2 　　　　　　　　**收入分布的左尾/在险价值（％）**

	0.01	0.03	0.05	0.1	0.5	1
	99.99	99.97	99.95	99.9	99.5	99
RORWA（％）	-9.69	-7.69	-7.14	-4.85	-2.67	-1.75
超过百分位的观察值数量	3	7	12	23	114	228

注：1. 风险加权资产季度回报的左尾百分比。22 770 银行—季度，1986Q2—2005Q1。

　　　2. 所有回报与银行平均值相比均存在偏差。Y-9C regulatory reports。

超过 8％损失的可能性能通过巴塞尔资本协议资本要求中的偿债能力标准里规定的经济资本来推出。要想将偿债能力标准转化为我们熟悉的概念，则我们将银行的损失可能性映射到待评级公司债券的经验性违约率上。尽管有其他估测公司债券评级 PD_s 的方法，但最常用的方法——而且也是评级机构自己使用的方法——是频率论或者群方法，它将违约数量从季度（年度）被评级公司的给定数量评级中分开。[①]　我们用这一方法在 1981—2004 年数据中为标普估

---

　　① 　在分类统计法中，每季度（每年）评级的变化被忽视了。另一种基于持续期的方法（Lando 和 Skedeberg，2002）能够通过对变化、违约、强度的估计解释这类变化。这将导致非零的 PD 对于评级的预计，即使评级中的违约没有被注意到，这就是 AAA 评级的一类例子。该方法要求严谨的假设，即评级遵循马尔科夫（Markov）过程，并且几项研究记录了信用评级方面的非马尔科夫（non-Markovian）行为（Altman 和 Kao，1992；Nickell 等人，2000）。Hanson 和 Schuermann（2006）证明没有方法能够产生精确的 PD 估计。而且被注意到的违约率实际上与马尔科夫模型不符。

测年度违约可能性。结果 PD$_s$ 与信用评级大概呈对数关系，这意味着 PD$_s$ 随着评级下降呈指数式上升，见图 6－5。如果我们假设这个对数关系适用于整个范围，那我们就能将 PD 值归于投资等级，而其违约观测极为稀少。通过评级得出的年度 PD$_s$ 和推出的季度 PD$_s$ 在表 6－3 中，以基点为单位。

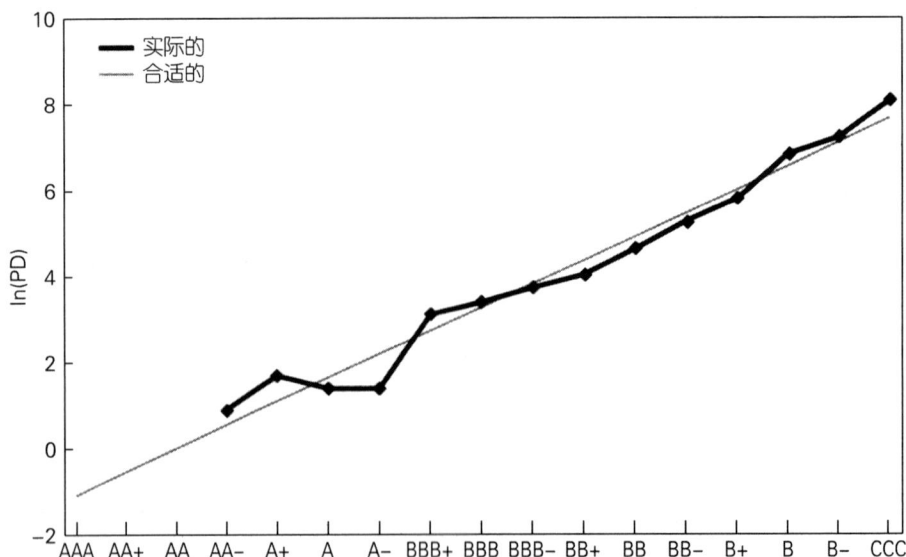

图 6－5 实际的、合适的年度 PD$_s$ 记录（如据估计 PD$_s$ 在评级范围内是记录线性的）

有了违约可能性，将表 6－2 中的左尾百分位映射到信用评级中就简单了。上文说有 8%（6%）资本的银行能够抵御季度 RORWA 99.98%（99.94%）的负向波动——或者是每季度 2 个（6 个）基点的违约可能性。这个偿债能力标准对应着 A－（BBB＋）的低投入等级信用评级，见表 6－3。

一般来讲，经济资本的时间设置为 1 年，所以我们用 1986—2004 年的数据共计 5 841 个银行年来计算年度收益和季度结果。季度数据能让我们更好地探究远尾，不过只要标度还是正常标准，即为违约可能性或者信用评级，我们就仍然比较两种频率，尽管频率一致。

在图 6－5 中，实际 PD$_s$ 是使用从 1986—2004 年间所有公司的 S&P 评级历史来估测的。在取样的时期内，评级为 AA 及以上者并未出现实际违约。

在表 6－4 中，我们用百分比来表示在季度频率和年度频率上不同分位数

表 6—3

平稳的年度及季度 PD_s 值

（根据 S&P 在 1981—2004 年间对所有公司的评级历史，用基点表示）

评级	年度 PD（平滑的）	暗含的季度 PD^a
AAA	0.3	0.075
AA+	0.6	0.15
AA	1.0	0.25
AA−	1.7	0.425
A+	3.0	0.75
A	5.0	1.25
A−	9.0	2.25
BBB+	23	5.75
BBB	30	7.50
BBB−	42	10.50
BB+	57	14.25
BB	105	26.25
BB−	197	49.25
B+	337	84.25
B	943	235.75
B−	1 385	346.25
CCC	3 254	813.50

注：1. 虚线将投资等级（上半部分）与投机等级（下半部分）区分开了。

[a] 在非马尔科夫行为出现时，季度 PD_s 并不简单地等于年度 PD_s 的 1/4。然而其不同之处却相当微小，而且我们在暗含的信用评级中使用这些估算作为经验主义分析的指导。

(季度回报见表 6—2) 的总收益 RORWA。[①] 结果可被视为 VaR：例如，在 0.1 百分位上，季度回报小于 −4.85% 和年度收益小于 −9.81% 的有 0.1% 的银行。这些百分位（VaR_s）也可根据表 6—3 映射到相应的季度和年度违约率上。例如，哪个评级对应年度（季度）违约率 10 个基点（即 99.9% VaR）呢？最接近 10 个基点的年度评级是 A−，而最接近 10 个基点的季度评级是 BBB−。所以，有 4.85% 资产的银行（与 RWA 相关）可以抵御 BBB− 级季度收益波动。注意，相同数量的资本只能让银行抵御约 1 个百分位的年度收益波动，即 BB 级。

---

① 没有足够的数据让我们能够在（5-bp）尾部之外探索出年度结果。

表 6-4   收入分布的左尾/在险价值（％）

	0.05/99.95	0.1/99.9	0.5/99.5	1/99
所含评级：季度，年度	BBB+，A	BBB−，A−	BB−，BB+	B+/B，BB
季度（1986Q2—2005Q1）	−7.14	−4.85	−2.67	−1.75
年度（1986—2004）	−10.27	−9.81	−5.95	−4.12
年度（1981—2004）	−14.74	−10.81	−6.00	−4.38

注：以上为风险加权资产年度和月度回报左尾百分位的隐含信用评级。隐含信用评级见表 6-3。季度数据为 1986Q2—2005Q1，包括 22 770 份银行季报，第一份年度数据为 1986—2004 年，选取了 5 841 份符合季度取样期的银行年报。第二份年度数据为 1981—2004 年，包括了 7 396 份银行年报。所有回报与银行平均值相比有所偏差。

数据来源：Y-9C regulatory reports。

从资本监管角度来讲更相关的就是，8％（6％）的资本缓冲与偿债能力标准有关。用时间长些的样本，−8％（−6％）的年度 RORWA 事件关系着 0.28％（0.49％）的尾端概率，对应 BBB（BBB−）评级，或者是比上述 A− 季度评级低两级。有趣的是，我们所说的年度偿债能力标准比巴塞尔资本协议 Ⅱ 用来记录信用、市场和操作风险的 99.9％年度置信区间要保守。算上预计和模型失误，两种置信区间（99.9％和 99.72％）可以合理地理解为近似。

这个结果与 Carey（2002）用重采样技术在公司贷款投资组合上测算不同经济情况下所需的经济资本结果相一致。特别是以 1989—1991 年经验为依据的压力适中的情境下，Carey 发现两年期的 99.5％（99.9％）损失率为 7.63％（8.80％）（Carey，2002，表 3），而一年的损失率为 6.00％（10.81％）（Carey，2002，表 2）。我们的结果和 Lucas（2001）的也一致，他认为超过 8％资本的一年期发生率的范围为 1 到 100 个基点（即 99.99 到 99％VaR），由投资组合的平均信用质量和风险因素的分布来决定。不过要记得，这两项研究只检测了信用风险，而我们的目的是把所有风险类型包括进去。实际上，在下一部分我们会说明信用风险只占整个风险的一半不到。[1]

---

① 注意：我们不能将总体风险数字简单地一分为二，因为其涉及到交互风险多样化。在 6.2.2 节中，我们介绍了总体与各部分总和之间的不同之处大概为 1/3。

6.2.2　相关风险份额

解答了第一个问题"总共有多少风险?"之后,我们要解决第二个问题:6.2.2中每个主要风险类型的相关份额是多少? 由于在定义上,我们的分类中各种风险来源都表现为收益波动,我们就要试着把各个风险来源单独对RORWA产生的影响分离出来。利用 Y-9C 监管报告中的分解数据,我们列出计算每种风险对银行报告净收入影响的简单方法。这个方法使我们明白RORWA波动成分的相对规模,并且着重标出整体与各部分总和的差别。差别可认为是不同风险种类的多样化收益。

我们从明确银行税前净收入(即收益)能用下式表达开始:

税前净收入＝净利息收入(利息收入减利息费用)

　　　　　＋证券净收入(损失)

　　　　　＋交易收入(损失)

　　　　　－拨备

　　　　　＋其他收入(服务费、信托费和其他费用)

　　　　　－无息支出

　　　　　＋净非经常性项目收入

接下来,我们就要把利润表项目映射到图 6－6 中的风险类型中了。可以看到竖排的项目分为净收入的金融性和非金融性风险来源,然后再归入单独的风险类别中。对整个非金融性风险的两个组成部分(操作风险和商业风险)的剖析会在下面展开。

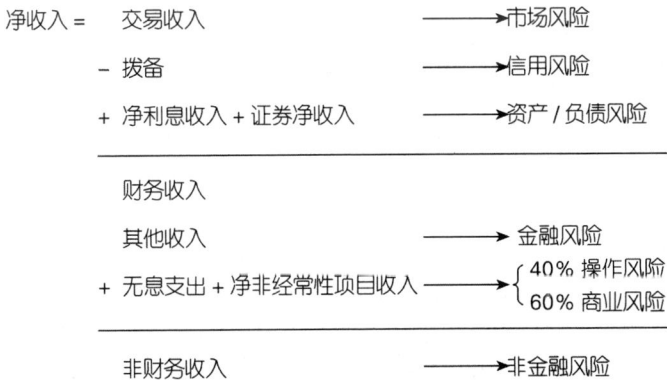

图 6－6　根据银行的定期报告(Y-9C)使用竖排项目度量金融和非金融风险

将收入项目对应到风险类型中对有些风险中更有利，不过整个计划为把收益波动分解到各个风险来源的过程提供了合理的依据。市场风险和交易收入的一致性最明显。市场风险在交易利润和损失（P&L）中是同步的，交易收入反映了银行做市和自营活动的 P&L 结果。[①] 对于信用风险，我们将拨备（provision）视做相关计量（与净冲销相反），原因是拨备是净收入计算的一部分。换种说法，拨备层面的变化是造成报告收益和 RORWA 波动的原因。尽管如此，拨备仍不是完善的信用风险计算方法。用拨备作为信用风险的替代有两个主要的缺点：时间选定和损失平滑。通常拨备是为了会计损失而准备的，并且与经济损失一致甚至延迟。这个预测因素使得银行可以平滑收益（尽管财务会计标准委员会（FASB）和证券交易委员会对此不太赞成），也使我们低估了信用风险在整个风险中的分量。单独地利用净冲销代替拨备稳健性分析表明两个结果很相近，在拨备和净冲销中选择哪一个对我们的分析没什么影响。

结构性资产/负债风险在某种意义上衡量的是把交易收入（损失）和拨备剔除后的剩余金融性收益波动。它由净利息收入（NII）加上证券净收入（损失）而得。NII 的变动（排除风险规定）要么归结于体积效应（通过风险加权资产来衡量 NII 而获得），要么归结于结构和利率的延伸程度有了变动（包括银行自己的信用延伸至了负债）——这是资产/负债风险的基本定义。此外，银行投资中的证券本金收入/损失（与账簿上认为是市场风险相反），也是由利率或延伸范围而引起，所以应当被换做又一种与资产/负债相关的收益波动。

最后，整个非金融性风险代表了不属于市场风险、信用风险或结构性资产/负债风险的剩余收益波动。这是从剩余收入项目得来的：所有其他收入（服务费、信托费和其他费用）减去无息支出（NIE），再加上净非经常项目收入。

---

① 当所有银行由于信贷危机而遭遇最低资本水平时，只有那些具有重大市场风险敞口的银行被要求计算基于风险的资本比率。该比率会考虑到除信贷风险以外的市场风险。如果交易资产和债务总额在银行资产负债表中超过总资产的 10% 或者 10 亿美元（USGAO，1998，p. 121），美国监管者就会将市场风险敞口看得非常重要。正如 Hirtle（2003，表 1）所报道的那样，在 2001 年末，仅有 19 家银行控股公司（BHCs）符合市场风险资本水平。尽管如此，很多大一点的银行仍然在从事一些与交易相关的活动，而且，事实上我们样本中的这些银行几乎半数都报告说有非零交易收入。

注意这个类别里的所有操作支出与商业风险由于固定（死板的）支出的存在而获取利润变动这一观念相符。整个非金融性风险包括操作风险和商业风险，而银行收入报告中的项目却不会将二者的影响分开看待。相反地，我们要查看其他关于操作风险的经验性研究（虽然并不完善）来纠正那些看起来是由于操作失误而造成的非金融性风险。

就像上面所说，这个映射远非完美。例如，利息收入波动会由于借款给更有风险的人而增加，因此信用风险和结构性利率风险计量就混在一起了。同样地，贷款承诺费用和信用风险及非金融性风险混在一起。尽管如此，我们仍然相信这些反例是非典型的，而且我们简单的方法为风险类别归属提供了合理的近似数据。

在每个例子里，美元价值都被我们估测的风险加权资产（RWA）分割了，从而得到从风险角度得到的"回报"。就像在 RORWA 分析中一样，我们观察在银行角度的平均回报计量偏差。结果整体焦点是在大规模负面结果上，我们为信用风险而反向地观察右尾，即不寻常的大拨备。

表 6-5 显示了不同风险类别在不同尾端百分位上收益波动计量的经验性结果（RWA 百分数从式（6-2）得来）。括号中的数字与风险百分比份额一致，是提供计量各百分位上风险来源总和得到的。最后一行显示了表 6-2 里各部分总和和整体净收益波动的百分数上的差别，这可以被解读成风险差别收益。取一个百分位，例如 0.1% 尾端，则收益波动的单个最大来源是信用风险，占 RWA 的 3.57% 和总共的 47%；最小的风险是市场风险，为 RWA 的 -0.43% 和总共的 6%（注意在拨备代理的信用风险中，高（正向）价值对应更差的结果）。单个风险在 0.1% 尾端（99.9% VaR）的总和是 -7.67%，远远超过了整体 RORWA 的 0.1% 尾端，即表 6-2 中的 -4.85%。差别是由风险间的多样化引起的。换句话讲，如果所有的分析类型在尾端恰好相关，那么一种风险里的 0.1% 事件就会和其他风险中的 0.1% 事件恰好一致。很明显事实不是这样，而且这个百分位上的多样化程度达到了 37%。

结果有不少出人意料的事情。第一，不同百分位上的相关份额特别地稳定，所以我们关于哪个风险影响最大的结论并不受尾端百分位或置信区间选择太多的影响。例如，信用风险是最重要的风险类型，只占总量的一半以下：在

表 6—5　　　　　　　　　　　收入分布的左尾/在险价值（%）

风险类型	0.01 99.99	0.03 99.97	0.05 99.95	0.1 99.9	0.5 99.5	1 99
市场（交易）	−0.93（5）	−0.71（5）	−0.57（5）	−0.43（6）	−0.16（4）	−0.11（4）
结构资产/负债	−4.62（25）	−2.41（17）	−2.01（19）	−1.36（18）	−0.80（20）	−0.61（22）
信用①	8.06（44）	6.79（48）	4.74（46）	3.57（47）	1.89（47）	1.21（44）
非金融总计②	−4.71（26）	−4.17（30）	−3.00（29）	−2.30（30）	−1.17（29）	−0.83（30）
操作	（11）	（12）	（12）	（12）	（12）	（12）
商业	（15）	（18）	（17）	（18）	（17）	（18）
风险合计	−18.32	−14.07	−10.32	−7.67	−4.03	−2.77
总风险	−9.69	−7.69	−7.14	−4.85	−2.67	−1.75
多样化收益	47	45	31	37	34	37

注：收入分布左尾的风险类型分配，在风险加权资产的回报中进行度量。注意：用供用量表示信用风险，即更高的价值对应了更坏的结果。尾部风险的总和与总风险的不同在于多元投资的收益（见表6—2，用百分比表示所有的价值，共22 770份银行季报，1986年第二季度到2005年第一季度，银行平均净值）。

①高风险对应着高收益。

②我们按照Kurizkes（2002）用60%/40%分配法将总体非金融风险分为操作风险和商业风险。

1.0%到0.01%尾端百分位中只占44%到48%。账簿中市场风险是迄今最小的风险，占总量的4%到6%。这些结果与Kuritzkes（2003）报告及其他研究，例如Hirtle（2003）和Rosenberg和Schuermann（2006）中的行业标准一致，不过他们是用其他方法得到的结果。

　　第二，风险类型至今还未处在监管资本的控制下，即结构性资产/负债风险和非金融性风险构成了半数以上的风险。如上文指出的，非金融性风险包括巴塞尔资本协议Ⅱ资本控制下的操作风险，和未被巴塞尔资本协议Ⅱ控制的商业风险。尽管这两种风险的衡量并不明确（这反映了非金融性风险计量的原始状态），但Kuritzkes（2002）提出商业风险要占半数以上，操作风险要稍微少些，这意味着后者在总量中占12%～14%。12%的操作风险大致符和巴塞尔资本协议Ⅱ对操作风险的指导标准，以及Allen和Bali（2007）和De

Fontnouvelle（2006a）的标准。在这个基础上，我们将 12% 作为操作风险的计量份额，并把剩余的非金融性风险归为业务商业风险。

结构性资产/负债风险在巴塞尔资本协议 Ⅱ 中处于第二支柱资本监管下（而不是第一支柱最低资本要求），约占总风险的 1/5。这也和 Kuritzkes（2003）报告的行业标准一致。

第三，总风险量和各部分合计量的差别范围是 31% 到 47%，与 Roseberg 和 Schuermann（2006）得到的结果非常一致。他们报告的市场风险（仅指传统型）、信用风险和操作风险中的多样化收益为 45%，用的是完全不同的以连接函数为基础的方法，但与 Dimakos 和 Aas（2004）的结果相比要高些，后者报告的三种风险类型收益为 20%。

若是总体的各组成部分不能很好地相互联系就会产生多样化风险。我们可以预计引起市场巨大损失的事件，例如利率和股价的逆向变动，也对资产/负债风险甚至信用风险产生影响，但是却不能指望这些损失步调一致。这类独立的预测可以通过分位数的内在联系或者等级相关来获得，并且在表 6—6 中，我们展示了 Spearman 的 888 家银行的收入组成和（税前）总收入之间的等级相关系数。我们对每个银行不同时点的等级相关系数进行了计算，表内的条目代表着这些银行的中值，我们的想法是这就是样本中典型的银行内在联系资料。

很明显许多的内在联系都比较小，而且没有什么负面影响。向下看第一行，税前总收入和作为资产/负债风险替代的净利息收入加上净证券收入，只和总收益有 0.500 的内在相关性；交易收入是市场风险的替代的内在联系只有 0.023；而与拨备，即信用风险的替代的内在联系和资产/负债风险一样为 —0.386，而且还有预期的迹象——拨备增加的时候收益减少。相似地，当其他收入，即总的非金融性风险的替代增长的时候，收益会增加（内在联系为 0.389）。收益组成部分的内在联系，可以当做风险间内在关系的替代，体现了风险多样性的来源。例如，其他收入（非金融性风险）看起来充当了资产/负债风险的对冲：它们的内在联系为 —0.481。

我们无法保证表 6—6 中对整个样本估测的内在联系一定反映了尾端情况。尾部相关性是出了名的难以准确估测（Poon，2004）。谨慎的分析管理表明，前面提到的不同收入类别的对冲在市场混乱时不一定管用。[①]

表 6－6　　　　Spearman 的 888 家银行的收入组成和（税前）

总收入之间的等级相关系数

	税前总收入	净利息收入+净证券收入	交易收入	拔备	其他收入
税前总收入	1.00				
净利息收入＋净证券收入	0.500	1.000			
交易收入	0.023	0.027	1.000		
拔备	−0.386	0.123	0.049	1.000	
其他收入	0.389	−0.481	−0.082	−0.143	1.000

注：基于风险加权资产的季度回报，共 22 770 份银行季报，1986 年第二季度到 2005 年第一季度。所有回报与银行平均值相比有所偏差。净利息收入加证券经手人从证券获得的净利息收入加净收益，代表 ALM 风险；交易收入代表市场风险；拔备表示信用风险；其他收入指的是所有其他的收入加上非经常性项目收入减去无息支出，其他收入代表全部的非金融风险。

6.2.3 稳健性分析

这部分我们在两个重要的方面进行一系列的稳健性分析：银行规模和样本期间。第一，RORWA 分布的尾端极大地被小规模影响的可能性是存在的，因此用整个样本对大银行进行推断是不合适的。此外，大银行和小银行的商业项目不同，即意味着分析类型分布也不同。我们对有着 100 亿美元以上资产（2005Q1）的大银行再次进行分析来确定大银行效应。由于样本量减少了 75％，我们将大银行分析限制在季度数据范围。

第二，整个样本时期是从 1981 到 2004 年（季度分析是从 1985Q1 到 2005Q2），不过对于银行后半段要比前半段好过得多。前半段时期里有两次衰退，即新兴市场严重债务和不动产出借问题和新英格兰和德州银行危机，后者是 1991 年大衰退后美国银行失败的高潮。在后半段，银行破产率大幅下降，

---

① 例如，参看 Longin 和 Solnik（2001），他们发现相互关联性在熊市而不是牛市中增强了。

一部分是因为宏观环境改善了。我们将在合计风险和风险发布两方面通过拆分样本来比较两段时期的区别。由于 1991 年末 FDICIA 形式的法规生效，而且巴塞尔资本协议补充于 1991—1992 年开始实行，我们认为前半段（即第一阶段）延伸到 1992 年末比较合理，那么后半段（即第二阶段）就从 1993 年初开始。由于样本规模减小，我们将分析限定在 99.9％尾端（或者 10 个基点）。

表 6−7 显示了结果，全样本结果是为了方便比较对表 6−4 的重复。首先比较的是规模：大银行比小银行经历的支柱端 RORWA 不利结果要少。例如，99.9％VaR 对大银行是−3.92％（季度），而对所有银行是−4.85％。

表 6−7　　　收入分布的左尾/在险价值（％）：Robustness Check

	Obs 数	0.05/99.95	0.1/99.9	0.5/99.5	1/99
所含评级：		BBB+,A	BBB−,A−	BB−,BB+	B+/B,BB
季度					
(1986Q2—2005Q1)	22 770	−7.14	−4.85	−2.67	−1.75
季度,大银行					
(1986Q2—2005Q1)	5 153	−5.95	−3.92	−2.42	−1.72
季度					
(1986Q2—1992Q4)	7 963	−9.43	−7.59	−3.59	−2.79
季度					
(1993Q1—2005Q1)	14 807	−3.25	−2.98	−1.36	−0.92
年度					
(1981—2004)	7 396	−14.74	−10.81	−6.00	−4.38
年度					
(1981—1992)	3 680	−16.80	−14.74	−7.89	−5.34
年度					
(1993—2004)	3 716	−8.32	−4.58	−3.20	−2.31

注：基于不同时期风险加权资产年度和季度回报的左尾百分位的隐含的信用评级（用百分比表示）。大银行的定义为：资产超过 100 亿美元的银行。信用评级见表 6−3。

跨时间段的结果更明显。例如，99.9％VaR 水平上第一阶段比第二阶段的季度数据要翻了 1 倍还多（−7.59％比−2.98％），而年度数据更是达到 3

倍（-14.74%比-4.58%）。虽然-8%RORWA的可能性是0.28%，样本第一阶段却是0.49%，对应BBB-评级，在第二阶段才0.05%。一个推测就是资本标准分布取决于世界形势，而且在"差"时期比"好"时期需要更高的资本水平来维持同样的偿债能力标准。

下面我们用季度数据来探测风险分布是否对银行规模和样本时期敏感。结果总结在了表6-8中，表格里第一个条目是数据单元，用了整个样本并且是摘自表6-5以便比较。第二个条目是大银行，下面两个分别是第一阶段和第二阶段（1986Q2—1992Q4，1993Q1—2005Q1）。似乎规模对风险分布影响很小。大银行的市场（交易）风险占总量的7%～8%，而在所有银行中比例为4%～6%。大银行的资产/负债风险水平还要高些，而信用风险要低些，非金融性风险要高些。业务种类的不同却造成了38%～55%的多样化收益，比所有银行的31%～37%要高。

表6-8　　　　收入分布的左尾/在险价值（%）：Robustness Check

风险类型	0.05 99.95	0.1 99.9	0.5 99.5	1 99
指定单元（使用第一个单元）	1986Q2-2005Q1：所有银行（5），大银行（7）			
	所有银行：1986Q2-1992Q4(3)，1993Q1-2005Q1(10)			
市场（交易）	5,7	6,8	4,7	4,7
	3,10	3,9	3,6	2,6
结构性资产/负债	19,29	18,20	20,20	22,20
	16,28	12,24	13,31	13,31
信用	46,41	47,46	47,43	44,44
	54,24	58,22	56,21	60,22
非金融总计	29,22	30,26	29,29	30,29
	27,37	27,42	28,44	25,42
多样化收益	31,55	37,48	34,42	37,38
	33,51	32,42	27,46	23,49

注：收入分布左尾的风险类型分配通过风险加权资产的回报进行度量。所有价值以百分比表示。尾部风险的总和与总风险的不同在于多元投资的收益（见表6-2）。

样本时期的选择对风险分布有更深刻的影响。看样本中所有的银行，收益波动似乎正在从信用风险转移向市场风险、结构性资产/负债风险和非金融性风险。事实上，根据1993年以来的经验，信用风险在整个收益波动中只占了

22%——对于巴塞尔资本协议Ⅱ和行业规则来说是不太正常的低。[1] 我们提醒不要只从第二阶段进行推断。

6.2.4 对 K、u 和 U 的意义

如果我们接受在 6.2.3 节的 K、u 和 U 框架下的风险排名，现在就到了说说我们对银行风险的各个来源到底知道什么和不知道什么的时候了。图 6-7 复制了我们的风险分类，并带有每个来源的百分比份额，跟用了整个样本时期和所有银行的表 6-5 中所说的一样。结果是我们对最不重要的分析了解得最多，即市场风险。对商业风险了解最少，在整个收益波动中却占了 18%，是市场风险的 3 倍。更概括地讲，从业者花了最多时间计量的两种风险——市场风险和信用风险——在总收益波动中只占了大概一半。其余的三种——结构性资产/负债风险、操作风险和商业风险——它们的计量方法不够标准化也不完善——占了另外一半。两种非金融性风险带有最多的未知和不可知内容占了总风险的近 1/3。根据之前的研究和巴塞尔资本协议Ⅱ的发布意见，操作风险（12%）其实代表了比商业风险（18%）次要的收益波动——商业风险是风险计量的最后边界。

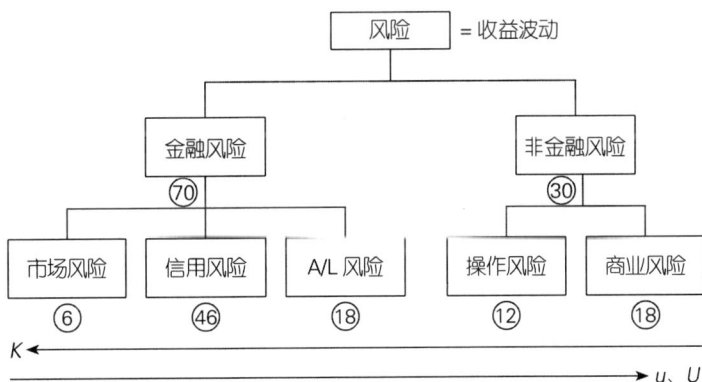

图 6-7　风险分类

注：圆圈里是风险分配的百分比。

---

[1]　由于信用票据已经可以交易了，而且信贷资产已经从银行业转向了交易账簿，信用风险同样也发生了转变。这样的话，我们所报告的信用风险可能会有所降低。

6.3 对政策的意义：私人和公共两方面

我们有关银行风险大小和风险在 K、u 和 U 范围内定位的发现对公共（监管）和私人（商业策略）的政策都有意义。第一，银行风险的总规模使得监管资本水平，例如巴塞尔资本协议II框架中所明确的，能按经验性偿债能力水平分布。使用了 2007 年信用危机前的收益波动数据，巴塞尔资本协议II对银行最低 8% RWA 资本的要求可以解读为年度 99.72% 偿债能力水平——大概就是 BBB 级信用评级。BBB 级偿债能力对金融机构来说并不高：这离投资等级的最低级只差一步。这也许解释了银行为什么历来都会保留比监管最低线要多的资本。同时，分段样本研究表明在"差"时期比"好"时期需要更多的资本来维持同样的偿债能力水平。将来资本监管标准应当以对偿债能力标准的充分经验性了解为基础，并结合最新的数据。同时，风险来源所占比例越大，风险经理和监管者就需要给予越多的重视。一个风险"已知"得越多，我们就能更好地管理这个风险。

不同银行风险的份额，如图 6-7 所示，可以看做是以往风险经理和监管者对信用风险关注程度的证明。信用风险是银行收益波动的最大来源。市场风险数据丰富可以支持最稳健的经济资本模型，尽管我们对信用风险的了解少于市场（交易）风险，我们对信用风险基础的了解越来越深刻，至少是在传统形式的信用风险中。这个观点反映在允许（对美国大型银行来讲是要求）巴塞尔资本协议 II 下的高粒度交易层面信用风险计量的提议中。算到一起，则对信用和市场风险的相对较高的了解程度覆盖了全部风险的一半。

在将来，对已知较少的三种风险的管理会有进展，且这种管理会带来很大的回报。从政策的角度来讲，巴塞尔资本协议 II 给操作风险加上了第一支柱资本费用，这是收益波动的不同但重要的来源，但是忽视了资产/负债风险和商业风险，其约占了总收益波动的 1/3。[1]

---

① 无疑，利率风险包含在第二支柱（Pillar 2）中。

监管者选择操作风险来处理——因为根据我们的风险排序，它比较难以计量，也受许多未知因素影响——而不是选择去标准化资产/负债风险的计量方法，有些出人意料。对资产/负债风险作出明确的资产要求可以补齐银行完整的金融风险的资本监管框架。而相反地，最重要的金融风险来源被忽略了。稍微向前回顾一下，我们就能理解结构性资产/负债内在风险的重要性了——它无疑是美国存、贷款问题的标志性特征。近年来，资产负债表外的大型金融工具，例如结构性投资工具（SIVs）中蕴含的严重资金问题就是不当管理下的到期不匹配造成的直接结果。直接地说，如果监管者认为将操作风险置于第一支柱下心安理得的话，至少也要把资产负债风险置于同样地位才行。

同时，尽管巴塞尔框架中加入了操作风险，我们对操作风险的管理也不应当懈怠。操作风险，如同巴塞尔资本协议 II 中定义的那样，在总收益波动中只占 12％，在非金融性风险中占不到一半。非金融性收益波动的主要来源是商业风险，我们的了解却远远不够（见图 6-3）。不过监管者是否应当在这个来源上施加强制性资本控制尚不清楚。

现有的银行风险档案可以由 K、u 和 U 状态来解释一部分。银行经理更愿意在信用和市场上冒风险因为他们觉得能够理解和管理。或者相同地，他们能够用自己对信用和市场风险的了解来谨慎地控制冒险的程度，从而使这个收益波动处于可接受的范围内。随着风险难以计量这一问题更多地被人们认识到，辅助管理风险的新产品也会出现。这反过来也会使银行愿意承担其他类型风险。这样一来，一方面不同的风险认知程度间就会有内生性联系，另一方面银行业务活动和风险档案也会产生内生性联系。

我们已经看到银行承担的风险正在发生改变，这是一种金融创新，尤其是在衍生品领域。例如，信用衍生品和证券的发展及后续扩散，信用违约掉期和 CDOs，使得银行减少了大量的传统信用风险。不过传统信用风险的减少也带来了相应风险的增加和新型的非金融性风险——比如操作风险（法律风险/受托风险）和证券失败的增加。

对从业者和资产制定者来说，得到的信息可能是要停止在路灯下找钥匙。风险管理改善研究应当注重"已知"最少，却对收益波动影响最大的风险。

参考文献

Allen, L., and T. Bali (2007) . Cyclicality in catastrophic and operational risk measurement. *Journal of Banking & Finance* 31, 1191—235 .

Allen, L., J. Boudoukh, and A. Saunders (2004) . *Understanding Market, Credit and Operational Risk*, Malden, MA: Blackwell.

Altman, E. I., and D. L. Kao (1992) . Rating drift of high yield bonds. *Journal of Fixed Income*, March, 15—20.

Andersen, T., T. Bollerslev, F. X. Diebold, and P. Labys (2003) . Modeling and forecasting realized volatility. *Econometrica* 71, 529—626.

Bangia, A., F. X. Diebold, A. Kronimus, C. Schagen, and T. Schuermann (2002) . Ratings migration and the business cycle, with applications to credit portfolio stress testing. *Journal of Banking & Finance*, 26, 235—64.

Basel Committee on Banking Supervision (BCBS) (1988) . Internal convergence of capital measurement and capital standards. www. bis. org/ pub/ bcbs04A. pdf, July.

Basel Committee on Banking Supervision (BCBS) (1996) . Amendment to the Capital Accord to incorporate market risks (No. 24) . www. bis. org/ bub/ bcbs24a. htm, January.

Basel Committee on Banking Supervision (BCBS) (1999) . Credit risk modelling: Current practices and applications. www. bis. org/ bub/ bcbs49. htm, April.

Basel Committee on Banking Supervision (BCBS) (2001a) . Overview of the new Basel Accord. www. bis. org/ pub/ bcbsca02. pdf, January.

Basel Committee on Banking Supervision (BCBS) (2001b) . The internal ratings based approach. www. bis. org/ pub/ bcbsca. htm, May.

Basel Committee on Banking Supervision (BCBS) (2005) . International convergence of capital measurement and capital standards: A revised framework. www. bis. org/ pub/ bcbs118. htm, November.

Berger, A. N. , R. J. Herring, and G. P. Szegö (1995) . The role of capital in financial institutions. *Journal of Banking & Finance* 19, 393—430.

Berger, A. N. , R. De Young, M. J. Flannery, D. Lee, and O. Oztekin (2008) . How do large banking organizations manage their capital ratios? *Journal of Financial Services Research* 34, 123—49.

Bessis, J. (1998) . *Risk Management in Banking*, New York: Wiley.

Brown, S. , S. A. Hillegeist, and K. Lo (2005) . Management forecasts and litigation risk. Working paper, available at ssrn. com/ abstract=709161.

Carey, M. (2002) . A guide to choosing absolute bank capital requirements. *Journal of Banking & Finance*, 26, 929—51.

Carey, M. , and M. Hrycay (2001) . Parameterizing credit risk models with ratings data. *Journal of Banking & Finance* 25, 197—270.

Crouhy, H. , D. Galai, and R. Mark (2001) . *Risk Management*. New York: McGraw Hill.

De Fontnouvelle, P. , V. DeJesus-Rueff, J. Jordan, and E. Rosengren (2006a) . Capital and risk: New evidence on implications of large operational losses. *Journal of Money, Credit and Banking* 38, 1819—46.

Dc Fontnouvelle, P. , J. Jordan, and E. Rosengren (2006b) . Implications of alternative operational risk modeling techniques. In M. Carey and R. Strlz, eds. , *Risks of Financial Institutions*. Chicago: University of Chicago Press, chapter 10.

Diebold, F. X. , T. A. Gunther, and A. S. Tay (1998a) . Evaluating density forecasts with applications to financial risk management. *International Economic Review* 39, 863—83.

Diebold, F. X. , T. Schuermann, and J. D. Stroughair (1998b) . Pitfalls and opportunities in the use of extreme value theory in risk management. In

A. -P. N. Refenes, A. N. Burgess, and J. D. Moody, eds. , *Advances in Computational Finance*. Amsterdam: Kluwer Academic, chapter 1. Reprinted in *The Journal of Risk Finance*, Winter 2000, (1: 2), 30—36.

Dimakos, X. K. , and K. Aas (2004) . Integrated risk modelling. *Statistical Modelling* 4, 265—77.

Domowitz, I. , and R. L. Sartain (1999) . Determinants of the consumer bankruptcy decision. *Journal of Finance* 54, 403—20.

Federal Reserve Bank of St. Louis (2004) . Bank director's training: Asset & Liability Committee, available at www. stlouisfed. org/ co l/ director/ alco/ reviewreports_financial modeling. htm.

Gordy, M. (2000) . A comparative anatomy of credit risk models. *Journal of Banking & Finance* 24, 119—49.

Gordy, M. B. (2003) . A risk-factor model foundation for ratings-based bank capital rules. *Journal of Financial Intermediation* 12, 199—232.

Gross, D. B. , and N. S. Souleles (2002) . An empirical analysis of personal bankruptcy and delinquency. *Review of Financial Studies* 15, 319—47.

Hanson, S. , and T. Schuermann (2006) . Confidence intervals for probabilities of default. *Journal of Banking & Finance* 30, 2281—301.

Hendricks, D. (1996) . Evaluation of value-at-risk models using historical data. *Federal Reserve Bank of New York Economic Policy Review* 2 (1), 39—69.

Herring, R. , and T. Schuermann (2005) . Capital regulation for position risk in banks, securities firms and insurance companies. In H. Scott, ed. , *Capital Adequacy Beyond Basel*: *Banking*, *Securities*, *and Insurance*, Oxford, UK: Oxford University Press, chapter 1.

Hirtle, B. (2003) . What market risk capital reporting tells us about bank risk. *Federal Reserve Bank of New York Economic Policy Review* 9, 37—54.

Holton, G. A. (2003) . *Value-at-Risk*: *Theory and Practice*. San Diego, CA: Academic Press.

Jorion, P. (2000) . Risk management lessons from long-term capital management. *European Financial Management* 6, 277−300.

Jorion, P. (2001) . *Value at Risk*, 2nd ed. New York: McGraw-Hill.

Knight, F. H. (1921) . *Risk, Uncertainty, and Profit*, Boston, MA: Hart, Schaffner & Marx; Houghton Mifflin.

Koch, T. W. , and S. S. MacDonald (2000) . *Bank Management*, 4th ed. Orlando, FL: Harcourt.

Koyluoglu, H. U. , A. Bangia, and T. Garside (2000) . Devil in the parameters. In Credit Risk Special Report, *Risk* 13: 3, S26−S30.

Kuritzkes, A. (2002) . Operational risk capital: A problem of definition. *Journal of Risk Finance*, Fall, 1−10.

Kuritzkes, A. (2006) . Comment on De Fontnouvelle, Jordan, and Rosengren. In M. Carey and R. Stulz, eds. , *Risks of Financial Institutions*, Chicago, IL: University of Chicago Press.

Kuritzkes, A. , and H. Scott (2005) . Sizing operational risk and the effect of insurance: Implications for the Basel II Capital Accord. In H. Scott, ed. , *Capital Adequacy*: *Law, Regulation, and Implementation*, Oxford, UK: Oxford University Press, chapter 7.

Kuritzkes, A. , T. Schuermann, and S. M. Weiner (2003) . Risk measurement, risk management and capital adequacy of financial conglomerates. In R. Herring and R. Litan, eds. , *Brookings-Wharton Papers in Financial Services*, 141−94.

Kuritzkes, A. , T. Schuermann and S. M. Weiner (2005) . Deposit insurance and risk management of the U. S. banking system: What is the loss distribution faced by the FDIC? *Journal of Financial Services Research* 27, 217−243.

Lando, D. , and T. Skødeberg (2002) . Analyzing ratings transitions and rating drift with continuous observations. *Journal of Banking & Finance* 26, 423—44.

Longin, F. , and B. Solnik (2001) . Extreme correlation in international equity markets. *Journal of Finance* 56, 649—76.

Lopez, J. A. , and C. A. Walter (2001) . Evaluating covariance matrix forecasts in a value-at-risk Framework. *Journal of Risk* 3, 69—98.

Lucas, A. , P. Klaassen, P. Spreij, and S. Straetmans (2001) . An analytic approach to credit risk of large corporate bond and loan portfolios. *Journal of Banking & Finance* 25, 1635—64.

Marrison, C. (2002) . *The Fundamentals of Risk measurement.* New York: McGraw Hill.

Marshall, C. , and M. Siegel (1996) . Value at risk: Implementing a risk measurement standard. *Journal of Derivatives* 4, 91—111.

Mays, E. (1996) . Interest-rate models used by depository institutions. In F. J. Fabozzi and A. Konishi, eds. , *The Handbook of Asset/ Liability Management: State of thd Art Investment Strategies, Risk Controls and Regulatory Requirements,* Chicago: Irwin Professional Publishers, chapter 7.

Netter, J. M. , and A. Poulsen (2003) . Operational risk in Financial service providers and the proposed Basel Capital Accord: An overview. *Advances in Financial Economics* 8, 147—71.

Nickell, P. , W. Perraudin, and S. Varotto (2000) . Stability of rating transitions. *Journal of Banking & Finance* 24, 203—27.

Poon, S. -H. , M. Rockinger, and J. Tawn. (2004) . Extreme value dependence in financial markets: diagnostics, models and financial implications. *Review of financial Studies* 17, 581—610.

Pritsker, M. (1997) . Evaluating value-at-risk methodologies: Accuracy versus compuational time. *Journal of Financial Services Research* 12, 201—42.

Rajan, R. G. (2005). Has Financial development made the world riskier? Presented at the 2005 Economic Symposium at Jackson Hole, WY, sponsored by the Federal Reserve Bank of Kansas City.

Rosenberg, J. V., and T. Schuermann (2006). A general approach to integrated risk management with skewed, fat-tailed distributions. *Journal of financial Economics* 79, 569—614.

Santos, J. A. C. (2001). Bank capital regulation in contemporary banking theory: A review of the literature. *Financial Markets, Institutions & Instruments* 10, 41—84.

Saunders, A., and L. Allen (2002). *Credit Risk Measurement-New Approaches to Value at Risk and Other Paradigms*, 2nd ed. New York: Wiley.

Slywotzky, A. J. and J. Drzik (2005). Countering the biggest risk of all. *Harvard Business Review* 83, 78—88.

Stiroh, K. (2004). Diversification in banking: is noninterest income the answer? *Journal of Money, Credit and Banking* 36, 83—88.

Treacy, W. F., and M. Carey (2000). Credit risk rating systems at large U. S. banks. *Journal of Banking & Finance* 24, 167—201.

United States General Accunting Office (USGAO) (1998). *Risk-based Capital: Regulatory and Industry Apporaches to Capital and Risk*. Report to the Chairman, Committee on Banking, Housing, and Urban Affairs, U. S. Senate and the Chairman, Committee on Banking and Financial Services, House of Representatives, GAO/GGD-98-153.

Uyemura, D., and D. van Deventer (1992). *Financial Risk Management in Banking: The Theory and Application of Asset and Liability Management*. Chicago, IL: Dearborn Financial Publishing.

第7章　古往今来的房地产：那些已知、未知和不可知

Ashok Bardhan 和 *Robert H. Edelstein*

> 我们能够求因的，皆源自我们的已知？
> 能见我们的人，皆源于他停留此处，
> 从此处求因，从此处问果？
> ——Alexander Pope，《人论》

　　人类在最古老的市场之一——房地产和土地市场积累了大量经验。① 农业、住宅或者商用房地产资产的重要性在人类历史上几乎从未被言过其实。社会结构、婚姻制度、邦交关系以及更加广泛意义上的社会经济组织都已受到房地产市场的性质和功能的影响；同时，它们又反过来影响着房地产市场的性质和功能。古往今来，在房地产市场与社会、政治、文化和经济制度之间，一直存在着复杂的相互联系。与此同时，技术的变化使得对于现有的或曾经已知的、未知的和不可知的（问题）的评估变得非常艰难。事实上，目前由次贷引发的金融危机进一步凸显了房地产市场以及与之相关的其他经济部门的复杂性和不确定性。作为分析的一项指导原则，我们应当遵循已知的（K）、未知的（u）和不可知的（U）（或者简称为 KuU）分类法。在知识方面，它被定义为

---

① 　要感谢 Samir Dutt、Richard Herring、Cynthia Kroll 以及 Desmond Tsang 所提的意见和建议。

度量问题和理论构想。[①]

经验主义和理论主义的原理都强调了房地产所具有的 KuU 特质。例如，过去十年房地产价格有些波动起伏，但在证券市场上其发生的波动却要小一些。住房是一种消费、投资混合型商品，又由于家庭、社区和社会在经济和财务方面密切相关，因此其社会政治特点创造了住房这种独特的资产类别。

商业地产关系到经济的生产和分销两个方面，导致它的属性是一个派生的需求函数。房地产的这些特点使其风险预测、伴随的动态不确定性以及 K、u 和 U 的构成在整个资产类别范围内都独一无二。房地产的其他区别特征，在某种程度上是实际变量与名义变量的相互作用在价格上的反映，虽然在其他资产的定价方面某些相互影响也是象征性的。例如，人口统计数据和金融制度安排对于房地产价格和产量既有共同作用又有相互作用。哪些是已知的？哪些是未知的？哪些是不可知的？无论上下文知识是作为一个度量办法还是一个理论问题，这个问题相对于金融变量的人口统计来说，还存在显著差异。毕竟，在我们这个时代，人口统计被认为是一个相对"已知的"变量，它在几乎所有的房地产市场都扮演着关键角色。

图 7-1 提供了 KuU 框架在房地产领域的一个应用概览。这表明，许多经济因素和非经济因素错综复杂交织在一起决定着房地产的产出。非经济因素的这种不确定性、风险预测和"可知性"，既依赖于这种混合因素的不确定性，又与之相互影响。

借助本文其他部分的 KuU 方法，应用到金融市场的推理以及于其中派生出的结论，在很大程度上也适用于财政和投资方面的房地产。因此我们应当主要通过什么是已知的，什么是未知的，什么是不可知的这三者之间曾经的边界变化来分析包括房地产金融和投资的房地产市场，并从更广的金融世界来重点

---

① 衡量的概念或者衡量的概率分布在这个框架里是至关重要的。K 意味着已知分布的事件；u 是指概率不清楚，未知分布的事件；最后，U 是指本身在事先并不知道的事件。"理论"的方法强调基础概念模型。K、u、U 之间略有不同：K 是在有基础模型的常识时出现；u 存在于没有可接受的范例时，但是这儿有相互竞争的模型/概念；U 是一个整体缺乏概念支撑或模型的情况（请参见 Diebold、Doherty 和 Herring 所著章节）。

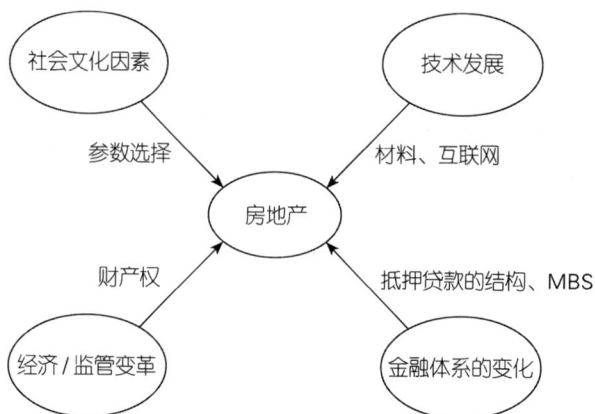

图 7-1 *KuU* 和房地产的分析框架

区分房地产市场和房地产投资。

使用这个框架的目的在于分析我们对于房地产风险认识的演变，并检查认识论，该认识论与房地产的不确定性和风险性因素相关。

7.1 历史背景，或者房地产的 *KuU* 前沿的演变

这个发现的过程非常简单。对于已知自然规律不懈地系统化应用，导致了未知（问题）的不断揭晓。

——Henry David Thoreau (1849)

房地产市场、实践和机构在时间和空间方面的发展影响了 *KuU* 理论的演化，而正是 *KuU* 理论将曾经被认为是不可知的东西转化为未知，进而转化为已知。需求和供给两个因素已经影响到 *KuU* 三要素组成的相对结构。我们的历史研究法强调了古往今来不确定性的几个非经济根源如何与房地产市场产生相互影响。

随着时间的推移，社会和人类文明在房地产以外的领域不断进步并显著地影响了房地产业。例如，土地和所有权的发展创造了第一个"防御性财产"，迎来了房地产市场的开创性时刻，并在房地产市场之中加入了一个涉及三位一体用途的不确定性基本原理以及（土地）使用和占用带来的收益的一个主要历

史因素。

Bowles 和 Choi（2002）为我们展示了一个普通的历史经济环境："个人产权为组织成员提供了一个更好的系统。对于狩猎和采集经济来说，只有在特有财产所有权不明确的情况下耕种，庄稼和驯养牲畜的能力才会衰减。因此，通过明确权利，农业的出现促成了我们所说的第一个产权革命"。这可能是历史上第一次清晰阐明成本和收益之间的平衡以及食物和居所的基本风险承担水平之间的联系。Baker 指出（2003），"经济学家……解释当土地的持有收益大于土地的防范成本时，土地所有制就出现了……持有土地产生收益是因为当土地被持有后，土地使用的外部性被内在化，并且防御成本和驱逐成本一样被理解了。"①

几个世纪以来，主要的历史不确定性都与房地产的供应有关，即全世界宜居土地的范围。事实上，或许直到中世纪晚期，我们才完全了解人类对于全球土地供应/可供性的不了解程度。按照我们的框架，"不可知"是对于新世界土地供应的完全不曾预料到的发现。直到几百年前，主要大陆才被发现，这在今天看起来仍然令人惊讶。除这个基本的"未知的/不可知的"之外，还有一些"未知的"。例如，美洲的存在。这儿有几个简单的"未知"。比如说在西伯利亚适宜居住的土地数量。随着时间的推移，我们所知的土地总供应量经历了从 U 到 u 再到 K 的转变。②

地理大发现、战争和社会革命以及主要社会文化的发展，已经影响了房地产领域已知和未知的范围。Fernand Braudel 在一篇关于 16 世纪工业化之前欧洲城市化早期阶段的经典的文章中阐述了社会和经济的变革如何对中世纪房地产产生更大的影响以及相关不确定性的构成情况："不动产在市场上终结……在作为一个整体的欧洲，存在着土地出售方面的价格区间披露以及有规律的价格上涨方面的参照。例如在 1558 年的西班牙。根据一个威尼斯大使……财产（即土地）（成本）只占售价的 8％到 10％，即他们的收入是所付成本的 12.5

---

① 在不同的时间点和不同国家平民的存在和模糊的土地所有权进一步说明了它的重要性和社会规范对房地产相关问题的影响。

② 然而，正如我们将要讨论的，未来环境的变化可能以意想不到的方式影响其供应。

或者10倍，而目前则是20到25倍……他们让手中的资金翻倍了……这样的活动与经济和社会转型当然也是相关的。这个转型剥夺了原来的土地所有人的所有权，不论他是领主还是农民，同时使得城市的新兴富人阶层受益。"[1] 在当时，未来的社会变得非常动荡，表现在人口从农村涌向城市、封建制度的改变、工业资本主义的不可预见性以及这些问题对于土地和其他市场造成的影响。又由于社会问题和社会结构，上述的问题围绕着土地所有权错综复杂地交织在了一起。

在一个微型社会中，家庭和住户结构的演变成为了对于房地产需求特别是在住房范围方面发生意想不到的变化的另一个根源。在过去的几个世纪里，在家庭数量以及每个家庭空间分配的影响之下，生活的安排在从大家庭到独立的小家庭、核心家庭和住户等方面都发生了质的变化，尽管这种变化并不总是沿着简单的和可预见的路径发展的。生存空间的需求也随着旧有的奴役关系变化而改变，这反过来又具有了一项功能，该功能涉及社会变化、人口迁移相关因素、经济和社会的不平等、城市结构和工作机会获得性。[2]

专业房地产的诞生是另一项进步，它以不可预见的方式影响房地产市场。商业地产和住宅房地产的分离由于专业化以及组织规则的出现而发生了转折。一个手工艺人或工匠的家和办公室/车间通常在一起，其实质就是一个（经营）家庭生意的办公室。技术和专业分工引起了工作结构的改变，工作场所的重组带来了在中性场所合作经营的需求，促成了仓库、零售以及后来的制造业和办公用不动产的产生。诸如合伙制和公司制之类的商业组织的出现、资本主义的普遍成长以及随之而来的白领员工数量的迅速增长第一次刺激了对于办公场所的需求。

征服、发现和国际贸易方式的改变已经通过城市的兴起、发展和地理位置改变了房地产的组织形式。正如 George Modelski 声称：大多数世界古城（从公元前3500年到公元前1200年）已经消失在时间的迷雾中。美索不达米亚、埃及和印度河河谷汇聚人类最早文明的城市没有一个辉煌依旧。事实上，它们

---

① Braudel（1982 b，p. 51）

② 关于家庭奴役参见 Ray 和 Qayum（2009）。

中的大多数今天都已不复存在。古代和中世纪的大多数帝国，不论是由马其顿的亚历山大或者成吉思汗所建立的，都还是以陆地为基础的。那时候的大多数主要城市都在内地，控制着通向战略土地资源的要道和关键贸易路线。在另一方面，近代殖民主义和现代全球经济一体化所需的航海业以及贸易的发展，都需要海滨城市。在进入殖民时代之前和殖民时期/殖民时代结束后的印度，主要城市的地理分布，就是痛苦的经济和政治变革影响城市面貌的生动写照。因而，近代的孟买、加尔各答和上海取代了 Agras（阿格拉，泰姬陵位于那里，是莫卧儿帝国一个主要的城市）和西安（古代中国的首都）。当然，并不是所有的古代城市在全球资本主义的暴风骤雨中都已没落。这可以得到现实例子的印证，例如，德里和北京都是历史悠久的内陆城市，却依然保持了自身的重要性。

除了社会、经济和政治变革，技术的进步也改变了不确定性的边界。新材料的发明和先进的工程技术的进步使得摩天大楼的兴建成为可能，且设计上打破了建筑规模大小的束缚，并导致土地的集约使用。类似地在金融领域，如法定货币的创立、银行存款和本票的出现等，已经消除了时间和空间的限制，联结了储户和投资者，导致了包括房地产金融在内的现代金融的出现。

用历史的方法看待社会经济趋势对于理解作为"日常生活结构"不可分割的一部分的房地产是必要的。这样的方法可以帮助我们理解历史上不同时期的不可知的或者不可想象的事件或情况而不仅仅是未知的。这在很大程度上是因为在历史上的不同时期它们不是"系统"的一部分，而是存在于社会其他方面的知识王国之中，并反过来受到无数的不明因素的影响。

7.2 当前的知识情况

本节讨论我们当前房地产领域已知、未知和不可知的知识情况以及所伴随的分类法的风险。在风险－回报二分法的层次结构中，人们普遍认为房地产要么低于要么与普通股票的风险回报属性相当。而比短期国库券、政府债券、按揭证券和投资级公司债券的风险回报要高。房地产投资和金融资产的风险性是司空见惯的。不管是普通股票还是政府债券，影响房地产的风险类型与其他类型的投资资产的风险是相似的，而有些还是房地产所特有的。[1] 我们按照 KuU 框架对这些不确定性因素进行了总结。

7.2.1 环境风险

虽然一些环境因素可能是先天未知的，但随着时间的推移，医学或地质科学的进步使得一些其他环境参数可能变得"明显"。随着时间的推移，石棉、氡、其他有毒物质以及地震断层线，已经能够被人们更好地理解。全球变暖带给滨海国家的长期风险，是另外一种似乎从"不可知"演化到"未知"（无论是从度量还是从理论上讲）的风险类型，或者基于模拟、数据以及相关科学著作的稍被接受的概率分布。从这个意义上讲，缺乏任何的认识论框架。然而，未来可能依然存在未知的领域，诸如我们今天甚至不能想象的疾病和大灾难；反过来，也可能引起迁移模式、居住方式和城市空间方面的进一步改变。

7.2.2 位置风险

"位置、位置、位置"的咒语也可以被解读为"风险、风险、风险"。房地产沉没成本上下波动的性质与具体位置密切相关是房地产的一个定义属性，将投资者暴露在各个层面的独特风险之中。人口统计学、品位、通勤模式的变化和特殊的经济冲击都能让一个地理位置由梦寐以求变为避之不及，反之亦然。当然，对于一些房地产位置的需求不一定需要改变。一些街区即使没有几个世纪也有几十年一直不落后于时代。地理位置的驱动因素在某种程度上可能是可预见的，微小的不确定性因素之间的相互影响表明位置在 u 类中可能被替代。

7.2.3 流动性和波动性风险

作为一种波动的资产，至少在非证券化形式时房地产比起多数资产类别更受制于流动性风险。尤其是在需求低迷的时期，房地产的位置和产品特异性往

---

[1] 参见 Brueggeman 和 Fisher（2001）普遍接受的房地产相关风险的列表。

往能够增加流动性风险以及买卖双方的入市。例如，在 20 世纪 80 年代初和 20 世纪 90 年代早期的美国加州，住宅房地产市场有过一段小插曲，其估值下降到了原来的 20%～30%。这一轮下跌中最明显的特征就是传统融资供应的减少以及销量的严重下滑。大部分的流动性问题都与金融机构无力或不愿放贷有关（如储蓄和贷款危机）。2007 年 9 月的金融危机让人们清楚地认识到流动性问题。那时销售量锐减。与房地产相关的证券市场，不论是住宅房地产还是商业房地产，都由于其内在价值的不确定性而跌入冰点。因此，房地产金融交易的结构有时能够产生从已知领域到未知领域，甚至不可知领域的认知变化。

7.2.4 监管和立法风险

区划法规、财产税法、土地征用权、租金控制和其他由政府和地方当局造成的"干预"始终影响房地产的运作和利润。大量的例子表明政府管制和政策的变化及其缺失（可以从当前危机的源头体现出来）如何对房地产业主、贷款人以及投资人的底线产生影响。1982 年，联邦政府实施了新的所得税法以刺激经济。这些法律的一个副作用就是房地产投资的折旧提存出现了大幅增长。在办公室、公寓行业，供方市场以及慷慨的减税法律造成了办公楼和公寓产量的急剧增长以及"节税辛迪加"的建立。然而，这种繁荣戛然而止，其部分原因是 1986 年通过的联邦税法减少了折旧提存并通过辛迪加创造了避税壁垒。最终，商业房地产市场迎来了长期的大衰退。

政府干预影响房地产市场的其他例子包括在旧金山、圣莫尼卡和纽约等城市施行木地租金控制法规。另一方面，政府监管的缺失或者放纵可能导致由于潜在的严重市场失灵而引发复杂和相互关联的金融市场浩劫。这些市场失灵包括信息不对称/协调问题/串谋以及与既得利益的冲突。在某种程度上，政府尤其是当地政府采取的措施是不可思议的。每个人都在想：此类风险是否属于典型的未知或者不可知的范畴？

7.2.5 金融风险

房地产股票和债券投资者遭遇了由复杂的债务关联预付和违约选择造成的终端风险。抵押贷款和抵押贷款证券的投资者是不确定性和风险的独特组成部分，因为抵押贷款借款人提前还款行为可能显著改变预期的收入流。对于抵押贷款提前还款速度正确评估的重要性因为事实而凸显出来。这些事实包括未预料到的提前还款变化以及对于相关风险的错误定价，其可能导致抵押贷款证券市场上投资者现金流波动和不确定性的增加。高度复杂的模型，无论在理论还是实证方面，都已提高了对于包括可赎回债券模型、复合期权及风险模型等在内的提前还款的风险评估。[①]

对于提前还款分析最有趣的窘境也许是精致的提前还款统计模型的周期性故障。部分原因是房地产金融系统性质的改变，即商业地产投资以及物业所有权的普遍信贷易得性。随着金融市场的变化，根据统计的行为关系可以断言："旧"的提前还款模型将发生重大故障。在这样的背景下，KuU 是一个更新的过程，并且通过这一过程你对提前还款行为由不确定变为有更好的了解。让你的知识体系被流动的世界打碎，进而使你对于提前还款风险的认识退回到以前的水平。然而，许多提前还款模型领域的研究进步已经产生了大量与提前还款风险有关的关键的深刻理解。

另一方面，对于全面经济危机而言，由于涉及很多因素，系统性违约是"未知的"或"不可知的"。对于大型金融机构，如房利美和房地美公司，虽然拥有重大投资组合头寸，住房市场的"泡沫破裂"还是暴露出它们的重大信用风险。商业房地产、收益率的维持和/或废止条款减轻了银行或债务投资者的提前还款风险。然而，大规模的、单一地产债务工具在如 CMBS（商业抵押贷款支持证券）市场中产生了极大的信贷风险，并导致产生了更多的商业房地产抵押债券和信贷违约掉期市场。这些证券化债务工具已经在私有化的公共房地产投资信托公司的大规模交易中被频繁使用。因此，信用风险的性质正在以无法预料的方式大幅改变，当投资者试图把信贷风险知识重新调整为已知类型时，投资者需要不断进行动态更新。

7.2.6 商业风险

商业房地产需求是派生的需求，取决于用户——企业部门的（经营的）健

---

① 对于一些例子，参见 Chinloy（1989）及 Hall 和 Lundstedt（2005）。

康程度。商业、工业、各经济部门、各种职业和各个地区遭受的未曾预料到的冲击可能会严重影响其租金价值以及房地产投资者的回报。房地产实体的整体商业风险是经济的市场风险与财务风险的组合。稍微换个说法就是，如果你打算在某个城市或地方建造一座办公楼，则为办公空间创造衍生需求的经济市场将决定你的建筑的经济表现。房地产异质的性质和不同类型经济活动的复杂联系预测经济活动的过多变量，正好将特定风险的科学度量归为一种未知，因为很多"概率"事件是未知的且没有公认的风险模型。

7.2.7　宏观风险

宏观经济和房地产业之间的联系被后者的体量放大了，这一联系又由于它在国民核算的投资和消费部分扮演的角色而复杂化。在某种程度上，消费降低了风险，即使投资回报都受到威胁，也只有在灾难性事件发生的情况下（本文其他部分会做相关解释），消费的益处才会减少。宏观经济通过一个重要途径，即信贷市场和利率工具来影响房地产。显然，利率作为经济的完整"成本要素"，往往会影响所有的经济活动。但是，房地产的杠杆作用非常明显，而且它对利率变动特别敏感。换句话说，标准金融风险在债务融资形式中是很常见的，同时也是房地产投资风险结构的重要组成部分。如果收入流不能充分补偿来应对改变通胀预期利率和要求收益率的负面影响，则预期之外的通胀风险可能会影响回报。虽然通货膨胀是一种由其他投资品种分担的常见风险，但房地产出租指数可以允许营业收入因为通货膨胀过程中预期之外的变化而进行调整。不管是源于正常过程中环境或资源市场，还是自然的或人为的灾害，房地产业像大多数其他经济部门一样，容易受到不可预见的和预料之外的供给震荡的冲击。

最近在许多国家以及美国部分地区，住房市场的泡沫都破裂了，这引起了对于潜在的房地产泡沫导致的未知风险的关注。目前对于判断这是不是泡沫的一致标准只能是事后追溯，早期则经常参考基本面是否良好。例如，从20世纪90年代的科技繁荣以来，处在购买阶段的富裕家庭积压的订单、供给的管制、容易获得的信贷以及创历史新低的抵押贷款利率等。即使以往的租售比可能是一个很好的指标，但是社会心理的内在不确定性特点、与短暂的相互影响相关的大规模"精神错乱"以及家庭决策的随意变化都使得任何的"繁荣"成为确定的"未知"类型并有可能变为"不可知"。经济的潜在规模和房地产灾难造成经济和金融破坏是一个极端的例子，虽然概率很低但是带来的社会损失极大，并且这一罕见组合造成的预期损失是无法量化的。

历史上还有几个关于金融泡沫的有趣例子，其中也涉及房地产市场。17世纪，由于欧洲与亚洲香料和纺织业中心之间的贸易利润丰厚，荷兰当时可能已经成为了世界上最富有的国家。商品的涌入、富裕的扩展、金融市场的发展和狂热的投机气氛导致了房地产价格的螺旋上升。瘟疫的毁灭性影响，郁金香热的降温刺破了泡沫。Piet Eichholtz说过，这一不可预测的灾难性事件与今天依然存在着联系。"随着这一对形影不离的灾祸接近尾声，房价下跌了36%……的确，此后的经济和社会条件变得不同。但重大的危机的确发生了，而我们依然不能准确地预测它们。禽流感会不会是一个重大的灾难？会不会有更多的飓风？我不知道。没有人知道（Shorto，2006）。"

然而"实际"和"名义"变量的相互影响，暗示在许多投资的风险分析中，它是房地产市场的一个与众不同的特点。名义和实际变量的部分二分法在快速响应（即几乎实时调节的金融市场）和调整缓慢或滞后的市场（如房地产）之间是不对称的。观察住房的交易价格，有的急升慢降，其下行风险的很大一部分被决定冒险的购买者承担。

7.2.8　全球化和房地产

新全球经济的两支主要驱动力量，促进全球经济和金融一体化，这体现在：（1）国际贸易和投资的高涨；（2）新技术，尤其是信息技术的快速发展和传播。它们都正以意想不到的方式影响房地产，并增加未来房地产的潜在影响的不确定性。

经济研究人员开始认识到全球经济和金融一体化对房地产市场的影响。非贸易的、本地化的房地产可能看似不受全球化的影响，但日益提高的经济和金融活动一体化已经大大改变了房地产投资和房地产市场。全球化交易的影响力已经扩展至房地产市场，导致了房地产跨境投资、国际开发项目、跨国房地产业务以及国际资金参与的住房开发的出现。全球失衡、全球金融流动以及它们对于美国的利率和抵押贷款利率的影响提高了现有风险和不确定性。

Bardhan等人（2004）曾表明：开放对城市租金具有积极的影响，因为房地产具有其不可进口/非贸易的特性使得其供给相对缺乏弹性。并且Bardhan等人（2008）提供证据表明在受国际资本市场、国内宏观经济变量、公司特有的变量以及国际货币套利的影响而调整之后，公开交易的房地产公司的超额收益（即风险溢价）由于开放而减少。这一发现与日益增长的全球金融一体化和跨境资本流动是一致的。该理论的另一分支分析了工业供应链的全球采购对产业集群和城市群的影响以及随之对城市空间和房地产需求产生的影响。

全球化和技术的进步大大降低了运输和通信成本，并导致了已增加的劳动力流动和迁移与更高效的市场的联系以及国家房地产市场的更大整合。另一个被全球发展和统一市场间接影响的方面就是城市空间的演变，它通过能源价格周期性和非周期性的变化对房地产产生影响。能源价格的变化在某种程度上是由亚洲经济体的增长动力带来的需求的周期性和非周期性螺旋引起的。

7.2.9　技术和房地产

互联网及其相关技术的发展目前正作为房地产的营销媒介，被用做沟通媒介和合作的平台，这使得新公司能够以新的形式创造价值。互联网与房地产行业的相互影响和相互作用有可能以不完全可预见的方式改变市场构成、经济变量和组织结构。我们许多的评估都具有投机的性质，因为"未知"甚至"不可知"的特性涉及的许多因素相互交织，可用的数据的缺乏以及相对新颖的素材的缺乏而且任何新的、通用的科技都可能以不可预知的方式发展和影响经济。

交易和搜索成本越低，信息的同步获取越容易。从而导致交易周期的缩短，或许通过减少买卖双方的摩擦提高双方的匹配度的方式还能够降低"自然"空置率。互联网的媒介作用导致了经纪行业对其运营进行重新架构。同时，有试验证据表明电子商务的增长已经导致了对于某些货物和商品的需求从零售转向了仓储。互联网在房地产交易中的应用带来了更广阔的地理延伸，能增强贸易能力和营业额，促进市场深化和带来地理上的灵活性，还可能减轻不同区域回报的差异。另一方面，科技、全球化和复杂的证券化引起的信息和地理的分离，意味着最终的所有者、投资者和贷款人几乎对源贷款的基础特征没有认识。因此，危机可能出现，合作重组的可能性变小。

样本7-1总结了影响房地产的变量列表，并将它们归入KuU框架里。在未来的演变和对房地产可能产生的影响方面，人口统计是一个已知（K）因素并占据了该领域的一部分。环境问题、灾难、全球主要经济和科技的重大发展以及社会文化趋势的可能性，则占据了该领域的另一部分。

样本7-1　　　　　　KuU**在房地产中的选择性的、客观总结**

> - 人口统计（K）
> - 新材料和工程技术的进步可以从根本上改变空间的概念，以一种已知的，有时未知的或许不可知的方式影响供给和需求（K、u、U）
> - 新型融资，例如反向抵押贷款可能以未知的方式影响遗赠行为（这可能既属于u又属于U）
> - 房地产的全球化和贸易能力——仍然取决于位置、位置、位置，但不再是地方的、地方的、地方的（u、U）
> - 提前还款的相关问题（K、u）
> - 环境冲击和灾难性的问题（一些属于u，一些属于U）
> - 社会趋势和心理学（u、U）
> - 系统风险因素（u、U）

不确定性的很多方面，以及先前列举的各类具体风险都符合房地产相关风险冗长的标准定义。例如，人口统计数据是房地产需求的一个决定性因素。以年龄划分的买房群体从现在起算20年内是确定已知的，并且它对于房地产需求的影响也是已知的。享乐指数模型是将房地产价格作为真正属性的函数。比如利用房间的数量和面积来生成已知的价格分布。基准模型是另一个对已被发达国家整体知晓的东西进行应用的尝试，它涉及未清偿抵押贷款的比例或自有住房者比例的函数。该函数由人口统计变量、经济变量、金融变量以及房地产变量构成，适用于房地产业处于萌芽期的国家。一旦一个表现良好的经验关系在发达国家的抵押贷款市场产生，人们就可以借此预测发展中国家尚未成熟的房地产市场潜力。此类分析隐含的假设就是新兴经济体各变量之间的结构关系应当与发达国家一样。直觉（依据）就是存在通用的比例或比率以及暗示跨国

"已知"现象的稳定关系。[①]

这个总结可能是主观的、有争议的。我们设为 U 的变量在很多经济学家看来应属于 u。"存在很多无法被归为试探水平概率的潜在事件"，在许多同行中似乎不断在重复。同时，正如其他非社会科学领域的科学家们指出的那样，由于许多诸如投资决策、天气预报等"实时计算"的约束，很多事件都归属了 U 的范围。

7.3 结束语和未来展望：对于未知和不可知的处理

知识和无知之间存在着一道永远无法被科学消弭的鸿沟。

——Henry David Thoreau (1817—1862)，美国哲学家、作家和博物学家

正如 Barrow（1999）观察到的，科学上成熟的标志就是已经找到终极障碍，试图找到自身有用性的极限。那些预测别人无法预测的事，观测别人无法观测的事物的公式，就提出人自己都既不能肯定也不能否定那些真理。Godel、Heisenberg 和 Turing 的开创性作品为我们提供一系列理论上的深刻见解和技术上的成果，来处理不可能性、不确定性、不可判定性和难解性（参见 Merry，1995）。但 Traub（1996）表示，这些成果涉及正式的体系，而且并没有明确这些启示普遍适用于社会科学还是只适用于经济学和金融学——"一个典型就是学生在学习科学上已知，科学家却在研究未知。将要被探索的领域原则上是未知的"。但这些金科玉律并未限制我们以任何方式探索知识。或许，在音乐方面，只有知道约束所在，创作的灵感才会迸发。也许只有在勾勒出科学的"不可知"边界以后，才能够有效地探索宇宙中更多的"未知"，甚至有人说社会科学亦是如此。[②]

在当前的研究中，有必要描述那些在未知领域的探索之路上为我们提供指

① 参见 Jaffee 和 Levonian（2001）。

② 音乐的五线谱应归功于小提琴家 Issac Stern。

引的因素，为房地产市场模式化的不可知和未知的供给冲击、未来需求不确定性创建的解决方案，并为解决这些问题制定长期政策和策略。在用 *KuU* 探索房地产投资和管理的未来的时候，出现了大量的问题：人们如何设计并推广适宜的治理结构、新的制度安排、保险条款以及社会安全网以便更好地管理房地产风险？灾难性的经济金融事件、环境事件和地质灾害以及原因不明的传染病的蔓延等发生的可能性恢复了国家或政府机构在准备、管理、包容和削弱它们对生命和财产的负面影响方面扮演的角色。本地事件在全球的快速传播及其负面影响表明，灵活性、动态性以及私人和公共部门迅速的响应能力将至关重要。毫无疑问，政府机构以及公私合作在管理和风险缓解方面，尤其是在为应对一些重大的不可预见事件作准备方面扮演着非常重要的角色。与金融和其他资产相比，房地产中高比例的财富持有及其在全球范围内广泛的和相对更平等的所有权，可能会要求少量的社会保险用以减轻不可预测事件的负面影响。

用于风险缓解和风险管理的许多新方法和新技术，对于浩瀚的房地产市场和金融世界来说是常见的。这些风险缓解和风险管理正日益相互影响并充满不确定性。新类型的合同安排可能出现以面对未知和不可知的情况，以及应对风险分摊、全球多样化、证券化、新市场的开放方面的新发展，等等。合同的不完备性同样也是由世界的不确定性状态引起的。该不确定性经常是由交易成本引起的，并受意外事件的影响而减少合同利润。Scott（2006）认为：事实上，签约双方遭遇了一个棘手的问题：未来是未知和不可知的。结果，当不确定性的程度很高时，签约双方就会付出很高的成本预见并合理地为所有（或者大多数）可能突然出现的状况描述合同结果。不管是否分析温和、有弹性的合同条款或是实施问题的利弊，经济学家和法律专家已经在理论和实践方面对企业和投资者在面对今天复杂的和不确定条件下如何达成最优契约作出了显著的贡献。而这一领域的进一步发展将提供一个高效和公平的方式来处理这些合同问题。如协调不同的激励机制、所有权组合、意外事件的范围以及房地产和房地产金融业务的具体问题。

创新都出现在技术和社会领域。在后一种情况下，创新的源泉可能是治理人类社会的优先权、政体、社会安排以及一整套社会政体、政治和经济制度。哪怕未知只有一点点，它们之间的相互作用也会产生不可知。中国在独生子女政策的长期影响下，将可能出现人类历史上的一个独特情况，即在未来的子孙后代中说不定将没有兄弟姐妹、表兄弟、叔叔、阿姨（的概念）。新的不确定性组合将有可能被不断演变的融资安排所促成，比如反向年金抵押贷款。这些工具受到社会文化发展、遗产问题和广泛的社会安全等问题的影响。这些因素反过来可能为个人和机构的合作行为提供新的范围（例如，损失分担或应急融资），以适应未知。这是对于双方都有利的潜在安排。

随着新兴经济体经济的迅速增长，中国和印度融入全球经济体系，已经影响了从自然资源的价格到全球利率的各个方面。不断上涨的能源价格可能对于工业化国家的地理位置、人口密度和扩张尚未造成引人关注的影响。另外，可能提到对于新兴经济体的研究领域，特别是关于经济和金融的问题，在所推崇的"已知"中是有所偏差的。这主要是因为之前提到的基准测试方法。据了解，许多发达经济体的特性和结构属性将被新兴经济体采用，包括减少家庭规模和变量、服务业的比例和权重以及住房拥有率等。

当然，对不可知的某些方面的探寻可能会被归类为琐碎的范畴。例如，未来所固有的不可知性或时间的不可逆转性。只有当我们找到并界定未知和不可知的分界线时，这个问题才会上升到一个有趣的维度。风险管理总体上来说试图把未知的风险转移到已知的风险类别，并试图减轻与未知事物相关的成本。另外，包括不可知在内的分类法的扩展促进了探寻成本的进一步减轻，以及金融和智力资源的合理分配。

社会、文化、技术和其他影响房地产的因素是本文反复出现的一个主题，看上去像是对本书 Zechhauser 所著章节的补充。该章是关于互补技能将决定谁是未来投资者中的赢家。能够连接很多领域并在社会和政体方面的"系统外"概率上运用判断力的通用技能在未来可能会更受重视。但同时也面临着如何通过不断的培训和教育传授这方面技能的问题。

除了先前 Thoreau 提出的系统科学调查，目前还不清楚在从 U 到 u 再到 K 的进程的背后还隐藏着什么偶然机制。如果接受有两种不可知的 U——从先前提到的琐碎意义上的或者是作为被认可的科学原理和推论的问题都是不可知的——那么当从未知向已知的转变相对系统化时，脱离 U 的转变似乎更像广泛的社会进化的结果：不相关的人在奋斗中的思想与行为会相互影响。换句话说，"无意的知识溢出法则"经常出现，似乎减小了不可知的范围。广泛前移的社会和生态进化也可能导致意外。比如，从 K（已知）退回到未知的可能性。举一个例子，具有讽刺意味的是，本文一开始已经提到土地总供给量的知识已经从 U 演化到 u 再到 K 了，但其中一部分（知识）现在可能又退回到了先前的不确定状态。虽然对于全球变暖是否会对宜居的沿海土地的供应产生负面的影响还存在着严重的争议，但这种影响却不能被完全消除。

把 KuU 框架应用到社会科学时所遇到的部分问题是：这一主题本身就由于理性的相互影响的媒介而受到学习过程的影响。Gomory（1995）曾说，"我们有可能建立一个越来越人为创造的、可知的世界。"另一方面，科技的发展以及房地产和金融市场的全球化，将导致更多大型网络的参与和互动，产生许多可控性更小的过程和对于结果更加复杂和不可预测这一问题在理解方面的难题。目前的金融和经济危机有望增加我们对于住房、更广泛的房地产部门、金融系统和宏观经济相互之间联系的性质方面的认知。

参考文献

Baker, M. J. (2003), An equilibrium conflict model of land tenure in hunter-gatherer societies, *Journal of Political Economy* 111 (1).

Bardhan, A. D., D. M. Jaffee, and C. A. Kroll. The Internet, e-commerce and the real estate industry. At repositories. cdlib. org/iber/fcreue/reports/6100/.

Bardhan, A. D., R. Edelstein, and C. Y. Leung (2004). A note on globalization and urban residential rents. *Journal of Urban Economics* 56 (3).

Bardhan, A. D., R. Edelstein, and D. Tsang (2008). Global financial integration and real estate security returns. *Real Estate Economics* 36 (2).

Barrow, J. D. (1999). *Impossibility: The Limits of Science and the Science of Limits*. Oxford University Press.

Bowles, S., and J. K. Choi (2002). The first property rights revolution. Santa Fe Institute Working Paper No. 02−11−061.

Braudel, F. (1982a). *Civilization and Capitalism*, 15th − 18th *Century*, Vol I: *The Structures of Everyday Life*. Harper & Row.

Braudel, F. (1982b). *Civilization and Capitalism*, 15th − 18th *Century*, Vol II: *The Wheels of Commerce*. Harper & Row.

Brueggeman, W. B., and J. Fisher (2001). *Real Estate Finance and Investments*. McGraw-Hill/ Irwin.

Chandler, T. (1987). *Four Thousand Years of Urban Growth*: *An Historical Census*, Lewiston.

Chinloy, P. (1989). The probability of prepayment. *The Journal of Real Estate Finance and Economics* 2 (4), 267−83.

Eichholtz, P. M. A. (1997). A long run house price index: the Herengracht index, 1628−1973. *Real Estate Economics* 25.

Gomory, R. (1995). The Known, the Unknown and the Unknowable, *Scientific American*, June.

Hall, A., and K. G. Lundstedt (2005). " The competing risks framework for mortgages: Modeling the interaction of prepayment and default", *Risk Management Association Journal*, September.

Jaffee, D. M., and M. Levonian (2001). The structure of banking systems in developed and transition economies. *European Financial Management* 7 (2).

McEvedy, C. (1986). *Penguin Atlas of Ancient History*. Penguin.

Merry, U. (1995). *Coping with Uncertainty*: *Insights from the New Sciences of Chaos*, *Self-organization*, *and Complexity*. Praeger.

Modelski, G. Cities of the Ancient World: An Inventory (− 3 500 to −1 200). faculty. washington. edu/ modelski/ WCITI2. html.

Ray, R., and Qayum, S. (2009). *Cultures of Servitued*. Palo Alto, CA: Stanford University Press.

Scott, R. E. (2006). The law and economics of incomplete contracts. *Annual Review of Law and Social Science* 2, 279—97.

Shorto, R. (2006). Amsterdam House: This very, very old house. *NYTimes*, March 5.

Traub, J. F. (1996). The unknown and the unknowable. Santa Fe Institute Working Paper No. 96-10-07.

第 8 章　对于不确定条件下决策制定的反思

Paul R．Kleindorfer

机会总是垂青有准备的人。

——Louis Pasteur（1822—1895）

8.1　关于奈特不确定性和不可知问题的介绍

　　奈特（1885—1972）于 1916 年在康奈尔大学完成了他的博士论文，那段时间正值巨大的地缘政治不确定性以令人恐惧的方式在一战中呈现出来。[①] 他的论文在微小修订之后成为他著作（Knight，1921）中的精华部分，而这本著作也是奈特在芝加哥大学时期所作经济学贡献中的核心。在芝加哥大学，奈特和其他卓越的经济学家一起创建了风险、不确定性以及收益的智力模型，而这些模型为现代金融和企业战略发展奠定了基础。

　　可以说，奈特贡献的本质在于他对于现代企业的认识。他认为现代企业并不仅仅是一种解决罗纳德·科斯最终所搁置的签约问题的方法，同时也是一家

　　① 很感谢 Gorge B. Kleindorfer、Howard Kunreuther 以及 Jerry Wind 关于这篇文章思想的讨论，他们一直激励着我在有关不可知风险这一领域的探索。同时，也要向 Enrico Diecidue 和 Paul Schoemaker 对于前稿的评论表示衷心的感谢。

可以缓冲危机、允许投资资本回收并且执行和奖励创业自主性的共同机构。在这个过程中，奈特也指出了管理和决策分别在确定性、风险和不确定性条件下的主要区别，而在不确定条件下的区别正是本章的重点。

在奈特看来，风险和不确定性之间的本质区别在于风险是以可见结果的已知概率的分布为最大特征，并且这些可见的结果也因此能够保证在市场中发生（例如，为负面结果担保的保险合同）。另一方面，不确定性是以一个决策制定的情景为特征的。在这个情景中，当人们进行决策选择的时候，结果的概率分布无法确切得知或者不能被得知。奈特认为，即使在完全竞争的市场条件下，想要在不确定条件下制定决策从而使企业和公司获益也仅仅是一个愿望。自奈特作出最初的论述之后，出现了很多关于这方面观点的改进与优化，并且在接下来的章节中我们也会重新探索、审视这些改进后的观点。然而，我仍然保持着对奈特为这一领域奠定基础的感激之情，他将决策制定视为一系列统一已知的、未知的以及不可知的选择，而这一观点也表现出系统的、可接受的知识的日益缺乏，而这些知识正是以决策选择的结果为基础的。

有趣的是，在第一次世界大战中，20世纪另外一位伟大的经济学家凯恩斯也选择将 KuU 这一领域作为他的研究起点。1919年，一些经济学家支持英国代表团慎重考虑签署凡尔赛条约，凯恩斯是其中一员。他考虑到了对德国执行制裁之后可能带来的经济后果，同时他也继续撰写着有关主观概率理论方面的论文。他的研究工作毫无疑问是受到了无法估量事物的启发，而这些无法正确估量的事物在与凡尔赛各政党谈判过程中显露无遗。作为一名经济学家，凯恩斯的生活和兴趣一直受这些思考的影响，因此，在他的有关宏观经济和货币政策的研究中都隐含着一种对政府管制和央行行长进行限制的观点，同时其也提出在面对经济活动①通常无法预测和不可获知的结果时，对弹性应有相应的要求。在《概率论》（Keynes，1920）中，如凯恩斯所说，概率或信念度是日常生活中很重要的一部分并且是选择的行为，它们不能从基于可能性状况的表

---

① 在现版《联邦储备体系》中，Donald Kohn 对这些问题的当代异象做了概论，我认为，这些观点会得到凯恩斯大师的认可。当然，2007 至 2009 年的金融危机所揭露的事实进一步强调了在复杂性和不确定型条件下决策制定和央行控制的后果。

述中抽离。这些可能性涉及由决策者天性决定的有关原因、预测以及其他认知行为的心智模型。

凯恩斯所强调的主观性的重要作用是 KuU 隐喻①中一个中心元素。为了回应本书编辑的介绍，另外一个中心元素是由个人和集体所建立的用以解释和连接可见数据与结果之间关系的模型或理论集合。尽管经济学中的心智模型和因果推理在早期的金融学和经济学形成的过程中经常被忽视，但这些议题现在却毫无疑问地成为计量经济学（例如，本书中提到的 Granger 的研究）、决策学（例如，Kleindorfer 等人，1993）和企业战略（例如，Wind 和 Crook，2005）共同的核心问题。坦白地讲，自从 20 世纪 50 年代 Herbert Simon 和 Allen Newell 创办了专门从事于决策制定和行为选择的卡内基大学以来，经济学和决策学的基础定义就被扩展到人类行为是有目的的。它是通过使用心智模型对人们所作选择的结果进行预测，并以这些预测结果为基础。这些模型是否完善取决于科学、启发式的经验法则，甚至于可能是广为流传的关于世界运行的错误观念。心智模型是目的性的行为和选择的基础。我们列举了一些在最近有关"模型不确定性"和"认知风险"的讨论中以模型为依据推理得到的启示，同时我们还记录了一些其他构思，这些构思正被用于通过选择支持模型和理论寻找 KuU 思想交叉点。

---

① 当然，由 Plato 和 Aristotle 提出的主观主义，一直是哲学问题中的活跃领域。它的可能性和限制性都在 Immanuel Kant 的著作《纯粹理性批判》中得到验证。20 世纪主观主义的复兴在很大程度上是因为被称之为"智者失误"的逻辑实证主义，而实证主义试图通过它本身在数学逻辑上的坚实基础来复兴科学领域中的经验主义和客观主义。实证主义得到了极大的可视性和活力的原因在于 Bertrand Russell 和 Alfred North Whitehead 在数学逻辑基础方面所做的创始工作，还在于自然哲学的数学原理（1913）以及 Russell 的学生 Ludwig Wittgenstein 的贡献：Ludwig Wittgenstein 将实证主义作为他如今称之为数学语言学的研究基础。实证主义者找寻逻辑问题和"经验事实"之间的特殊统一性的这种程序被物理学中的海森堡不确定原理（1927 年发布）和 Kurt Godel 不完全性定理给予沉重的打击。这两种结果在数学上都表明了建立起所宣称的统一性是不可能的，即使这种统一性被建立，也不可能构建出一个分析算法来判断以事实为依据而形成的这些完好的逻辑命题是否正确。最后，一些事情仅仅是不值得，另外一些事情也不能够用纯逻辑从一个部分传递到另一个部分。因此，实证主义和"KuU"思想的重生是 20 世纪哲学中非常重要的一个部分，同时也伴随着现代金融和经济学的发展。如果你对实证主义的历史以及它的贡献，或是对关于实证主义的争论感兴趣，请参阅 Weiberg（1960）。

关于信仰主体性的问题最早是由凯恩斯系统阐述的，之后在拉姆齐（1903—1930）的开拓性研究工作中得到了进一步发展。26 岁便英年早逝的拉姆齐对赋税学说和公共财政学都作出了开创性的贡献。拉姆齐同时也是一位有天赋的数学家和逻辑学家。尽管他很赞赏凯恩斯提出的概率的主观性及其在人类实践中的锚定效应，但他还是指出了凯恩斯处理方法中一些不尽如人意的方面，尤其是凯恩斯对归纳法的处理（即从有限的例子中得出普遍规律）。除了对凯恩斯的批判，拉姆齐还提出了一些基础性的真知灼见，这些观点最终在萨维奇有关不确定条件下选择的处理方法的著名论述中得到首次完美的使用。继 Von Neumann-Morgenstern（1944）关于奈特风险①下选择的解决方法发布 10 年之后，萨维奇于 1954 年发行了《统计学基础》。隐含在萨维奇方法中的拉姆齐观点认为在决策制定中，信仰（例如，有关事件的可能性）和价值观（例如，有关决策的结果）是不能够轻易被"解开"的。因此萨维奇提出了一个明显的偏好理论，其能够结合信仰和价值观选择②中的相互作用。萨维奇的理论以及凯恩斯、拉姆齐和 Von Neumann-Morgenstern 的前身思想提供了一个简化、有用的理论结构及主观预期效用理论。这个理论介绍了一种包含个人之间信仰与价值观差别的理性选择的模型。

---

① 自 1931 年拉姆齐发表研究到 1954 年萨维奇问题解决方法最终发布的将近 1/4 个世纪的时间内，数位著名的学者从事着进一步探索凯恩斯和拉姆齐关于主观概率理论的争论问题。关于此事，读者可以关注 de Finetti 在概率理论方面的研究、Ludwig Wittgenstein 关于哲学问题的研究、Rudolf Garnap 和维也纳学派（参见 Carnap，1950）以及 Von Neumann-Morgenstern 和 Oskar Morgenstern 于 1944 年发表的有关博弈论的研究和有关风险条件下选择基础的研究。先驱们的不懈研究，以及人们对经济学中不确定条件下决策制定的形式化理论重要性的认识不断加深，这些对 20 世纪 50 年代早期金融学和经济学微观基础形成过程中的巨大飞跃产生了重要的影响。提到这些先驱所作的贡献，其中"萨维奇框架"又被称为"Ramsey-Von Neumann-Morgenstern-Savage 框架"。

② 拉姆齐的观点是这样的：假设一个人要在两个赌注 X 和 Y 之间作选择，打赌 X 带来的货币收益为 x 和 0，而打赌 Y 带来的货币收益为 y 和 0，并且 $x > y$。假设打赌 X 的货币收益 x 是以命题 P 的真实性为依据的，而打赌 Y 的货币收益 y 是以命题 Q 的真实性为依据的。如果一个人选择打赌 Y 而非 X，则由此可推测是因为这个人判定命题 Q（真实性）的概率大于命题 P（真实性）的概率。这种信仰、价值观和选择的理性结合成为萨维奇主观预期效用理论的重要基础。

受到 Arrow 与 Debreu① 研究工作的启发，关于在市场经济交易中主观预期效用理论的理性因素处于一般均衡环境下的框架的详细阐述，在不久后也相应问世。由此，主观预期效用理论提供了一个平台，使得投资组合理论、金融交易、理性预期以及其他现代金融的上层建筑得以在这个平台上建立。

为了完成经济学中早期 *KuU* 思想关键点的循环过程，关注 Friedrich Hayek 和 Ludwig von Mises 所作贡献以及奥地利学派② 就尤为重要了。对于奥地利学派来说，主观主义和与其相关的不确定性是经济学中至关重要的因素。一方面，通过强调主观价值理论在新兴的市场经济理论中的优势，Ludwig von Mises 所作的阐述削弱了马克思主义经济理论的知识活力；另一方面，对个人责任和企业目标的重视在解释推动经济发展和经济理论的动因以及人类行为如何导致市场结果时起着十分重要的作用。奥地利学派认为不确定性和主观主义并不仅仅是哲学感兴趣的话题，它们更是经济运作以及创新精神和企业家精神的精髓部分。因此，奥地利学派学者们一直支持并发展奈特及主观经济学英美学派研究的后继者的 *KuU* 隐喻。

以上 *KuU* 环境中管理和金融知识的开拓者们强调在人类事务中的不确定性，并且他们认为这种不确定性的本质是内在的主观性。然而，除了提出"人生本身就是不确定的，你尽己所能做好便可"之外，这些先驱们并不建议任何规范性的在未知概率（*u* 字母）下或者不可知概率和结果（*U* 字母）条件下的管理方法。其实，通过我这 40 年对学生以及经营者在他们各自世界拼搏努力的行为的观察，我认为人类似乎对确定性情有独钟，而这一观察结论否认了 *KuU* 隐喻的不可知性和未知性，同时也坚定地拥护了只有奈特风险是值得讨论和深思的这一论断。由于各种原因，他们许多的案例在本书中的章节都有介绍，但这一观点却在不断变化。

---

① 现在普遍提及的是 Arrow-Debreu-McKenzie 均衡理论，其次是 Lionel Mc Kenzie 在 20 世纪 80 年代的研究。参见 Debreu (1959) 以及 Arrow 和 Hahn (1971) 对于普遍均衡理论基础的两部重要的专著，并参见 Mc Kenzie 的研究报告以此得知 Mc Kenzie 所作贡献。

② von Mises 对 "*KuU*" 理论所作贡献中的一篇研究著作是 von Mises (1973)。这是他在 20 世纪 30 年代早期研究著作的一个翻译文本。这本书的导论由奥地利学派中的 Guido Hulsmann 完成。在这本书的第 5 章中包含 von Mises 对主观价值理论基本问题和方法的概述。

在接下来的部分，我回顾了一些已经出现的工具、理念和方法，用以解决 KuU 思想边缘部分和等待着我们的研究难题。为便于阐述，我将会考虑分别地为决策制定的个人（这只是 KuU 主题研究的重点）和组织或管理层区分 KuU 选择的特点。鉴于风险环境（用字母 K 表示）已经被人们很好地理解，通过将已知的条件环境作为对比基准线，我会将重点放在 KuU 思想中的 uU 环境上。

8.2 奈特不确定条件下的个人决策制定

对于一位单独的决策制定者来说，想要掌握 KuU 隐喻中未知和不确定性的要素，他需要将决策学中的标准框架扩大到可以包含信仰度的明确信息以及包含用于预测选择结果的理论或模型的程度。我将会沿用决策学著作中运用"模糊"一词来代指处于奈特风险和不确定性之间的状态下所作的决策，因此，一些未知状态下的概率或者影响决策背景的参数可能被获知，但是这些有关奈特风险的数据可能并不精确。

图 8—1 描述了在模糊条件下或者不确定条件下选择的要素，之后是 Kleindorfer 等人（1993）的研究精髓。有几点应当注意。首先，与风险下的选择相反，在模糊性和不确定性条件下的选择需要人们注意信念形成过程，这包括合适的指导行为的理论/模型的选择。在经济和金融学中，人们很少去注意信念和心智模型建立的过程，而是去关注确定性和奈特风险。[①] 当然也有例外的情况，比如对证据理论的研究，对"信仰微积分"（Shafer，1976）的研究以及研究如何用一致的方法将多元化资源中的信仰（Schoken 和 Kleindorfer，1989）与误差建模研究（不同的模型可能对相同的数据提供不同

[①] 关于这个观点，参见 Taleb（2001）对金融决策制定者在避免面临的不确定性时所使用的所有捷径的详细评估。Gilboa 等人（2008）最近的研究指出决策理论家和经济学家对信仰形成过程寄予的关注过少，同时也回顾了有关这个话题的正式文献。Kleindorfer 评论了有关信仰形成过程分歧的校正和其他文献，而对于这一点在心理学中有大量的文献。

的结果，Dempster，1968）相结合。标准的误差建模难题可以这样简单地表述：一个模型或数据源使一个选择成为最佳选择（与模型相关），但其他的模型和潜在的数据使其他选择也成为最佳选择。

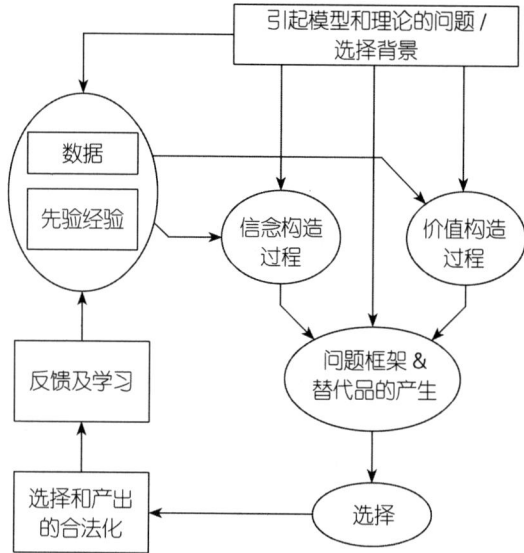

图 8-1　心智模型、信念、价值和选择

在这种情况下，选择难题要求人们不仅需要在一个可接受的因果模型中作出最佳选择，还必须在一定程度上权衡其他可选择模型/数据的合理性。直观地来讲，关于自适应控制、稳健性以及在最坏情况下误差分析的观念在这种情况下就会自然而然地产生。在此，我不会对有关这些主题的大量的统计学或计量经济学的文献进行回顾。中心论点在于，对拥有良好数据且在重复性条件下的选择来讲，主要难题是计算。但是在 uU 环境下主要难题变成了对多样化且相互抵触的模型或数据源的评估。

解决多样化且相互抵触的现实模型的标准方法一直以来都是稳健性或敏感性分析（范围可以扩大到以数据元模型参量变化为特征的相互抵触的模型）。将这一问题作为选择问题进行解决的原始理论（如 Dempster，1968）是"二阶概率理论"。在这个理论中（继承萨维奇的精神），每一个可能的模型都被看做是世界中一种相互抵触的状态。通过对每一个模型分配其成为真实模型的主观可能性，每一个模型会产生一个两阶段问题。第一个阶段反映出每一个模型成为真实模型的可能性，第二个阶段反映每一个特殊模型所面临多种选择的结果。所产生的概括性选择问题之后会成为决策制定者在对多种模型正确性的了解和在多种模型下选择结果（好坏结果都有）之间的权衡问题。

之后关于以模型为依据的不确定性分析的论述都提及了两大与 KuU 世界相关的基本风险，分别是认知风险和偶然风险。认知风险（源自于希腊语 episteme，意为知识）的产生是因为我们对适当的模型或理论的认识匮乏，这些模型或理论可能是正确的或者只是与特定环境相关的。偶然风险（源于拉丁词根 aleator，形容骰子玩家）的产生是因为一个现象中所固有的随机性（尽管这种随机性本身可以通过与之相关的认知假设被限制或限定）。① 在定义认知风险和偶然风险时有一个灰色区域，两者最大的区别在于认知风险可以通过探究或知识获得而被降低，然而偶然风险并不能通过这些信息收集活动被降低。以信息价值为基础（例如，Raiffa 关于决策研究的著作以及 Ben Haim 关于信息差理论的近期研究），这个基本区别促进了许多不确定条件下决策制定的相关方法的产生。这些区别同时也成为现代决策中的重要元素，从而应对极值理论中银行业和保险业的操作风险（例如康明斯等人，2006）。②

也许最普遍的用以构建认知风险和偶然风险一体化问题（在 KuU 条件下

---

① 例如，在本书中的第 10 章由 Kunreuther 和 Pauly 描述的关于地震结果的预测，包括地震活动的复发率、地震能量传播的复发率、地质状况的复发率，以及建筑内容和脆弱性所呈现的认知假设。这些假设对于建立特定地区地震活动所带来的保险损失模型起着重要的作用。除了这些地震不确定性的信息来源外，存在着一个与这些地震效果相关的天然的随机性。即使人们知道了地震何时何地会发生，也了解到这个特定地区的地理状况，甚至知道所有相关建筑的具体细节，这些随机性也不能够被解决。

② 关于支持不确定条件下决策的图尔敏框架的使用问题在第 3 章中 Kleindorfer 等人（1993）已经详细阐述。将以下内容看做预测理论基本框架的一个例子。如果一个轮子由山顶被释放，一个观察者有极强的信心可以得到一个看似合理的推测，那就是轮子将会滚下山坡。在图尔敏的论证理论中，观察者将会用自身的经历和牛顿定律（如果观察者知道的话）以及这一定律的一连串正确的数据来"证实"这个可能性。而要对这一预测进行反驳，则需要保证没有看不见的阻碍或障碍阻止轮子按照预期那样滚落。当相关数据的分析、特殊认证理论、未来支持的普遍理论以及反驳的条件和理论都在图尔敏的指示下进行整合时，这个理论在更多的基本问题设定中便展示出它的重要作用。而图尔敏的指导思想是在预测和信仰形成的过程中要在这些元素之间得到一种平衡。

的预测和阐明问题）的模型是由英国哲学家 Stephen Toulmin（1958）提出的。他的"证明理论"是一个总体框架，它以主观主义为基础，包含了与信仰形成的相关数据、支持信仰的一般和具体模型以及描述信仰反驳模型。全过程可以被看做对于竞争模型中正反两方面的评估，当然这些模型处于给定信仰下派生出合理性或者信仰度的条件下。考虑到图 8－1，Toulmin 的证明理论基于先前的经验的合理的数据，并具体到个人和问题所处的环境，并还可能扩大到一些用于预测特定问题条件下结果的理论范围。

图 8－1 中更为重要的因素就是合法性。① 这涉及到选择的事后解释过程，并且对于决策制定者和利益相关者都十分重要。人们期望事后公开的合法性过程可以对选择本身产生重大的影响，同时也对被信奉的关于信仰和价值形成的理论产生强有力的影响。通常，合法性会引领我们使用"公认模型"和被普遍使用的具体数据。这样一来，如果一个负面结果出现，人们可以在其他同伴中寻求庇护。我在之后会再次论述这一观点，但是人们应该清楚，在 uU 条件下的未知领域中，相对于已成立的问题来说，合法性起着相当不同的作用，而那些已成立的问题有着被充分限定和接受的数据以及被研究和实验所证实的模型／方法。

现在让我们考虑一下在个人决策的基础上，关于 KuU 理论的正式理论和实验证据。我将会以萨维奇和他的学术继承人为开端。之后我会考虑一些由 KuU 理论提出的实验和验证结果。

8.2.1　关于不确定条件下所作选择的正式理论

假设一个人面对 f、g、h 多种选择，如表 8－1 所示（在萨维奇（1954）

---

① 研究合法性这一问题的最著名的现代作家是德国哲学家 Jürgen Habermas。关于 Habermas 在"KuU"决策理论环境中的合法性理论的概述可以参见 Kleindorfer 等人（1993）第 5 章。这个理论的简短概述如下：一个可靠的预期将会对选择过程本身起着可预测的影响，而这个预期本身不仅要对结果负责，也要对得出此结果的逻辑负责。现在的金融危机就是合法性理论的一个有趣的案例，因此，如果复杂性和监管不力能够掩盖住相关的行为，则也会产生可预测的结果。

表 8-1 主观不确定性的说明

	s_1	s_2	$\cdots$	s_n
f	$U_1\ (f)$	$U_2\ (f)$	$\cdots$	$U_n\ (f)$
g	$U_1\ (g)$	$U_2\ (g)$	$\cdots$	$U_n\ (g)$
h	$U_1\ (h)$	$U_2\ (h)$	$\cdots$	$U_n\ (h)$

之后）。在这个表格中，环境的状况（相互排斥并完全穷尽）被标为 $S =$ $\{s_1,\ \cdots,\ s_n\}$，条目 $U_i\ (x)$ 代表决策制定者的选择 $x = f$、g、h 所衍生的效用。按照 Anscomb 和 Aumann（1963）的理论，这些效用本身可以从随机变量中衍生出来，但是从属于传统风险那一类别。因此，（我们假设）在多种选择（f、g 或 h）和每个条件状况（s_1，$s_2 \cdots$，s_n）已知的情况下，推断出决策制定者的选择并不困难。就如韦克尔（2006）所描述的那样，在奈特不确定性条件下，条件状况可能是与确定可观察事件（例如，市场状况和政治事件）（E_1，$\cdots$，E_n）最好的对应办法，而这里所说的条件状况 S_i 只有在时点 E_i 时才会存在。

萨维奇理论假设理论决策者有充足的背景知识可以采用一致的方式（例如）$p_i'S$ 被认为是条件状况 s 发生的主观概率，所以它们均为正且总和为 1）将主观相对可能性 p_1，$\cdots$，p_n 分配到各种条件状况下 s_1，$\cdots$，s_n（或者是同等的事件下 E_1，$\cdots$，E_n）。萨维奇定理认定决策制定者在多种选择，如 f、g、h 中的偏好是可以用条件状况的标准期望算式评估出来的。此时估计选择 x 最终效用的公式为：

$$V(x) = \sum_{i=1}^{n} p_i U_i(x),\ x = f、g、h \tag{8-1}$$

之后可以通过判断最大的预期效用 $V\ (f)$、$V\ (g)$ 或者 $V\ (h)$ 在多种选择 f、g、h 中作出选择。

举一个简单的例子来说，当一个投资者面临相互排斥的投资机会 f、g、h（其中一个会默认投资）时，投资的收益将由经济环境和其他一些不确知因素所决定。这些不确知的状况由 $S = \{s_1,\ \cdots,\ s_n\}$ 来表示，同时用 $U_i\ (x)$ 表示在条件状况为 s_i 时选择 x 的期望收益。萨维奇理论提供了一个公理基础，总结出投资者可以使用式（8-1）在 f、g、h 中作出选择，此时他们需要在每一个相应条件下的经济情况——对应的主观可能性和每一笔投资在这些状况下的概率之间作出权衡。

然而，如果对于投资者来说，一些对于未来"相当不可能"的条件状况已经可以得到合理确定，同时只有两个条件 s_1 和 s_2 被确认相关，但即使是这两个条件状况的概率 p_1 和 p_2 也不一定是完全正确的。在这种情况下，两个问题油然而生。第一个问题是"相当不可能"到底是什么含义；第二个问题是在这个新难题下，人们怎样解决对于 s_1 和 s_2 的概率认识模糊问题。关于这两个问题的各种方法在公理选择的著作中都曾被提及，最著名的是 Gilboa 和 Schmeidler (1989) 以及 Schmeidler (1989)。①

Gilboa 和 Schmeidler 提出了一个选择规律的公理性方法，即把最不利条件与选择环境中不确定的任意一个因素联系起来（这就是著名的小中取大原则，起源于 Abraham Wald 对于在一个特定的选择环境中，一些先验分布可以合理获得的研究）。人们可能会将这个看做"安全第一"原则，假设恶毒的本性会选择最坏可能性的情况。了解到这一点，在知道了选择过后条件状况可能出现的最不利的结果后，人们将会选择能够使他的预期效用最大化的那一项。此时需要注意的是，决策制定者可能会拿出证据来表明只有确定的信念结构/概率才能够与条件状况合理地联系起来。这也表明了形式的限制性，例如 p_1 $< p_2$，$p_3 > p_4 + p_5$，$p_1 = 0.1$，$p_5 = 0.4$ 且 $p_1 = 2p_4$（最后一个意味着 s_1 发生的概率是 s_4 发生概率的两倍）。当信念被全部整合的时候，它们可以清楚准确地表示出可能性，而其他的仍不能得到准确表示。如果可能的状态概率矢量的结果集被设定为 Δ，那么由 Gilboa 和 Schmeidler 理论所指的便是 Wald 小中取大原则，也就是说，选择最大化效用的 x 选项：

$$V(x) = Min \left\{ \sum_{i=1}^{n} p_i U_i(x) \mid p \in \Delta \right\} \tag{8-2}$$

由 Schmeidler 提出的第二个方法提供了一个相当普遍的方法，从而解决

---

① 对于最近理论性进展的概括可以参见 Klibanoff 等人（2005）和 Nau（2006），他们都将 Gilboa 和 Schmeidler 的研究扩展到条件状况下偏好和信仰中清晰的区别方面，其中的条件状况包括含糊和清楚的概率（后一个是奈特风险环境的标准）。

了状态矢量空间里似然参数不完整这一问题。这个方法是以对似然的非加性度量这一想法为基础，其中对似然的非假性度量则是为了掌控条件状况下的模糊性。同时，这个方法也延续了早期 Dempster（1968）和 Shafer（1976）对同样问题的研究工作。

为了证明在最简单形式中这一方法的有效性，考虑一下上一个投资例子，并将一个进一步探测分配给决策制定者所获信息的完整性，例如一些数字 $c \leqslant 1$（在这里 $c < 1$ 意味着决策制定者对于他对潜在状态概率的估计并没有完全的信心）。假设在投资之初知道一些相关条件状况的标准概率分布 p_1、$\cdots$、p_n 之后定义一个新的概率分布 μ（p，c）。对于任意一个状态的子集 $A \subseteq S$，将其可能性定义为：

$$\mu(A) = \sum_{i \in A} c p_i, \ A \neq S; \ \mu(S) = 1 \tag{8-3}$$

μ 将 μ（p，c）作为可能性的非加性度量是因为对于任意 $A \subseteq S$ 且 $A \neq S$（式（8-3））来说，都隐含着 μ（A）$+ \mu$（$S \setminus A$）$= c$ 的条件，所以如果 $c < 1$，那么集合 A 的可能性的总和以及其余集 $S \setminus A$ 的总和都不为 1。[①] 人们会认为参数意味着状态 s_1 和 s_2 为可能发生的条件状态提供了一个完整的描述。在这个特定的环境中，Schmeidler 理论得出了一个对于给定选择 x 的评估结果：

$$V(x) = c\left(\sum_{i=1}^{n} p_i U_i(x)\right) + (1-c)(Min\{U_i(x) \mid i = 1, \cdots, n\}) \tag{8-4}$$

这个公式计算出对于预期效用和最坏结果（选择 x）的一般萨维奇度量的总和，同时也涉及到不完整参数（$1-c$）。当然，这只是 Schmeidler 理论的一个简单的例子，同时在反应信念结构的含糊性以及其与普通（预期效用）价值结构的相互作用内容上都包含了相当的弹性。这个一般性结论需要注意的一方面在于将价值（在这个例子中指的是 U_i（x）这一项）和信仰（在这个例子中是指 p 矢量和完整的参数 c）数学整合过程中的非线性问题。这个非线性问题

---

① 例如，如果集合 $S = \{1, 2\}$，且 $p_1 = 0.4$，$p_2 = 0.6$，$c = 0.9$。之后度量值 μ（p，c）将由以下计算得到：μ（ϕ）$= 0$，μ（s_1）$= 0.36 = 0.9 \times 0.4$；μ（s_2）$= 0.54 = 0.9 \times 0.6$，μ（s_1 或 s_2）$= \mu$（S）$= 1$。注意这是一个非加性度量值，因为 μ（s_1）$+ \mu$（s_2）$< 1 = \mu$（s_1 或者 s_2）。

使得将标准化金融问题应用到更加复杂化的不完整信仰结构环境中变得很困难。[1]

8.2.2 不确定条件下个人决策的实验证据

现在我列出一些与 KuU 理论相关的实验结果。第一个在经济学中清楚地证实决策制定者在未知状态下（u 环境）和奈特风险下表现不同的研究是由 Daniel Ellsberg（1961）所做。Ellsberg 悖论是其著名的挑战主观预期效用理论的研究，接下来的选择环境在一次实验中被展示给被试者。[2]

一个瓮中放着 30 个红色的球和 60 个黄色或者黑色的球（这后两个颜色的球的个数比例不知）。被试者们被告知黑球或黄球的个数在实验之前由随机过程决定，但是更多细节并不能透露。被试者被要求在环境 I 中选择 A 或者 B，并在环境 II 中选择 C 或者 D。

环境 I

选择 A 如果一个红球被拉出就赢得 100 美元

　　　　如果一个黑球或者黄球被拉出就赢得 0 美元

选择 B 如果一个黑球被拉出则赢得 100 美元

---

①　参见 Daw 和 Werlang（1992）关于合并投资组合中非加性的可能性度量值最简单例子的研究。也可参阅 Schmeidler 理论在 Gilboa（2004）中的发展和应用。有一些问题必须通过实际运用这个理论才能得到解决。首先是引出量化信仰和价值观的问题，包括以这个理论可用为形式的不确定性元素。第二个是将这个理论应用到特定决策环境中的计算问题。这在今天来看只是一个小问题，但是当选项集合很大的时候这个问题仍然很重要。第三个问题在于对起着引出信仰和价值观作用的最佳选择的深层分析。这在诸多应用中是最难的一个问题。对比之下，例如使用市场数据标记收益特点和计算有效边界的 Markowiz-Sharp-Lindner 投资组合问题，并且使用夏普指数探求投资者风险偏好的问题，通过这个过程得到的结果是相对直观的，并且可以在支持决策制定的一段时间内被执行。而目前所扩展研究的不确定性模型并不符合这一条件。能够表达决策制定者所知道和不知道的自由程度，很明显地要比在标准信仰/概率结构下决定最佳选择的自由程度要深。这就在本质上假定概率对于给定的问题环境是确定的。当然，研究还在继续，但是对于主观性和个人加权证明在何时介入这个难题，最主要障碍是对于决策制定者信仰和价值观的引入。即使掌握了决策制定者实际信仰的重要元素，在这个引入问题中查找切入点仍然是对于数据研究不可企及的目标。

②　这个实验对于 KuU 问题的研究一直是一个黄金标准。Halevy（2007）最近发表了一篇实验分析论文并重新探讨了 Ellsberg 实验结果。

如果一个红球或者黄球被拉出则赢得 0 美元

环境 Ⅱ

选择 C 如果一个红球或者黄球被拉出则赢得 100 美元

如果一个黑球被拉出则赢得 0 美元

选择 D 如果一个黑球或者黄球被拉出则赢得 100 美元

如果一个红球被拉出则赢得 0 美元

在较大的范围内，在环境 Ⅰ 中选择 A 的远多于选择 B 的，在环境中 Ⅱ 中的选择 D 的远多于选择 C 的。一些反映表明这些偏好与萨维奇主观预期效用理论（或者任何线性概率理论）是矛盾的。令 $p_1 =$ 拉出一个红球的概率，$p_2 =$ 拉出一个黑球的概率，$p_3 =$ 拉出一个黄球的概率，并使用式（8-1）。我们可以发现根据主观预期效用理论，"人们更倾向于选择选项 A 而不是选项 B"，"选择选项 D 而不是选项 C"，而这些意味着以下两个不等式：

$$p_1 U(100) + (p_2 + p_3) U(0) > p_2 U(100) + (p_1 + p_2) U(0) \qquad (8-5)$$

$$(p_2 + p_3) U(100) + p_1 U(0) > (p_1 + p_3) U(100) + p_2 U(0) \qquad (8-6)$$

从中可以很简单地看出（分别减去式（8-5）中的 $p_2 U(0)$ 和式（8-6）中 $p_3 U(100)$）这两个不等式是矛盾的。这就意味着在这个实验中可以代表被试者模型化偏好的信仰和偏好（前一个由 p_1、p_2、p_3 表示，后一个由效用函数 U 表示）的主观预期理论集合并不可行。很显然，选择 A 和 D 而不是 B 和 C 的模型化选择反映出对明确的机会事件的偏好。这个偏好在之后伴随着口头协议的实验中被进一步强调。被试者们很明显对这个非常简单的设定中概率的不确定性表示了厌恶。

在一段时间内，Ellsberg 实验对于已被人们接受的理论来说一直是一个悖论。Schmeidler 的非加性理论或者 Gilboa 和 Schmeidler 的多个优先理论（小中取大原则）在这里最终都为模型化选择提供了一个相符合的理论。这是因为这些理论都能够掌握 Ellsberg 实验中被试者们在作选择时明显的模糊厌恶（例如，在 Gilboa-Schmeidler 理论中，模糊的概率或结果都是被当做最差值项来评估的，这就导致了模糊厌恶）。Tversky 和 Kahneman（1992）研究中对于不确定环境下选择的解释为 Schmeidler 理论提供了额外的支持。在他们对累积期望理论的开创性研究中（将他们之前的研究工作扩展到了预期理论方面），他们发展了描述性选择的理论，后来人们发现，这与之前所介绍的 Schmeidler 非加性理论有着相同的表达形式。[①] 通过这样做，他们在非线性理论和他们以及其他研究者在 20 世纪 80 年代所做的关于不确定条件下选择的行为异常的研究之间做了一个重要的连接，在这里我将不会介绍这两个理论之间联系的具体细节（两个都是选择的表达形式，但是一个是非线性的，而另一个是以实验证据为基础的）。坦白地讲，这件事情并没有因为提及这两个理论的形式对等而结束。

在关于 KuU 选择的实验性历史中有另外两件事情也很有趣。第一件事叫做"不确定性的来源"，第二件事则被归在合法性标题之下。关于第一点，当潜伏于结果之下的不确定性来源被认为是与主观选择结果（将这理解为是由事件的结果所决定的，就像一场比赛或者市场事件，它们的可能性需要评委来评估）相比相对"客观"和"机械化"（将这理解为选择是由赌盘决定的）时，Tversky 和 Fox（1995）强调了在选择本质中的重要区别和系统性区别。因此，在描述一名决策制定者在 Tversky 和 Kahneman 累积期望理论下的偏好和信仰时，潜伏于这些选择之下的非线性信仰函数的本质不仅仅依赖于决策者本身，同时也依赖于随机性的来源。这对于那些试图寻找简单的统一性选择理论作支撑的人来说并不是一件好事，比如投资组合理论。这也说明可供选择的数据集并不仅仅会引起多选的信念，至少如果现在的非线性选择模型被用做选择基础，就可能在决策制定时引起可供选择的信仰的加权值。

第二个有趣的实验结果的集合与合法性有关。这个关系最早是由 Curley 等人（1986）检验得到的。他们使用上面所描述的 Ellsberg 悖论设定，但他们使用了下面的技巧。被试者将货币价值分配给 Ellsberg 悖论设定中的各种选择（在这里，一个有较高的货币价值的选择与另一个的比较被解释为对该选

---

①　我在这里忽略了一点，那就是 Tversky-Kahneman 理论有一个额外的部分，即基点或者现状。这对解释在许多有关收益和损失中选择行为区别性的实验发现非常重要。对于形式对等，我想要说明的一点涉及到权重函数的作用，这个概念是由 Quiggin（1982）在他的等级依赖期望效用理论中首先提出的。感兴趣的读者可以了解一下 Tversky 和 Wakker（1995）以及 Wakker（2006）中关于描述性理论和非线性理论发展之间神奇的相互作用的概述。

择的偏好）。当然他们为这些货币价值进行分配之后，这些货币价值将会被随机选择，这时"游戏开始"。"游戏开始"，这些选择已经被赋予了之前所声明的货币价值，而被试者们开始玩对应的 Ellsberg 彩票，并且被试者们会根据结果而得到奖励。因此他们会看见自己在 Ellsberg 环境 I 或环境 II 中所作选择所带来的结果。除此之外，在一些实验处理中，被试者得知有人会给他们展示（在他们选择之后）黑球和黄球的实际数量（Ellsberg 设定中的模糊环境）。在其他的情况下被试者不会得知小球的数量，只能得知从瓮中取出小球的实际结果。最终，从瓮中取出小球的实际结果（他们打赌的选择）将会在与他们同为被试者的小组面前展示，然而其他人选择的结果只会私下在个人面前展示。即使被试者个人被告知黑球和黄球的具体数量，但整个被试者小组并不会得知。这个实验的设定如表 8—2 所示：

表 8—2　　　　　　　　　　Curley 等人（1986）：合法性

模糊性暴露	实验小组的可观性	
	结果可观	结果不可观
高	被试者已知，在小组前展示	被试者已知，小组离开后展示
低	被试者不知，在小组前展示	没有人知道，小组离开后展示

Curley 等人（1986）记录了被测试者为避免不明确性（这个"不明确溢价"仅是指他们在 Ellsberg 设定下相对于不明确选择而对明确选择所作准备的区别）所作准备的区别。实验的结果显示在个人了解状态的高峰和低谷之间并没有明显的区别（例如，被测试者在选择之后被告知黑球和黄球的数量并没有较大的区别）。然而，在小组可观察性状态之间的不明确性溢价展现出很明显的区别。当小组观察到不明确彩票过程，而这一过程可以提前得知时，被试者会准备支付更多以避免不明确的结果。基于合法性的理论，对于这个现象的一个解释是当被试者预期他们需要向其他人阐述（甚至曝光）他们愿意为这一彩票支付的金额后，不明确性比在孤立的个人选择系统中更不受欢迎。

在一篇最近的研究中，Heath 和 Tversky（1991）指出分别以"主观概率"和"客观概率"为基础的风险选择的不同，这就如同体育赛事和选举总统的结果一样。他们发现那些认为自己是某一领域专家的人喜欢就他们的判断进行打赌而不是就等效的随机事件进行打赌（例如当专家预测出问题中的判断结果时，而随机事件拥有这个积极结果的同等概率），然而与他们正好相反的是被试者将自己视为一个特定领域中的非专业人士。对于这个现象的一个解释是这些人比认为自己是专家的人更清楚自己可以更好地证明他们的选择的优越性，无论选择结果是积极的还是消极的。这一系列的实验是为了说明即使是在实验设定中，预期的合法性会对不确定条件下选择的结果产生明显的影响。

有关不明确性和不确定性条件下选择的心理和行为决策制定的文献考虑了一些其他的要点，我在这里将会大致列出。[①] 首先，个人普遍表现出过于自信和目光短浅（卡斯特将军效应，"我从没输过一场战斗"）。并且，正如 Heath 和 Tversky 指出的那样，如果有什么不同的话，当专业性和判断被需要时，这一现象将会恶化。其次，在心智模型中存在一定程度的惰性（这是对于用已有的信念重建一个新的心智模型所需认知能力的解释）。这一结果就是，与其在用于证明他们现在模型正确与否的支持证据和反驳证据之间采取平衡的姿态，不如寻找一个确实的证据来证明如今的选择是准确无误的。正如 Mandelbrot 和 Taleb 在第 3 章所指出的那样，这导致了过多百年一遇的事件每 5 年发生一次，使得哭喊声从未停息，但却很少有对我们心智模型进行调整的措施（对他们来说是高斯理论模型）。再次，在模型的使用过程中存在过多明显的动态效应和传染效应。从最小化社会协调的协调成本（由 Schelling 和 Beck 所强调的观点（1992））来讲，这些都是可以理解的。其他的都是复杂的网络互动的结果，正如那些在当今金融危机中强调流动性问题的人一样（Allen 和 Babus，2009）。最后，在需要解决未知问题的时候，理性和不理性总是混杂在一起。毫无疑问，这部分源于我们在寻求生命的意义和秩序过程中的生理承袭，所以我们可以继续生活而不会过度神经质。当然，单单在不明确和无知条件下进行选择的这一思想需要更多的相关理论支撑。[②]

[①]　关于这些方面的文献在 Kleindorfer 等人（1993）和 Schocmaker（2002）中有详细讨论。

[②]　根据 Soren Kierkegaard 和 Martin Buger 的尖锐论述，在不明确的时期下对于旅伴的增长的需要被理解为是因为作为个人的我们对于价值认可和巩固的相关需求，而这主要是在我们与他们的交际中才表现出来。

一般来讲，体现在图 8-1 中的黄金理想是关于在不明确和无知条件下的理性分析，这个理想并不是人类决策制定者首次冲动的产物。然而，我们的冲动似乎需要使用在过去表现尚好的模型和数据，同时这些模型和数据得到很多志同道合者的拥护。如果我们用来操控 *KuU* 世界的模型已被学术界和实践领域正式确认和认可，那就更好了。这个方法的危险性对于读者来讲是很显而易见的，并且改进方法（也就是说，对于我们知识库只是总存疑问和不间断的挑战）也很明显。然而，如健康饮食和日常锻炼一样，我猜想这个非常理性的方法的代价也是非常明显的。

8.3 组织决策制定和 *KuU* 环境策略

让我们来看看在 *KuU* 环境下的组织决策制定。① 我关于背离的观点是全球化与它在新型通信技术领域的科技支撑一起，从根本上改变了金融活动和市场活动相互依赖的程度，同时伴随着更多直接或间接涉及到这些活动的因素。日益增加的相互依赖性和回快的回应速度意味着组织决策制定和行为面临着引导结果的条件状况结果的扩大。复杂性的增加超过了将这些增加的状况合并成决策的组织能力。这个结果暗示着潜在于我们讨论话题之下有关 *KuU* 范围的直观说明。从管理观念来看待这件事就如同一名探险者进入到未知领域。个人会为了应对惊奇做好心理准备，让自己变得机敏并不受重负的羁绊，这样就可以提升敏锐度和与总部沟通的能力。一般来说，个人还会提升其应对没有预见和不可预见事物的能力。这个敏捷的且有充分准备的探险人的比喻对于描述关于这些问题的研究是很有益的，同时对于描述存在于各种组织环境中的积极性也十分有帮助。其中的这些积极性适用于应付呈现在我们面前 *KuU* 环境中的另一面。

---

① 这个章节的思想在 Kleindorfer 和 Wind（2009）中有更详细的论述。关于网络基础策略的思想和能力形成一个合作研究项目的核心，这是关于沃顿软件工作研究所在管理方面的先进研究和其与欧洲工商管理学院社会创新中心之间的合作项目。

之前的 20 年见证了在管理经济活动的力量和机构上的巨大变化。它们包含了与欧盟有关的持续变化以及由世界贸易组织所开启的自由化和管理方面的变化。[①] 新市场和新签约形式支持外包、非绑定、合同制造以及多种扩展的价值体系的其他形式。互联网已经让消费者如虎添翼，并提供了点对点的网络。在这个过程中，它已经改变了整个产业。提及一些证明这个变化更明显的例子，如网络电话对远程通信系统行业的影响，搜索引擎（谷歌）和电子零售以及易趣的崛起。随之而来的交通业和物流业变革性的发展（联邦快递、联合包裹服务公司和敦豪速递公司的发展）都为企业间电子商务和企业对消费者的电子商务提供了全球性的实行框架。图 8－2 对于这一大趋势进行了总结。

全球贸易的持续增长
2001 年总出口额（制造业和服务业）=7.7 万亿美元
2007 年总出口额（制造业和服务业）=17.2 万亿美元

全球化
- 持续增长的跨境贸易流通
- 对于跨境物流和其他服务需求的增加
- 外包

科技驱动
- 沟通
- 互联网
- 科技

市场、风险和波动性
- 增加的管制放松和自由化 / 世界贸易组织
- 电子市场的扩张和可用对冲工具的增加

顾客授权
- 集成服务
- 电子商务
- 通过全球市场电子授权

物流与外包基础设施
供给增长

图 8－2　推动管理的盈利能力和不确定性的关键趋势

将物流业的范围看做图 8－2 所展示出的相互依赖趋势的例子。仅仅是 20 年前，物流业（海上的、航空的、陆地的）被认为是一个已成熟的行业，并由"真人"来操作，这就意味着很多的低效率和空载返航、产能过剩和产能不足的巨大循环以及针对性的竞争。这些联系和信息变革逐渐让位给升级的航线和时间计划，并且最终让位给通过能力协调而增加的效用。很明显的是，图8－2

---

① 关于这些变化和它们关于管理和治理暗示的可读记录，参见 Friedman（2005）。

中的大趋势将逻辑学提升到一个全新的水平，但是这些大趋势是在外包以及国际贸易中巨大提升的驱使下形成的。空运枢纽和航空港物理功能的扩张起源于20世纪90年代，并且这个趋势不曾衰减，香港和迪拜就是最明显的例子，同时，这种扩张在近乎每一个空运枢纽和航空港都伴随着能力的提升。这伴随着经纪人和运送者人情世故以及调节活动的增加，随之而来的是航空货运和航运能力的金融覆盖面和交易工具的发展。[①] 物流业是一个说明物理市场通过支持全球化和外包并从中获益从而与金融和信息市场达到吻合的有趣的例子，如图8-2所示。

类似的变化在从能源到保险与银行的许多市场中都能发现。在每一个例子中，我们看见了市场提供信息以及予以协调的力量，以及金融工具、对冲工具和套利工具在促进稀有价值和价格发现方面的重要作用。可以说，这些大趋势代表着对于未知环境和不可知环境下管理的现代经济环境中的一个关键因素。通过依赖于市场的集合与发现功能以及市场上通过金融工具覆盖商品和服务的价值评估信息，大量不同的、不透明的不确定性可以被理解、调解或者管理。[②]

然而，以上所描述的变化也引发了新的风险，但这些风险不能被充分理解。仅仅关注于金融服务，Buehler 和 Pritsch 追查破产和其他形式的财务困境，这些财务困境使得金融服务行业不断陷入危机。他们使用了1998年至2002年间90家金融机构用做案例研究，并指出在这段时间内，大约发生了150起财务困境事件（参考他们关于财务困境定义的论文）。即使考虑到当时的波动性，在5年中每家金融机构平均发生了1.67起财务危机，这个令人惊讶的数字已经说明有些地方并不恰当。根据 Buehler 和 Pritsch 所说，不恰当的地方在于欠缺对于变化强度的鉴别。这些变化发生在全球市场中，并且呈现出了新型风险和不确定性的层次。同时，这些变化也表现出在明白企业脆弱性

---

① Kavussanos 和 Visviks（2006）描述了关于航运能力期权交易的增长。Kaminski 描述了与航空燃料和船用油相关的套期保值期权。

② 参见 Kleindorfer 和 Wu（2003）对于因为这些变化而在制造业被沿袭的新的合同战略和对冲决策的描述。参见第 10 章中 Kunreuther 和 Pauly 对于全球保险也相似变化的讨论。

和不同行业之间联系以及在经济危机成熟前对环境中的不连续性进行响应时缺乏适合的管理系统。除此之外，正如经济危机所展现的那般，增长的复杂性和因此而缺乏的透明性导致许多金融工具产生交易对手风险和流动性风险，而这些金融工具是被设计用以促进风险分摊和风险转移的。在相互依赖性和风险方面的研究已注意到这些观点并且指出传染效应和其他网络效应一起成为金融服务行业新型不确定性的中心。①

上述金融工具的风险在制造业中也是显而易见的。从积极的方面来讲，如网络工具等科技的确在宝促进合作和清除信息失真方面帮了大忙。最经典的一个例子就是沃尔玛和宝洁之间的合作，这次合作导致了如今供货商存货管理的广泛实行，并推动供应链设计和制造业的设备管理的基本理念成为了"精简"的真实写照。然而，尽管"精简"供应链减少了库存成本，但企业开始经历不确定环境中的精益带来的一些消极后果。② 除去与供求不相符的风险外，中断已经成为了全球供应链中的一个主要风险。中断风险包括操作风险（设备失灵、供应中无法预测的中断、从罢工到欺诈等人为事件）和因自然灾害、恐怖主义和政治不稳定引起的风险。中断风险的显著增加是因为全球化使得全球供应链变得越来越长也越来越复杂。③ 1999 年 9 月，我国台湾地震通过全球半导体市场将股价波动扩展到全球，2001 年 9 月 1 日美国世贸中心的恐怖袭击和2003 年 8 月 14 日美国东南部的大断电都提醒了我们产业链中断的可能性。考虑到这些事件以及对跨国供应链日益增长的依赖性，无怪乎企业风险管理对于制造业的管理层和股东来说已经成为了绝对优先的话题。

除了如资本储备和对未知意外的应对能力的传统风险概念之外，关于解决 KuU 比喻另一面的方法这一新观念的新需求的根本动力源自于系统互动日益

---

① Allen 和 Gale（2000）为这项研究提供了基础。最近关于金融网络理论的研究，参见 Allen 和 Babus（2009）。

② 参考 Sheffi（2005）呼吁放弃"精简"而改为"弹性供应链"，这一呼吁引起了我们对未知区域进行探索。

③ Hendricks 和 Singhal（2005）分析了在 20 世纪 90 年代由《华尔街日报》所报道的航运延误和其他的供应链中断事件。通过配对样本的比较，他们指出经历这种产业链中断事件的公司股价业绩方面比它们的同行差很多，同时在成本、销售和利润等经营业绩方面也不如它们的同行。

增加的复杂性，这些系统互动是企业网络模型和它们与消费者、交易伙伴以及操作市场互动的核心。尤其是，由这些通用网络和人工智能所衍生出的复杂性理论和系统理论概念都开始为企业在新经济环境中的风险和弹性提供新见解。

• 幂定律和无标度网络都急剧增加了风险。对于网络中心交易的长尾影响显著增加，这是因为普通的高频局部扰动以及发生在总体价值星系中相互联通的子网络的低频但是有潜在可能的灾变事件。[1] 在极不确定和复杂的条件下，对于适应性、弹性和进程/成熟时间的要求比最优化都要重要。

• 点对点形式的交互也遵照了无标度网络，并且"授权的用户"可能会用网络互动规范他们的行为，即使他们意识不到这一点。"分形市场"和"分形金融"在未来理解和指导商品市场和资本市场中的行为方面起到重要的作用。[2]

这些难题意味着所增加的复杂性以及由全球化引起的基于网络的相互依赖性都是对于 KuU 环境管理愈加重视的原因。近期关于在这个问题上的组织科学和企业战略的研究只能延伸到这里，但是它会通过我们探索者对于未知领域的研究而持续下去。一些关键部分在将来会被简单地解释。

8.3.1 通过策略和领导力建立目标

一家公司要在充满艰难险阻的领域发展就必须有清晰的目标和战略来指引，也就是说，它需要为自己的未来定位。Russell Ackoff 可能是这一观点最有名的拥护者。Ackoff 提议将"理想化设计方法"（Ackoff 等人，2006）作为制作这种设计的规范性方法。Amit 和 Zott 也同样认为，为了适应网络经济的要求而建立新型商业模型需要为公司策略提供强有力的承诺和坚定的方向。Michael Useem 和很多其他学者都强调了在巨大不确定性面前领导能力的重要

---

[1] 参见第 3 章中 Mandelbrot 和 Taleb 的讨论。对于网络效应的研究，参见 Allen 和 Babus（2009）。对于人工智能发展的研究，参见 Gecco 网站和发表研究（遗传和进化国际会议）：www.sigevo.org/gecco-2008/。

[2] 参见 Mandelbrot 和 Hudson（2004）关于这些变化的财政影响的研究以及 Wind 和 Mahajan（2001）关于营销启示的研究。

性。正如 Paul Schoemaker 所言，主要问题在于不确定性极大时，决策和预定的方向有多坚定？在巨大的不确定条件下，考察、学习以及灵活的回应都比在传统计划和决策条件下开展业务更为重要。

8.3.2 用可重新配置的能力建立组织

核心竞争力理论（Hamel 和 Prahalad，1994）一直集中于通过发展公司的科技能力和组织能力使公司变得无懈可击，这有助于为公司生产的产品和服务定义价值主张且不会被竞争者轻易模仿。核心竞争力运动以及管理过程范例的最终影响说明了过去 10 年发生的很多变化，包括价值链的分类和外包（使得核心竞争力一直保持对"母公司"的控制）以及与这些同时发生的外包创新和供应链创新。规模能力和核心能力都是针对很多不确定性风险的合理防御。实际上，正如 Zott 和 Amit 所说，战略资源基础观的兴起反映出对增长环境的不确定性作出了回应，例如资源基础理论对产品/市场计划关注很少，但却更加关注对于资源的重新配置。

8.3.3 建立具有弹性且快速反应的组织

在结构和其所处环境匹配的研究领域，Jay Galbraith 是一名先驱。他指出成功的组织在面对更为动荡的环境时会趋于分散全力，并且致力于其他方面的组织创新，从而在面对环境复杂性时提升组织的信息处理能力。学者对互联网时代组织设计中的企业边界进行了分析（例如，Williamson（1996），最近的如 Santos 和 Eisenhardt（2005）），且其都以差别不大的口吻进行了详细的阐述。除了这些对组织设计的普遍贡献，在 2002 年 9 月 11 日美国世贸大楼遭受袭击以及过去 10 年中对于供应链成本和操作中断风险意识提高之后，关于危机管理和企业永续经营保障的话题已明显成为灵活组织和弹性组织的重要元素（例如，Sheffi，2005）。

8.3.4 创造精简、机会主义和灵活反应的能力

"精益化结构组织"方式在应对 *KuU* 环境时有两种组织方法。第一个在之前讨论中是基于时间的对供应链的精简，这是由戴尔公司品牌故事例证的

（参见 Sheffi，2005）。第二个方法是外包和对核心流程的放弃，这是由 Lou Gerstner 在 IBM 期间概括出来的，其中大量的商业板块都被放弃只为了赢回资本基础和代表一个精简化机构的竞争力以及所有能够控制企业未来的核心资产。在制定企业战略和项目执行的"实物期权"方法中，灵活性和机会主义一直被强调。正如 Bowman 和 Moskowitz（2001）以及 Loch 等人（2006）所述，作为备选的资产证券组合中的一部分，伴随着当机会来临时选择性地执行个别项目（例如，如果并且只有这些计划可能"赚钱"），新科技、新设备或者新市场对于企业策略和多级项目的制定是非常重要的。

8.3.5　提高机构灵敏度和建立长远视角

自从 20 世纪 90 年代后期荷兰皇家壳牌公司开始使用之后，情景规划就成为了解决环境不确定性的重要方法。正如保罗·舒麦克所做的中肯论述那般，情景规划可以绘制出 10 至 15 年的情景（超出了普通市场和定价信号使用的范围），并且可以识别导致企业未来收益和利润的主要股东和不确定性。如果趋势和不确定性都可以预期，那么企业便可以准备一本应急应对策略"剧本"，这样企业就可能在竞争对手作出反应之前以优雅的姿态变换策略。情景规划和相关的扫描机制（参见 Day 和 Schoemaker，2006）在最近使用骤增，这是因为人们对于长期不确定性的认知增加了，例如，天气的变化，对天气变化的政治反应、意识形态冲突以及主要科技创新的速度和成功（如氢动力汽车）。

8.3.6　*KuU* 条件下合法性的不同

组织层面的合法性和管制的问题已经和我们了解的个体层面问题混合在一起。之前所指出的向精简化组织结构和分散化靠拢的趋势必须面对财政承担水平的控制以及组织面临的基于单个员工行为而被暴露的风险。巴林银行和安然公司的教训以及当今的全球金融危机都反映出应在交易所和董事会中对未经核对行为进行限制。从银行业的巴塞尔资本协议 II 到综合治理的《萨班斯－奥克斯利法案》，到最近很多创新和规例的改变都发生在试图为私房钱效应难题提供一些约束的过程中。关于负责控制的可行解决方法的研究仍在继续，而负责控制并不会压制创业精神和创新。

8.3.7 对冲和分散投资

长圣策略（long-hallowed strategy）和国际再保险市场的核心都属于分散投资。通过将风险化整为零分散到每个市场，相关风险可以在大量竞争资本投资者中分散。同样的，无论波动性是由商品价格波动还是由天气造成，对冲策略已成为对抗私人企业现金流过度波动的中心策略。Karl Borch 的开拓性工作以及之后在风险分摊和分散经营学科中的进一步发现都在 Doherty（2000）中被概括出来了。正如 Allen 和 Babus（2009）指出的那样，在这个领域中有趣的新研究集中于理解和对冲由网络效应和传染效应引起的相关风险模式。

我认为，以上公认的关于当前主动性的选择清单以及研究活动都表明，在如今的经济环境中，已增加的复杂性和不确定性的影响已经导致了关于经济向 KuU 区域的另一面转移的认识。简而言之，以上的清单突出了新管理制度的建立，这些管理制度是为了企业风险管理和危机管理、情景规划和扫描的新战略举措以及分散投资和对冲策略的深化而建立的。这些主旨强调了在 KuU 区域探索者的拟人化比喻，并且我曾经也用它来构建我的理论。一方面，这些组织性创新反映出适者生存的达尔文进化理论对企业同样成立，因为企业需要根据新环境采用正确的利基战略。另一方面，在拉克马进化论精神中，这种进化是能够被有充分准备的探索者的远见所影响的，这些准备充分的探索者能够沿途采取正确选择，在机会来临时快速利用，并且通过在反应之前发现机会来提升自己的前瞻能力。

8.4 总结性评论

读者很可能在这些想法中找出关于 KuU 问题研究的不完备性，但是同时也能找出这个不完备性存在的必要性。自从学术研究开始以来，认识论这一话题（我们对于我们的外部环境究竟了解多少）就一直是哲学中的基本话题。在哲学中，我们见证了一波又一波的客观主义与主观主义，当今是主观主义者占上风。考虑到这个长久话题从未尘埃落定，也就不奇怪为何仅凭逻辑学的辨别力一直不能解决在本书中所关注的在 *KuU* 条件下信仰、价值观以及选择的一系列错杂复杂的问题。可以肯定的是，在之前的 100 年间，心理学家、经济学家和决策科学家对于这个问题的调查已经通过公理和实验验证在相关区域方面取得了进展。但是，有所争议的是，这些方法尽管正规，但在涉及到解决 *KuU* 的边缘问题时，这些方法带给我们的结果并不会比 100 年前好多少。[①] 当然，我们的计算机应用能力已经增强，可以探索"未知"并且可以进行稳健性研究，例如情景规划和其他活动，这样可以提升我们回避危险的能力，并且预先计划应急应对策略从而让我们在面对紧急事件时可以通过更好的准备来应对。此外，由于受到全球经济和金融环境复杂性的增加以及很多公司在目前金融危机中失败破产的影响，很多机构正在提升它们探测和应对环境不确定性的能力。然而，我们在这方面的能力仍然相当有限。这将继续使得更多关于 *KuU* 边缘问题的探索更具风险，但同时也更加有趣。

参考文献

Ackoff, R. L., J. Magidson, and H. Addison（2006）. *Idealized Design*. Philadelphia：Wharton School.

Allen, F., and A. Babus（2009）. Networks in finance. Forthcoming in P. R. Kleindorfer and Y. Wind, eds., *The Network Challenge：Strategy, Profit and Risk in an Interlinked World*. Upper Saddle River, NJ：Wharton.

Allen, F., and D. Gale（2000）. Financial contaging. *Journal of Political Economy* 108, 1—33.

Amit, R., and C. Zott（2001）. Value creation in e-business. *Strategic*

[①]　在这点上，很有必要回顾 Taleb（2001）关于 *KuU* 问题的研究，他指出解决 *KuU* 问题的方法并不应该主要受到针对知识不完备状态的不成熟的编纂的驱使，而是应该根据人类需求通过强调我们现有理论和数据的（非）妥善性，从而受到对于人性和怀疑的培养的驱使。

Management Journal 22, 493—520.

Anscombe, F. J., and R. J. Aumann (1963) . A definition of subjective probability. *Annals of Mathematical Statistics* 34, 199—205.

Arrow, K. J., and F. H. Hahn (1971) . *General Competitive Analysis*. San Francisco: Holden-Day.

Beck, U. (1992) . *Risk Society*. London: Sage.

Ben-Haim, Y. (2006) . *Info-Gap Decision Theory: Decisions Under Severe Uncertainty*. New York: Academic Press.

Borch, K. H. (1968) . *The Economics of Uncertainty*. Princeton, NJ: Princeton University Press.

Bowman, E. H., and G. T. Moskowitz (2001) . Real options analysis and strategic decision making. *Organization Science* 12, 772—77.

Buehler, K. S., and G. Pritsch (2003) . Running with risk. *McKinsey Quarterly*, December, 40—50.

Carnap, R. (1950) . *The Logical Foundations of Probability Theory*, 1962 ed. Chicago: University of Chicago Press.

Cummins, J. D., C. M. Lewis, and R. Wei (2006) . The market value impact of operational risk events for U. S. banks and insurers. *Journal of Banking and Finance* 30, 2605—34.

Curley, S., F. Yates, and R. A. Abrams (1986) . Psychological sources of ambiguity avoidance. *Organizational Behavior and Human Decision Processes* 38, 230—56.

Day, G., and P. J. H. Schoemaker (2006) . *Peripheral Vision: Detecting the Weak Signals That Will Make or Break Your Company*. Boston: Harvard Business School Publ.

Debreu, G. (1959) . *Theory of Value*. New York: Wiley.

de Finetti, B. (1931) . Sul significato soggettivo della probabilita. *Fundamenta Mathematicae* 17, 298—329. Probabilism: A critical essay on the theory of probability and on the value of science (translation of 1931 article) in *Erkenntnis* 31,

September 1989.

de Finetti, B. (1937) . Foresight: Its logical laws, its subjective sources (translation of the 1937 article in French) in H. E. Kyburg and H. E. Smokler, eds. (1964) . *Studies in Subjective Probability*. New York: Wiley.

Dempster, A. P. (1968) . A generalization of Bayesian inference. *Journal of the Royal Statistical Society*, *Series B* 30, 205—47.

Doherty, N. A. (2000) . *Integrated Risk Management*. New York: McGraw-Hill.

Dow, J. , and S. Werlang (1992) . Uncertainty aversion, risk aversion, and the optimal choice of portfolio. *Econometrica* 60, 197—204.

Ellsberg, D. (1961) . Risk, ambiguity and the savage axioms. *Quarterly Journal of Economics* 75, 643—69.

Friedman, T. L. (2005) . *The World Is Flat*. New York: Farrar, Strauss & Giroux.

Galbraith, J. R. (1977) . *Organization Design*. Reading, MA: Addison-Wesley.

Gilboa, I. , ed. (2004) . *Uncertainty in Economic Theory: Essays in Honor of David Schmeidler's 65th Birthday*. London: Routledge.

Gilboa, I. , and D. Schmeidler (1989) . Maxmin expected utility with a non-unique prior. *Journal of Mathematical Economics* 18: 141—53.

Gilboa, I. , A. Postlewaite, and D. Schmeidler (2008) . Probability and uncertainty in economic modeling. *Journal of Economic Perspectives* 22, 173—88.

Halevy, Y. (2007) . Ellsberg revisited: An experimental study. *Econometrica* 75, 503—36.

Hamel, G. , and C. K. Prahalad (1994) . *Competing for the Future: Breakthrough Strategies for Seizing Control of Your Industry and Creating the Markets of Tomorrow*. Boston: Harvard Business School Press.

Heath, C., and A. Tversky (1991). Preference and belief: Ambiguity and competence in choice. *Journal of Risk and Uncertainty* 4, 5—28.

Hendricks, K., and V. Singhal (2005). Supply chain disruptions and corporate performance. *Production and Operations Management* 14, 35—52.

Kaminski, V. ed. (2004). *Managing Energy Price Risk*. London: Risk Press.

Kavussanos, M. G., and Visvilis, I. D. (2006). *Derivatives and Risk Management in Shipping*. London: Witherby.

Keynes, J. M. (1920). *A Treaties on Probability*. London: Macmillan.

Kim, W. C., and R. Mauborgne (2005). *Blue Ocean Strategy*. Boston: Harvard Business School Press.

Kleindorfer, P. R., H. Kunreuther, and P. J. H Schoemaker (1993). *Decision Sciences: An Integrative Perspective*. Cambridge, UK: Cambridge University Press.

Kleindorfer, P. R., and J. Wind, eds. (2009). *The Network Challenge: Strategy, Profit and Risk in an Interlinked World*. Upper Saddle River, NJ: Wharton.

Kleindorfer, P. R., and D. J. Wu (2003). Integrating long-term and short-term contracting via business-to-business exchanges for capital-intensive industries. *Management Science* 49, 1597—1615.

Klibanoff, P., M. Marinacci, and S. Mukerji (2005). A smooth model of decision making under ambiguity. *Econometrica* 73, 1849—92.

Knight, F. H. (1921). *Risk, Uncertainty and Profit*. Boston: Houghton Mifflin.

Loch, C. H., A. DeMeyer, and M. T. Pich (2006). *Managing the Unknown*. Hoboken, NJ: Wiley.

Mandelbrot, B., and R. L. Hudson (2004). *The (Mis) Behavior of Markets*. New York: Basic Books.

McKenzie, L. W. (1999). Equilibrium, trade, and capital

accumulation. *Japanese Economic Review* 50, 371—97.

Nau, R. F. (2006). Uncertainty aversion with second-order utilities and probabilities. *Management Sciences* 52, 136—45.

Quiggin, J. (1982). A theory of anticipated utility. *Journal of Economic Behavior and Organization* 3, 324—43.

Raiffa, H. (1968). *Decision Analysis.* Reading, MA: Addison-Wesley.

Ramsey, F. P. (1926). Truth and probability. In F. P. Ramsey (1931), R. B. Braithwaite, ed., *The Foundations of Mathematics and Other Logical Essays.* London: Kegan, Paul, Trench, Trubner; New York: Harcourt, Brace, 156—98.

Santos, F. M., and K. M. Eisenhardt (2005). Organizational boundaries and theories of organization. *Organization Science* 16, 491—508.

Savage, L. J. (1954). *The Foundations of Statistics*, 1972 ed. New York: Dover.

Schelling, T. C. (1978). *Micromotives and Macrobehavior.* New York: Norton.

Schmeidler, D. (1989). Subjective probability and expected utility without additivity. *Econometrica* 57, 571—87.

Schocken, S., and P. R. Kleindorfer (1989). Artificial intelligence dialects of the Bayesian belief revision language. *IEEE Transactions on Systems, Man, and Cybernetics* 19, 1106—21.

Schoemaker, P. J. H. (2002). *Profiting from Uncertainty.* New York: Free Press.

Shafer, G. (1976). *A Mathematical Theory of Evidence.* Princeton, NJ: Princeton University Press.

Sheffi, Y. (2005). *The Resilient Enterprise.* Cambridge, MA: MIT Press.

Taleb, N. N. (2001). *Fooled by Randomness: The Hidden Role of*

Chance in Life and in the Markets. London: Texere.

Toulmin, S. E. (1958). *The Uses of Argument*. Cambridge, UK: Cambridge University Press.

Tversky, A., and C. R. Fox (1995). Weighing risk and uncertainty. *Psychological Review* 102, 269—83.

Tversky, A., and D. Kahneman (1992). Advances in prospect theory: Cumulative representation of uncertainty. *Journal of Risk and Uncertainty* 5, 297—323.

Tversky, A., and P. P. Wakker (1995). Risk attitudes and decision weights. *Econometrica* 63, 1255—80.

Useem, M. (1998). *The Leadership Moment*. New York: Three Rivers Press.

von Mises, L. (1973). *Epistemological Problems of Economics*, 3rd ed., 2003. Auburn, AL: Ludwig von Mises Institute.

von Neumann, J., and O. Morgenstern (1944). *Theory of Games and Economic Behavior*, 1953 ed. Princeton, NJ: Princeton University Press.

Wakker, P. P. (2006). Uncertainty. In L. Blume and S. N. Durlauf, eds., *The New Palgrave: A Dictionary of Economics*. Forthcoming, London: Macmillan.

Wald, A. (1950). *Statistical Decision Functions*. New York: Wiley.

Weinberg, J. R. (1960). *An Examination of Logical Positvism*. Littlefield: Adams.

Williamson, O. E. (1996). *The Mechanisms of Governance*. New York: Oxford University Press.

Wind, Y., and C. Crook, with R. Gunther (2005). *The Power of Impossible Thinking*. Upper Saddle River, NJ: Wharton School.

Wind, Y., and V. Mahajan (2001). *Convergence Marketing*. Financial Times Prentice Hall, New York.

Zott, C., and R. Amit (2009). The business model as the engine of network-based strategies. In P. R. Kleindorfer and Y. Wind, eds. , *The Network Challenge*：*Strategy*，*Profit and Risk in an Interlinked World*. Upper Saddle River，NJ：Wharton.

第9章 保险经纪人在解决已知、未知和不可知问题时的作用

Neil A. Doherty 和 Alexander Muermann

　　保险转移风险以及对风险的认识水平是当事人决定是否订立保险的一个重要因素。如果不了解潜在的损失分布情况，保险公司就很难确定保险价格，而投保人也不能确定他购买的保险是否物有所值，并且双方也很难知道保单给保险公司总体业务和保险金支付能力造成的影响。我们认为，在完善市场的过程中，经纪人发挥着重要的作用，否则市场可能因为缺少专业知识和信息而失效。我们尤其认为保险经纪人具有三大重要作用。第一，如果没有保险经纪人，保险商就倾向于不愿意搜集代价不菲的投保人损失分布信息，因此，也就不愿意投标新的保险合约。如果保险经纪人自己的损失信息能够被可靠地传递给投标的保险公司，那么这个问题就可以避免；第二，在保险市场，关于损失的信息是不对称的（即逆差选择），经纪人的介入可以引起保险合约的帕累托均衡的提高，但前提是经纪人要向保险商可靠地传递自己的损失分布信息；第三，当合同当事人不能够确定潜在风险的种类而导致整份保险合同不能够达成的时候，这种代理关系可能导致隐性风险转移。

　　这三项几乎涵盖了本书的标题：已知、未知、不可知，或者简称"KuU"。现在已经有了关于知识的各种分类方法。例如，"已知"（K）可被很有效地定义为事件的分布为已知的情况。用奈特的话说，"已知"等同于"风险"。同样，"未知"（U）可以用于描述未知的分布。我们对关于风险分布问题的提问反映了我们对于自己思考的事件的认知程度——我们不能单纯地归因

于概率和（或）程度。奈特的"不确定"亦是如此。

因此，"已知"和"未知"是在描述概率分布的知识是否存在。知识的与从不同的特征之一是它具备被人发现和理解的潜力。我们称之为"可知的"。"已知的"是明显"可知的"，但是当存在能够把"未知"转变成"已知"的机制时，"未知的"在某些情况下就可能是"可知的"。这些机制可以是"已知的"，也可以是"未知的"。"不可知"（U）指的是变为"已知"的潜在不可能的情况。

通常，并不清楚某种情况是"可知的未知"还是"不可知的未知"。然而，新的现象偶尔发生，并且只要这些现象进入我们的记忆，那么对于未来而言它们就表现为"可知的未知"。如果确切地说，"9·11恐怖袭击"的规模和类型不是想象出来的，那么我们就不知道它们到底是可知的，还是不可知的。但是从那以后，我们都悲伤地意识到未来此类事件的发生和超级恐怖主义或许是可知的"未知"。

这种"可知的"和"不可知的"的区别与集合论中关于"可决定的"和"不可决定的"的观点相似。Kurt Goedel 在他 1931 年发表的著名论文《论数学原理及有关系统的形式不可判定命题》中证明了"存在着可以在标准的算数元体系中形成但是不能够在该系统中证明的命题"。其中第一个不可决定的命题是连续性假设，该假设指出没有一个集合的基数可以大于自然数而小于实数。Goedel 在他 1937 年的论文中展示了连续性假设不可能在元集合理论中得到证实，而 Paul 也在 1964 年证明了连续性假设不能被证伪。

但所有这些引出了一个次要的问题：谁考虑了，或者没考虑，或者不能够考虑分布的问题。默认情况下，我们通常使用"已知"、"未知"、"不可知"的时候暗指的对象是人类。即一个已知的事实是对某人是已知的，这样它对其他人也是可知的。同样的，"未知"超过了人类的知识范围，而"不可知"则超过了人类的能力范围。但是为了作出决定，我们也需要考虑知识的所有权。信息和想象力或许是不对称分布的，一些人或许知道可能的分布，而另一些人则可能不知道；一些人可能可以想象超越了他人的理解力的新奇事件而，另一些人则可能不能。

我们将展示经纪人是如何在获取信息中（将未知的但是可知的转变成已知

的）在不对称的信息知情方之间进行信息传递的，以及在为不能够达成完全合约的未知事件创造风险分担机制的过程中扮演关键角色的。

我们开始注意到借助适当的投资信息，"可知但是未知的"可以被转化为"已知的"。对于过去损失数据和损失模型进行的风险定位、保险精算、统计和经济分析就是技术能够帮助确定损失分布的有力例证。然而，这些技术成本高昂，只有在获取损失信息所带来的收益超过获取这些信息的成本的时候，一个理智的人才会采用这些技术。显然，保险商为了承保是愿意为这些信息买单的。但是，在竞争激烈的市场存在着投资不足的问题。没有一个可接受的损失分布预估，保险商可能不愿意投标一个新的保险合约。这就陷入了"赢者之咒"。然而，如果保险商在为商业利益竞争的过程中胜出的几率很小的话，它们可能不愿意花费大价钱在信息上投资。我们将向你展示，当经纪人认为佣金有利可图的时候，其就会向投标的保险商可靠地传递有关损失的信息，因此就可以避免"赢者之咒"并且促成投标。

经纪人的第二个好处是解决逆向选择问题。解决这个问题的典型方法是保险商为所有投保人都提供一份保险合约菜单。菜单包括带有诸如免赔额之类的昂贵信号措施的政策。因为承受免赔额的成本越高，损失的概率就越大，各方将在其菜单选项中选择风险类型，选择较低风险的免赔额。我们可以看到，当经纪人充当保险合同中介时，高昂的信息传递成本就可以避免。如果经纪人可以如实地向投保人介绍损失类型，保险商就可以对已知的风险类型制定有针对性的政策。然而，这些可信的信息是有代价的：经纪人获得了与保险商利益一致的以利润为基础的或有利润，而正是这样的或有利润把经纪人和保险商的利益紧密联系了起来。我们的研究将表明，在一个或有利润保险商和非或有利润保险商并存的市场，结合经纪人保险销售和非经纪人保险销售，在自我选择菜单下的均衡政策是帕累托最优的。

我们认为经纪人的第三个角色是处理"未知的"情况。极端的情形在事件本身造成的损失不能被发现的时候才会出现。新技术、新法律或者新的经济—社会相互影响造成的难以预见的结果可能带来不可预计的损失。例如，某些网络风险在几年前还不被了解，现在关于有毒烟雾在健康和法律方面的解释在几年前对保险商和投保人而言完全是不可思议的，而且可以说，超级恐怖主义，

如 "9·11 恐怖袭击"，事先根本无法预料到。如果风险不能事先预料，那么就很难拟定正式的保险合约并就此定价。这样，此类风险的转移看上去就成为了一个难题。我们将向你展示在经纪人市场，为维护良好的商业信誉以及商业关系所带来的价值，保险商会乐于为保单没有涵盖到的意外损失买单。事实上，保险商愿意向个别投保人支付额外赔偿金以维持这些业务。然而，经纪人的出现以及经纪人业务的巨大价值，都明显地扩大了这个非正式的保险市场，并且也使得相关第三方能够在合法的事后风险转移和纯粹的拖延理赔之间进行仲裁。由此，经纪人为保险商赢得了良好的声誉并且凭借自身的角色来扩大保险市场份额。与上面其他经纪人角色描述的一样，经纪人从保险商处收到以利润为基础的或有利润激励着他们行使这个职能。

经纪人充当上述三个角色的主要动力是一种特殊的补偿结构：利基或有佣金。这种结构在局部来讲是有利的，因为经纪行业最近由于或有佣金的收取而备受指责。带头提出指责的是纽约大法官 Elliot Spitzer，他认为此类佣金使得经纪人对支付他们佣金的保险商 "投桃报李"。据称，这带来了利益冲突，因为经纪人本来受托于投保人。但我们的分析表明，如果纠正一些 KuU 问题，这样的佣金在扩大保险市场、惠及保险商和投保人方面依然发挥着重要的作用。

9.1 具有系统信息的竞争性保险市场，在信息损失方面投资不足

9.1.1 不存在经纪人

我们的切入点是个人或公司（简称为投保人）为了防范风险而希望购买保险。投保人邀请了 n 个同等的保险商为合约竞标。保险商和投保人都不知道损失的分布情况。定义一个保险商赢得合约的收益为 R，且获胜的概率为 $f(n)$，那么期望支付就为 $f(n)R$。只要 $f(n)R \geqslant c$，任何保险商都会在信息方面投资。

在这里，c 代表风险建模成本或另外其他相关的衡量（风险）分布技术的成本。或者，我们可以说保险商需要的接受合约的最低条件、投资信息需要的

最小风险溢价为：

$$R^{INS} = \frac{c}{f(n)}$$

反过来，投保人对保险有一些保留价格。我们假定投保人在损失分布被揭示之后会接受或拒绝任何保险报价。因此，我们将保留价格视为风险溢价 R^{POL}。这样，如果保险商由于没有信息而放弃投标，那么其中一位保险商的合约收尾的条件是：

$$R^{POL} \geqslant R^{INS} \geqslant \frac{c}{f(n)}$$

例如，如果 $f(n) = 1/n$，那么投保人的风险溢价必须超过 cn。所以，最多仅在 $n^{MAX} = R^{POL}/c$ 时，保险商才会在受邀后参加竞标。如此一来，这里就存在一个效益背反。由于更多的保险会商参与竞标，危险出现了，即没有人认为承担信息成本是物有所值的，并且会由于害怕"赢者之咒"而不投标。但是，即使 $n < n^{MAX}$，人们仍然不清楚不断加剧的竞争是否会导致价格更低以及是否会抬高投标保险商的价格底线。正如图 9－1 所示。

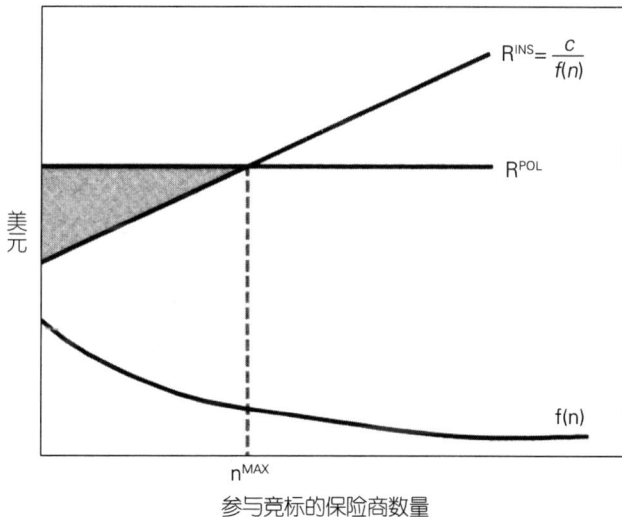

图 9－1　保险商竞拍

9.1.2　存在经纪人

问题是信息成本正被所有的投标保险商重复。现在考虑另一种竞争情形：

投保人自己寻找经纪人进行商业合作。因为经纪人自己不是风险承担者，所以经纪人知道损失分布并为该保险投标就没那么关键了。经纪人可能更愿意提供并促进其配售、风险管理、建模和其他各种各样的服务以及薪酬结构，而投保人将进行相应的选择。一个成功的经纪人会标定风险并尽可能地估计风险分布情况，假设这就是现实情况。现在，当和保险商一起参与一项配置风险的竞标的时候，经纪人可以如实地向投标保险商传递损失信息吗？

对投标保险商来说，向竞标的保险商如实地传递信息最简单的机制就是调整给予经纪人的酬金结构。如果经纪人的酬金与中标的保险商的利润挂钩，经纪人就会希望保险商充分获知风险，以使中标的保险商有望从合约中获利。这样，原则上利基的酬金应当能够同时对经纪人和保险商产生激励，并使得在保险招标中真实的损失信息在二者之间得以传递。但是兼容性的激励条件在实际中可能达到吗？

在实际中，经纪人的酬金有数个组成部分。酬金的主要形式是保险商为每个合约支付的保费佣金。佣金的金额因保险商和具体的业务而异，通常是按保费的固定比例收取。有的时候，投保人和经纪人会协商费用，并且保费佣金会被申报并冲抵费用。费用的商定可能各不相同，但是通常费用是以完成的工作为基准并根据（或）经纪人提供服务的附加价值来确定的。

目前而言，最吸引人的酬金组成部分是或有佣金。[①] 除了保费佣金和（或）费用外，经纪人经常会从保险商那里得到额外的佣金，该佣金基于经纪人给保险商带来的业务量。更普遍的情况是，佣金取决于经纪人为保险商贡献的营业额或者利润率。利基佣金更普遍，但在超级经纪人中基于营业额的佣金结构更常见。佣金通常是累进的，即边际佣金率随着利润和（或）营业额的增加而增加。很典型的是，与保费佣金占保费的 9%～11% 相比，或有佣金占 1%～2%。然而，利基佣金的激励相容特性表明保险商可能愿意相信经纪人给予的损失信息，进而倾向于在没有全面的损失调查和估算的情况下投标。

---

① 下列信息来自 Cummins 和 Doherty（2006）。

作为纽约州前大法官的 Elliot Spitzer 对证券经纪行业进行的调查改变了上述情形。抨击经纪人，这些经纪人涉及因或有佣金的支付造成的冲突且保险商在竞标中为了达成业务而涉嫌操纵报价。利益冲突基于一个简单的法律观念，即经纪人是投保人的代理人，如果他们由保险商支付报酬的话，那么其不会为投保人的利益服务。我们的分析却对这个观念构成了挑战。如果经纪人如实地传递了损失信息，那么投保人就有可能得到很好的服务。这将降低保险商的底线价格，因为这样就避免了信息的复制成本，并鼓励更积极的竞标。

然而，Elliot Spitzer 的质询已经改变了这种情形。几个大的经纪人公司，包括 Marsh 和 Aon，已经放弃了或有佣金。但是由于这些机构主要是基于业务量而不是利润，这种改变对于其目前而言影响并不大。此外，众多小经纪人公司的利基佣金似乎也未受到太大影响。

图 9-1 和图 9-2 的比较表明了经纪人受到的影响。在图 9-1 中，保险商由于害怕"赢者之咒"而不会在没有成本高昂的损失调查时进行投标。这将使得保险商的底线价格根据竞标者的数量成比例提高，并且竞拍数将被限定在 n^{MAX}。而且，竞争会挤压在获胜投标保险商和投保人之间分配的盈余且未必会降低价格。如果经纪人可以传递可信的损失信息，那么保险商的底线价格将会与投标商的数量脱钩，并且更多的潜在盈余可以被分配。当然，这些扩大的盈余现在必须包括经纪人的或有佣金。

9.2　逆向选择：经纪人的角色

我们现在转换到另一种情形：投保人知道损失分布或风险类型，但是保险商不知道。[1] 这是一种典型的逆向选择格局。我们考虑保险商可以提供一系列价格 数量合约的单期情况。换句话说，保险商可以给任何投保人提供一系列合约供其选择，每个合约提供的保险价格和量（即扣除额或共保率）都不一样。

---

[1]　该部分基于 Cummins 和 Doherty（2006）的分析。

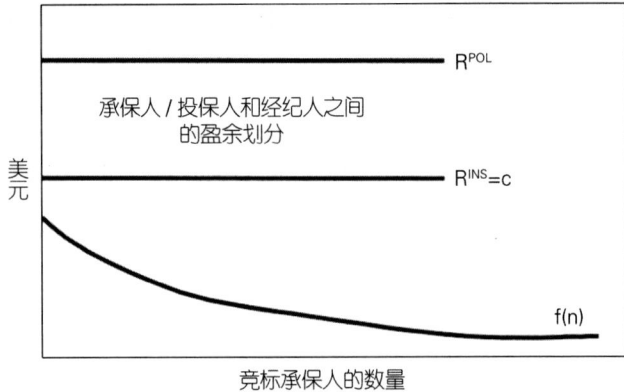

图 9—2　经纪人角色

　　从 Rothschild 和 Stiglitz（R—S）1976 年的分析开始，这种情形已经成为大量分析的一部分。在 Rothschild 和 Stiglitz（R—S）的分析中，存在两种风险类型：高风险和低风险，每一方都知道自己的风险类型，但是保险商并不知道这一信息。保险商只知道每一种类型的比例及其预期损失，但是不知道谁是高风险者，谁是低风险者。R—S 的研究表明，只要有足够比例的高风险类型，一个用高价格购买高风险的全额保险而用低价格购买低风险的部分保险的纳什均衡就可以形成。即使他们厌恶风险，低风险者也愿意为了表示他们的风险类型而接受部分保险。假如知道他们的风险类型，高风险者就会发现免赔额保单吸引力不够，因为他们意识到有很大的机会索赔且可抵消免赔额。

　　Rothschild 和 Stiglitz（R—S）模型的纳什均衡正如图 9—3 所示。菜单提供的风险类型是 H 和 L。高风险是无差异的，因为它们都在无差异曲线上面。但是，如果 L 沿着低风险价格线向西南方轻微移动，那么高风险者将会严格偏好 H。然而，对于低风险而言，L 优于 H（后者在低风险无差异曲线上）。

　　现在，我们将引入一个经纪人并确认不同的保险商或许会为业务而竞争。现在，一个保险商向经纪人提供一份利基或有佣金。正像上面所讨论的那样，这种佣金在经纪人和保险商之间的激励是相容的，并激励经纪人如实地反映投保人的风险类型。没有什么必须支付的佣金，由保险公司收取的保费不再是精算公平的。图 9—4 的粗实线展示了针对不同风险类型的更高保费（灰线代表在图 9—3 中描述的原始的 R—S 情形）。有了这些更高的价格和对风险类型的如实反映，保险商可以向高风险类型提供 H_1 保单并向低风险类型提供 L_1 保单。注意 H₁ 是在新的高风险价格线上的高风险福利最大化保单。保单 L₁ 位于无差异曲线下的低风险价格线的任意位置。

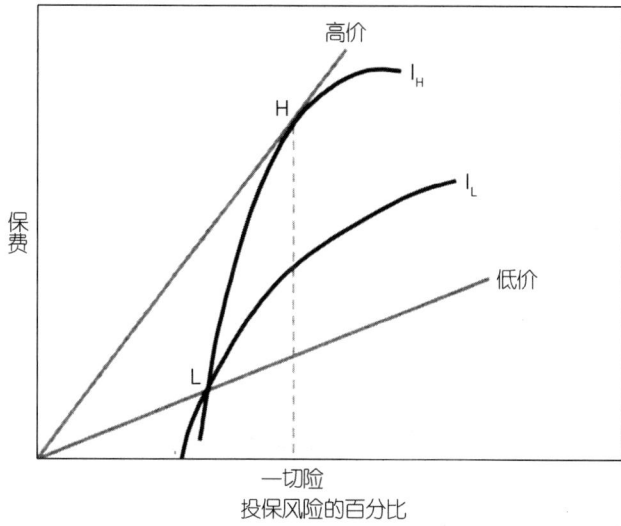

图 9−3　Rothschild-Stiglitz Nash 均衡

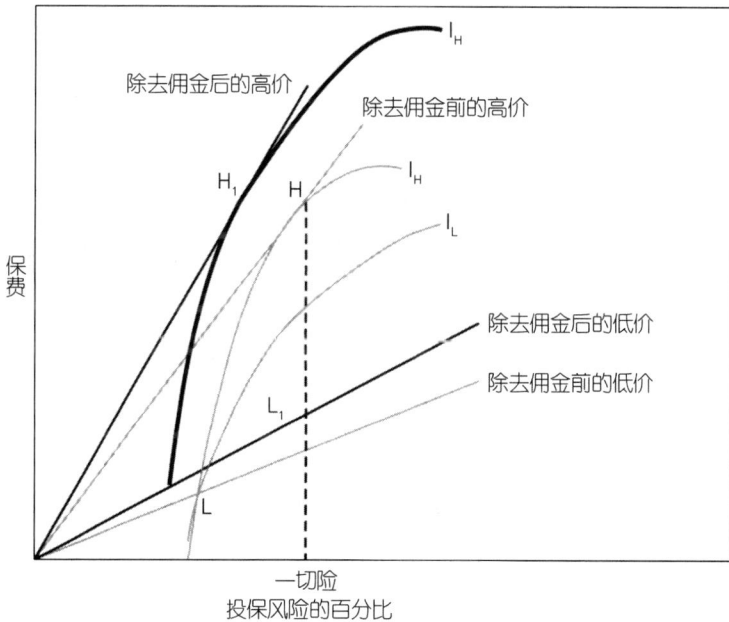

图 9−4　不同风险类型的溢价

现在，在 R−S 情形下没有 H 和 L 保单描述的经纪人，H₁ 和 L₁ 的保单组合并不是一个帕累托改进。与 R−S 相比，高风险类型的确是越来越差，而低风险类型却越来越好。然而，假设两个（或更多个）保险商进行竞争。在对投保人的直接销售中，保险商 1 不是提供或有佣金，而是提供 R−S 同 H 和 L 的组合；保险商 2 只为高风险类型提供，H_1，并为低风险类型提供 L_1。有了这些选项，高风险类型可以从没有经纪人的保险商 1 处选择政策 H，而低风险类型可以依靠经纪人从保险商 2 处选择保单 L_1。这样，相较于没有经纪人的 H 和 L 市场组合，保单组合 H 和 L_1 产生的纳什均衡是帕累托最优的。

9.3 "未知"的不完全契约：具有协调功能的经纪人角色

现在让我们就双方对于事件都不清楚的情形下的风险共担机制进行思考。[①] 这种情形不仅包括不可知的未知事件，而且包括可知的未知事件。如果未知转化为已知的成本超过收益，则对于双方来说最佳的选择就是取消对该转化的投资，让可知的事情保持未知。同时，投保人可能对分散这些事件的风险感兴趣。如何对保险市场进行管理以使得未知事件得到隐性承保？经纪人在已知事件之外扩展保险范围的过程中扮演什么样的角色呢？

许多保险合同是不完整的。一份再保险合同的用语并不像原保单那样详尽。为何保险商和再保险商之间的关系能够持续多年也就不难理解了，这种安排使得对于未知事件的处理具有弹性。再保险人可以从与保险人保持关系中获取未来的收益，并且因此愿意对合约中没有详细规定的未知事件进行承保。经纪人在再保险市场中的重要作用就显得很有趣了。由于掌握着大量的业务，经纪人就能够对那些不按照市场预期处理未知事件的再保险商进行制裁。他们可以将全部业务转移给该再保险商的竞争对手。这种杠杆作用促进了此关系内对未知风险的隐性风险分担。

---

① 该部分基于 Cummins 和 Doherty（2005）的分析。

不完全保险保单的第二个例子是诸如 Chubb 这样的公司，这家公司由于不拘泥于合约措辞而赢得了良好的声誉。这就再次考虑到对于未知事件和隐性保险的处理。Chubb 是如何在收取相对高价的保费的同时赢得并维护良好声誉的呢？Chubb 使用独立的代理商和经纪人网络，并给予这些代理商、经纪人续期保单的权利。这些代理商和经纪人对 Chubb 构成了潜在威胁，因为其可能将业务转移给竞争对手。但是对于自然而然构成的威胁，Chubb 处理得很好，并且为提供的隐性保险范围索价。但是通过有意地创造威胁，Chubb 无疑赢得并维护了它的声誉，而且还通过提供隐形保险范围收取了费用。

9.3.1　不完全合约可以在没有经纪人的双边关系中产生

已知的理想情况下可测的事件，可以写入保险合约中。然而，其他一些不能或者不可能预期的事件，则不能被写入保险合约中。如果我们知道这些事件，保险也许就有很好的预期。但是，如果这些事件是不可预见的，保险就无法正式达成。我们将展示转移此类不可预期风险的有序机制的确是存在的。并且经纪人在完善这个市场方面有很重要的作用。理解市场的关键是理解"挟持"的概念。

假设在保险商和投保人之间存在一种关系，并且保险商期望从持续关系中获得未来收益。未来的收益为投保人带来议价能力。如果保单没有涵盖的事件发生，而保险商不对这些不确定的事件理赔的话，则投保人可以威胁取消保单使得保险商损失未来的收益。即使保险商没有法定义务对此进行赔偿，但只要预期能从与客户的持续关系中获取的收益大于转移成本，保险商依然有动力把保险范围扩展到这些隐性的未知事件。

总而言之，投保人可以"挟持"保险商对其他的意外损失进行赔偿。支撑这种"挟持"的是取消保单的威胁和当保险商作出赔偿后投保人的续保。在每一个时期，投保人支付保险费都希望保险商对于正式保险条款之内的事件支付保险金，并期望未来带给保险商的收益使得保险商对未知事件进行承保。如果未知事件发生，保险商支付此类保费，投保人就会与承保人续约。否则，投保人就会转向其他保险商。

可以表明，如果贴现率不是太高，投保人支付一定费用使得保险范围扩展

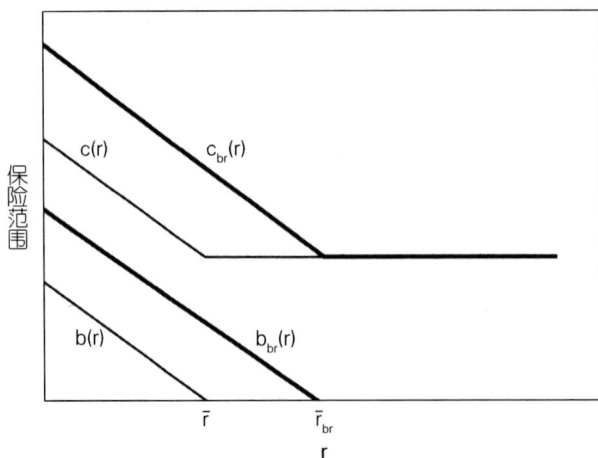

图 9－5　明确和模糊保险范围的最优金额

到部分未知事件是最优的。完全承保对于保险所覆盖的或者不可预期的事件来说都不是最优的，因为保费会相当高昂。进一步说，最优状态是为已知事件提供的显性承保多于为未知事件提供的隐性承保。图 9－5 描绘显性和隐性范围的最优总量 $b(r)$ 和 $c(r)$ 构成的关于利率的函数。运用双边机制为未知事件提供隐性承保有两个问题。第一，隐性范围的保费金额可能太小而没有用。在这个特殊的关系中，"挟持"的金额受制于未来收益，即将来佣金（附加费）的贴现价值。第二，"挟持"的权利有可能被投保人用做勒索而不是用于弥补损失。问题是每个投保人的"挟持"能力和实际损失是独立的。原则上，如果所有的投保人的行为都能够得到协调，这些问题是能够得到解决的。

假设个人损失可以被注意到而不用由投保人分担成本。如果每个投保人都有未曾预料到的损失，并且保险人没有支付适当的赔偿，因此所有投保人接收到的关于保险人的表现的信号均为负面的。这降低了投保人对于保险商未来是否会对损失进行风险转移的预判。随着预判的降低，投保人会取消保单，并转向竞争对手。因此，对于保险商没有支付（赔偿）的处罚就是使拒绝支付成为公共信息并导致投保人减少投保。相反，如果保险商向遭受损失的个人支付赔偿，那么保险人的声誉得到提升，并且所有的投保人都很可能会续保。

投保人之间的协调性也解决了勒索的问题。如果投保人认为没有遭受损失，投保人仅仅是发勒索信给保险人，或者如果保险人不应当赔付（例如，事情一旦发生投保人却没有试图减轻损失），那么投保人对于承保人拒绝赔付的行为会给予支持。在这种情况下，投保人无论怎样都会续保。这种方式下，投保人构成的群体增强的"挟持"权利就会被用于追溯评判承保人是否应当为转移风险进行赔付。

更有效的机制要求对于投保人掌握的信息进行更强的假设，而且其行为要更具协调性。事实上，每一个投保人必须有能力观察所有未知事件，以及从所有承保人到所有投保人的风险转移。只要这些未知事件不是由媒体广泛报道的大事件，投保人是否能够观察到未知事件和其他投保人的转移就值得怀疑。经纪人就能够为投保人提供协调工具使得投保人对于承保人的影响杠杆化，而投保人自身则无需关注所有事件和转移。

9.3.2 经纪人和不完整的合约

与其依靠所有投保人的个人行为来动用"挟持"能力，倒不如由经纪人来统一协调。经纪人这一角色的关键是其握有其掌握的业务的续保权利，因此经纪人被称为"业务的拥有者"。这意味着保险人容许将自己直接面对投保人的权利给予经纪人。因此，经纪人可以绕开承保人直接建议其投保人将其换掉，原本承保人可以直接跟投保人进行单边交易。

首先，投保人选择一个与保险人一起设置保单的经纪人。如果一个投保人遭遇未知事件，承保人会做适当的风险转移（取决于未来的租金），经纪人会与投保人一起找原承保人续保。如果承保人不进行风险转移，站在投保人这边的经纪人就会把业务转移给该承保人的竞争对手，因为经纪人如果不这样做，投保人就会更换经纪人。因此，正是竞争维持了业务，通过经纪人和投保人促使承保人对未知损失进行风险转移支付，同时也促使经纪人对没能这样做的承保人给予惩罚。当我们讨论补偿时，我们将稍微谈论一下经纪人的动机。

经纪人的介入也为评估投保人对于未知损失的风险转移提出的索赔提供了仲裁。如果索赔是假的，并且经纪人判断其所要求的赔偿是不合适的，经纪人就可以选择支持承保人拒绝赔偿。据此，经纪人可以区别事件类型并判断哪些事后风险转移为其提供恰当的风险分散，哪些没有。例如，最近由于霉菌毒素引起的皮疹索赔对保险行业形成了冲击，争议在于保单里并未对此进行明确规定。很多人认为对此进行的事后赔付是不应该的，因为此类损失能够通过合适的保养来避免，并且其实际损失也很难得到证实。因此，保险人可能拒绝赔付，并且得到投保人的支持。而且，投保人（除去那些提出索赔的人）可能支持这个决定，因为他们不愿意将来因这样的损失而增加保费，毕竟这样的损失可以通过自己的行为避免。[①] 相反的，一些网络风险增加了数据持有者或者管理者的责任。如果事先知道这些风险，就可以进行事前保险，但这些风险只具有有限的道德风险和低相关性。所以，此类新披露的事件可以作为事后风险转移的考虑对象。

我们可以看出经纪人增加的影响力，源自他们对整体业务的"挟持"能力，只要经纪人的佣金不是太高，就能提供对于未知事件的高效风险分摊。表9-5表明经纪人隐性和显性的保险项目的最优量是 $b(r)$ 和 $c(r)$。这不但对于产生更多的针对未知事件的更广范围利率值的隐性保险覆盖是最优的，而且对于购买针对更多已知事件的显性覆盖也是最优的。从这个意义上讲，经纪人不仅扩展了无法预料事件的隐性保险市场，同时也降低了显性保险的交易成本。

在把正式保险市场进行扩展直至覆盖未曾预料事件的过程中，经纪人这一角色的关键是其报酬结构。为了激发他们这样做，需要让其分享他们创造的价值。此外，当投保人中的一个人遭受无法预期的损失时，经纪人必须积极地以合适的方式动用其"挟持"权利（去帮助投保人索赔），这些考虑表明经纪人对于收益的分享事实上是应该的。这些考虑关系到在确实产生的收益中经纪人所占的份额。的确，他们指向本文前面描述的补偿结构的相同类型——利基或有佣金。

---

① 事实上，该问题常常可能受到法院和一些州政府监管者的干预。法院经常强调保险范围，而州政府监管者在承保人是否选择进一步囊括模块化的保险范围方面进行限制。

9.4 结束语

我们阐述了保险经纪人在解决潜在效率低下问题中的重要性，这种低效率是由于缺少潜在的概率分布信息而导致的。如果获得关于风险的信息代价太大，在保单竞标过程中的竞争可能导致对于损失投资不足，且没有效率，反过来又将阻止保险商在新的保险风险方面的投标。作为非风险承担者，经纪人可能通过在信息上投资，并向保险商如实反映信息以促进保险商竞标保单，来破除"赢者之咒"，然后通过真实披露这个信息给保险人刺激保险单出价。说真话的激励协调性条件是经纪人的报酬，该报酬用保险商的收益来衡量。

我们接下来解决另一个问题，即知晓（或不知晓）是不对称的，这是一个逆向选择的问题。如果没有经纪人，不对称信息问题可能由投保人从合同菜单上自行挑选而解决。但是这种解决方法代价很大，因为低风险者必须表明自己的这种类型。我们知道在直接交易和由经纪人代理的保险合约之间的竞争导致了一个分离均衡的帕累托改进。这个结果要求经纪人的或有报酬应当用保险商的利润支付。只有这样，经纪人才可以将有关风险类型的真实信息传递给保险人。

最后，我们研究经纪人角色在扩大保险合同之外的事件中的保险市场里的作用。保单中规定经纪人拥有续保的权利以及可对承保人施加更大的影响以促进不可预期事件及合同条款所未包含的事件的隐性风险的分散。再者，通过利基或有佣金将保险商和经纪人紧密联系在一起很重要。

经纪人的所有三个作用都因为利基或有佣金的使用而得到加强。这个特点对近期关于报酬结构安排的不利的公共宣传直接提出了挑战。Elliot Spitzer 指责这样的结构安排是对于经纪人作为投保人受托人职责的妥协。我们的分析表明或有佣金确实能够使投保人受益。

总的来说，我们已经展示了保险经纪人在将可知的不可知转化为已知的，将已知的传递给对于风险尚不知晓的各方以及组织对不可知的风险进行分散的过程中所扮演的实质性角色。

参考文献

Cummins, J. D. , and N. A. Doherty (2006) . The economics of insurance Intermediaries. *Journal of Risk and Insurance* 73 , 359—96.

Doherty, N. A. , and A. Muermann (2005) , Insuring the uninsurable: Brokers and incomplete insurance contracts. Center for Financial Studies working paper Nr. 2005/ 24.

Rothschild, M. , and J. Stiglitz (1976) . Equilibrium in competitive insurance markets: an essay on the economics of imperfect information. *Quarterly Journal of Economics* 90 , 629—49.

第 10 章　针对灾难的保险

Howard Kunreuther 和 *Mark V. Pauly*

"9·11 恐怖袭击"和墨西哥湾飓风引发诸多有关保险定位的问题，即保险还是可以被用于对灾难性风险（造成的损失）进行保护。[①] 本章主要关注潜在不利事件的信息在保险的供求方面所扮演的角色，而这在事件发生以及所导致的后果方面存在极大的不确定性。我们关注的焦点为承保人对于可能给他们带来灾难性损失的事件如何反应。

自然灾害就是已知风险的一个例证。已知风险具有引发承保人发生灾难性损失的潜在可能，并且存在大量数据可用于预测其发生的可能性以及在灾害频发区域导致的后果。恐怖主义则是未知事件的生动诠释，这些未知事件同样具有引发承保人发生严重损失的潜在可能，但是由于缺乏足够的数据，恐怖袭击的可能性以及后果无法被具体描述。上述两种情况，不论哪一种的概率分布都是不明确的。然而，两种情况下确定风险的不确定性程度以及降低（发生）的可能性和未来损失大小的方法却是不同的。

如果一种风险发生的概率不能通过已有的数据和科学信息来确定，导致个人无法相信这种概率（而非原因不足），那么这种风险就是未知风险。[②] 如果

---

① 感谢 Neil Doherty 对于本文之前版本的有益批评。同时也感谢沃顿风险管理和决策中心的支持，以及美国国土安全部的联邦紧急事务管理署政策、规划及分析准备处的授权（Grant2008-GA-T8-K004）。本文观点和主张仅代表作者本人，而并不代表美国政府或者联邦紧急事务管理署。

② 这一项在 Camerer 和 Weber（1992）对风险的分类中被忽视。

投保人让承保人承担所有的风险，承保人常常会拒绝为这种风险承保。但是如果承保人并未识别出此类风险，他们无法将其明确地排除于保险范围之外，同时投保人就可能因此而受到保护。因此，承保人可能希望排除风险，如战争或暴动，因为预测其保费或后果非常困难。但是承保人可能无法排除一些事件的风险，比如一场失控的体育庆典。这种情况下，投保人将（通过赔偿）得到经济上的保护。

在一些情况下，人们可以明确界定未知风险和不可知风险。拿"9·11恐怖袭击"来说，据我们所知，世界上没有一个承保人或是再保险人曾经设想过飞机撞向世贸中心大楼并使其倒塌的可能性。从这个意义上来说，这种风险是不可知的。但是当时由于书面合同上已承诺过为没排除的事故进行赔偿，承保人同意为当时的损失进行赔偿，因为至少这意想不到的损失第一次发生——此后这类风险就变为可知风险了，从而可对此制定明确的保费要求，或是明确地将其排除在承保范围之外。对于"9·11恐怖袭击"的恐怖主义风险似乎就是这样处理的。

本文将以自然灾害和恐怖主义为例对承保人所面临的已知风险和未知风险加以分析。谈到自然灾害，卡特里娜飓风是迄今为止保险业赔款最高的自然灾害，共赔付463亿美元。前一年（也就是2004年）秋天发生在佛罗里达的查理、弗朗西斯、伊万和珍妮飓风共计造成290亿美元的损失。以上的每次灾害在1970年到2008年间的灾害赔付榜上排名都在前20位（Kunreuther和Michel-Kerjan，2009）。

关于恐怖主义，2001年的那次"9·11恐怖袭击"共有来自90个国家的3 000多人遇难，大约2 250人受伤。这些袭击造成的损失估计有800亿美元，其中约有324亿美元的损失由120个承保人和再保险人共同承担。在所有的受保损失中，财产损坏和营业中断共占约221亿美元（Wharton Risk Center，2005）。"9·11恐怖袭击"中的保险损失说明保险赔付中属于不同保险范围的高风险的相关性。实际上，这些袭击不仅影响了商业财产和营业，还引起了其他保险范围内的巨额索赔，如工伤保险、人寿保险、健康保险、残疾保险以及一般性责任保险等。

本章将按如下顺序展开。下一节将对可保险性的条件进行分析以使人们大致明白为什么难以对灾难性事件进行承保以及为什么一些灾难性事件比其他灾难性事件造成的问题更加严重和持久。10.2节将讲述飓风、地震、洪水和恐怖主义活动引起的灾难性损失是如何影响承保人对此类风险的承保意愿的。10.3节将对此类风险承保的需求进行分析，使得对此类灾难性损失承保所面临的挑战有更好的理解。接下来，10.4节将对各种公私关系类型进行分析以降低损失并为概率低、影响大的事件提供（保险）保护。结尾部分将对该领域的前沿研究情况进行介绍。

10.1 影响保险供给的因素

当与特定风险相关的各种损失之间毫无关联，承保人具有相关事件发生以及所导致损害的准确信息时，保险市场处于最佳运行状态。通过大量销售某一特定风险的保险单，承保人有可能在特定的时间内对索赔有一个准确的估计。举一个简单的例子来说明这一点，假定承保人为一组完全相同的每一栋价值10万美元的房屋提供火灾险。基于已知数据，承保人估计会有1/1 000的房屋遭受火灾。假如这是这一年中唯一发生的事故，则每座房屋的预计年损失会是100美元（1÷1 000×100 000）。

如果承保人针对火灾的全部损失只提供单一的保单，那么以上的每年大约100美元的预计损失就会发生变化。当提供的保单数量增加为 n 的时候，每单预计年损失的变化就会按 n 的比例减少。因此，如果 $n=10$，平均损失就会变为约10美元。当 $n=100$ 时，就会变为1美元。当 $n=1\,000$ 的时候，就会变为0.1美元。因此如果各种损失相互独立的话，就没有必要提供大量保单以显著降低每单的预计年损失。这个保险模型对火灾险、机动车险和生命险都是适用的，因为独立性的假设和估算概率和损失的能力都能得到满足。可能引发灾难性损失的风险通常不满足以上条件，所以难以对其承保。

如果保险提供者愿意为某些不确定性事件承保，则所要求的保费应当接近其所预期的损失。在此之前，其必须能确定、量化或是至少部分估算出事件发生的可能性以及损失程度（对保险的购买者来说，如果保费接近其此前发生的损失的最大值，那就是不合理的）。这类估算可以根据已知数据（如投保人的承保人业务量损失记录和特定区域的损失记录）和专家通过灾难模型所了解的特定风险数据来完成。

灾难模型早在 20 世纪 80 年代就引进了，但是直到 1992 年安德鲁飓风在美国佛罗里达州南部肆虐造成超过 237 亿美元（2007 年的价格水平）损失时（Kunreuther 和 Michel-Kerjan，2009），此模型才被人们广泛关注。在 "9·11 恐怖袭击" 发生之前，这是保险史上最大的单一损失。9 个承保人因这次飓风而破产。承保人和再保险人从此认为其需要更准确地估计、管理自然灾害风险，并开始向灾难风险模型求助。很明显，其之前所拥有的数据不足以使其自保。

10.1.1　超越概率（EP）曲线的使用

根据灾难模型的结果，承保人可以构建超越概率曲线。该曲线可以确定总体损失将超越某特定水平的概率。[①] 这些损失可以根据损坏、死亡、疾病，或是其他的分析单位来测度。举一个简单的例子说明，假如一个人有兴趣根据加州长滩的地震保单集合为承保人构建超越概率曲线。使用概率风险评估法，将一系列可能导致 1 美元损失的事件组合在一起，然后决定不同程度的超过损失的概率。通过这些估算，可以构建出图 10—1 的超越概率曲线。如果承保人重点关注损失 L_i，则从图 10—1 上可以看出投保损失超过曲线 L_i 的可能性由 P_i 决定。

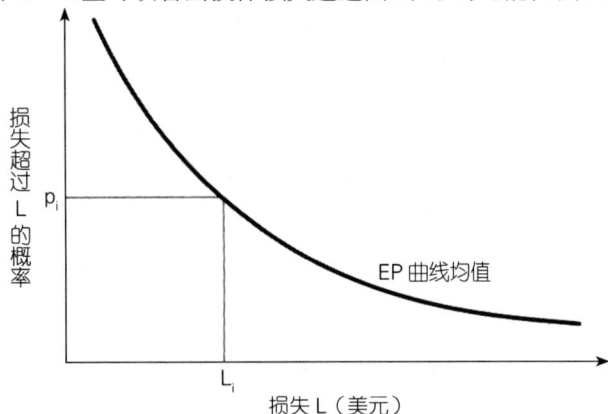

图 10—1　超越概率曲线样本

---

① 这个分段中的材料引用了 Grossi 和 Kunreuther（2005）的第 2 章。

x 轴表示以美元为单位的承保人损失，而 y 轴表示损失超过某一特定水平的概率。

正如图 10－2 所示，通过构造环绕平均超越概率曲线的置信区间，可以把不确定性包含到分析之中。描述损失中不确定性的曲线展示了值域 $L_i^{0.05}$ 和 $L^{0.95}$，损失可以被当做平均值 L_i，这就使得损失被概率 P_i 超越的可能性为 95％。为了叙述明了，假如要求专家估计 95％ 的置信区间，该区间用概率 P_i 描述飓风袭击新奥尔良造成的损失。专家的分析可能显示当 $L_i = 900$ 亿美元时，$L_i^{0.05} = \$400$ 亿美元和 $L_i^{0.95} = \$2\,000$ 亿美元。同样的，也可以确定概率范围 $P_i^{0.05}$ 和 $P_i^{0.95}$，使得损失超过 L_i 的确定性为 95％。通过上述例子，专家可以得出结论，飓风袭击新奥尔良造成的损失超过 $L_i = 900$ 亿美元时，$P_i^{0.05} = 1/5\,000$ 和 $P_i^{0.95} = 1/300$。

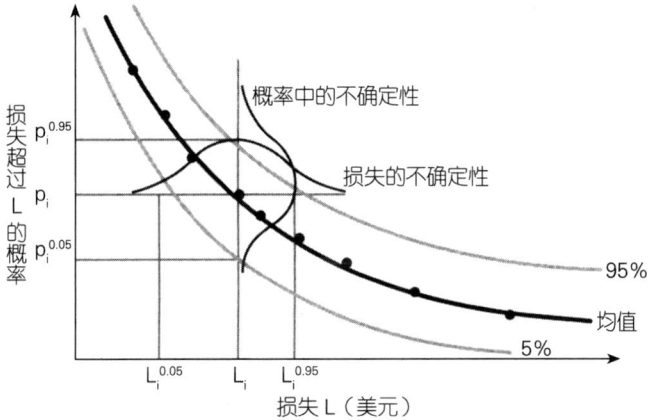

图 10－2　平均超越概率曲线的置信区间

构建自然灾害超越概率曲线要比构建恐怖主义活动超越概率曲线简单得多。但即使是那些可预测的事件，其发生的可能性和造成损害的可能性仍然存在大量的不确定性。至于概率低、影响大的风险，图 10－2 中三条曲线的走势展示了这些事件不确定性的程度。假设与不确定性相关的风险评估能够增加开发这些图表的专家的可信度。如果专家对他们用来绘制曲线的模型缺少信心，那么不确定性将大幅增加。如果他们对模型非常不确定，那么置信区间就会变大。

10.1.2 可保性的条件

假如有一份标准的保单，保费在承保期的开始就付清以对其间的风险进行保险。在保险提供者愿意接受合理的保费为不确定性事件承保之前，有两个条件必须满足。第一，必须能够对事件发生的几率和导致的损失程度至少进行部分识别和量化。这可以用已知数据或灾难模型以及专家掌握的相关特殊风险数据来进行估算。例如，这些数据可能告诉我们专家对这一风险几乎一无所知，但是他们对其他风险却知之甚多。承保人就可以构造出描述确切损失水平概率超出年均水平的超越概率曲线。[①] 第二，应根据每个潜在客户或是客户的等级所对应的不同损失或损失大小的概率来设定不同保费。

如果两个条件都满足，就可以考虑为该风险承保。但也可能因为没有利润而拒绝承保（即使这个风险在理论上是可以承保的）。换言之，不可能为这些购买保险的客户确定保险费率，并索要保险处理费用和保证在预定时间内产生绝对利润，即使一些客户可能会有充分的需求和收入来支付诸如发展、营销、运营等各种保险费用。于是，承保人就不会为这些可以承保的风险承保。

10.1.3 决定是否承保

在对承保人对特定风险进行承保时的决策原则进行研究的过程中，Stone(1973) 提出了一个在满足公司生存可能性的约束条件下，可以最大化公司预期利润的模型。[②] 如果违反了生存约束条件，即使为某一特定风险承保的保险假定可以得到预期的绝对利润，承保人也应该放弃这个保险项目。[③]

---

① 对于保险所承保的风险概率并不必经过精确的计算（Eeckhoudt 和 Gollier，1999）。例如，美国首次卫星发射（1958 年的探险者一号）就是在缺乏历史数据且计算失败风险十分困难的情况下被承保的（Doherty，1987）。

② Stone 也介绍了关于保险公司操作稳定性的约束。然而，在处理灾难性风险时，保险公司一直没有重点关注过这种约束。

③ 生存的约束与在险价值理念十分相似。在险价值理念在银行和保险公司的风险管理中被广泛使用。在险价值是基于资本的可能损失而设置的耐受度。例如，在 1% 水平的 1 亿美元的在险价值意味着资本损失不超过 1 亿美元的确定性为 99%。

通过总体预期总索赔概率选择风险组合，承保人能满足自己的生存约束条件。该总索赔金额大于事先设定的金额 L^*，而 L^* 小于某些临界概率 P_i。该临界概率受另外保单的预期收益和承保人的灾难性损失成本之间的权衡的影响。灾难性损失会通过 L^* 降低其盈余或者更多（收益）。该临界概率不必与社会效率和资本市场盛行的情况有任何联系。L^* 的价值由破产和/或盈余的巨大损失决定，也可能是基于对承保人信用评级下降的恐惧。这样的恐惧使得承保人未来筹集资本的成本更高。

举个简单的例子来说明这个方法。通过这个方法，关注生存约束的承保人将决定飓风带来的特别风险组合是否适合被保险。假定在飓风地区的所有房屋受损情况都相同，每家的保险费 z 也是相同的。此外，假定承保人现在盈余中有 A 美元，并希望决定在满足自己的生存约束的前提下能够承担的保单数量，那么，满足生存约束的最大保单数 n 可以表示为：

$$\text{概率}\ [\text{索赔额}\ (L^*) > (nz+A)] < p_i \tag{10-1}$$

承保人会使用生产约束来决定愿意提供的最大保单数（n^*）。承保人也可以对保险费进行调整且/或将部分风险转移到私人部门（如再保险人或资本市场）的其他风险中去，或者依靠州政府或联邦政府的项目来对灾难性损失进行承保。只有当（n^*）产生预期的绝对利润时，承保人才会为这个风险提供担保。

在 20 世纪 80 年代末和 20 世纪 90 年代发生了一系列自然灾害之后，承保人可能已经把关注重点转移到式（10—1）所给出的生存约束上了，并以此决定灾难性风险保险的保费。评级机构，如 A. M. Best，重点关注因灾难性事件而遭受的损失，并将其作为承保人信用评级的一个因素，因此承保人对可能威胁到自己地位的巨大损失发生的可能性会非常关注。

10.1.4　保险费的设定

对于一个想要为某特定风险提供保险的承保人米说，其需要确定可以获得预期绝对利润的保险费，并避免不能接受的概率和损失水平。国家法规经常在保费制定过程中给予承保人限制，而且市场上的竞争也可能会受到指控。即使不存在这些影响，承保人在设定保险费时还应考虑另外两个问题：损失的不确定性和高度关联的风险。①

损失的不确定性：灾难性风险为承保人带来了一系列挑战，因为这些风险与严重不确定的潜在的巨大损失相关。图 10-3 说明从 1950 年到 2000 年间美国经常出现的三种自然灾害：地震、飓风和洪水造成的损失情况。本书选定了造成至少 10 亿美元经济损失和/或超过 50 人以上死亡的事件。

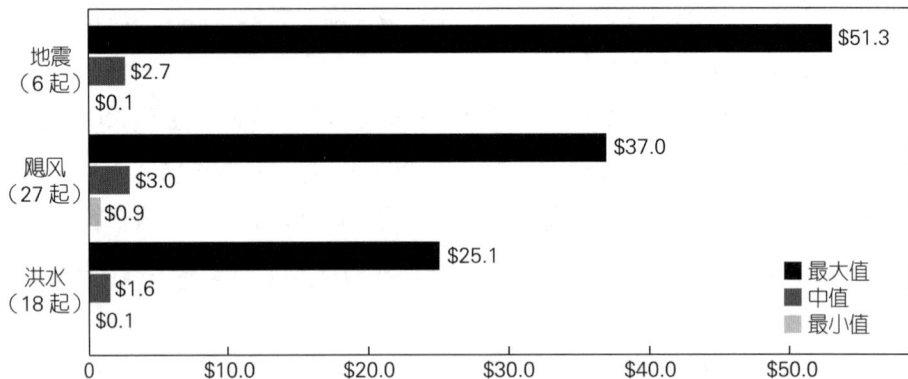

图 10-3　1950—2000 年间，以百万美元为单位统计的美国重大自然灾害的损失情况

资料来源：American Re（2002）。

看一下这 50 年中某一自然灾害类型下的所有灾难（地震、飓风或者洪水），其损失的中值很低，但最大值却很高。卡特里娜飓风据估计造成了 1 500 亿美元至 1 700 亿美元的经济损失，是 1995 年至 2000 年间破坏性最强的飓风所造成损失的 4 倍。考虑到损失分布的广泛变化，需要灾难模型来帮助承保人和再保险人用并未发生但有科学可信度的事件来估算其潜在索赔金额，这一现象一点都不让人感到意外。

高度关联的风险：灾难性风险涉及到相关损失或者由同一自然灾害而引起

---

① 在设定关于风险的保费时，保险公司面临另外两个难题：逆向选择和道德风险。在面对灾难性风险，如自然灾害时，这两个问题都不是主要问题。逆向选择发生的情况为：保险公司不能确定（或是不能通过价格确定）不同类型的灾难性风险造成损失的概率，而投保人在保险人对信息不知情的条件下，会选择对投保人更为有利的价格选项或范围选项。道德风险是指由于保单持有人的行为而导致损失概率的增加。

许多损失同时发生。例如，一个主要飓风或是地震可能在一个小地区内引起大量的财产损失。如果承保人在某个小区内销售了保险单，这就存在一场灾难引发巨大损失的潜在可能。

由高度关联的风险引发的灾难性损失需要承保人有足够的资金来处理式（10-1）所示的尾部风险。尤其是，灾难保险必须能足以支付预期索赔和其他费用以及为其他隐性风险分配风险资金而产生的费用。而且为灾难风险上保险所需的风险资金水平通常与预期债务高度关联，保险费所含的资本成本很高，经常主导了预期损失索赔费用。因此，承保人通常需要设定与损失费用高度相关的保险价格，以获得正常回报率并维持自己的信用评级（Metron 和 Perold，1993）。

10.2　灾难性损失在保险供给上的作用

大量经验证据显示，一个灾难性灾害发生后，遭受巨大损失的承保人将不愿继续提供该保险服务。从理论上讲，应该把这些事件当成一系列可能的损失的尾部分布结果，这些可能的损失需要承保人为补充资金进入资本市场。从实际情况分析，承保人很难在遭受大规模损失后募集到大量资本，这可能是因为未来相似事件发生的可能性会使许多投资者不愿投资。在自然灾害和"9·11恐怖袭击"这种大规模灾难性损失发生之后，承保人就面临着以上的困扰。

10.2.1　从自然灾害得到的经验证据

遭受了严重损失之前，承保人一直在没有任何公共部门参与的情况下为地震、飓风和洪水提供保险。以地震为例，1994 年 1 月，美国加利福尼亚州北岭市地震造成了 185 亿美元的保险损失，同时地震刺激了地震多发地区的居民对于保险的需求。该州承保人停止为新房屋所有人提供保险，因为其必须按该州的法律为索赔者赔款。这导致 1996 年《加利福尼亚州地震权利法案》（CEA）的颁布，将免赔额度从 10% 提高到了 15%，并限制了承保人在未来地震索赔中的损失（Roth，1998）。

第一份洪灾保险是在 1897 年由一家位于美国伊利诺伊州的新成立的股份制公司提供的，但在 1899 年密西西比河和密苏里河冲毁了其总部的办公室后，该保险就停止了。直到 20 世纪 20 年代中期，30 家美国火灾险公司推出了洪灾保险，并受到了美国保险杂志的热烈欢迎。但 1927 年密西西比河的洪灾及次年的严重洪灾让承保人再次发生了损失，导致所有公司在 1928 年底再次停止提供洪灾保险。此后的 40 年里没有私人公司再为洪灾提供过保险。

1968 年，国会发起了国家洪灾保险项目（NFIP），使联邦政府成为给新房屋所有者和小型企业就洪灾承保的首要承保人。私营保险公司以自己的名义在市场上出售保单，同时保留一定比例的保险费以支付管理费用和营销费用。该项目的组成部分——社区被要求实行土地用途管制和建筑规范以减少未来的洪灾损失（Paserick，1998）。私人保险公司也可以为大型商业机构承保。

由风灾引起的损失在房主的标准保单和商业保单的承保范围内。在安德鲁飓风之后，美国一些保险公司发觉其不能够继续在飓风频发的佛罗里达州提供风灾保险。很多公司认为保险税率管制将会妨碍收取高保费，而如果想要获得预期绝对利润，对保险收取高保费是必要的。在佛罗里达州收取高保费的公司也担心下一场飓风还会造成巨大的损失。例如，在佛罗里达的迈阿密和戴德地区，州立农业保险公司和好事达保险公司由于其保险业务集中于房屋保险，安德鲁飓风发生之后，它们分别支付了 36 亿美元和 23 亿美元的赔偿金。这两家保险公司以及其他保险公司都开始对为风灾频发的地区提供保险的政策进行再评估（Lecomte 和 Gahagan，1998）。

这个担忧导致了佛罗里达飓风巨灾基金在 1993 年 10 月成立，以补偿几场飓风后承保人的部分损失（Lecomte 和 Gahagan，1998）。佛罗里达飓风巨灾基金是一个州立灾难补偿项目，强制要求在佛罗里达提供住宅物业保险的每位承保人参加。通过对因飓风而受损失的保险人提供部分补偿，该基金提高了佛罗里达财产保险的供给能力和可承受能力。每家公司都必须根据其在飓风中承受的风险情况向基金注入一定数量的保费。

在 2004 年，基金的总赔付能力从 110 亿美元扩大到 150 亿美元，在"临时的" 3 年里增长到 2007 年的 270 亿美元。2004 年和 2005 年的飓风灾难季导致佛罗里达飓风巨灾基金尚有 84.5 亿美元损失未支付。这导致了基金的资金短缺，使得佛罗里达飓风巨灾基金不得不发行 13.5 亿美元的收益债券用来弥补差额和 28 亿美元的预备票据用于为 2006 年风暴季节提供流动性资金储备（Florida Hurricane Catastrophe Fund，2007）。

10.2.2　恐怖主义保险条款

2001 年 9 月 11 日之前，美国保险市场中的商业财产保险和意外伤亡保险中鲜有有关恐怖主义的免赔条款（海运之外），这大概是因为有史以来恐怖主义造成的损失都非常小，很大程度上，与此毫不相关。国内的恐怖袭击都是独立的，是由来自不同机构的团体或者个人发动的。因此，美国并未曾直接遭受有组织的国内恐怖主义的威胁，法国、以色列、西班牙和英国都存在这样的情况。

实际上，恐怖袭击造成的损失都被认为是不大可能发生的，并且在任何标准化保单中，恐怖袭击的风险及其定价都从未被明确提及，但它并不像海运货物、航空和政府风险一样被排除在一切险之外。即使是 1993 年对世界贸易大厦的袭击[①]和 1995 年"俄克拉荷马市的爆炸案"[②]都没有被认为对承保人构成足够的威胁，从而也没有在为商业保险定价时让保险商考虑修改其关于恐怖主义造成的损失值得上保险的观点。因为保险商和再保险商认为一场恐怖袭击造成损失的可能性在他们产生担忧的临界值之下，其并没有对在美国因为恐怖袭击而造成的可能损失给予高度关注（Kunreuther 和 Pauly，2005）。

"9·11 恐怖袭击"发生后，承保人警告说：另外一场在影响程度上可与之相比的事件可能会严重削减美国的保险业实力（美国总审计局，2005）。除此之外，他们认为发生大范围恐怖袭击的不确定性太大以至于这种风险无法被私人部门单独承保。因此，很多承保人将恐怖袭击的危害从他们"全保"的商业保险中删除。那些需要为此类损失进行保险的公司被迫购买将恐怖袭击作为

---

① 1993 年"世界贸易大厦爆炸案"造成 6 人死亡，保险损失达到 7.25 亿美元。参见 Swiss Re（2002）。

② 2001 年 9 月 11 日之前，"俄克拉荷马市的爆炸案"一直是美国国内破坏最大的一起恐怖袭击事件，造成 168 人死亡。但损失最大的是联邦财产和雇员，其损失由政府赔偿。

特殊原因的保险。他们发现寻找一家愿意以一定保费为此类风险承保的承保人是非常困难的，而且有时候不论以何种价格都不能找到一家愿意针对恐怖袭击提供保险的保险商。

这种保险出现以后，价格比在"9·11恐怖袭击"发生前大幅增加，而且保险范围也被缩减。例如，"9·11恐怖袭击"发生前，芝加哥奥黑尔国际机场恐怖主义保险赔偿额为7.5亿美元，年保险费为12.5万美元。在恐怖袭击发生之后，保险公司只为机场提供1.5亿美元的保险赔偿额，并且年保险费为690万美元。机场购买这份保险是因为它必须持有这样的保险才被允许运营（Jaffee和Russell，2003）。加利福尼亚州旧金山市的金门公园无法获得恐怖主义保险，而且它的非恐怖主义保险赔偿额从1.25亿美元降至2 500万美元。然而保险赔偿额减少的同时保险费却从2001年的50万美元增长到2002年的110万美元（Smetters，2004）。

矛盾就在于此："9·11恐怖袭击"发生前，覆盖恐怖袭击损失的保险是由保险公司在主要的"一切险"保单中提供的，并清楚地标明名义额外费用。监管者们很少或者不曾关注恐怖主义损失对保险公司准备金和生存力的影响。在"9·11恐怖袭击"发生的6个月后，45个州均允许保险公司将恐怖主义从它们的保险范围中删除，但以下两种保险除外：囊括无论何种危险造成职业伤害的职工赔偿保险和无论起火原因为何，均对因为火灾造成的损失承保的火灾保险。[①] 几家继续提供恐怖主义保险的保险公司也将保险费从零提高到了很高的价格水平。

是什么导致了这样巨大的变化？最有力的解释是，除了日益增长的预期价值，"9·11恐怖袭击"极大地增加了恐怖主义损失对于保险公司的不确定性。正如之前所描述的那样，巨大的不确定性至少在这一段时间内导致了更高的保险费。相比于概率低、影响大的风险来说，恐怖主义使得对于灾难事件可能性的预测变得更为困难。与自然灾难不同，自然灾难的可能性是由自然力量决定的，而恐怖主义者则是通过对手对于自身的保护情况来决定采取怎样的（恐怖）行为。

[①] 与恐怖主义引起的损失有关的劳工保险和火灾险的性质，参见本书10.4节。

这个更加困难的私人市场引起了业界对政府干预的呼吁（U. S Congress Joint Economic Committee，2002a）。2002 年末，国会通过了《恐怖主义风险保险法》，并将其作为一项为恐怖主义活动造成的风险提供保险的临时性措施（U. S Congress Joint Economic Committee，2002b）。《恐怖主义风险保险法》以保险行业与联邦政府共同分担风险为基础。这项法令在 2005 年 12 月 31 日作废，但在修改后又将有效时限延长了两年，在 2007 年 12 月又再次延长了 7 年。

由于《恐怖主义风险保险法》要求保险公司为商业公司提供保险，所以如今在恐怖袭击风险不是特别高或者灾难危害并不大的大部分地区，以适当价格提供的保险数量是足够的。有关需求的主要问题在大都市地区一直存在，在这些地区，保险公司必须管控好风险集中这一情况从而避免毁灭性的经济损失。由于恐怖主义导致损失的概率未知，承保人会通过确定假设条件下（如一辆 5 吨的卡车在纽约市爆炸）不会超过保单持有者盈余的特定百分比的总体风险敞口，来确定其愿意提供的保险范围。

10.3　保险保障需求

面对灾难发生的可能性时，人们往往趋向于将其忽视，直到灾难发生，他们才产生强烈的自我保护念头。本节讨论了灾害频发地区的业主决定是否购买保险时需要考虑的关键因素，并研究了一种选择的顺序式模型来解释他们的行为。经验证据被提出以支持业主在自然灾害中的行为研究模型。随后，我们研究了公司不去购买恐怖主义保险的原因，并通过"9·11 恐怖袭击"之后对公司的调查获得了支持性证据。

10.3.1　决定是否为你的房屋购买自然灾害保险

大部分灾害频发地区的居民对灾害发生的概率了解有限。有大量的实地研究和控制实验证据表明在灾难发生前，人们往往会低估这种灾难发生的可能性。事实上，很多潜在的受害者获得灾难相关信息的成本以及获得保护的成本相对于不获取该信息而得到的预期收益高很多，因此他们就不会考虑采取降低损失的措施或购买保险（Kunreuther 和 Pauly，2004）。

不愿在保护措施方面主动投资的原因可能与自身认为的短期预算约束有关。低收入群体认为，保险是一种酌情消费，只有当他们在购置完生活必需品之后仍有余钱的情况下才会考虑购买。在该问题的焦点群体中，居住在灾害频发地区的业主对于"你为什么不购买洪灾保险和地震保险"的典型回答是"我是月光族"。买一套不是很贵的房子并且从他们的薪水中省下足够的钱来支付保费并不在他们的考虑范围内。上述回答反映出人们在资源方面没有实际约束的情况下对保险的看法。买房的风险比持有房产的风险更高，这种情况在2008—2009 年混乱的房地产市场中显得尤为明显。

据说另外一个限制业主购买保险的原因在于其对灾后救助的期望。联邦灾害救助建立了一种撒马利亚人困境：灾后救助降低了当事人事先进行风险管理的欲望。[1] 在某程度上，当事人希望发生损失后得到政府的救助——一种免费的或价格低廉的保险形式。他们可能缺乏减轻损失或者在灾前购买保险的动机。因为购买的保险少，政府在灾后提供救助的动机会被放大或者加强。

关于赈灾作用的经验证据表明个人或群体不是基于通过关注未来赈灾的预期来决定是否在减轻风险措施方面进行投资。Kunreuther 等人（1978）发现大部分居住在地震或飓风频发地区的业主并不指望得到联邦政府的救助。Burby 等人（1991）发现提供灾难救助的地方政府与未提供救助的地方政府相比，要付出更多的努力来减少未来灾难可能带来的损失。这种现象似乎是违反直觉的，而且人们对于造成这种现象的原因并不完全清楚。[2]

10.3.2　选择的顺序式模型

缺少投保兴趣并且无视灾难救助的一个原因是人们在解决概率低、影响

---

①　关于事前保护行为和事后灾难救助期望之间关系的更多细节，参见 Kunreuther 等人（1978）、Kaplow（1991）、Harrington（2000）、Browne 和 Hoyt（2000）、Ganderton 等人（2000）和 Moss（2002）。

②　据我们所知，没有经验证据证明，在决定是否对保护措施和/或保险购买进行投资时，企业考虑过接受联邦救助的可能性。

大的事件时会使用选择的顺序式模型。这个过程的第一步是人们将他们对灾难发生的预测概率（p）与担忧的临界值（p^*）相联系，而这个值是他们无意识设定的。如果 $p < p^*$，他们便会认定灾难"不会发生在我身上"，从而不去考虑灾难发生的后果。在这种情况下，他们将不会采取保护性措施。只有当 $p > p^*$ 时，个人或者家庭才会考虑采取措施以降低未来发生经济损失的风险。

由 Tversky 等人（1988）提出的权变加权模型为描绘缺乏自愿购买保险兴趣的个人选择过程的特点提供了一个有用的框架。在这个描述性模型中，人们在有关概率和结果的选择范围内作出权衡。他们在这个范围内所作出的权衡是偶然的，因为这些权衡根据问题背景和信息呈现的方式不同而发生变化。

10.3.3 自然灾害的经验证据

支持这个选择的顺序式模型的数据是通过 25 年前就开始的对在洪水、飓风和地震频发地区居住的业主进行的保险购买决策调查得到的（Kunreuther 等人，1978）。对加利福尼亚州业主的调查将为这一过程提供进一步的确切证据。自 1989 年起的 4 次邮寄调查调查了那些购买了地震保险的业主们的空间和人口学特征。这些发现表明保险购买与任何业主可能熟悉的任何地震风险度量无关。然而，过去的经验在保险购买决策上起着关键的作用（Palm，1990；1995）。

为了验证，考虑一下 1989 年的 Loma Prieta 地震，这对圣克拉拉地区的财产造成了巨大的破坏，即使缩小范围，也包括加利福尼亚州的康特拉科斯塔县。在这些地区中，1989 年和 1990 年调查的结果有很大不同。在 1989 年地震发生前，这两个地区大约 34% 未投保的被调查人认为购买保险是不必要的。一年之后，只有大约 5% 的人给出这样的回答。这项发现表明一场灾难引起人们思考在下一场灾难中保护自己的方法而且保险现在成为了一项有吸引力的选择。

也有经验证据表明，如果今后的几年他们没有因为灾难事件索赔，很多购买保险的房主可能会取消保单（Kunreuther 等人，1985）。在洪灾保险一例中，自从国家洪灾保险项目要求居住在特殊洪灾地区的业主购买保险作为申请联邦政府支持的抵押贷款的条件后，该发现特别引人注目。为了确定这个地区居民对于这项计划的利用程度，联邦紧急事务管理署检查了来自1998年8月发生在佛蒙特州北部的洪灾的受害者的灾难援助申请，发现居住在特殊洪灾地区84%的居民没有购买保险，而其中的45%曾被要求购买保险。由Geotrac所做的一项研究表明1999年发生在北达科他州大福克斯的洪灾中超过1/3的财产损失与强制购买保险要求相左（Tobin和Calfee，2005）。[①] 地震保险方面，加州地震局建立8年之后的1996年，保险覆盖率从30%下降到15%（Risk Management Solutions，2004）。

保险由此被很多个体当做一项投资而不是保护性措施，以至于这些在接下来的几年里并未从保单中得到收获的投保人感觉他们支付保费是一种浪费。在洪灾险方面，这一发现同样表明一些银行对此视而不见，它们原本被期望执行居住在高危区域的个人购买洪灾险的要求。

10.3.4　为什么企业不能自行购买恐怖主义风险保险

不购买恐怖主义风险保险的选择从企业风险管理角度考虑有时是合理的。很多大型公共公司都是由持有分散化投资组合的投资者所拥有的。如果恐怖袭击损失只会影响它们所持公司中的一两家，这些投资者不可能在财务上受到严重影响。同样地，大型公司拥有很多资产，因此它们对抗风险的保险需求很低，因为这些危险只会对它们的众多资产造成一小部分的影响。如果保险的费用大大超出了它们之前的预期损失，则对于它们来说放弃保险才是经济有效的。

企业不购买恐怖风险保险的另一原因在于它们的管理者并不在乎风险。有大量关于管理决策制定的经验证据证明，企业会制定简易的决策方法来决定是否要实行特定的保险措施（Russo和Schoemaker，1990）。之前所讨论的选择的顺序式模型表明，如果一场严重影响企业财务的灾难发生的概率在担忧水平

---

① 伴随着1994年美国《国家洪灾保险改革法》的出台，没有按照洪灾保险要求执行的贷款人会被罚款350美元。在这之前，国家并没有实施过惩罚措施。

之下，这一灾难风险便不值得考虑（Gamerer 和 Kunreuther，1989）。2007 年一家业内领先的经纪公司（Marsh）的数据显示每 10 家公司中有 4 家没有决定购买恐怖袭击保险，这可能是因为它们认为自己没有处于危险之中（"它不会发生在我们身上"），或者是因为它们只用有限的资源购买除了标准财产保险之外的保险，也可能两种原因皆而有之（Michel-Kerjan 等人，2009）。

最后，正如 Kydland 和 Prescott（1977）在获得诺贝尔经济学奖的研究中所阐述的那样，联邦政府不会不兑现之前的承诺，并在恐怖袭击发生后拒绝为未投保的企业提供帮助。如果一家企业坚信政府会在另一场危机发生后为需要救助的企业提供财政救济，那么与需要自行承担损失相比，它购买保险的兴趣将会降低。当社会扩大了救助范围，并因此导致处于风险之中的人不采取妥善的事前措施时，这将减少它们对于事后救助的需求。撒马利亚人困境便由此产生了。

10.3.5 恐怖主义的经验证据

在企业资产和设备风险分散的层面，工业部门和零售部门有着显著的区别。图 10-4 显示了怡安（Aon）公司 11 个部门账目中投保率的差异，这些部门在 2003 年 10 月 1 日至 2004 年 9 月 30 日期间都为与恐怖袭击有关的保险续保（包括美国的《恐怖主义风险保险法》以及联合保险）。如娱乐部门、金融服务部门、房地产部门以及卫生保健部门都显示出较高的投保率，然而基本材料部门、制造部门、医药部门和化工部门都显示出相当低的投保率。

企业对于保险的需求是由保费、各部门对于风险的厌恶程度、购买者对于损失的预期以及企业证券投资组合分散风险的水平所决定的。除此之外，也有一些其他的因素对企业的决策过程产生影响，包括对恐怖袭击应对和补救的责任认知、与其他因素的相互依赖性、产生间接损失部门的外溢效应以及竞争者面对风险产生的协同效应。例如，在图 10-4 中我们看到，消费品部门中的零售商购买恐怖袭击保险的比例比金融地产/房地产部门低了 20%。部分原因是相对于房地产部门，零售业大规模的分散低层结构使得多元化效应更加充分地体现出来。而房地产部门则要经常面对需要恐怖主义风险保险的债权人提出的贷款契约。

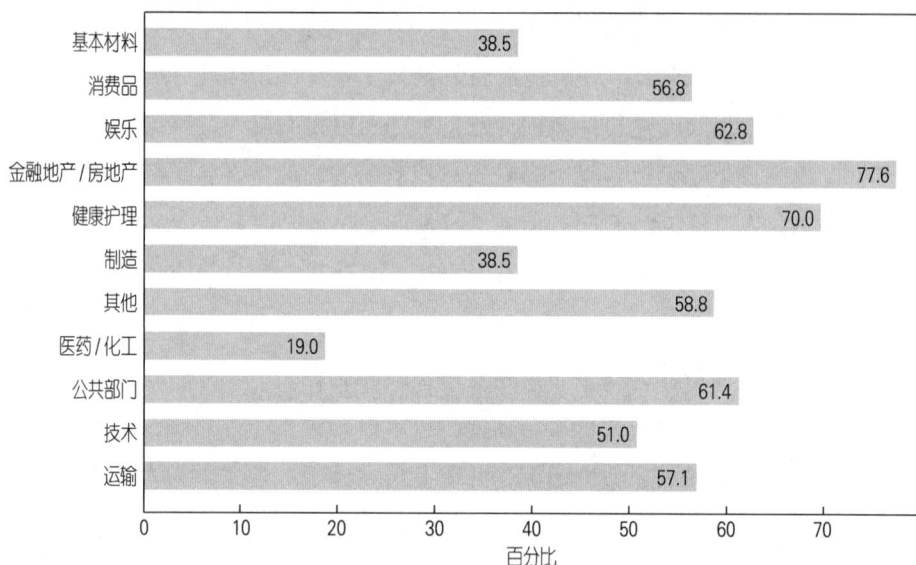

图 10-4　不同部门的保险覆盖率

资料来源：怡安公司（2004）。

化工领域的案例非常有趣。考虑到这个领域的潜在危险，人们可能会对恐怖主义风险承保范围抱有相对较高的预期要求。化工领域的问题在于美国成千上万的设备已经存在非恐怖主义导致的最坏状态的局面，可能会引起超过 10 万人的伤亡。在公司层面上为这些可能发生的事件承保所面临的风险已经超出了任何合理的可能性。根据怡安公司（2004）的报告，化工部门对于恐怖主义风险保险的要求已经降到了最低值，这主要是因为这 20 多年间大公司自保的缩减已经出现。这就解释了图 10-4 中医药/化工部门为何仅仅有 19% 的投保率。

在作为研究（Wharton Risk Center，2005）的一部分的访谈中，大型化工企业声称它们"拥有"来自重大事故的风险，无论这些重大事故的发生原因是什么，一段时间以来，它们都可以提供便宜的风险承担资本来对这些风险进行担保，这比向外界寻求解决方案要便宜得多。一些公司拥有包括外部承保公司和自保公司保险的证券投资组合。规模较小的化工公司不能做出这种声明，并且可能赤手空拳地从业，因为它们认为袭击不会在它们身上发生且/或它们没有足够的资本来负担保险费用。难道要等到它们遭受了恐怖袭击之后，被迫宣布破产然后从头再来吗？

10.4　防范灾难性风险的公私合作公司

本节我们将概述防范灾难风险的保险项目中的元素，并且指出该保险与其他公私部门举措一起降低未来灾难性损失的途径。这个基本框架将应用于概率不明确的已知风险和未知风险（根据定义，与承保人决策相关的概率均不明确）。最后，我们将对未知事件在程度和类别上是否与已知事件不同作出评论。

10.4.1　根据风险设定保费

如果人们坚信居住在风险频发地区的人们在遭受灾难损失后应对他们自身的财务损失负责，那么保险费率就应该反映出这一风险。这样的定价策略将会促使住房投资和风险减缓方面的决策更加合理。在自然灾害方面，相对于居住在其他地方的人，居住在墨西哥湾沿岸的产权人应该为遭受飓风灾害的风灾保险和水灾保险支付更多的保险费。而居住在洪水、龙卷风和飓风等灾害几乎从不发生的地区的人对于包含这些灾害的保险只需支付几近于零的费用。而遭受地震灾害的人应当支付反映出这一风险的保险费。这项基于风险的保险费率机制鼓励低风险地区的人购买保险并且防止发生逆向选择问题。

针对灾难性事件实施基于风险的保险费率项目的困难在于向居住在高风险地区的人们所收取的保险费用要远远多于他们现在所付的费用。事实上，很多州都对保险费率进行了管制使其无法反映出实际风险。除此之外，一些居住在高风险地区的人们属于低收入家庭，他们无力支付保险费用或者支付灾后的房屋重建费用。[①] 除非各州出台法律禁止，否则一种基于风险的保险项目对低收

---

① 当面对这些未投保的低收入居民时，人们可能会问下面这个问题："如果你无法支付保险，那你怎么买房呢？你可以削减对资产的所有权直到你可以用保险保护你的资产为止"。

入者的补贴制度会使得承保人在一段时间后能够设定合理的保险费率并实现公平的目标。

考虑到州法律对于保险费率的管制以及高风险地区的低收入居民需要被特别对待，在实施该项目时仍然存在政治挑战。灾难模型和超越概率曲线的应用在解决收费类型合法化问题上起着重要的作用。尚待解决的问题是，监管者是否会使用这些模型来决定哪些费用是其愿意批准的。

10.4.2　一个多层保险计划

为了鼓励处在风险中的人们采取保护措施，同时为对灾难性损失提供保险的私人保险公司提供保障，我们建议实行涉及公共部门和私人部门的多层保险计划。灾难损失的第一层将由受害人自行承担，这是为了鼓励他们采取更安全的防范措施，同时也为了避免道德风险问题。当人们知道他们在面对风险时会得到很好的保障时，他们就会对风险的危害表现得无所谓，从而造成道德风险的出现。这种自保与保单中的免赔额形式相同。免赔额的大小会因为下列原因而有所差异：适当的保险金额（例如免赔金额的百分比）、处在风险中的人们的需要以及他们对以更低的价格获得对于小额损失更少的保障的权衡意愿。

损失的第二层由私人保险公司承担，保险金额将由私人保险公司的盈余、目前的投资组合以及它们分散风险的能力等决定。只拥有有限资产的公司只在一个地区进行承保，这些公司只希望占有较小的商业份额，而大型保险公司在很多地区都能够承保，或者通过风险转移机制保护自己。

损失的第三层由私人保险部门风险转移机制承担。该机制包括再保险、巨灾债券以及由保险公司根据价格和保险金额为它们分配的基金比例。最近，资本市场逐渐成为对灾难中大量损失进行再保险的补充。通过如巨灾债券等新型金融工具，承保人或再保人在灾难之后可以获得需要的资金。如果损失超过了提前规定的金额，债券的本金或利率就会被免除，或者两者同时被免除。为了弥补损失本金和/或利率的风险，资本市场的投资者在投资这些债券时要求具有足够大的风险调整收益。这使得利率就会比不发生风险时的利率高一些。

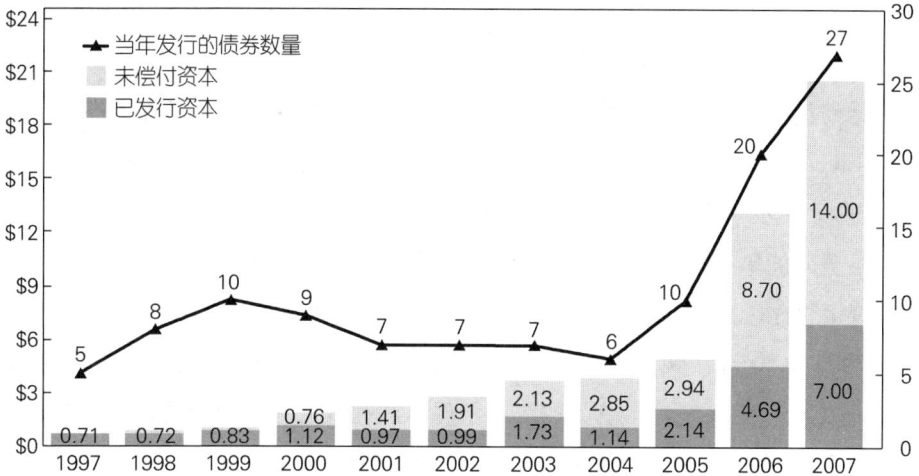

图 10-5 自然灾害债券：已发行风险资本和未偿付风险资本

（1997—2007，单位：10 亿美元）

资料来源：瑞士再保险资本市场、高盛和佳达再保险公司。

巨灾债券在 1997 年以来就在市场上发行。图 10-5 展示了已发行风险资本和未偿付风险资本的变化以及在 1997 年至 2007 年间已发行债券的数量。已记录的风险资本市场总发行额在 2006 年超过了 47 亿美元（20 支新发行债券，几乎是 2005 年的），比 2005 年的 21 亿美元增长了 125%。这是一个创纪录的新高，并且比 2004 年的 11.4 亿美元发行额增长了 75%，同时比 2003 年的 17.3 亿美元增长了 20%（之前的记录）。在 2005 年和 2006 年发行的风险资本相当于之前 5 年发行的总和。未偿付债券同时有显著增长，反映出前几年多年期债券的发行情况。2006 年末，未偿付风险资本持续增长，并达到 87 亿美元，同时有将近 47 亿美元的资本发行。在 2007 年，有 27 种新的巨灾债券发行，资本价值 70 亿美元，同时有 140 亿美元的未偿付债券。2008 年的金融危机在一定程度上对这个市场产生了影响，在 2008 年的 9 月至 12 月之间没有新的巨灾债券发行。2008 年巨灾债券的规模达到了 27 亿美元（Kunreuther 和 Michel Kerjan，2009，第 8 章）。

监管、会计以及税务问题都妨碍了巨灾债券的广泛使用。妨碍巨灾债券广泛使用的另一个因素是它对于专业知识和专业技能的要求。不具备这些特质的投资者很可能会将他们的基金四处配置（Jaffee，2005）。

灾难损失的第四层将会涵盖大规模的损失的分担。它将会采用多州联营的形式，为遭受特别风险的特定地区提供保险服务，例如，墨西哥湾沿岸各州的飓风。联邦政府也应提供巨灾再保险合同和/或为巨灾提供先行融资的联邦再保险。

Lweis 和 Murdock（1996）提议联邦政府应该提供巨灾再保险合同，同时每年进行拍卖。国库拍卖一定数量的超额损失合同为行业损失在 250 亿美元至 500 亿美元的单一自然灾难承保。给联邦政府的另一个建议是为私营部门无法承保的巨灾损失提供再保险保护。联邦政府比起私营再保险公司所拥有的优势在于税收以及借债的财政能力，这使得联邦政府在为弥补损失而筹集到足够的资金前就可以为未来几年发生的灾难承保。联邦政府在涉及到防范恐怖袭击时可能会有特殊的需求，而此时保险人不能够基于风险设定保险费或者此时保险范围要根据特定政策进行设定（例如，全国各州的工伤保险补偿金和恐怖袭击后发生在 18 个州的火灾）。

10.4.3 将保险与其他行动结合起来

一项旨在减少未来事件造成的损失的巨灾保险项目需要和其他公私合作部门的行动联系起来。建筑规范的良好遵循以及控制危险频发地区发展的土地使用管制都是这个项目不可或缺的部分。如果联邦政府和一些州都为灾害性损失提供保护，作为公私合作伙伴关系的一部分，它们也会要求这些降低风险的措施。

鼓励采用经济实效缓解措施的一个方法就是让银行提供与财产绑定的长期缓解贷款。持有财产抵押的银行可以提供一项住房装修贷款，还款时间与财产抵押时间相同。例如，一笔 1 500 美元的为期 20 年的贷款，其年利率为 10%，每年的还款额为 145 美元。由于缓解措施的使用，如果每年保费减少额要远远超过 145 美元，那么一名已投保的房主通过投资缓解措施将会支付较低的总额（Kliendorfer 和 Kunreuther，1999）。这样一项计划如果想要达到预定目标，保费必须以风险为基础。只有这样，实施缓解措施后的保费减少额才能够超过每年房屋装修贷款的还款额。

建筑规范要求产权人要符合新结构的标准，但通常不要求他们改进业已存在的结构。在通常情况下，这些规范都是必需的，尤其是在产权人自身并不喜欢采取缓解措施时。这是由他们对采取该措施的预期利益的误解和/或他们低估灾难发生概率的倾向所导致的。Cohen 和 Noll（1981）为建筑规范提供了一个额外的基本原理。当一个结构发生了垮塌时，这可能会引发经济错位形式的外部效应以及大于产权人所遭受的财务损失的其他社会成本。例如，如果一个设计不好的建筑在一场飓风中坍塌了，这可能为其他设计良好的建筑和在暴风中仍然屹立的建筑带来危害。了解到这一点后，承保人可以提供一个保费折扣，这比给予投资于减少损失措施的业主的折扣要小。

社区也可以提供税收，借此鼓励产权人采取缓解措施。伯克利市通过退税转拨鼓励房屋买主修整他们新购买的房屋。这个城市对财产转移交易征收1.5％的税，其中近1/3的税收在财产出售时将会被用于抗震能力的升级。抗震能力升级的内容包括基础修整与替换、地下室中的墙体支撑、抗震墙安装、热水器锚固以及烟筒的固定（Earthquake Engineering Research Institute，1998）。在 1993—1994 财年与 2007—2008 财年中，凭借该税收刺激计划，伯克利市在地震回拨中提供了 1 340 万美元的资金。[①]

10.4.4 未决问题

保险是自愿的还是必需的。在制定灾难损失发展保险计划时，一个尚未解决的问题是所有的产权人是否都被要求购买这项保险（并且该要求是否是强制的）。由于银行通常要求产权人将保险范围和商业保险作为抵押的必要条件，很多产权人实际上就会具备防灾保护。当然，这个要求大概是反映了银行的判断，它们认为，与支付保费要求相结合的以低利率作为抵押的预期概率会比没有这个要求的抵押的概率要大，但同时后者会收取较高的利息以抵消违约的可能性。

有一些人既没有全部拥有他们的财产，也没有被银行要求购买保险。他们可能冒险而不购买保险。如果有足够的未买保险的个人，并且由于过去可以为将来提供指导，联邦政府可能会在下一个大规模灾害发生后提供财政资助。因

---

① 与 Heahter M. Murphy 的私人通信，伯克利市财务处，2009 年 4 月 7 日。

此，人们会有实行强制保险保护的考虑。政府可考虑的一项相关建议是在一定程度上为美国所有财产征税并按照精算风险支付保险费。之后，政府将会为自然灾害的巨大损失承保。当地的不动产税应该成为附加税的天然基础，但是联邦政府会经常为救济支付费用。如果这样的税收被征收，此后人们会将损失的严重部分从较少的损害中分离出来，较少的损害将继续由业主自己承担或者由商业保险承保。

监管的作用。如果保险是为了给灾害频发地区居民提供恰当的信号，那么基于风险的保险费用就必须被收取。州保险部门需要让保险公司根据偿付能力自由确定保险费率。如果承保人收取的保险费过低，就会引起监管者的关注。基于风险的体系的一个优势就在于它奖励实施缓解措施的人，并为他们提供较低保险费。如果保险费在灾害频发地区得到补贴，那么承保人只会提供有限的经济刺激为这些产权人承保，并且没有理由以较低的保险费用来奖励他们。这完全反映出对于采取损失缓解措施的预期收益。

如果想要鼓励使用资本市场工具为灾难性损失承保，那么对当今限制这些工具使用的制度和会计实务进行重新检验是非常有用的。Jaffee（2005）指出了三个值得考虑的问题。目前的会计准则并不允许保险公司应用风险转移。这种风险转移通过基于州保险监管者存档备案的财务报告的非补偿性灾难基金实现。一项新的财务会计准则委员会提议可能会对巨灾债券市场产生不利的影响，而这项提议与发行巨灾债券中的特殊目的机构有关。第三个方面是人们会不会因为特殊目的机构的巨灾债券而得到更多的优惠待遇。

低收入家庭的特殊待遇。可能有的居民住在灾害频发的地区。这些人可能并不愿意或者有能力支付价格相对较高的保险费，这些费用会根据他们的灾难保险单收取。即使得到了房屋装修贷款，他们也可能没有可供投资的减缓措施。对于这个群体所受到的特殊待遇，当地政府、州立政府和/或联邦政府的公共事业机构应该在股票方面和效率方面进行慎重的考虑。这就需要对在危险频发地区的低收入居民家庭分布情况以及为他们提供的补贴类型进行详细的分析，从而使他们能够购买保险并对具有成本效益的缓解措施进行投资。

未知风险。如果保险合同继续采用目前的保险范围形式，为所有的非特殊风险（并且包括未知风险）提供保险，那么我们所提议的框架仍能得到应用，同时按照损失大小规定的保险费的多层结构也能够得到应用。从而，消费者可能愿意全部承担由先前的未知原因导致的微小损失，之后私人市场将会为下一层损失承保，并且政府会在承担由先前的未知原因和灾难引起的损失时发挥作用。如果保险人建议使用旧的保险形式，而旧的保险形式只能为特殊险种承保，则可能引起人们对有关公共政策话题的讨论，但到目前为止这还未发生过。

10.5　结束语和未来研究

虽然修改灾难保险的需求端具有挑战性，但并非不可行。相反地，修改灾难保险供应端以处理高损失、高不确定性和不可预测的事件却非常困难，尤其是在自然环境和政治环境都不可预测的情况下。供应方和需求方都在经历这样的巨大变化，任何一方的最终影响都很难预测。市场保险可以帮助实现风险分摊。理论上来说，政府可能会帮助分担其他风险，但是我们的预期和乐观都需要保持在一个认识之下，那就是公共部门和私人部门机构在正确识别、概念化以及安排方法解决未知风险上都存在一定困难。该领域的进一步研究需要我们在判断哪些项目可能在实践上行得通方面更具洞察力。

参考文献

American Re（2002）. Topics：*Annual Review of North American Natural Catastrophes* 2001.

Aon（2004）. *Terrorism Risk Management and Risk Transfer Market Overview*，December.

Burby，R. J.，B. A. Cigler，S. P. French，E. J. Kaiser，J. Kartez，D. Roenigk，D. Weist，and D. Whittington（1991）. *Sharing Environmental Risks：How to Control Governments' Losses in Natural Disasters*. Boulder，

CO: Westview.

Camerer, C., and H. Kunreuther (1989). Decision processes for low probability events: Policy implications. *Journal of Policy Analysis and Management* 8, 565—92.

Camerer, C., and M. Weber (1992). Recent developments in modeling preferences: Uncertainty and ambiguity. *Journal of Risk and Uncertainty* 5, 325—70.

Cohen, L., and R. Noll (1981). The economics of building codes to resist seismic structures. *Public Plolicy* (Winter), 1—29.

Doherty, N. (1987). Insurance, risk sharing and incentives for the commercial use of space. In M. K. Macauley, ed., *Economics and Technology in U. S. Space Policy*. Resources for the Future and the National Academy of Engineering.

Earthquake Engineering Research Institute (1998). *Incentives and Impediments to Improving the Seismic Performance of Buildings*. Oakland, CA: Earthquake Engineering Research Institute.

Eckhoudt, L., and C. Gollier (1999). The insurance of low probability events. *Journal of Risk and Insurance* 66, 17—28.

Florida Hurricane Catastrophe Fund (2007). Fiscal Year 2005 — 2006 Annual Report, Tallahassee, FL.

Ganderton, P. T., D. S. Brookshire, M. McKee, S. Stewart, and H. Thurston (2000). Buying insurance for disaster-type risks: Experimental evidence. *Journal of Risk and Uncertainty* 20, 271—89.

Grossi, P., and H. Kunreuther (2005). *Catastrophe Modeling: A New Approach to Managing Risk*. New York: Springer.

Harrington, S. (2000). Rethinking disaster policy. *Regulation*, Spring, 40—46.

Jaffee, D. (2005). The role of government in the coverage of terrorism risks. In *Terrorism Risk Insurance in OECD Countries*. Paris: Organisation for

Economic Cooperation and Development (OECD), chapter 7.

Jaffee, D. , and T. Russell (2003) . Market under stress: The case of extreme event insurance. In R. Arnott, B. Greeenwald, R. Kanbur, and B. Nalebuff, eds. , *Economics for an Imperfect World*: *Essay in Honor of Joseph E. Stiglitz.* Cambridge, MA: MIT Press.

Kaplow, L. (1991) . Incentives and government relief for risk. *Journal of Risk and Uncertainty* 4, 167—75.

Kleindorfer, P. , and H. Kunreuther (1999) . The complimentary roles of mitigation and insurance in managing catastrophic risks. *Risk Aanlysis* 19, 727—38.

Kunreuther, H. , and E. Michel-Kerjan (2009) . *At War with the Weather*: *Managing Large-scale Risks in a New Era of Catastrophes.* New Nork: MIT Press.

Kunreuther, H. , and M. Pauly (2004) . Neglecting disaster: Why don't people insure against large losses? *Journal of Risk and Uncertainty* 28, 5—21.

Kunreuther, H. , and M. Pauly (2005) . Terrorism losses and all-perils insurance. *Journal of In surance Regulation* 25, 1—18.

第 11 章 管理上升的资本市场紧张度：CFO 在掌控已知、未知和不可知信息时的角色

Charles N. Bralver 和 *Daniel Borge*

KuU——已知、未知和不可知——提醒我们决策制定者常常要面对这样的情况，即证据和分析模型没有充分地描述事实，以及不同的人对当前的现实和未来的可能性有不同的看法。CFO 在现代公司中的角色是 *KuU* 问题在金融现实世界中实质性影响的一个例子。对 *KuU* 认识的不同会导致管理者和投资者在如何经营公司、谁来经营、谁是公司的所有者等方面产生矛盾。在我们看来，CFO 的任务就是在危机爆发之前，通过减少管理层与资本市场之间的 *KuU* 差异来指导管理层发现和解决这些矛盾。要使之成功，CFO 必须把资本市场的这种紧张度引导到通过衡量和管理价值满足资本市场的财务原则上来。换句话说，CFO 应该做公司在资本市场的代理人并在公司内做资本市场原则的代理人。这样，CFO 就为同为利益相关者的 CEO 的可信度提供了关键的基础。

11.1 *KuU* 与决策者

KuU 概念（已知、未知和不可知）对研究者和决策者都有启发作用。研

究者能使用概念作为引导，当他们积累到新的数据和材料时，K 的范围就拓展了（u 也是如此）。决策者则不同：他们必须作决定并且当他们决定时，他们都应当或明或暗地对于 K、u 和 U 尽可能地进行评估。他们别无选择，只能依据他们对于所有的重要变量的把握，而不仅仅是他们掌握的那些铁的事实来行事。

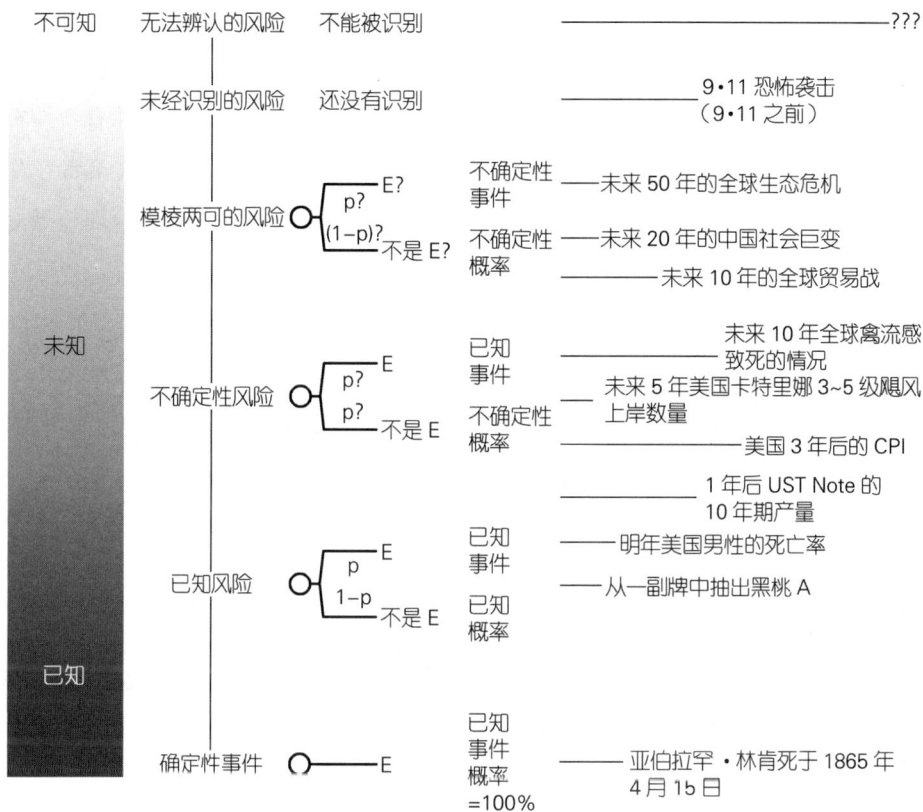

不可知　无法辨认的风险　不能被识别　—————————————???

未经识别的风险　还没有识别　————————— 9·11 恐怖袭击
（9·11 之前）

模棱两可的风险
E?
p?
(1−p)?
不是 E?
不确定性事件 —— 未来 50 年的全球生态危机
不确定性概率 —— 未来 20 年的中国社会巨变
—————— 未来 10 年的全球贸易战

未知

不确定性风险
E
p?
p?
不是 E
已知事件 ———— 未来 10 年全球禽流感致死的情况
—— 未来 5 年美国卡特里娜 3~5 级飓风上岸数量
不确定性概率 ———— 美国 3 年后的 CPI

—————— 1 年后 UST Note 的 10 年期产量

已知风险
E
p
1−p
不是 E
已知事件 —— 明年美国男性的死亡率
—— 从一副牌中抽出黑桃 A
已知概率

确定性事件
E
已知事件概率 =100%
—— 亚伯拉罕·林肯死于 1865 年 4 月 15 日

已知

图 11−1　6 种类型的风险

对风险本质的关注与决策者有关，我们把 KuU 的三类分成了相互区别的六种风险（如图 11−1 所示）。确定性事件是概率为 100％的已知事件（亚伯拉罕·林肯死丁 1865 年 4 月 15 日），已知风险代表概率已知的事件（从一副牌中抽出黑桃 A）。不确定性风险代表概率不确定的已知事件（洋基队赢得下个赛季美国职业棒球联赛冠军）。模棱两可的风险代表事件和概率都不确定（下一个 50 年内的全球生态危机）。未经识别的风险代表还没有被决策者意识到，但是通过以后的努力和想象能认识到的风险。无法辨认的风险是指不能通过定义识别的风险。

因为这些区别关注了决策问题的已知和未知的元素，它们能引导决策者怎样以及在哪里获取更多的信息。它们也能帮助衡量在决定采取什么行动的分析中每个元素的权重分配。很少有重要的商业决策仅仅呈现出必然和已知的风险，其所体现出的大多数风险都在不确定到不可知的范围内。但是无论呈现什么类型的风险，决策者都或明或暗地通过识别的事件和指定的概率将它们全部转化为经过评估的风险。最终，这些都基于决策者的判断和信念，并有希望得到最好的证据和分析的支持（如图 11-2 所示）。甚至完全的直觉决策者在作特别的选择时也用到了隐性风险评估，但并不知道它是什么。风险管理领域是基于假设的，这种假设在风险评估时通常是越清楚、逻辑性越强越好。

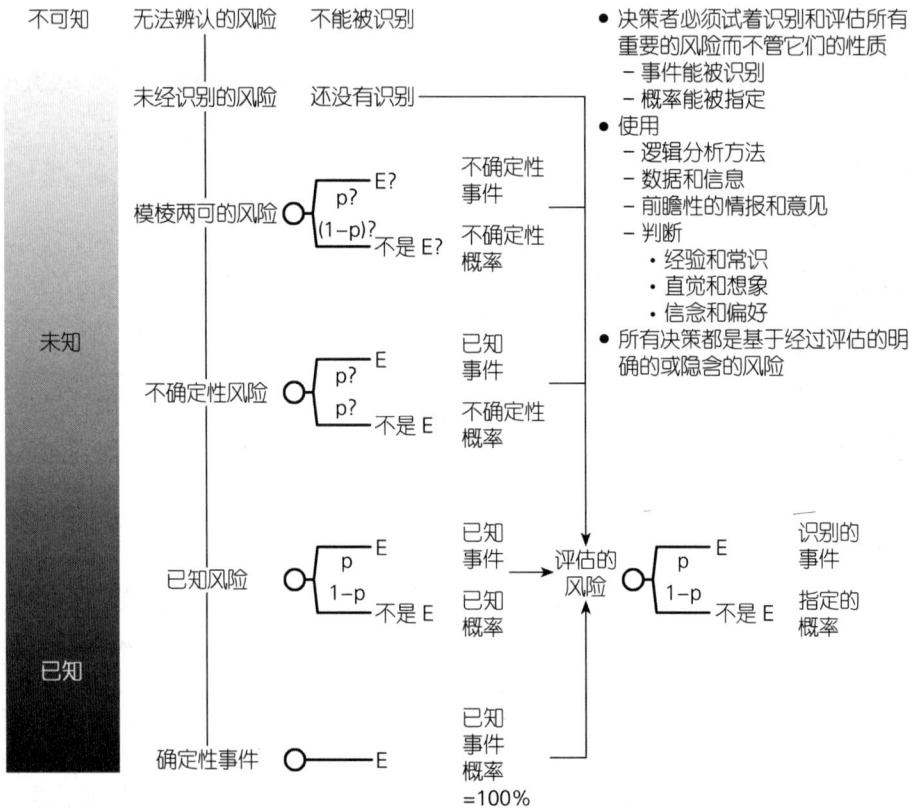

图 11-2 决策者的规则

由于不同的人对 KuU 有不同的看法，这就会在考虑同一个决策时出现不同的风险评估。这可能会导致他们不同意实施最好的行动方案。CFO 的工作就是在这种差异扩大并变成危机之前察觉到它并将其缩小。做这样的工作，CFO 就要在不确定性领域将不那么实在的数字和会计准则运用自如。同时，投资者在评估公司时也在对不确定性进行权衡，主要是权衡公司的已知风险、不确定性风险、模棱两可的风险和未经识别的风险（如图 11-3 所示）。

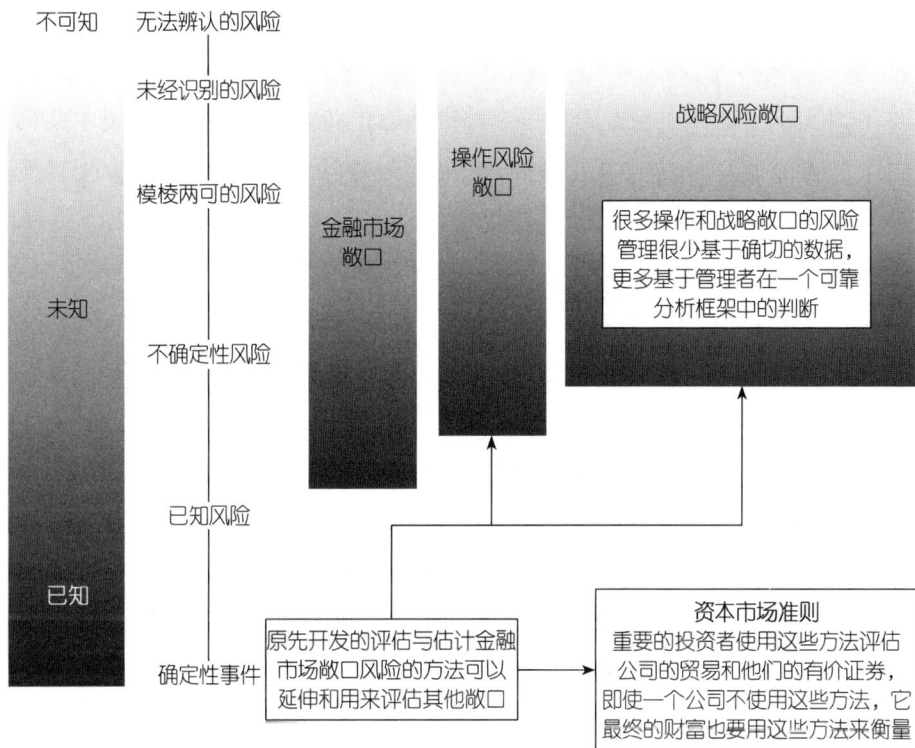

图 11-3　公司对风险敞口的评估和估值

评估公司面对的不确定性的所有范围与传统的 CFO 的观念相去甚远并且涉及到更多的战略和金融问题，这些问题必然需要合理的直觉和判断，而不是常规的分析或者准确的会计计算。显然，这项任务对法人非金融企业和金融机构的 CFO 是不同的，正如杠杆、资产、现金流、系统风险敞口的本质在两个案例中的不同。我们关注的重点是非金融企业。

11.2 *KuU*——CFO 的例子

自从 19 世纪 70 年代 CFO 这一角色出现开始，其就在不断地演化和发展。正如我们之前研究表明的，今天的 CFO 所涉及的范围不断延伸，包括会计、财务报告、财务控制、执行规则、税务会计、政策、保险、房地产管理、公司运作服务、成本控制和外包、管理信息系统、商业分析、内部控制、项目管理、战略计划、采购、现金管理、金融市场运作和风险敞口管理、资本结构、债务、股权融资、兼并收购支持、创业风险管理、投资者关系以及其他。CFO 还与 CEO 以及其他高级管理者一起制定公司政策和经营策略。

自从 19 世纪 90 年代起，CFO 有很多功能，虽然有很好的理由将每个角色都加到 CFO 的身上，但这样并不合适。CFO 被吹捧为 CEO 天然的商业伙伴，扮演着公司贸易投资组合经理的角色。随着很多 CFO 成为了 CEO，这种角色就被强化了。

但是我们主张重新思考关于 CFO 是超级管理者或者早期的 CEO 的观点。这种观点开始于《萨班斯—奥克利斯法案》（Sarbanes-Oxley Act）颁布之前，也开始于机构投资者的行为达到今天这样的激进水平之前。增加资本市场的紧张度将推动对于核心财务功能的重新关注，该核心功能围绕一个原则构建：CFO 是公司在资本市场的代理人以及资本市场原则在公司内部的代理人。CFO 不能分散精力于其他角色上，这样会削弱这项使命。如果公司在资本市场上违规运作，这会导致管理层的更换和公司独立性的丧失。这同样会给CFO 的伙伴 CEO 带来问题。而且 CFO 将从哪些方面优先开始为 CEO 与市场的对话提供有效的支持呢？我们将对责任划分进行如下描述：

＊CEO 的终极责任是使大家满意：首先是投资者，另外还有董事会、员工、顾客、供应商、战略伙伴、监管者以及公众。

＊在我们看来，CFO 应该重点关注与资本市场相互作用的信息，并且像《萨班斯—奥克利斯法案》那样强调大公司的稳定性，而不是将主要精力放在与资本市场技能不是很相关的地方。这再次与传统观念，即"CFO 是超级管

理者和早期的 CEO"相对立。

＊CEO 和 CFO 都扮演着防止和减少导致资本市场不利反应（尤其是来自积极的投资者的不利反应）的估值差的角色。他们必须使资本市场相信他们能使公司有希望获得有吸引力的长期风险调整回报，并且任何其他策略或者管理团队都无法提供更好的风险调整回报。

该部分以此介绍外部沟通，其中同样信息的不同版本和补充版本是很重要的。

＊CEO 必须讲述一个有关公司未来发展的引人入胜的故事。这是有关公司如何看待它周围环境、它在环境中的位置以及如何在环境中获得成功的连贯且信息充分的故事，这是一个愿景而不是表格。它不仅吸引着投资者，还吸引着公司的各个部门。

＊CFO 要确保资本市场相信并对 CEO 的故事感兴趣。CFO 要拿出可信的证据和分析来为 CEO 的故事及市场风险/回报情况构建市场信心。帮助 CEO 避免被懂行的投资者难住。将 CEO 故事的大概框架，包括使得 CEO 故事实现所需的财务资源和策略，转化为实用的财务术语以便市场使用者理解。正如财务业绩滚滚而来，CFO 要将其置于 CEO 故事的背景之中以及该业务的基础之上以帮助投资者从噪音中辨别信号，使其能公正地对公司进行估值。

最后，该部分将探讨决策制定及其"近亲"——决策支持。

＊CEO 以及业务领导要对业务作决策。他们要对创造收入和管理成本负责。CFO 能够通过提供财务资源、交易、决策工具、绩效管理工具等提供帮助。CFO 必须没有副业，仅把公司作为他的全部。

＊CFO 反对资本市场不太接受的策略，提倡资本市场欢迎的策略。他们使用资本市场的方法和标注来评估策略和贸易，以减少估值差。他们使用资本市场交易来提高所推荐策略的回报。CFO 倾向于勇敢面对行业老大的冲击或者不明白如何控制风险者的毫无根据的怯懦。CEO 明白这一点并且愿意对市场的失误进行开诚布公的内部讨论。

11.3　资本市场紧张度：是什么？

那么，什么才是"资本市场紧张度"准确的含义呢？我们把它看做不断增加的复杂性、周转性以及资本市场施加给公司的力量。上市公司常依赖资本市场为它们的运营集资，并将它们创造的特许权价值货币化，这些公司从某种程度上说是服从于当前管理层对市场的判断的。当投资者用脚投票的时候，表现不好的公司在股票价格上就会受到惩罚。

新的东西是什么呢？就是资本市场时刻运用判断的能力和意愿方面的巨大突破。严厉的准则现在能很快在公司债务和有价证券的价值、筹集资金的能力以及操纵市场的能力方面体现出来。该因素尤其被积极的投资者证明。这些积极的投资者可能强迫管理层改变策略、进行调整期运营、说服董事会调整管理层并试图替换董事会成员或者促使公司进行非自愿收购。这在传统的机构投资者的激进行为中更为明显。如养老基金以及不断增加的董事会成员更加独立的行动表现。

这些挑战将管理层放到一个更低的位置。为了保持行动的独立性，管理层必须理解和满足资本市场的要求，这些要求越来越严格而且需要被迅速执行。要使其实现，CFO是必不可少的。

资本市场紧张度在最近几年建立是金融工程的进步、全球金融市场的快速演变以及积极投资者的出现共同作用的结果。公司能感受到这种紧张度，因为市场对于公司愿景的变化反应迅速、严酷，而且市场参与者使用新技术、策略来将想法付诸行动。这常常对管理者已经习惯并看起来适合的用特权管理公司的方式造成影响。

金融工程的进步创造了强大而复杂的工具，以识别、度量、评估和转化风险及其他金融属性。这导致了新的金融工具的出现，管理复杂投资组合的新方式以及分析和评估传统证券的新方法的问世。金融理论、分析方法、数据获得和计算能力的发展推动了金融工程的进步。它们提供了很多有效的对冲和风险管理技术，以及在金融危机期间都没有消失的更加隐秘和复杂的产品。很多技术和工具的规则和可行性因为金融危机的出现在这个 10 年的后期被限制了，如波动指数、次贷衍生债券综合指数以及商业抵押贷款指数在危机严重时期是市场情绪的晴雨表，即使广受指责但其还是一直在被操作。事实上，金融工程变成了截然不同的专业，它的从业人员包括银行员工、投资者和企业财务员工。在本书中，金融工程有超过 20 项专业研究生项目。[①]

金融工程始于金融行业，至今仍然是很多科目的要素，如风险监督和控制、产品设计、交易、组合管理、资产负债表管理以及其他领域。很明显，很多金融机构现在受到了管制。银行业和保险监管者使用风险分析学评估机构承受了多少风险以及多少资本需要因此被用于抵消潜在的损失。银行监管者最近的成就——巴塞尔资本协议 II 的逐步执行说明银行业监管者正在这样做。由于新的全球协议可能试图纠正在金融危机中出现的问题，它们不会改变一些公司借款者的核心位置。其重要性超过了银行本身，因为它影响了银行的偏好和为客户提供信贷的能力。资本密集和低利润率的信贷不被鼓励或者其价格被定得很高。CFO 在寻找资金的时候，要明白他的银行如何看待他的财务计划的风险/回报。例如，由于担心中间市场信贷撤离的潜在可能，德国对巴塞尔资本协议 II 的几个方面持反对意见。

金融工程使用新产品、监管政策和管理实践快速地改变了金融机构的商业策略。有些消失得跟出现得一样快，有些将彻底改变，有些则将持续下去。这包括从 2004 年到 2008 年间大量由大银行提供的商业贷款大幅减少，因为大量贷款被资产证券化和拿到公开市场去分配和交易；资产抵押债券增长极快，例如抵押贷款和信用卡应收账款；消费贷款方面日益完善协调的信用分析和定价策略；小投资者的替代选择，如保护股权票据；通过实时的数据和执行，使分析驱动的交易和投资策略变为可能；更好和更便宜的操作服务被提供给了机构投资者和公司；很多大的金融玩家导致专有定位的出现，尤其是出现了一个巨大的基于金融工程本身的新业务——风险管理交易和咨询（曾经被认为是衍生品业务）。不幸的是，问题总是与这些进步相伴，如杠杆过度、有缺陷的分析、

---

① *Financial Engineering News*，March-April 2006.

粗心的管理和天真的信念。

一些上述行为的复杂性让人越来越气馁，这导致了新想法的不断出现。不能只是对一个复杂的衍生品或者混合证券进行粗略分析。它需要深入的统计、大量正确的数据、强大的计算以及经验判断将实际的东西从单纯的理论中筛选出来。

分析一个复杂的交易已经很难了，但是分析并懂得这些交易组合的行为就更难了，因为这些交易可能在很多方面相互关联。这就导致了大量的数学问题。更糟糕的是，这些相关内容可能很难被分析明白和预测，潜在的模型逻辑或者假设的不透明可能对于外部投资者来说会很难评估。为了克服这些复杂性，金融机构和投资者在风险专家、分析软件、管理信息系统、计算机能力以及数据更新上投入了大量资金。据估计花在市场信息、数据和研究方面的资金在 2005 年达 120 亿美元并且以两位数的速度增长。[①]

很少有非金融机构渴望掌握更多的金融工程，当然这也不应该。但是不断增长的金融复杂性与公司的 CFO 是相关的，因为它抬高了利用资本市场来安全有效地管理风险和控制交易的门槛。我们稍后会回到这个话题。

但是金融工程的本质是它设计任何期望的金融属性组合来让公司和投资者从不希望的风险/回报投资组合转向期望的风险/回报投资组合。在一段时期里，表明承受风险是可以选择的并且是高度定制的。在次贷的例子中，它们与担保债务凭证（CDO）和担保债权凭证（CLO）产品相联系，这导致了灾难性的直接损失或者是存在问题的"以清算计价"的证券定价，基于新的技术，很多敞口继续变得更加容易管理。很多商品、天气、灾难以及其他的敞口现在得到了更多的度量和管理，已经变得易于管理了（市场因为必要的交易而存在，如下面讨论的）。例如，航空公司认为它的敞口是航空燃油价格过度波动，它就可以降低敞口或上限，使其达到能够承受的水平。相反的，以墨西哥为例，它很大程度上依赖石油的出口，在 2008 年初以 75 美元每桶的价格卖出 2010 年中期的石油期货，导致了 2008 年末的市场价格暴跌。如果对冲基金的

[①] The market returns in 2005. *IMD Digest*, April 10, 2006.

科技股票上涨，但是标普没有上涨，它就可以提高科技股票的杠杆率并且对标普进行套期保值。如果一家保险公司希望在即将到来的衰退中保护其公司债券投资组合，它可以对债券价差进行套期保值但是只能长期与国债收益一致。如果一家石油公司想要限制因墨西哥湾飓风导致的不确定性风险，它就可以签订合约来补偿这样的飓风一旦发生将给自己带来的损失。

举一个最简单的例子。指定一个期望的赌约，无论是精妙的还是复杂的，金融工程师都能设计出一个策略来完成它——但是要有所需的交易市场存在。

新的能力也给自己带来了困难。如上所述，它的复杂性可能超出了使用者理解和管理的能力。一个适应理论的结构可能并无实际可操作性。但目前看来，最糟糕的情形可能不会变得更糟。当时机来临时退出策略可能不管用。超时的估值、监控、调整状况可能使得现实比预期更加困难。预期的结果可能由于未曾预料的信用问题或者流动性危机而陷入困境，这不仅包括工具的流动性还包括总体市场的流动性。这些问题在 2007 年 9 月爆发的金融危机中都出现过。

具有讽刺意味的是，如此多的新选择的直接结果就是：如此繁多的选项中哪一个才是最好的？怎样对它们进行评估和排序？传统的经验和以往的做法难以为新的世界提供指导。尤其是会计，困惑与阻碍多于已经明了的东西。正如我们下面要讨论的，CFO 需要具备综合能力来处理这项任务。

这种更强的承受其所期望风险的组合强度的能力对于积极投资者来说非常重要，这些积极的投资者可能会让 CFO 头痛。一个投资者现在能打一个高度集中、高度精确、高杠杆率的赌，赌一家目标公司会最小限度地使用投资者的资本，而投资者自己则能以最小的风险敞口从该公司获得最大收益。例如，投资者可以买公司债，通过启动一种被忽视的提前还款条款而获利，而且不受发行人总体信贷风险或者市场利率波动风险的影响。不需要的风险敞口被定制的一揽子套期保值工程给消除了。出借人给投资者的项目投资可能容许比普通情况更高的杠杆率，因为知道这个赌约相比持有该债券更加具体且所受限制更多，但是这对公司的影响并没有减少。当投资者的情况并非在所有情况下都符合证券法的精神或条款时，CFO 必须考虑针对公司股票、债务或者信用违约掉期（CDS）的交易类型，而这些交易类型局外人也可以使用，并通过金融、法律以及政策工具来对抗和披露这些策略。

　　这只是对冲基金能够使用晦涩难懂的新金融技术名词在最小风险的时候放大它们的影响的几种方法之一。Hu 和 Black（2006）[①] 描述了其他一些情况，包括在没有经济所有权的情况下通过借入股票或者股权互换获得股东投票权。这些交易没有触及披露规则，给了对冲基金一种在不承担股票价格风险的情况下获得大量投票权的途径。事实上，在持有公司有效空头头寸时很有可能获得投票权，产生了通过投票反对其他股东利益而获利的不当可能性。这对于信用违约掉期的持有者来说是事实，他们不像债券持有者那样关心公司是否破产，同时与通常能在债权重组中进行合作的债权人行动相反。

　　金融工程用新武器武装了积极分子。目标公司愿意并且能够使用金融工程保护好自己吗？CFO 必须做好准备。

　　全球金融市场的快速演变产生了过多的新工具、新市场以及新的参与者。已经建立的市场如股票市场变得更加有效并集合了额外的流动资金，而不景气的新市场在流动性缺乏的时候就崩溃了。公开市场由很多私人市场比如场外衍生品市场进行补充，它有特定的产品和到期日，并且在其他方面大量萎缩。即时通信持续地使市场与现金、经济索赔之间以及市场与市场间、国家与国家间的信息流等相互紧密连接。技术和更大的竞争减少了运营方面的交易成本。

　　非金融企业从金融工程和多样高效的外汇、利率、大宗商品套期保值以及高等级债券市场的融合中获利。甚至在金融危机之后，它们有了更多的融资、投资和风险管理选择，更有能力去使财务状况符合它们的特殊需要。这种以更低的成本更快地调整其金融策略的能力与更及时和准确地知晓它们头寸价值的信息有关。

　　金融工程在金融市场演进的过程中强有力的融合的一个重要例子就是信贷衍生品市场。杰出的信贷衍生品合约从 2003 年年底的 4 万亿美元到 2005 年年底估计超过了 17 万亿美元，它们的价值现在已经超过了股票、公司债券和贷款。信贷衍生工具以各种形式，允许信贷风险从一方转移到另一方。例如，一

---

　　① Hu, H. T. C. and B. S. Black, （2006）. The new vote buying: Empty voting and hidden (morphable) ownership. *Southern California Law Review* 79, 811—908.

个公司债券的拥有者，出一个价格，并签订一个衍生合约，可以将一部分债券的违约风险转移给其他愿意在一定价格上承担这个风险的另外一方。在 20 世纪 80 年代后期，以金融工程概念为开端，信贷衍生工具成为了积极运作并且快速成长的市场。这个市场包括了金融机构、机构投资者，尤其是允许包装、定价以及信贷风险在各方之间的重新配置基金。银行使用信贷衍生工具将一部分信贷风险转移给保险公司、对冲基金、其他资产管理者。如果它们没有这样做，它们 2004 年的名义信贷风险就可能达到 4 000 亿美元，比它原来的要高。这给银行提供了减少它们信贷风险的金额和风险敞口的另外一种方式，并且看上去也为其他活动释放了资金。但是依赖集中交易的信贷风险的扩散，暴露出一小部分的公司大量使用信用违约掉期（作为信贷保险）的问题。公司信用违约掉期市场再次继续发挥作用，甚至成为 2007 年和 2008 年担保债务凭证和担保债权凭证敞口崩溃后的平行市场。

但是成功使用信贷衍生工具需要很高的技术。即使是最好的模型也依赖于将来可能站不住脚的假设。例如在给定的结构或者在信贷衍生工具组合中的各种工具的违约相关性，以及如果用户想要改变程序，应怎么平仓交易以及应花费多少。信贷衍生工具跟很多新的金融工具一样，需要结合新的技术和工具才能被成功运用。

那么为什么非金融公司的 CFO 要关注信贷衍生工具呢？非金融公司在这些工具方面并不积极。一个原因就是公司可能作为信贷衍生产品的结构中的一个产品名出现。这样的话，它的信贷质量就会被市场的参与者仔细分析和评估。正如 CFO 需要知道公司的债券怎样被估价和交易一样，CFO 需要知道前瞻性的市场如何看待公司的财务实力。另一个要考虑的原因是很多非金融公司对于重要的客户或者商业伙伴存在信贷敞口，假如某些时候使用信贷衍生工具则可能会管理得更好。CFO 也必须知道信贷衍生工具是积极投资者用来对公司施压以使自身风险最小的工具。我们强调信贷衍生工具，并将它作为一个例子，不是因为它是 CFO 需要了解的最重要的东西，而是因为它是资本市场紧张度的一个很好的警世预言——金融工程和金融市场演变的无情创新使得CFO 不得不面对这样一个挑战，即需要纪律更加严明的方法与资本市场互动。

现在，资本市场给公司提供了很多方式来对金融资产进行买卖和分类定价，并重新将金融资产包装得更具风险/回报吸引力，包括商品期货、股票期权、利率掉期以及新的更具挑战性的如信贷衍生工具、保险衍生工具以及天气衍生工具[①]。其中一些是在交易所进行交易的标准化的合约，一些是交易双方在场外市场交易的高度定制的产品。

场外衍生产品市场很重要是因为它的规模、定制化程度最高而且它创造了复杂的风险结构。主要金融机构有能力匹配特殊用户需要的独特的一揽子金融属性。这给了公司新的选择来摆脱不需要的风险并且抓住有吸引力的新机会。这些新机会的风险能够被控制和管理。如果明智地使用，这些交易能支持公司商业战略的特殊需求，在公司可接受的风险范围内将利益最大化。当然，高水平的定制价格不菲。由于掌握着设计和执行的技术并要管理它们所承担的残余风险，金融机构应当得到报酬。场外交易市场结构同样导致了交易对方的信贷风险。更长期和更独特的结构不容易操作，而且流动性的缺乏会导致高昂的退出成本。关于合约生命周期的评价可能存在困难和争议。金融危机就展示了忽视识别和限制这些潜在问题的沉重代价。

如今，金融工程与高度进化的资本市场的融合给使用者提供了大量的机会来有效地管理他们的风险/回报组合，以实现他们具体的战略和财务目标。消极的方面就是天真的冒险已经不再是情有可原的了。下面的这些例子将讲述如何使用这些技术（有一些被误用了）：

＊当四家私募股权公司——黑石集团（Blackstone Group）、弗里德曼公司（Hellman&Friedman）、KKR、得克萨斯太平洋集团（Texas Pacific Group）在购买得克萨斯电力公司时使用了高盛集团提供的衍生品交易保护自己不受能源价格下降的冲击。在 2005 年，瑟伯勒斯资产管理公司（Cerberus Capital）从美德维实伟克公司（Mead Westvaco）那接过了造纸和木材经营权。高盛（Glodman）为瑟伯勒斯安排了对冲基金来减少纸浆、天然气、货币价格的巨大波动带来的风险。[②]

---

① 天气衍生工具是农业保险创新的产物，它将金融工具的理念用于自然灾害的风险管理，为农业生产者的风险转移提供了新途径。

② Goldman builds ambitious role in buyout realm. *The Wall Street Journal*, October 31, 2006.

＊炼油和大型农业综合企业使用玉米期货来与乙醇生产挂钩，反过来乙醇生产又与汽油未来的价格相联系。

＊西南航空公司运作的一个燃油对冲项目极大地缓解了2001到2006年的能源成本的大幅波动。当然，不止西南航空公司从中获益。[1] 与之相对的是，中国航油2005年在石油期权和衍生品上损失了5.5亿美元，因为它低估了风险管理和资本市场技能不到位的风险。

这时，我们必须承认存在不少使用金融工程和新市场工具的积极管理风险的手段，这些手段致力于限制市场交易风险的范围（利率、货币、交易债务和股票、商品等），而不是对非金融公司来说更重要的运营和战略风险。你还不能在市场上对冲你的商誉风险。当然很明显，不完善的金融工程会适得其反。所以，CFO的首要任务就是在资本市场成功地进行交易，关注市场交易风险并且具备管理市场交易风险的技能。最重要的是在评估整个公司的时候，他们要将投资者评估风险（包括操作战略风险）的努力一起用到对整个公司的评估中。随着时间的推移，它在直接评价很多操作和战略风险的时候变得更实用，并给予公司更多管理风险的选择权。成功的CFO能在竞争对手之前发现这些机会。

日益激进的投资者使得现在的管理层要想独立于资本市场规律之外变得越来越困难。随着《萨班斯－奥克斯利法案》的颁布，最近流行的激进主义就是受到臭名昭著的公司丑闻的部分影响，这些公司管理层的无能和不诚实给投资者造成了巨大的损失。而且这种观念因为大家相信激进主义能通过对管理团队施压，使其表现得更好并且关注投资者的利益而非自身利益而不断升温。对冲基金就是最明显的激进投资者，更有甚者，激进主义在养老基金和其他机构投资者中也在不断扩大影响。公司董事会变得更独立，这意味着激进的提议比之前董事会作为管理层决策的橡皮图章时要容易通过得多。

投资者的激进主义给资本市场紧张度注入了新的能量。金融工程和金融市场的演化能在不立即给管理团队造成威胁的情况下发展。管理者不注意资本市场的需求和机会会导致业绩不佳，业绩不佳会导致一些消极投资者在管理者毫

---

[1] Dose hedging affect firm value? Evidence from the U. S. airline industry, D. A. Carter, D. A. Rogers, and B. Simkins. *Financial Management*, April 1, 2006.

不知情的情况下卖掉股票。对于消极投资者来说，只有股票业绩长期严重不佳，管理者才有失业的风险。但是积极投资者就会提醒管理者并且坚持要求管理者在管理和其他方面进行改变。他们可能使用金融工程和金融市场演化所提供的有力工具。

对冲基金是最常见、最具侵略性的激进份子。它们受到的管制较轻，并且能使用几乎所有的能在市场上执行的投资策略。它们能筹集大量的资金，这些资金能被高杠杆放大很多倍。很多对冲基金使用金融工程中复杂的工具和市场上可以获得的金融工具来服务于自己的目标。它们被一个单一明确的目标驱动着，即通过投资的市值获取巨大的收益。它们已经在很大程度上从官僚制度和监管约束中解放出来了，这些制度和约束曾经常常阻碍受到管制的公司追求价值最大化。对冲基金并不是永不犯错，每年有大量的对冲基金失败或者倒闭，如艾马拉什对冲基金公司（Amaranth Advisors）在 2006 年的几个星期内就在天然气价格上输掉了 50 亿美元。并且 2000—2007 年的对冲基金业绩数据反映了幸存者的偏见，其一直强调真实的平均回报率。大量的对冲基金在金融危机中倒闭，并且在长期、短期的救助计划后结束，但即使是在危机很严重的时候，成功的对冲基金仍然吸引着投资者的资金。

并不是所有的对冲基金都是激进的投资者，但它们一直都在忙于投资。举几个例子：

＊H. J. 亨氏公司的 Nelson Peltz 和他的基金"特里安（Trian）资本"通过持有亨氏公司 5.5％的股份，在 2006 年 8 月赢得了董事会的两个席位。在此过程中他在降低成本方面给公司施压，股票价格因此上升。Peltz 和他的基金在温蒂国际（Wendy's International）通过推动运营改变和分拆在董事会获得了三个席位，从而同样获得了成功。①

＊作为 Knight Vinked 资产管理公司管理层一员的 Eric Knight 在 2004 年成功说服不情愿的荷兰皇家壳牌公司合并他的两个董事会。Knight 同样促使法国天然气苏伊士集团收购了比利时电力公司（Electrabel Power）50％的

---

① Bigger than they look. *The Wall Street Journal*, October 9, 2006.

股份。①

　＊伯顿资本（Burton Capital）促成 Robert Burton 出任 Cenveo 公司的 CEO 和董事长，并最终导致 Cenveo 公司被放到市场上拍卖。②

　＊TCI 和艾提克斯资本（Atticus Capital）阻碍了德意志交易所 (Deutsche Boerse) 对伦敦证券交易所的投标。③

　＊两只对冲基金——海盗资本（Pirate Capital）和白灵顿资本 (Barington Capital) 在 2006 年赢得了沛普男孩汽车零件公司（Pep Boys）董事会的 5 个席位。④

　＊两个"老家伙"——Carl Icahn 和 Kirk Kerkorkian 在对冲基金的支持下也参与了这场游戏。Icahn 发动了一起涉及多家公司的维权行动，包括百事达（Blockbuster）、迈兰实验室（Mylan Laboratories）、Scandia Forsak、科麦奇石油公司（Kerr-McGee）、英兰公司（Temple-Inland）、美国威视（VISX）、美国时代周刊（Time-Warner）。Kerkorian 因在通用汽车公司（GM）的董事会中获得一个席位而声名大噪，他促使通用汽车重组并组建战略联盟（他在通用汽车的代表后来因抗议 GM 缺乏响应能力而辞去了董事一职）。⑤

　更加真实的对冲基金的激进主义观点在近期的文章中时有出现。⑥ 这些文章研究了对冲基金 2003—2005 年 13D（持股大于等于 5%）的文件。研究者发现在 60% 的情况下，对冲基金都能成功地让管理层接受它们的要求，无论是关于董事会的席位（72% 的成功率）、改变策略或者运营、分享声誉、放弃合并，还是公司被收购。成功常常是通过代理权之争的真实威胁实现的，即使这种威胁并没有被付诸行动。研究显示，通常有对冲基金介入时，投资者都能获得较高的回报。

---

① Hedge funds hit rough weather but stay course. *The Wall Street Journal*, *June* 22, 2006.

② Hedge funds at the gate. *Citigroup Global Markets*, September 22, 2005.

③ Hedge funds at the gate. *Citigroup Global Markets*, September 22, 2005.

④ *BusinessWeek*, August 30, 2006.

⑤ Hedge funds at the gate. *Citigroup Global Markets*, September 22, 2005.

⑥ Hedge fund activism. A. Klein and E. Zur. Working paper, Stern School of Business, New York University, October 1, 2006.

传统的机构投资者也变得越来越积极了，尽管它们这么做的动力是当它们持有的目标公司股份只是它们持有的投资组合中很小一部分时，会防止它们参与成本更高的投资活动。但是它们可能愿意支持别人进行的代理活动。美国公共基金的一个投资组合经理说道："我们很严肃地对待这个问题，因为没有谁想在《华尔街日报》上看到你支持的管理团队被证明是一群小丑。"①

加州公务员退休基金这只庞大的公共雇员养老基金与其他机构投资者相比一直是现任管理层更积极的挑战者。最近的研究②声称，加州公务员退休基金对自己投资组合中表现不佳的公司管理层施加的刺激使得它们的基金获得了巨大的价值。除此之外，加州公务员退休基金还给了关注公司治理问题的积极管理者40亿美元的投资额。基金宣称这是最为有效的策略之一。③

机构投资者的激进主义同样会由于对冲基金关注的是促进有利于股东治理的实践而不同，这包括董事会独立，而非特定的商业运营和策略上的改变。

变幻莫测的债务市场。投资者的激进主义并不局限于股东。债务持有者也变得更坚定了。一个原因就是商业银行减少了对债务的持有，这些债务更多的是被在公开市场上对债务进行买卖的精明投资者持有。这些投资者以信用衍生品的形式持有信用风险。曾经有一段时间存在这样的关系，商业银行给借款者提供相当大的灵活性和容忍度。银行和它们的借款者携手以最小的冲突和混乱来解决问题，因为它们重视与借款者的持续关系。时过境迁，商业银行现在变得更加严厉了。它们现在可能对于与购买它们创造的次级债的投资者的关系和它们与借款人的关系同等重视。事实上，银行有义务防止投资者对借款者过分妥协。甚至更令人不安的是，最大的商业银行与对冲基金和私募股权公司存在的高度互惠的关系可能比借贷关系更为重要。

---

① Corporate-governance concerns are spreading, and companies should take heed. *The Wall Street Journal*, April 12, 2006, p. A2, by A. Murray.

② Monitoring the monitor: Evaluating CALPERS' shareholder activism. B. Barber. UC Davis working paper, April 18, 2006.

③ Corporate-governance concerns are spreading, and companies should take heed. *The Wall Street Journal*, April 18, 2006.

对它们来说，债务投资者不关心"关系"——它们关心的只是所持有资产的市场价值。确实，很多传统的公司债券投资者过去相对被动，只有在违约行为发生之后才会使它们惊醒。但是有足够多的投机取巧的交易员和活动家会抽出时间来给 CFO 造成威胁。大型银行、投资银行的交易平台和激进管理型的债券基金把市场置于公司债务工具之中并进行定价，这一价格就是它们每天所能感知的衡量金融健康程度的晴雨表。尽管存在上面讲到的操纵信用违约掉期价格的情况，这些价格常常比公司债务评级更能为将来作指导。同样的，CFO 必须对债务价格足够关注。同样，债务评级机构也值得关注。它们在监控公司债券信贷上更激进了，因为自己曾多次由于债券价格下跌早于正式降级消息的公布而受到损失。例如，信用评级机构穆迪购买了市场价值驱动的信贷评估工具 KMV，来提供信用违约的早期预警。一定程度上说它们在这方面很成功，这也意味着机构采用并吸收了资本市场使用的很多标准和方法——正如我们建议 CFO 们也使用一样。信用评级机构在金融危机中的糟糕表现，给它们增加了方法改革的压力。

有迹象显示一些传统的债券持有者正在急迫地捍卫他们的利益。引用一个例子，零售商 Neiman Marcus 的债券持有者被迫改变杠杆收购结构，极大地减少了股东的现金股息。这些现金被留在公司以保护债券持有者的利益。[1]

对冲基金在债务市场上是让人害怕的侵略者，这毫不让人感到意外。它们以最大影响和最小风险抢占头寸，正如它们在股票市场上的操作一样。例如，白盒顾问（Whitebox Advisor）利用联合健康集团（United Health Group's）最近的 SEC 文件来操纵被忽视的债务契约，并要求立即以票面价格支付，且基金购买债券的价格大打折扣。这个举措给白盒顾问带来了巨大的收益（然而大家不知道的是白盒顾问是否真的拥有存在经济风险的债券或者它的风险是否被对冲掉了）。[2] 即使是私募股权公司现在也变得要谨防对冲基金妨碍涉及它们的投资组合公司的债务重组。当银行持有大量债券的时候，"现在已经不像

---

[1] *CFO Magazine*，February 6，2006.

[2] Hedge funds play hardball with firms filing late financials. *The Wall Street Journal*，August 29.2006.

过去了",伙伴公司的创业合伙人 John Danhakl 如是说。伙伴公司是一家私募股权公司,管理着 37 亿美元的资产。"你并不知道谁是出借人,并且如果需要它们,你也不知道能否得到豁免。对冲基金可能会"炸掉"你的公司"。①

董事会。所有类型的激进投资者的一个重要的进步就是公司董事相对近期行为的转变。在标准改变和丑闻缠身的公司董事遇到公众责难和法律问题的刺激时,非执行董事在管理层中变得越来越独立,更愿意去挑战和替代那些资深的管理者。不久前,大多数的董事会都由那些被董事会成员挑选出来的忠于 CEO 的成员控制。这些董事会的成员对于公司的了解不会超过管理层的期望。执行官的提议很少有争议并且常常在没有大的改动的情况下就通过了,不受欢迎的股东提议从来都被粗暴地拒绝和忽视。

但是现在这种情况确实在改变。《萨班斯—奥克斯利法案》和主要股票交易所要求作出某些改变,例如,外部董事单独提名董事会成员以及董事召开的没有现任管理层的常规会议。很多董事会采取了进一步的措施,例如与雇员和重要的投资者开会、雇佣外部顾问来帮助他们评估商业计划和经营建议以及更负责任地运作董事会,这些行为通常由一个独立董事牵头。

他们的独立性在数据中得到体现。董事会中独立董事所占席位的比重从 2000 年的 54% 增长到 2005 年的 83%。同样的,美国 CEO 的离职率从 2003 年的 10% 增加到 2005 的 16%。② 高调退出的包括迪斯尼、百时美施贵宝(Bristol Myers)、辉瑞、大众汽车、德国电信(Deutsche Telecom)、空客公司、惠普、美国国际集团(AIG)以及默克公司(Merck)的董事长。2005 年在离职的 CEO 中有 35% 是被迫离开美国公司的,这个比例在 1995 年只有 12%。③

资本市场紧张度的挑战是指它包含了综合效应容易被低估的常见元素。在这种情况下,熟悉导致了自满。因为资本市场紧张度的一些元素在长时间内增长且可见(例如,金融工程和市场评估的部分),这导致倾向于将它们作为

---

① Debt buyers vs. the indebted. *The Wall Street Journal*, October 17, 2006.

② Drama in the boardroom. *The Wall Street Journal*, October 2, 2006.

③ Why corporate boardrooms are in turmoil. *The Wall Street Journal*, Sepetember 16, 2006, p. A7.

"已知的"忽略掉，并且漏掉那些结合在一起可以作为相辅相成的一个整体的更重要的元素。最近几年的股市泡沫、公司丑闻和金融危机使得投资者更关心普遍存在的公司管理层利益和不称职之间的冲突。资本市场上同样的变化意味着这些关注正以新的、更有利的方式进行着。例如，与公司价值有直接利益关系的对冲基金现在有办法得到不断增长的大资金来源、强大的分析工具和新的金融工具。它们也同急于证明自己独立于管理层的董事会打交道。同那些被认为表现不佳的公司管理层相比，对冲基金拥有更多的杠杆。资本市场紧张度的增加比它单个因素的简单相加还多。

过去几年对《萨班斯－奥克斯利法案》的遵守让 CFO 们分心了，这使得他们进一步落后于自己的认知。公司，尤其是它们的 CFO 必须获得和运用我们下面描述的资本市场（运作）的能力来及时应对这些挑战。这些能力与理解并有效反映资本市场需求直接相关。会计师们已经在大展拳脚了。CFO 未来的成功依赖于风险管理、评估、市场执行、积极的投资组合管理和投资者的信任。

11.4　资本市场紧张度：它是如何运作的？

估值是一个驱动资本市场规律的过程。市场每天都在对公司债券和股票进行估值。这样的基于风险和期望回报的评估，随着时间的推移还包括公司的业务和资产负债表，以及未来商业机会的战略选择价值。

被动的投资者将管理层的策略奉为公理，并由此来评估公司。如果公司没有达到市场要求的风险回报，被动的投资者就会卖掉股票，股票价格就会因此下跌。积极的投资者根据不同的商业策略和金融策略来评估公司。如果备选策略产生的收益高于管理层的策略，这个估值差就将使积极的投资者向管理层和董事会施压，让他们改变策略。如果他们受到了抵制，积极的投资者就会联合其他的投资者。他们的施压会导致管理层的免职并任命积极投资者进入董事会，以干预公司的运作。这甚至会导致公司被收购，当然这种收购并非出于被收购公司的自愿。即使该过程没有这么激进，公众对于投资者批评公司的关注也会影响管理层和董事会的声誉。

换句话说，关于 KuU 的不同观点会导致公司管理人员与它的投资者之间的激烈斗争（如图 11－4 所示）。KuU 的一些不同观点源自不同的感知、分析和首选策略。这种差异的出现是因为管理人员比投资者看到的不同的"事实"要多。例如，公司管理人员比投资者知道更多内部运作的情况。但是市场有效地积累了大量关于商业环境的知识，这些管理层可能并不完全了解。因此，管理层对于未来商业环境和公司在该环境中的竞争情况的感知与市场会非常不同。管理层和市场对于同样事实的分析也存在不同。可能还存在导致不同首选策略的不同议程和风险偏好，等等。缩小管理层与投资者在 KuU 观点上的不同能够减少他们之间的潜在冲突。

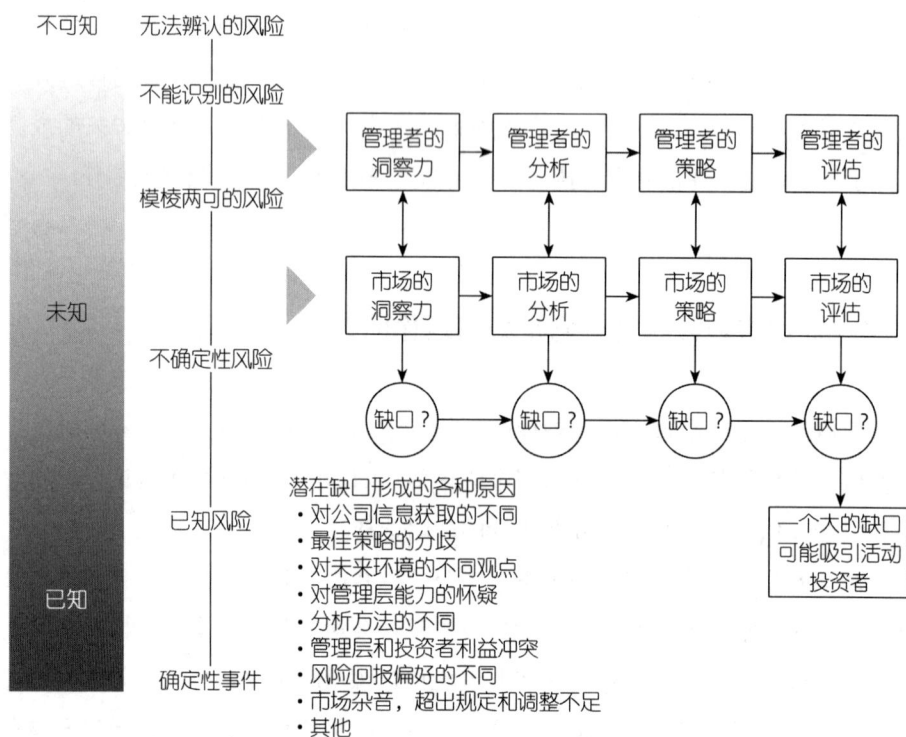

图 11－4 管理层和投资者对于 KuU 的观点

如果管理层和积极投资者的斗争爆发了，不断增加的资本市场紧张度很大程度上增加了投资者获胜的几率——除非管理层和董事会第一时间将基本市场规则引入公司内部来防止发展过程中的价值鸿沟。这就是 CFO 致力于成为资本市场在公司的代理人和公司在资本市场的代理人的原因。

尽管我们本书中主要涉及公开上市交易的公司，但资本市场紧张度同样也给私人公司施加了巨大的压力。大多数的公司基于个人目的在 3 到 5 年内再次上市，那它们就必须满足股票市场的要求。所以管理层必须在公司还属于私人的时候就预判并管理相应需求。没有理由相信私人股票投资者比公众投资者的要求少，或许其要求得更多（其购买公司股票可能是因为看到了公众投资者还没有发现的价值缺口）。大多数私人公司背负着大量的债务，这些债务是资本市场规则的有力来源。私人公司在资本市场中交易，必须维持信贷额度和交易关系，并且遵守市场的规则。所以尽管它们可以通过获得公开的短期收益来获得暂时的喘息，但它们还是不能通过这种方式在资本市场规则中长期生存。

无论是上市公司还是私人公司，想要将投资者和公司管理层或者战略之间的冲突降到最低，就必须察觉并减少管理层和投资者评估公司的差异。换句话说，就是使管理层和投资者对于 KuU 有着类似的认知。对于管理层来说，这需要他们改变披露政策，改变管理层传达未来策略的方式，更好地理解市场怎样定价，更密切地监控市场信号，以改变商业操作的战术或者战略对市场信号进行迅速反应并有效利用市场来改变公司风险回报组合，等等。

要感谢出现的资本市场紧张度。只有当管理层在投资者干预前证明其正确时性，忽视投资者的情绪才会成为可能。并且该窗口正在日趋变小。

11.5 站在十字路口的 CFO 们

只有当资本市场紧张度给公司金融纪律施加压力以及决策制定过程更接近市场估值时，多数 CFO 才会专注于账面盈余，而不是董事会对于价值创造的衡量。他们的固定收入的主要驱动因素是：遵守《萨班斯－奥克斯利法案》并畏惧令人失望的股票分析师和短期投资者们。

在对各行业 401 个 CFO 的调查研究中，Graham 等人[1]发现公认会计准则

---

[1] The economic implications of corporate financial reporting. J. R. Graham, C. R. Harvey, and S. Rajgopal. NBER Working Paper No. 10550, January 11, 2005.

（GAAP）是根据收入大幅增长来排名的，这也是报告给外部人最重要的业绩评价标准。80％的调查者回应，他们可能缩减增值性活动，如研究、开发、广告、维护以及正净现值的投资来达到公告的收入目标。被 CFO 经常说到的理由就是，牺牲一定的收入来保持和增加股票价格、改善管理团队的外部声誉、传达未来增长前景，因为他们认为没有达到盈利基准将使公司未来前景充满不确定性。当收益目标的实现处于 GAAP 允许的会计变化范围时，大多数的 CFO 会选择牺牲收益。作者认为《萨班斯－奥克斯利法案》使得任何的会计变化都使人感到强烈的厌恶。

对 CFO 来说不幸的是，股票泡沫和公司丑闻的一个结果就是导致了《萨班斯－奥克斯利法案》这样的监管的加强。在要被判入狱的威胁下，CFO 不得不关注那些应该知道的数据，但是这些常常是未知的，如公司真实的会计数据。

对大多数 CFO 来说，好消息就是《萨班斯－奥克斯利法案》从"消防演习"逐渐变成了大多数作为日常工作委托给他人的有序过程。当然，在事情出现问题时，CFO 同样负有责任。因此《萨班斯－奥克斯利法案》的遵守仍然需要警惕的监管和偶尔的干预。

不好的消息就是《萨班斯－奥克斯利法案》的影响仍然存在。我们相信《萨班斯－奥克斯利法案》在资本市场上创造了一个期待，那就是公司披露的信息不仅真实、数字有效、相关并有助于决定公司的价值。换个说法就是，投资者希望管理层能将自己知道而投资者不知道的信息清楚地告诉他们（管理层可能不会这么做——市场可能知道更多管理层不知道的信息）。

因此 CFO 正处在十字路口。《萨班斯－奥克斯利法案》的要求正在放松，大多数 CFO 也开始关注更真实的和战略上更重要的事务。摆在面前的是一些根本的选择：采取会计驱动的决定还是价值创造的决定？是开疆拓土还是解决经济问题？是使用资本市场标准的主观评价还是客观评价？

我们之前强调了 CFO 的最佳选择就是做公司在资本市场的代理人和资本市场在公司的代理人。这个角色没有让财务负责人离开决策位置，如果有什么不同的话就是他们变得更加重要了。但是这意味着他们要在特定的条件下考虑可供选择的策略：资本市场怎样评价现有策略？是不是存在市场看来更有价值的策略？市场是否有足够多的信息能够真实评价这个策略？如果不能，我们需要传达什么信息使得市场不会低估我们正在做的事情？如果所有的高层管理者都持这种观点，那是很可怕的，但是事实上他们不会。只有CFO有这种中立、组合的视角，并且在公司内部具备资本市场专业知识。只有在这个意义上，CFO才是CEO的商业伙伴——确保CEO的决策被资本市场接受。

CFO要做资本市场在公司内部的代理人，并不是说他们要有新的或者更大的义务直接代表股东的利益。作为管理层的一员，CFO为CEO服务，而CEO服务于董事会，服务于股东。这个间接的义务并不新鲜而且没有变化。CFO直接对CEO负责，帮助CEO和管理团队了解并回应资本市场的要求。

11.6 将资本市场约束引入公司所要具备的能力

注意我们这里没有谈到账面盈余，尽管我们知道大多数CFO疯狂地追求短期的账面盈余。但是我们坚定地推崇价值。我们知道即使CFO认同我们的观点也会关注账面盈余，但是我们希望将这种关注降到约束层次而不是目的层次。《萨班斯－奥克斯利法案》已不再是阻碍价值创造成为首要财务目标的因素了。毕竟它只关注根据这个规定计算的账面盈余，而不管它是上升还是下降或者达到其他目标。

提醒读者：下面的能力列表雄心勃勃。我们发现没有公司能将其全部掌握。但是以我们的经验，一些公司掌握得比其他公司好并且我们相信它们能比落后者在竞争中做得更好。即使可能稍微落后于这些标准，但使自己具备这些"理想的"能力还是应该被当做目标去努力。

如果公司想要成功地回应资本市场紧张度，我们认为其应具备这些能力：

*市场导向的风险回报决策框架

*按市值计价的指标（在可得的流动的双向市场并且它们不按经济价值来分）

*资本市场准入和专业知识

*积极的投资组合管理

*投资者的信任

尽管我们描述的很多能力由金融业发展而来，但是它们仍然适用于任何公司。这是一个很好的底层框架，尤其是它用市场价值的变化来定义风险和回报。这是资本市场紧张度所要求的。当然，强调和执行是不同的，因为金融公司擅长处理金融风险并且提供金融服务。非金融公司需要同样的能力但是要根据情况来定：（1）它们不为其他人提供金融服务并且无法像主流金融公司那样具备资本市场技能；（2）它们的主要风险是战略和运营上的，不是金融方面的。它们的主要风险倾向于"模棱两可的风险"范围而不是"已知的风险"范围。它们面对的很多风险需要前瞻性的判断来评价和建模而非金融公司关注的很多数据和不那么含糊不清的金融风险。

例如，决定是否在一项新技术上下赌注不能简单地使用过去的数据进行统计研究，因为该技术的信息并不存在。管理层必须使用相关的研究、专家的意见、分析工具以及前瞻性的判断，识别和衡量新技术成功或失败的不同情形，并估计相应的概率。

现在来详细看一下每项需要的能力。

市场导向的风险/回报决策框架（见样本 11-1）。一个没有根据和市场导向的风险回报决策过程很难使人察觉到价值鸿沟，更别说缩小这个鸿沟了。风险回报框架识别、量化并且管理风险回报交易以获得更高的估价。这个框架在整个公司中运作，不仅在战术层面上也在战略层面上。这是公司运作的整体而不仅仅是金融层面上的。

样本 11-1　市场导向的风险/回报决策框架

1. 可测试的解析函数，随着时间的推移对市场的结果：

- 定量地定义"风险"：价值变化
- 确定跨企业的不同类型的风险
- 应用到所有活动中
- 总资产组合（不是加总）和企业层次
- 建立风险投资目标和总风险偏好

2. 风险信息系统

- 从总体上积极地捕捉、跟踪、报告风险

- 将所有活动的风险和回报联系起来

3. 反映风险回报判断的决策制定过程
    - 包含风险框架的、事业层级的分析
    - 基于风险的政策、限制和权力
    - 基于风险的转移定价
    - 基于风险的产品定价
    - 基于风险的业绩评价
    - 基于风险的刺激
    - 风险回报规律的文化认同

4. 金融工程和管理信息系统知识高于或契合市场标准

这个框架应当基于明确的可度量的风险回报的定义——跟随市场价值改变（或者当市场价值不可靠时使用经济价值）——与风险回报的资本市场观点一致（如果必须的话，收入痴迷者可以添加收入限制）。这个方法可以用到所有类型的活动中，而且所有的重要活动都应该使用这个框架。考虑到风险间所有重要的联系，这个框架应该适用于公司集合的风险（而不是加总）。管理层应当有清晰的风险回报目标，包括总的风险偏好。

一旦建立，这个框架就会为整个组织提供清晰的指导。它同样建立了一种一致的语言和方法来分析和讨论公司业务中的风险。当然，建立这样一个完整的框架需要很长的过程，但是我们发现在这个过程完成之前也能获得大笔收益。

实现这个框架需要信息系统捕捉、跟踪和报告所有活动及附属公司的风险和回报。在早期，这些系统是业已存在的信息来源的拼凑。井然有序和无缝的自动化不是等来的。

除非这个框架确实用来报告公司决策过程和治理过程中的风险回报交易，否则这就是在浪费工夫，这些过程包括：业绩评价、激励、战略制定、预算、资本投资、兼并和收购（M&A）、定价、资产负债表管理和控制系统，等等。确保风险回报准则确实适用于与公司文化相契合的现实需要。这只有在管理层带领下才会发生。

市场导向的风险/回报决策框架：典型的差距(见样本 11－2)。最典型的差距就是很少有非金融公司使用清晰的风险回报框架。有一些非金融公司现在引入了企业风险管理（ERM），这是一个好的开始。但不幸的是，多数公司都只是将 ERM 当做控制风险的控制系统而不是在公司总体偏好下寻求价值最大化的决策工具。仅关注对底层的限制会导致积极的投资者关注上层问题。

样本 11－2　市场导向的风险/回报决策框架：典型的差距

1. 不完整或者缺失的风险/回报框架

 • 在活动中"风险"没有被清晰定义或者定义不一致

 • 一些企业、某些类型的风险没有覆盖

 • 分析问题不是根据什么最重要，而是根据什么最容易分析（KuU问题）

 • 风险与估价不匹配

 • 仅关注底层——仅作为控制系统来使用

2. 参差不齐的、低质量和稀少的关于风险头寸的数据，风险和经营结果不相关

3. 风险的分析没有与决策制定过程相联系

 • 风险的分析与经营相距太远并且太晦涩以至于不太务实

 • 业务经理抵制暗含客观风险评估的审查

 • 管理层没有改变他们运作的方式以涵盖风险评估

 • 管理层没有创造改变行为所需的文化和刺激

4. 对合格人才的投资不足，不愿接受高市场价值的真正的人才

多数非金融机构面对的差距就是没有足够的资金投入到建立和维护风险回报框架的人才身上，这些人才往往身价不菲。很多金融机构都雇有风险专家并给予高额的薪酬。

很多金融公司发现的差距就是多年的风险管理经验没有与决策过程有效连接。业务经理不能理解和使用高度负责的风险专家提供的报告。风险专家对知之不多的业务试图建模。业务经理没有受过风险评估的基本训练。风险专家和业务经理之间可能很少沟通。最糟糕的是，业务经理没有使用风险回报框架的

动机，因为评价他们业绩的标准还是以前对风险不敏感阶段的老方法。有很多迹象表明管理层没能改变公司的文化，使其在运营时支持风险回报规则。

按市值计价的指标(见样本11—3)。一旦潜在的风险和回报得到了评估，管理层就能对商业、交易、组合以及整个公司的价值进行评估。但是高级管理人员必须比较公司估价和市场估价之间是否存在差距。如果存在，他们要查明存在的原因。对于一家上市交易的公司，市场的价值能直接看到，但是市场对公司组建的估价就看不到了——他们必须从市场对其他交易实体的评估中推断，这些实体以某种组合形式存在，与公司内部业务或者进行的活动相似。这不是一个简单或者清晰的过程，但是可以做到合理近似。它还提供了识别公司成分的基础，市场在判断这些成分时往往做得比管理层要好一点。

样本11—3　按市值计价的指标

1. 获得或者综合相关市场的比较数据

2. 将比较数据用到内部活动中的分析框架

3. 验证方法和数据的过程

"以市值计价"的过程中，公司所进行的不再是一项分析活动。它应该跟公司的风险回报框架一致并且作为衡量和奖励业务绩效的基础。它也应该用来驱动重要的决策，例如给产品和服务定价、分配资本和资源、重组、出售或者收购业务，以及资本投资的选择。以市值计价的过程也给不同的公司战略假设和商业环境的相关概念带来了挑战。一家公司如果没有经历这样的评估过程可能就看不到可能受到积极投资者干涉的存在于业务中的估值差距。

按市值计价的指标：典型的差距(见样本11—4)。在以市值计价的能力中最大的鸿沟就是管理层不接受它的有效性和相关性。根深蒂固的会计心态可能会胜过从市场的角度看待公司的观点。很多制药公司被以高于它们账面价值的金额交易，因为会计学忽视了它们最重要的资产：新药的未来价值，这项资产连资本市场也很难去评估。管理层可能会拒绝基于市场估价的不可避免的波动，因此使用"不真实的数据"。对于此，我们只能说市场设置值是能起作用的，而会计人员却不能给出同样的结论。现实可能会不稳定。恐慌定价和基本价值之间的明显分歧使得金融危机可能会引起某些人拒绝随时变化的市场价格。这可能会导致对基本规则的暂时不均衡性的误解。

样本 11－4　按市值计价的指标：典型的差距

1. 没有使用市值计价过程，因为管理层不接受它的有效性和相关性
   - 会计的心态胜过了市场的心态（KuU 问题）
   - 对市场判断不屑一顾：不理性的、冒险的、情绪化的、不稳定的、肤浅的，等等
   - 相信市场的不稳定是不真实的（KuU 问题）
   - 假定管理层知道得比市场多
2. 由于粗略的分析或者相似的强调内容导致的可比数据缺乏选择性
3. 对市场定价的了解很少

资本市场准入和专业知识(见样本 11－5)。一旦公司要求的策略来源于风险回报和评估准则，它就必须能够将策略付诸行动。策略中的财务部分由 CFO 的团队在资本市场执行，他们会使用很多工具并进入各个市场。这个团队必须掌握工作需求和技术。他们要建立和维持交易额度、信贷额度以及基于合约对方和金融服务提供者之间的伙伴关系。他们应该能分析适当的交易和定价；估价、监控、改变风险敞口；监控市场并且及时对事件作出反应。资本市场交易必须聚合到一个适应公司业务策略需求的风险/回报组合上。

样本 11－5　资本市场准入和专业知识

1. 能与交易商和富有经验的对手对抗的有技术的交易者和岗位经理
2. 正确地分析以评估可能的交易和定位策略
3. 了解当前市场价格和市场动态信息
4. 能够处理大量、混合、复杂交易的办公室后勤系统
5. 能够准确跟踪当前位置、损益和风险敞口的管理信息系统
6. 基于风险的控制市场、信贷、流动性和执行标准
7. 给有意愿的交易方提供足够的信贷评级和信贷支持
8. 识别和执行适应公司期望风险回报组合的市场交易的能力
9. 识别并防止市场、交易、位置超出公司评估和管理的能力

要成功完成以上要求，就需要了解市场和有经验的市场专业人士。无论何时进入市场，公司都面临着银行、经销商、贸易商以及对市场交易和信息流极其了解的投资者。由于服从于以市值计价的会计制度和激励制度，金融参与者会受到市场价值的驱动。不仅仅是对冲基金能从不重视市场价值的公司获利，聪明的交易者还能从帮助公司获得与价值无关的会计结果中获得巨大的收益。公司要能使用这些交易者提供的服务，但是只能按照正常价格支付报酬。

资本市场准入和专业知识：典型的差距(见样本 11－6)。资本市场专家比风险专家收费更高。一个公司可能由于在这方面投入很少而没有达到在市场中安全运营的最低标准。保持费用和能力之间的平衡是一项需要认真考虑的管理挑战。非金融机构没有足够的经验去鉴别金融市场中的危险信贷、流动性和一些金融工具以及市场的操作风险。这些风险并不经常出现，但是一旦出现就会导致灾难。2007—2009 年的金融危机就是金融市场中技能缺乏造成巨大损失的生动教训。

样本 11－6　资本市场准入和专业知识：典型的差距

1. 对合格的人才投入太少，不愿接受高市场价值的人才
2. 对需要的管理信息系统（MIS）和操作系统投入太少
3. 缺乏对流动性、信贷和操作风险的鉴别（KuU 问题）
4. 对存在复杂工具的真实市场风险的错误判断（KuU 问题）
5. 没有做好进入不熟悉市场的准备（KuU 问题）
6. 没能成功化解与银行家、交易商和经验丰富的玩家之间的潜在冲突
7. 管理层监管不力
   - 缺乏独立的、合格的风险监管和审计功能
   - 无意中造成了接受不希望的风险的反向激励
   - 没有协调资本市场运作与公司的战略、目标和风险偏好

资本市场团队的监管不力暴露了一个特别危险的差距。雇佣一个好的团队以及建立一个模型是不够的，这完全是一个实盘交易室。一个自己做自己事情的孤立团队很容易偏离交易的目标，它导致的后果最好的情况是与公司的战略不相关，最坏的情况就可能造成灾难性的风险。管理层必须提供合格的风险监

管和审计功能来监控发生的事情，确保行动合适且在预期风险范围内。更重要的是管理层要创造与公司战略和风险偏好相一致的激励。在经历了很多灾难，如监管不力滋生金融大盗或者发现交易能力缺乏之后，金融业终于得到了沉重的教训。

积极的投资组合管理(见样本11-7)。高级管理层必须阻止显著的估值差距持续存在。因此他们必须使用一个周期循环的估值、估值差距分析、策略制定和执行——包括战术和战略。这并不意味着管理层要对市场杂音中的每一项以及流行趋势作出反应，这些项目有时会导致市场估值短暂地偏离合理价值。但是资本市场不能被忽略太久。这正如大家听得耳朵起茧的一句话"资本市场维持不理性的时间会比你维持偿债能力的时间长"。当管理层发现他们的企业在市场中的估值低时，他们会采取行动，例如通过改变交易来提高市场价值、退出交易或者向他人告知他们企业的真实价值来提高市场估值。这对于公司业务组合和资本结构同样适用。积极投资组合管理适用风险回报标准来评价单个的业务以及作为公司组合一部分的交易。对业务的进入和退出以及资源分配进行计算以从总体上获得投资组合中的最佳风险/回报。管理层必须警觉市场反应并且改变自己的策略，并警觉积极投资者调整行动的风险。

样本 11-7　积极的投资组合管理

1. 商业和公司作为一个整体的投资组合视角

　　• 跨企业/活动的一致的金融和风险管理信息系统与风险/回报框架相适应

　　• 评估企业/活动中的相关性和联系

　　• 理解驱动企业业绩的特殊因素

　　• 活跃的情报收集以察觉威胁和机会

2. 所有企业和行动频繁的估值

　　• 基于内部潜在风险/回报观点的价值

　　• 评估当前市场价值

- 协调和解释内部观点和市场观点的差异
  - ——不同的风险评估
  - ——不同的期望回报
  - ——不同的估值方法
3. 将估值纳入战略决策过程
  - 公司规划和预算
  - 新业务评估和批准
  - 业务范围战略的制定
  - 资本投资：研究与开发、新技术、新能力、商标等
  - 收购和剥离
  - 重组和改组
  - 资本结构：杠杆、股息、股票发行和回购、债务机构、战略对冲等

战略和战术上的调整不仅包括金融市场交易，还包括商业操作中的改变。随着资本市场的发展，使用金融工具来为公司特定业务服务的机会越来越多，但是在日常企业运营中使用风险回报准则才是减少显著价值差距的最有效方法。

积极投资组合管理：典型的差距（见样本 11－8）。一些企业以直接或间接控股的方式进行管理。经营业务是独立的并且进行单独评估。只有当这些业务真的在经济上独立的时候，这种方式才是适宜的。但是，这样的话，我们就会想为什么它们作为独立的实体不会更好。更多的时候，各种业务之间是有联系的，其要么相互之间直接影响，要么通过一系列相互依赖的业务驱动因素来联系。但是评估这些联系是很困难的，因此它们常常被忽略，而且积极利用这些相关性的潜在的好处（资金流动、减少波动）也被一并放弃了。

样本 11－8　积极投资组合管理：典型的差距
1. 没有投资组合层次战略；控股公司含蓄的心态
2. 业务进入和退出由短期的会计利润或者群体本能驱动

3. 随意分配资源
   - 政治偏袒
   - 官僚主义的惯性外推法
   - 被现金牛挟持
4. 兼并和收购基于扩张疆域或者防御性的"从众主义"
5. 囤积投资者的资本从而达到对资本市场的需求的最小化

很多公司在进入和退出业务的时候使用"我也是"的策略，模仿它们竞争对手的策略，而不是基于它们自己特定的情况作冷静思考，并进行风险回报分析。其他企业获得业务常常是为了追求更大收益，尤其是如果管理层被奖励，则是因为其在"营造帝国"而不是在创造价值。这会给积极投资者设定特别有吸引力的目标。

官僚主义的一个通病就是随意分配资源而非基于对风险回报的评估。这种随意的分配会导致政治偏袒、习惯（去年增加 5%），或者将现金牛产生的资金继续投资到自己的业务中，即使它们不是好的投资选择。

对积极投资者来说，很有吸引力的目标就是公司投资不充分并有过剩资本，或者是不需要对自己业务组合的真实风险提供支持。积极投资者的进入会给公司提供杠杆或者导致现金被返还给投资者。

投资者的信任（见样本 11-9）。除非重要的投资者对管理层说的和做的有信心，不然以上所讲的都没用。没有信心，他们会打折出售股票以及试图更换高层经理。他们不会对管理层有信心，如果：公司财务报告一再吃紧；投资者认为财务信息披露和管理层所说的令人困惑、具有误导性或者存在不必要的不透明；他们确信管理层要采用一个较差的业务战略；或者他们认为管理层对于有效地运营公司不能胜任。很多金融机构在金融危机中以惨痛的代价得到了这些经验教训。投资者对管理层的信任是慢慢建立的，它基于诚信的记录、清晰度和取得的成绩。投资者开始相信在他们和管理层之间没有严重的 KuU 问题存在。他们认识到如果在认识上有差距存在，其也是可以缩短的。对管理团队的信心一旦丧失，将很难恢复。

1. 投资者信息充分的债券和股票的评估基于：

   - 关于谁是公司主要投资者的当前信息

   - 投资者想的和做的有多少不同

   - 哪些投资者对市场价格有最大的影响

   - 投资者了解和不了解的公司信息

2. 有效的沟通渠道

   - 直接与主要投资者对话以发现目标、视角和意图

   - 公共渠道的信息披露和管理层评论

     ——连贯的信息披露政策、困惑最小化、错误和诧异

     ——激发对管理层所讲述内容产生信心的跟踪记录

3. 避免"帝国式"管理

   - 独立的、能胜任的、了解信息的董事

   - 显示对投资者权益的尊重以及考虑投资者的建议

   - 管理层的报酬要合理且与股东利益相挂钩

4. 管理层行为清晰、连贯

   - 包括冒险行为和风险偏好的财务目标

   - 公司交易战略和被选中的原因

   - 公司业绩的主要驱动者以及他们的展望

   - 最重要的风险和机会以及公司在这方面要怎么做

   - 根据背景，解释当前的财务情况

5. 被揭穿的虚假信念和假设会导致投资者低估公司的价值

　　投资者的信任：典型的差距(见样本 11－10)。之前讨论过的一个普遍的问题，就是 GAAP 收益目标对管理团队的铁腕压制。他们很担心面对恶意的股票分析师，这些人能因为每股少了 10 美分盈利预期而使股价下跌 5％。在这里我们告诉管理层，投资者关心的是价值而不是收益，我们没有解决这个问题的好方法。分析师确实可能在短期内操纵股价，并且管理层需要使自己在短期中生存下来并在长期中继续成长。但是追求 GAAP 的收益而不关注价值创

造不是公司持久存续的可靠方法。出现的估值差距会吸引积极的投资者，如果他们能从管理层留在桌上的信息中获得 5 亿美元收益，他们就不会在乎收益目标。

样本 11－10　投资者的信任：典型的差距

1. 是公认会计准则上的固定收益，而不是价值创造
2. 与估值和风险评估相关的因素披露得不充分
3. 管理层计划与投资者计划相冲突

管理团队常常不愿意披露对投资者有用的消息，因为这些消息可能也会帮助竞争者或者会导致人们对更多消息的无止境的要求。这可能是真的，但是却本末倒置了。有什么比投资者公正地给公司估值并且买入它的策略和管理团队更重要呢？考虑不周的披露使得公司创造的风险回报变得模糊了，这会促使投资者低价卖出股票——这或许是不必要的。这同样会导致投资者对管理层不能管理好风险与回报的质疑。

最让人头痛的是，一些管理团队与投资者之间存在真正的、不可调和的矛盾。他们对增加自己财富而不是为投资者创造价值更有兴趣，他们利用了宽松的公司治理制度和董事会。他们对我们的建议没有兴趣，但我们坚信逐渐增加的资本市场紧张度最终会使他们作出改变。

11.7　结束语

一家公司要使自己满意就要真正地使自己的业务组合以及次级组合与资本市场规则一致。一家公司必须不断地回应市场传递的信息，如果不这样做，管理层将面临比事后批评更为严重的风险，甚至会被替换掉。董事会成员则要冒尴尬和玷污声誉的风险。随着资本市场紧张度的不断增加，这种情况会越来越急迫。

作为公司在资本市场的代理人和资本市场准则在公司内部的代理人的CFO，是最可能支持 CEO 让这种情况发生的人。CFO 必须特别关注这些问

题。这需要冷静地评估资本市场需要的能力和需要弥补的差距并致力于时刻弥补这些差距。

成功的CFO会帮助公司识别和选择能被资本市场各种参与者接受的策略——这些策略能改善公司整个投资组合活动的风险/回报平衡情况。CFO熟练地使用融资、风险缓解以及支持他们策略选择的其他交易来利用资本市场；他们就公司战略和展望与投资者进行清晰、可靠的沟通；他们将不断发现并减少与投资者之间关于股权或者债务票据估值的争议。

把这个角色比喻为庞大帝国的超级执行官更合适，我们确信它重新定义了CEO商业伙伴的含义。

第 12 章　公司治理在应对风险和不确定性中的作用

Kenneth E. Scott

　　本书主要关注金融风险管理：已知、未知和不可知。对于书中所包括的内容，我们可能不会百分之百赞同。我想将"风险"定义为自然状态下对决策者产生重大金融影响的未来事件发生的可能性。根据职位的不同，你所关注的侧重点也会有所不同，你可能重点关注金融机构的风险管理或者政府机构对金融机构的监管，又或者是与他们有业务往来/交易的金融机构和交易伙伴。我个人的观点主要集中于后者。

　　此外，本书主题是将风险分为已知（K）、未知（u）、不可知（U）的。不同作者对于这些术语的使用各不相同。由于缺乏完全的共识，每个人都只能明确自己的用法。我是按照概率分布来看待这些风险的。这个概率分布涵盖密度函数知识连续统一体的 KuU 类别以及它是如何产生的。K 的例子可能是一个诚实的赌盘，U 可能是一个人们甚至没有想过的事件。我们无法进行明确定义，但对关于分布问题的均值、方差以及其他参数的理解却可能有不同程度的信心。

　　本书大多数章节都在论述直接处理风险——对它们进行分类；检验它们的起源和产生过程；计算它们发生的概率、密度函数以及后尾性；估计损失产生的不同等级和状况；考虑个人看法并应对风险（认知偏见和倾向）。公司治理自身并没有将解决这些问题作为其重点（应当指出的是，公司治理不仅限于企业，而且与任何形式的公司和组织的决策结构相关）。大多数法律和经济学专著都集中于代理成本：股东之间的冲突（大股东和中小股东）、董事会与管理层之间的冲突或者更广泛的主体（持有某种类型的所有权或者剩余股份）与管理公司或组织事务的代理人之间的冲突。委托人可以利用助理去帮助管理者进行内部监控，如董事、会计师、律师和顾问。但是他们也是代理人，会增加成本。剩余的代理成本的高低是投资者承担的风险之一。

有些人宽泛地定义公司治理，包括每种影响公司决策的力量和因素。这个定义可以说是包罗万象以至于对富有成效的分析造成阻碍。在本章中，我们将思考公司如何试图在各种代理成本影响危机反应的背景下管理三类假定的风险。

12.1　公司治理在风险管理中的作用

换句话说，公司治理的问题就是怎么设计公司的决策和激励机制。但是这样的行动要站在谁的立场？要完成什么内容？

（1）股东，大多是追求股票权益和风险调整回报的最大化。按照 Clive Granger 的说法，他们所关心的不仅限于利得所带来的损失，还包括利得的未知风险。也就是说，他们关心所有的风险。当然央行、金融规范制定者或是纳税人并不关心股东面临的风险。同样对于那些力求了解期望损失的范围以设定保险费和资本水平的保险人来说，股东是损失还是盈利也并非他们所关心的。

（2）管理者的首要利益就是他们的报酬和工作保障，以及保护他们公司特有的人力资本。他们因而常常是风险厌恶型的，而不是像持有资产组合的股东那样是风险中立型，因而可能对利得比对未知风险更加敏感。基于这些原因，他们的报酬大致包括了基于业绩的激励机制，使得他们会接受更多的风险。正如安然、世通以及最近很多在抵押贷款债务证券化过程中倒闭的企业所表明的那样，灾难（魔鬼）都是以一种细微的方式潜伏在激励计划之中。我们的目标并不是让管理者对风险转移漠不关心，也不是将管理者变成风险追求者，更不是引诱管理者为了获得短期奖金而对会计核算进行欺诈性操作。

所有者和管理者之间的利益分歧受公司组织形式影响。股份有限公司通常被外界和消极投资者持有，因此代理成本和管理机会主义很大程度上取决于独立董事，并导致恶意收购。在有限责任合伙制和有限责任公司中，这样的情况会减少。在这样的公司形式中，管理者和投资者的目标能最大限度地达成一致。管理者的身份认同和投资资本能够与公司的生存紧密相连。这种利益分歧在私有企业中可以达到最小化，例如当私募股权基金提前进入上市公司时。

（3）中央银行和政府监管机构对于下行风险也十分重视。它们在处理（由政府担保的）银行风险过程中，第一时间所关注的往往是这种招致银行亏损乃至破产的风险发生的概率，然后再逐步评估这种风险的蔓延程度及其他银行的连锁反应是否会上升为系统性风险乃至金融灾难的可能性。但是对于这个过程，人们并没有普遍接受，也没有完整定义的模型。

但是，这次会议并不仅仅局限于银行风险管理的讨论。系统风险问题可以说是一些大型金融机构（例如，美国长期资本管理公司 LTCM 和贝尔斯登）和商业公司经营失败所导致的。从政治的角度来看，政府就有了强烈的动机援引系统风险作为理由来救助诸如克莱斯勒（或者通用）这样的大公司。

因此，对于银行家和政府监管者来说，这个问题就有许多需要衡量的东西。首先，企业规模和亏损规模有多大才能引起他们的注意？这个临界值常常会以政治标准和经济标准来定义，例如，保险基金的规模及其成长能力，或者金融灾难的触发。其次，如何在这个临界值下确定一个大家都可以接受的概率水平，我们需要寻求一个 99％、95％、90％或者其他置信区间？在民营企业的运作中，需要非常大的代价来达到这样一个能够引起注意的门槛。再次，他们如何通过自己的观点去影响有关公司的决策制定等问题？显然仅仅通过制定法律法规并不一定能够达到其目标。

12.2　管理层在应对风险过程中的作用

我的假设基于上述三种观点，典型企业的管理层在企业经营过程中对企业具有相当大的自由决策权，这将使得管理层能够更好地去理解公司业务所面临的风险。但是对于各个业务部分的开支投入是多少，如何组织有效的决策机制等问题，它并没有给出好的答案。按照本书中三大类风险来看待风险的话，我们有必要将其从企业的具体资产和业务范围中提取出来。

12.2.1 已知风险（K）

如果某种类型的风险的密度函数是已知的，那么我们接下来需要考虑的问题是什么？基于以合适的比例对现值进行折算的净现金流估计，通过风险中立决策推动股东利益和社会利益，但这导致了几个问题：

1. 制定正确的激励机制促使管理层从"风险规避"转向"风险中性"远远不像给管理层承诺良好的薪酬设计这种做法这么简单。除了我们熟悉的那种由 CEO 主导的董事会所实行的管理层的过量薪酬，管理层薪酬的形式也会很容易诱发风险偏好和短期利益最大化的行为，甚至会演变为会计操纵。向管理层授予股票期权，很可能会导致其较快地兑现期权，而这会进一步加大股东与管理层之间的利益分歧。更为微妙的是，在临近报告期时，为粉饰那些应由管理层负责的糟糕业绩，管理层很可能会作出一些风险较大的决策。同时，他们常常通过一些可接受的会计处理方式抹平利润，以制造一个低位震荡的假象。

2. 由于通过激励性的薪酬难以保证管理层和所有者利益完全一致，因此在企业文化中引入独立的风险评估成为了一种重要的辅助保障。如果一家企业在部门层面或者业务单位层面实施风险评估的话，就会对管理层形成一种显性或者隐形的压力从而促使管理层不断推动投资项目的发展。此外，从公司的角度来看，公司所面临的相关风险并不是单个投资所引发的风险，而是各个单个投资风险及其对公司的边际影响所构成的总风险，它们是一个整体，一个投资组合，而不是一个单独的个体。以上两方面的因素表明，建立一个由位于顶端的首席风险官领导员工的自上而下的 M 型风险控制结构，并且在遇到风险时及时向 CEO 和董事会报告，可能是风险管理最有效的一种方式。

在过去 10 年中，全面风险管理的实施成为了企业风险管理的一个明显的趋势。毫无疑问，全面风险管理在某些方面已经引起了法律法规方面的讨论和关注。特拉华州衡平法院在对 Caremark（1996）公司的判决中详细地讨论了董事的受托义务，其试图通过这种受信义务来确保公司的信息披露制度无论在概念上还是在设计上都能够保证董事会能够及时地获取足够的信息并对其加以重视。2002 年《萨班斯－奥克斯利法案》所涉及的重点虽然只是风险管理中的一个方面——财务管理欺诈，但它也附带地提到了企业应该建立充分的内部控制制度，并重点强调了企业审计委员会的重要性。

但也有企业积极鼓励探寻新的风险管理计划，因为一旦其实施成功就能够获得潜在的竞争优势。更好地处理和把握风险，不仅可以改善企业在面临不利事件时的生存能力和发展前景，还可以提高其借债能力并把握在逆境中都可能实现的投资机遇的能力（未知风险）。

企业风险管理计划应该能够根据风险发生的时间、概率以及严重性等要素有效并系统地识别和量化风险，以确保企业能够及时地制定风险缓解和对冲策略，并分配适当比例的资金去应对一些可以被企业接受的风险（公司的财务困境成本）。现在，纽约证券交易所的上市公司审计委员会就有"讨论政策方面的风险评估和风险管理"这一规则要求。董事会层面的风险管理要求高层管理者向包括独立董事在内的一个大群体阐明董事会对于风险的估计以及应对策略。如果参与风险管理的董事中包含这样一些精通财务，或者熟知极值理论和贝叶斯概率理论的人，风险管理功能将会变得更加有效。

12.2.2　未知风险（*u*）

如果从管理的角度来看，某项风险的密度函数没有被很好地理解或定义的话，那么公司就可能面临一些未知风险。面对此类风险，一方面，我们可以通过风险转移的方式将风险转移给那些对此类风险更为了解或者想通过分散化的投资组合去承担风险的交易方；另一方面，我们也可以力求对风险本身进行更好的理解。两种方式都有成本，并且都被视做重要的投资决策。

1. 风险转移。通过多种形式的金融衍生工具来转移风险一直是近几十年来金融界的重大创新，并由此引发了金融市场和金融机构的快速发展。对于诸如利率风险和汇率风险等这样的一般经济风险，企业可以选择风险转移策略。而像系统风险和公司特有风险这类风险，企业则只能将其保留下来，并不断通过专注于自身业务活动和自身专业知识来将其降低。

在这个过程中，企业的公司治理也在悄然发生变化。股权（和股东）对公司的控制作用在一定程度上有所减弱，风险转移过程中的交易对手（投资银行、对冲基金）开始成为公司重要的外部监督力量——一种它们才刚刚开始充分理解的、苛刻的重要力量。最普遍和集中的形式是私募股权基金、风险投资家以及杠杆收购（LBO）的使用者对冲基金。它们持有公司大量股权，大大地降低了 Berle 和 Means 所诟病的企业控制权和现金流的分离程度。

2. 通过获取更多信息来了解企业所面临的风险在另一方面也会增加公司支出。公司不再将 KuU 看成是离散的个体，而是将其视做一个统一体。管理层所面临的挑战是将公司面临的不确定性的 KuU 由右至左，从 U 到 u 再到 K 进行推移。如何操作呢？首先要考虑外部事件，为完成这项任务我们需要更多的信息——需要在 K 范围内的更多数据点来减小方差以及更多 u 范围内的事件来充实分布的形式。这些数据如何得到呢？人们可以通过公司外部研究得到数据，也可以通过行业协会或政府取得，甚至还可以通过公司内部信息汇编和信息交流来获得数据。在法律上，公司有时候将它们的各种代理人和雇员所知的东西作为已知，可能导致最高管理层的不悦。"一阶知识"的需求依赖于基于此目的的系统设计。在 u 领域，管理层拥有相当丰富的风险知识。这些风险知识已被辨认，因此他们可以通过设置数据收集和报告机制来获取他们需要的额外信息。

对于许多企业来说，风险也可能源自于内部。比如一些出现在员工中但高管又知道的违规行为——员工的盗窃、回扣、贿赂、隐瞒交易损失、环境违法行为等。这些类别的行为似乎比起 u 来，更多地属于 K，而且很大程度上是可以购买保险的。大量企业对于这类违规行为在内部控制方面进行了检测和预防，并在 2002 年的《萨班斯－奥克斯利法案》中得到了大量的关注。它要求公司审计师根据法案条款（§404）对 CEO 和 CFO 的效力进行认证。控制体系就是投资，而且 §404 需要大量（且昂贵）的细节和程序但又没有特别涉及到公司的财务报表或重大准确性整体风险，因而其广受批评。对此，证券交易委员会（SEC）和公众公司会计监管委员会（PCAOB）最近采用新标准给予了审计师更多的自由裁量权使其专注于监控具有更大风险和对财务报表具有更大相关性的领域，但是内部控制和审计仍然是一个受到限制的任务，而不是留给高层管理者的需要承担潜在责任的投资决策。

毫无疑问，授权的部分原因是风险也会源自最高管理层的自身行为，比如在公司倒闭浪潮中的会计造假行为，内部控制虽然存在但发挥不了作用；含有估计性质的会计事项可能会被放大以增加利润，从而使得利润达到或超过预期。《萨班斯－奥克斯利法案》试图着重强调加强信息流动的可能性，这种信息流动不仅仅涉及到外部审计师（§204）与企业审计委员会（审计委员会必须由独立董事组成）之间的信息交流，还涉及到公司内部的举报人（§806、§1107）和律师（§307）与审计委员会之间的沟通。人们常常认为，独立董事制度在有效的公司治理和管理层监督中发挥着重大的作用。一些研究表明这会在一定程度上减少盈余管理和会计造假等欺诈行为。但是通过没收管理层不当行为下的收益可能会更有效地使企业收入上涨（§304）。联邦住房企业监督办公室（OFHEO）想尽一切办法追回房利美那三位因涉嫌价值 60 亿美元盈余管理操纵而被解雇的高管的 1.15 亿美元的奖金，但最后还是以三位高管支付 200 万美元的慈善捐款而了结。

12.2.3　银行倒闭

回到银行倒闭和系统风险领域。站在最初的银行链角度来看，其中一方面的问题是系统性的危机及银行倒闭的代价可能会演变成一个外部效应。但是对于在这个潜在链条上的其他银行来说，系统性风险属于 u，而非 U。尽管这种可能性具有高度的不确定性并被认为是极低的，但是它还是可以被预见和确认。交易方拥有足够的理由去监控那些与它有交易往来的银行和机构的风险状况及偿债能力，有理由让长期资本管理公司问题以及次贷危机"平稳落地"。但是如果出现债务人被接管这种情况，通过某种衍生工具实施强制平仓会在一定程度上减弱交易方的监控程度。这有助于维持良好的金融市场秩序，但不利于交易方之间的相互监控和自我保护。

暂且不管相互之间的蔓延性，这些站在不同角度的主体之间在关注点方面存在着一定的差异，银行的管理层和股东之间的关注点为风险与回报均等，而银行监管机构的关注点为风险高于一切。银行管理层具有动机去评估和管理风险，同时也要求用回报来平衡。但这对于监管机构来说却不是很重要，它们可以借助某种强制的工具去强化其观点。在企业破产前夕，它们更倾向于去影响管理层的决策制定。

在过去的二十几年中，巴塞尔委员会基于比以往更加精确的银行风险管理模型，一直致力于银行风险资本要求的研究。巴塞尔资本协议 I 的资本金要求已在 1992 年全面实施。更为详细的巴塞尔资本协议 II 则允许银行使用自身的内部评级。构成银行投资组合的各个贷款之间的协方差很难衡量和估计，尤其是在一个大型的复杂机构里面。这导致我们更加强调公允价值和分类信息的披露，以使市场能够在银行监管中发挥更重要的作用。

也许更重要的不是讨论银行风险管理的不同模型和公式，而是在银行面风险发生后"立即采取纠正措施"，并且要求监管机构在制定银行的最低资本金管理方面更为严格。除非监管者能够精确地衡量银行的经济资本且银行的决策权远离管理者并向监管者的偏好靠拢，否则当我们面对压力时，基于 1991 年美国的实践证据，我们很难找到及时有效的纠正方式。

12.2.4 不可知 (U)

根据定义，想要了解和管理 U 我们能够做的确实不多。风险发生的时间、分布函数以及风险存在的极端情况等对于我们来说都是一个谜。那么，即使我们忽略那些可能涉及的外部情况，一个公司是否应该应对这种可能随时面临的冲击呢？当然，当这种风险发生时，我们主要通过限制公司杠杆和保持足够的资金和流动性来抵消这种不可知的损失。那么为了应付这种风险，我们应该持有什么样水平的流动性才算足够或者合适呢？根据定义，这里的"足够"也是不可知的。"合适"也正如我们第二部分所讨论的，只是一个观念问题！从管理者的角度来看，它取决于"风险敏感性"功能——他们想要达到的安全性程度——并且这还受到他们在日常经营过程中的激励结构的影响。如上所述，股东大致希望站在风险中性的角度上去评估以体现股权的市场价值。如果安全边际太大或者"资本过剩"，就会大大降低股票的市值并且可能引发公司被收购。但是如果市场对公司的安全边际的评估合理的话，上述情况就不会出现。

这将我们带回了先前所讨论的管理层激励的问题。最有效的方法可能是确保管理层在企业的长期生存发展和公司价值上投入了较大的赌注，而不仅仅只是工作——也就是说，这相当于一种不可（直接或间接）撤回的长期持续投资！我们有许多方式来达成这一目标：涉及到限制性股票的补偿计划、拥有出售时间限制的股票期权计划以及根据随后几年表现而调整的奖金计划。

这样的激励计划将如何来运作？如果提高对可能存在的 U 的敏感度，几种情况都有可能发生。管理层可能建立机制以定期评估什么样的 U 风险即将发生。同时，管理层也可能建立一个远远超过覆盖预期损失的资本账户，这个资本账户的合理额度将最终由市场来决定。

第 13 章　国内银行业问题

Charles A. E. Goodhart

银行业的问题主要与损失有关。总的来说，一家盈利的银行不应该有问题。表 13－1 前面显示了在什么情况下会发生损失以及造成损失的本质原因，之后则是一个关于三个私人代理领域对此作出反应的记录，这三个领域分别是：会计、个人银行和资本市场。最后一行显示了公众部门对此可能作出的反应。

要说明的第一点是本书编者所提出的三个分支（即 *KuU*）是不全面的。实际上的分支应该有四个，见表 13－1。读者是否把预测会发生但实际并未发生的损失（简称 EL）归为 "*K*" 或 "*u*" 是个人的见解问题。把 EL 从未预测到的损失（简称 UL）中分离出来很重要。UL 包括未知损失（称为 *u*）和不可知损失（称为 *U*）两种。不同的是，前者可能发生的情况是已知或至少是可以估计的，而后者所发生的客观情况却不能被合理估计。如果我们把在可知情况中发生的未预测到的损失叫做 *K*，那么就可以把整个框架称为 *REKU*，在这种情况下，损失就发生了，但是人们并未感觉到损失的发生。

表 13－1 中的很多内容都显而易见且读者都已熟知，因此没必要做太多解释。但是我在那些需要做进一步讨论的地方都标记了问号。

我们从第一栏开始解释，即 *R* 栏。会计喜欢把实际发生、准确无疑的数据处理为过去实际损失。为了弥补这些损失，银行就得通过具体规定提供特殊准备金并销账。市场则通过调整价格来弥补损失。当权益价格下跌时，通过接管、并购和买入全部股份来获得所有权就容易一些。如果损失大到不得不申请破产保护，此时相关的法律就会发挥效用。因此银行业大额损失的结果就取决

表 13—1　　　　　　　　　　　　　　　　　　**银行业损失的本质**

	R	E	K	U
情况	(1) 过去实际发生的	(2) 预期会发生的	(3) 已知概率分布	(4) 未知的
损失的本质	已发生	预期会发生	预料之外	预料之外
相关反应：				
会计	历史成本	标记为市场 标记为模型	向前看（忽略掉） 风险评估报告（?）	无
银行	准备金提取	利息差幅 动态提供抵押品	VaRs、信用风险模型、流动性、分散化、内部风险控制、保险、对冲	备份 内部风险控制 超额生产力 流动性、灵活性、专业建议、祈祷
市场	公司治理	公司治理	公司治理（?）	无（?）
专家	会计准则 破产法律 税收条款 杠杆比率（FDICIA） 失败的惩罚（?）	会计 （IAS39，FASB133） 税收（?） 进入准则 《格拉斯法案》利率限制 巴塞尔资本协议 I	巴塞尔资本协议 II 国际货币基金组织的金融部门评估规划 压力测试 流动比率 系统模型（?） 最后贷款人 薪酬控制（?）	增强流动性 最后贷款人 国有化

于相关的破产法案。每个国家的法案都有所不同，[①] 且银行业和非银行业的相

[①] 大多数国家把在多个地区管辖区经营的破产公司（银行）看做单一经济体，在这个问题中，某个法院在问题的解决上处于领先地位，但为什么某个特殊阶层的所有债权人都是被平等对待的，没有地域的差别（这是通用的做法），而另一些地方，如加拿大和美国在处理银行的案子时，这两个地方的法院利用对当地债权人有利的资产来审判（这是处理恐怖性等特殊实体的办法），并且与一般的审判程序还有所不同。想要了解这种国家级的处理方法的偏好在 1993 年的美国是怎么产生的，请参阅 Kaufman（1997）。

关法案也有所不同。相关内容见 Bliss 和 Kaufman（2006）。这种国际上的差异在处理跨国公司的经济危机时造成了很多麻烦，但这是一个特殊问题，关于这点我会在别处另行解释，见 Krimminger（2004）和 Goodhart（2005）。

就像会计一样，税收监管者和税务局通常都喜欢将过去实际发生成本、收入和损失与税收关联起来。它们担心若是将其与未来预期发生但还未发生的现金流关联的话会使纳税人通过改动某些数字来减少净纳税额。经济学家认为损失一旦发生后，这些数字就已经是过去时了，它不能代表公司目前真正的财务状况。会计应该能在法律允许的范围内准确判断每个数字，还应该能就专家对税收的质疑提出合理反驳，这种要求将导致会计不能依据最新数据做账。

现阶段，如果会计工作和准备金提取建立在历史成本的基础上，那么简单的杠杆比率（虚拟资本与实务资产之间的关系），比如说由《联邦存款保险公司修正法案》要求的杠杆率，也应该是在此基础上计算出来的。

在对失败者的惩罚和破产的合理成本这两个问题上，本章最有意思的内容或许与最后一条有关。通过冒险制定对失败者不同的惩罚，专家们能够改变私有企业的行为倾向。比如说，如果对银行业过失的惩罚是针对公司之前 3 年的所有领导者，那么这类过失的发生就会大大地减少。但是这也同时会导致银行不愿承担任何风险，而这正是社会所不希望看到的结果。我们该怎样决定银行应该承担的最优风险量？我国的银行现在是否太冒险了或者是太胆小了？至少在这种情况下，已经出现了对失败的（合法的）惩罚、破产法律的制定以及董事责任等形式进行约束的方法。

人们经常认为增加对失败者或专家过失行为的惩罚会导致申请相关职位的人数和质量的下降。这种趋势是一定有的，而且必须在极限允许的范围内。如果这种惩罚变得太严厉，那么正常情况下人们就不会再去申请这些职位了。虽然关于对犯罪（如谋杀和破产等）进行合理处罚所导致影响的研究已经很多，我还是不能理解这些经验性的研究怎样帮助理解这种处罚对于应聘者数量和质量的潜在影响。这或许是因为相关的数据太难获取。

比如说，承担风险的决策不仅与对失败的惩罚有关，还与对成功的奖励有关。对现有公司管理失败的指责几乎集中于一点，那就是决策者极力通过操纵收入来抬高市场价格，从而抬高期权价格。当银行内部的决策者受资本充足性监管（CARs）的影响时，他们很有可能为了保证自身回报而动摇。然而管理当局却对银行业的CARs进行了大量干涉，当然也涉及到薪酬方案，而且都产生了刺激作用。这种干涉对于关键决策以及执行薪酬方案这一行为的影响很可能比它对于CARs的影响更大。那么对CARs而非对薪酬的干涉，到底怎样才合理？比如说，如果要求任何银行总裁在退休后的若干年必须将自己退休金的90％投资在自己的公司，那么这种要求是否会像巴塞尔协议Ⅱ那样保护银行的利益呢？但是，让我们回到之前的问题，这种要求可能会反过来使银行冒更大的风险吗？

现在来看第二栏，即 R 栏。第二个很重要的观点是在处理过去发生的现金流损失和未来的预期现金流损失在会计、税收等其他领域的矛盾方面争议越来越大。至少在过去，会计和税收官员倾向于利用实际发生的看得见的数据来做账，因为他们担心市场不可靠或者某些模型会被人为操控。相反，经济学家和其他人则认为过去的数据虽然准确，但是已经过时了，因此不能代表公司目前真正的财务状况。

有一个问题是现有体系（IAS39、FASB133）综合运用过去现金流和预期现金流，其结果就是套期保值会计有时可能会被人为地改变。因此合理对冲（例如，房利美，世界财富500强公司）应该包括哪些内容就变得更加复杂和棘手。相似的问题也出现在税务当局身上，至少在欧洲是这样。税务局很不愿意接受类似反周期的西班牙动态准备金提取这样的工作，它们不愿意把预期会发生但是并未发生的现金流损失看做对利润可接受的抵消。相似地，税务局是否会接受基于"按模型计价"的价值评估还不确定，因为它们可能会将其看做延迟纳税的个人行为。在保持已有规则有效性方面一直存在着这样那样的问题，然而在这个问题的处理上，会计、税务当局以及政府（在对过去损失和预期损失的重要性比例分配问题上）却保持了同样的步调。

针对预期损失的合理保护措施应该有足够风险补偿的利率边际。当利率边际不够时，风险就不能得到正确的定价。不管初始资本有多少，都不能弥补这种错误定价。这时，资本不仅被侵蚀，而且没有得到高效的利用，因此公司的所有权就会发生改变。由于过度竞争、错误的判断、风险补偿太低或者多年来的成功导致的目光短浅，导致如2007年初出现的风险溢价不足的情况。对于

19世纪30年代发生的经济大萧条，很多人将其归咎于过度竞争，之后就出现了很多方面的管制，例如对利率的控制，就像 Reg Q[①] 和《格拉斯－斯蒂格尔法案》（Glass Steagall）是为了减缓竞争而通过的。近些年来竞争已得到了有效的控制，反对国有银行的一派认为他们的奖金和更低的资本率使得利率边际减小到无法支持私有银行健康营运的地步，与此相对应的例子是德国的柏林银行和日本的邮政银行。

限制公有的法国银行和日本银行的全球市场竞争力是巴塞尔协议Ⅰ的主要目的或者是主要目的之一。因此，我认为巴塞尔资本协议Ⅰ的出发点是控制银行对预期损失问题的处理。然而巴塞尔资本协议Ⅰ中对风险的处理条款太原始了，它根本不能算做对未知损失的有效回应。

如果国有银行（以及错误定价的存款保险）失去通过补贴得到的竞争优势，不受控制的私有银行能够达到利率边际与风险边际成合理比例的社会最佳平衡吗？自由银行制度可取吗？我个人的观点是外部效应（潜在的一系列系统瓦解）与短浅的目光（信心上的夸张动摇）是不可能结合到一起的，但这还是一个悬而未决的问题。如果我的观点是正确的，专家们就得尽力去避免不足的竞争或过度的竞争情况的出现。读者该怎么看待银行业的最优竞争程度呢？现阶段，美国、英国、日本或者法国的银行达到这个最优程度了吗？如果没有，它们该怎么做才能达到最优呢？我们有足够的知识来找到相应的方法吗？

接下来，我们看看第三栏，即 K 栏。一家银行的审计工作应该预测到多久以后的风险呢？如果有什么区别的话，公司的常规性审计报告关于将来面临的主要风险应该包括哪些内容呢？如果这类报告出现了错误，哪些又是法律允许范围内的呢？在什么情况下是被允许的呢？如果不存在合法的过失，那原因又是什么呢？银行应该报告多长时期内的历史风险价值、信用风险模型产出、

① 译者注：Q条例（Regulation Q）为美国联邦行政法典第12章第217节的内容：（1）从1933年到2011年，该条例按照《格拉斯－斯蒂格尔法案》（1933年正式通过的银行法案）第11款禁止银行对活期存款支付利息。从1933年到1986年，它同样对各种其他类型的银行存款按最高税率征税，如可转让支付命令活期账户。Q条例（Regulation Q）已不复存在。该条例的各方面，如付息的可转让支付命令活期账户实体类型，已被归于D条例（Regulation D）了。

压力测试、对冲以及其他形式的保险等？

在英国，有一项规定要求所有的大公司把经营和财务状况（简称"OFR"）作为它们年报的一部分，而年报还应该显示公司未来发展可能面临的风险。就在这项法案生效前，在 2005 年 11 月，为了控制私有银行的报告负担，英国财政大臣取消了这项要求。然而这一行为却激起了人们无声的反抗，原因是它可能会减少信息的可靠来源。相关的例子可以在《金融时报》（2005 年 11 月 19 日，星期一）找到，那是 M. Goyder 举的例子，《金融时报》成了唯一可以讨论 OFR 合理性的阵地。

"先生，你们花了 7 年的时间准备，8 个月的时间宣传，所以说这次对 OFR 的取消只是一个'小的校准'。

在接下来的 5 年里，世界各国的前瞻性报表将会统一起来。我们需要动力来度量并报告对保持股东价值很重要的标准和行为。投资者应该花工夫去建立与客户、员工和供应商的关系。OFR 标准提供了一个进入新报告时代后可被人们理解的框架。

这次'校准'的讽刺性在于为了迎合欧洲统一的指示，公司得做大部分的工作，而其不确定性却增加了，未来收益也减少了。"

当信息充足时，市场能够自动调节价格并且给予人们可观的收益，而市价的变化会改变公司治理的机制，例如对无作为公司所有权的接管。事实上确实遗留了一些问题，比如说在存在科技泡沫以及房市泡沫的情况下，市场是否在所有的情况下都能很好地带着未来收益的概率分布这一假象来调节价格。此外，市场也很难对不可知的情况作出令人信服的定价，这一点在本书的其他章节也会讨论到。

已知概率分布 K 和不可知 U 两者之间的差别也是很模糊的，特别是当发生的概率小但影响却很大的事件存在的时候。暴风袭击的频率和观察暴风时的悠闲可以肯定地被归为已知事件，但是恐怖袭击呢？流星撞击地球呢？诈骗呢？这些该怎么处理？后面这些情况在银行业显得特别重要，许多银行问题（霸菱银行和国际商业信贷银行）是在诈骗犯的怂恿下出现的。现有数据的可靠性有多大？银行是否有能力发现那些外界察觉不到的小型诈骗呢？

巴塞尔资本协议 II 包括一种操作性风险，这种风险涉及到资本的持有。然而为什么持有一定数量的资本可以减少概率小影响大的事件（例如，日本银行之所以应当比德国银行持有更多的资本是因为东京地震发生率比法兰克福更高）的发生却不是很清楚。持有更多的资本并不能减少诈骗的发生，相反却增加了其发生率，因为可观资本回报的要求可能会导致某些人"走捷径"。明显地，资本越多，在诈骗行为中的损失越大，但这一观点支持的是整体高资本率，而不是运营风险。若读者想要进一步了解巴塞尔资本协议Ⅱ对运营资本要求的反对意见，请参考 Goodhart（2005）和 Instefjord 等人（1998）的研究。

我的最后一个疑问与证明各国银行系统风险的发展模型需要有关。事实上，所有出于识别银行风险目的的模型和机制在设计和运用的过程中也考虑到了私有银行。但是监管者应当把所有的银行看做一个整体来考虑，而不是把私有银行当做国有银行的附属品。

设计一个能使"法令"作出相关评价的系统模型是我最近几年的研究领域之一。我和我的同事们近几年发表了一系列相关的论文（例如，Goodhartet al.，2004a，b，2005b，2006；Goodhart and Zicchino，2005），随着项目的进行，我们还会发表更多的内容。

然而，在实际应用中，打个比方说，就像读者已经了解到的一样，"巴塞尔银行监管委员会"（BCBS）已经为了达到自己的目的而评估和控制风险，并想办法使其他银行也遵守规定。我认为 BCBS 所设定的条例是要通过这种方式来进一步地将银行业的经济资本规范化。当整体经济状况恶化后，不良贷款增加，利率下降，资产价格下跌，经济状况进而进一步地恶化。在这种情况下，银行就变得愈来愈警惕，人们感觉到（经济）资本比率增加。在巴塞尔资本协议Ⅱ的规定下，"监管资本"也会增加。银行条例天生就是顺应周期的。这样的条例被制定得越合理，条例本身就会变得越顺应周期。

经验主义工作证明未来经济危机的最好预兆是资产价格泡沫和银行贷款增加同时发生（详细内容见 Borio 等人，1994；Borio 和 Lowe，2002；Goodhart等人，2004c，2005a）。当经济情况看起来很好，资本需求在经济方面和规定方面都不太紧张时，资产价格泡沫和银行贷款增加就会同时发生。以下这种情况可能发生：在巴塞尔资本协议Ⅱ被引入后，人们的风险管理意识越强，这项协议就越能阻止资产价格的上涨。但是没有证据表明这种情况一定会发生，也没有证据表明这样的情况不会发生。在美国，第四代质量信息系统（QIS IV）投入运行后，资本充足率明显下降了，这表明在经济形势乐观的时候，巴塞尔资本协议 II 对资本的要求远远低于巴塞尔资本协议 I。

个人银行的风险意识可能高于其顺周期性，而资本规则中风险敏感性的增加将会让系统成为一个整体。但仅仅依靠这一点就太过乐观了。更大的可能性应该是我们现阶段的提议可能会放大顺周期效应。

如果规则带来的形式效应在经济形势乐观时限制较少而在低迷时限制较多，这有没有影响呢？这种不同时期的调整是个人银行通常的可能做法。现在这种做法要被官方规定强制执行了。

有一个问题是：个人银行在形势不好时减少持股而在形势乐观时增加持股的做法对整个银行系统都会有负面影响，因此个人银行的这种做法对其他银行也有影响。在公司不景气时减少贷款并卖出资产会保住个人银行，但这是以整体经济形势的恶化为代价的，也会因此拖垮其他银行。

目前实行的压力和情景测试很难估计这种相互影响。对个人银行的这些测试包括在某种艰难环境中它们会怎样经营的问题。考虑到相互之间的影响以及整体影响，这些测试不可能实现，就算能做也很困难。结果就是这些压力测试会对整体银行系统的某些优势作太过乐观的估计。我之前做的模型工作的一个目的就是估计这些潜在的相互影响，然而这项工作尚未完成。

这些概括性的介绍表明目前最需要做的是设计在经济形势乐观时增加限制而在经济低迷时把限制降到最低的弹性规则，而银行在低迷时无论如何都会更加谨慎。然而规则制定者却喜欢制定低迷时严格，乐观时则更加严格的政策，低迷时期任何放松限制的提议都会使他们紧张。此外，保持公平的竞争环境（巴塞尔银行监管委员会的一大目标）和从银行提款进行证券投资的可能性等这些问题都是个人银行采取弹性规则的绊脚石。即使如此，我们已经在这个目标上进步了。房产价格的上涨和银行贷款增加的同时出现是系统性金融危机即将爆发的预兆。弹性贷款利率制度已在中国香港、韩国实行，而爱沙尼亚也在2005 年 11 月采取了这一做法。前面已经介绍过的西班牙资产拨备，在我看来是最好的做法。

总的来说，估计竞争最优程度、银行业（或者其他行业）承担风险的最优量或者应该与那个最优量保持多远的距离都是很困难的。不管怎么样，要找到达到最优量的方法也不容易。因此，我们看到公共政策一般都是消极等待，等到"大型灾难"发生、"野马"脱缰后，才开始想办法来关上"马厩的门"。

参考文献

Bliss, R. R. , and G. G. Kaufman（2006）. US Corporate and Bank Insolvency Regimes: A Comparison and Evaluation. Work in progress, drafted October 23; a shorter version has appeared in Federal Reserve Bank of Chicago Economic Perspectives, 44（2006）.

Borio, C. , N. Kennedy, and S. Prowse（1994）. Exploring aggregate asset price fluctuations across countries: Measurement, determinants and monetary policy implications, BIS Economic Paper 40.

Borio, C. , and P. Lowe（2002）. Asset prices, Financial and monetary stability: Exploring the nexus. BIS Working Paper 114.

Goodhart, C. A. E.（2001）. Operational Risk, Financial Markets Group Special Paper, no. 131, London School of Economics（September）.

Goodhart, C. A. E.（2005）. Multiple Regulations and Resolutions. In *Systemic Financial Crises: Resolving Large Bank Insolvencies*（Federal Reserve Bank of Chicago）.

Goodhard, C. A. E. , and L. Zicchino（2005）. A model to analyse financial fragility. *Bank of England Financial Stability Review*, 106－115（June）.

Goodhart, C. A. E. , P. Sunirand, and D. P. Tsomocos（2004a）. A model to analyse financial fragility: applications. *Journal of Financial Stability* 1, 1－30.

Goodhart, C. A. E. , P. Sunirand, and D. P. Tsomocos（2004b）. A time series analysis of financial fragility in the UK banking system. Oxford Financial

Research Centre Working Paper No. 2004—FE—18.

Goodhart, C., B. Hofmann, and M. Segoviano (2004c). Bank regulation and macroeconomic fluctuations. *Oxford Review of Economic Policy* 20, 591—615.

Goodhart, C., B. Hofmann, and M. Segoviano, (2005a). Default, credit growth and asset prices. Paper presented at IMF Conference on Financial Stability, September 6/7, 2005, Washington, DC.

Goodhart, C. A. E., P. Sunirand, and D. P. Tsomocos (2005b). A risk assessment model for banks. *Annals of Finance* 1, 197—224.

Goodhart, C. A. E., P. Sunirand, and D. P. Tsomocos (2006). A model to analyse financial fragility. *Economic Theory* 27, 107—42.

Instefjord, N., P. Jackson, and W. Perraudin (1998). Securities fraud. *Economic Policy* 27, 587—623.

Kaufman, G. G. (1997). The New Depositor Preference Act: Time in Consistency in Action. *Managerial Finance* 23 (11), 56—63.

Krimminger, M. H. (2004). Deposit insurance and bank insolvency in a changing world: Synergies and challenges. International Monetary Fund Conference, Washington, DC, May 28.

第 14 章　危机管理：已知、未知和不可知

Donald L. Kohn

为了达到政策制定的效果，中央银行必须作出直面不确定性的决定。这种不确定性是由相关经济状况、金融系统以及政策可能带来的潜在效果的信息不完全引起的。这种不确定性意味着中央银行在作决定时必须同时考虑到几种可能的风险及其影响。这就是说，中央银行不仅需要评估特定环境下最可能出现的结果，还要考虑非常规结果发生的可能性，即"尾部事件"发生的可能性。另外还得考虑这些"尾部事件"发生时的社会福利支出。

这种风险管理方法是由格林斯潘主席在制定货币政策时提出的，但它同样适用于中央银行作风险管理的决定，而这就是我本章要讨论的主要内容。① 危机本身就是"尾部事件"，如果危机的可能结果特别严重的话，那么应对危机的方法就应该专注于危机发生的可能性以及发生所产生的成本。

信息（可靠的信息）在风险管理中是必要的。然而，在一场金融危机中，危机并不是完全不可避免的。危机发生的本质意味着当未知事件、不可知事件发生与可知事件有联系时，其发生的概率就会变得异常大，而这又会反过来影响政策制定者如何评价风险、成本和利润。

虽然本章的主题是风险管理，但我想在本章开始的时候强调一点：保持经济稳定的最好方法是降低此类风险继续恶化的可能性。为了达到这一目的，中

---

① Alan Greenspan (2004). Risk and uncertainty in monetary policy American Economie Review 94 (May) 33—40.

央银行就要想办法保持宏观经济的稳定、通过参与市场调节来鼓励合理的风险承担实践、提高市场管制、倡导可靠有效的支付方式和结算体系。在银行领域，预防措施比挽救措施更有价值。在进行深入阐述之前，有一点需要申明：本文的观点仅代表我的个人意见，与理事会本身或其成员没有关系。[①]

14.1　成本、利润和政策选择

即使是针对危机的预防政策也要衡量其成本和收益。没有哪个有效灵活的金融系统能够在任何时刻完全避免金融动荡。政策制定者就必须利用不完整的信息来评估不同方法的成本和收益。

在某场金融危机中，不作为或力度不够的潜在成本有可能摧毁实体经济、阻碍经济活动并迫使物价下降，而这是人们并不愿意看到的。这样的破坏行为会发生是因为危机增加了合约双方经济身份的不确定性，也增加了最终资产价格的不确定性。在极度不确定的环境中，借款方会变得太过谨慎，以至于提供的贷款会比对贷款方的客观评价的数额小很多；在各种不同类型的市场中，对合约双方风险的担心会削弱支付结算体系的功能；资产价格会偏离其真实价值很远；信心指数也会被低估。这些类型的"尾部事件"会在一定时期内阻碍经济活动。如果持续下去的话，通过削弱金融市场将储蓄转化为可以盈利投资的能力，这些"尾部事件"会严重影响到市场的效率和收益。

虽然制定政策会减少不利结果发生的概率或减少它们的影响，但是应对危机的一些政策的可能收益应该会大于其主要成本。简单来说，就是干扰市场会导致道德风险并减弱市场规则的作用。如果私人部门相信制定政策可以弥补它们亏损或是不佳运气的话，它们合理评估未来风险的动力就会减弱，而经理们制定的规则也会有虚假成分。弱势市场规则会扭曲信息来源，并埋下未来危机发生的种子。

---

① 董事会成员 Edward C. Ettin、Myron L. Kwast 以及 Patrick M. Parkinson 提供了有价值的意见和评论。

制定政策的可能实际成本意味着只有当管理者不作为，致使危机高到会摧毁实体经济的时候才应该执行政策。因此，避开严重危机后果的首要方法是利用公开市场操作来确保足够的总体流动性。足够的流动性包括两个方面：

第一，我们必须满足任何恰当流动性的需求。如果这些需求得不到满足，额外需求就会使那个市场在最不合适的时候紧缩。这正是 1987 年股票市场崩盘的重要原因。那个时候，对流动存款的需求提高到了可以承受的极限。"9·11 恐怖袭击"中建筑物和通讯系统被摧毁，切断了信用的流动后，这个需求又再一次地被提高。

第二，我们应该清楚货币政策的制定是否能够抵消信用供应紧缩和其他由金融动荡引起的后果对实体经济造成的影响。政策调整能通过使中央银行认识到形势的潜在严重性来减小影响，进而提振市场信心。结果就是：美国联邦公开市场委员会（FOMC）的每次会议都要研究形势是否在向不可遏制的方向发展——这已经成为每次应对经济危机的必要会议。这些会议使我们能够收集并分享关于金融动荡的程度以及它对市场和经济影响的信息。另外，会议还会商讨相应的政策措施。

一些批评家认为 FOMC 应对金融危机的政策调整鼓励了金融经济市场中不恰当的风险承担。然而，现在的政策准则已经到了可以成功缓冲金融动荡对宏观经济的消极影响的程度，它真正地减缓了风险，而这个事实就应该在私人机构的行动中体现出来。其他应对金融动荡的方法有：贴现窗口融资、道义劝告、保持市场开放和逐渐减少境况不佳的金融机构。这些都更像货币政策调整那样会对私人部门行为产生不良的、被扭曲的影响。通过使私有公司更倾向于信用贷款而不是向市场贷款，或者通过向现有信贷方提供保护措施，这些方法都能对道德风险起到实质性的防范作用。因此，只有当更加普遍的方法如公开市场操作不能明显拯救下滑的经济时，才执行这些政策。

如果决定要提高某些特定公司的信用，那么这些措施应该能够将道德风险降到最低。有时候还应该有足够的道义劝告，只需要提醒拒绝履行信用和拒绝缴款的潜在后果，私人部门就能够被劝说为了自身利益而避免此类结果发生。但中央银行要注意不能让私人部门把道义劝告看做是施压政策或者会弥补其损失的官方承诺。如果中央银行认为不得不给某些私人储蓄机构贷款来避免严重的经济下滑，在大多数情况下此类贷款也应该符合相关法律规定，从而使私人部门不能指望永远依靠公共部门的信贷。

在尽可能少地干预市场并且使个人和机构能够承担某些不良决定带来的后果这一过程中，为了减少经济领域之外的不良效应，联邦储蓄机构想尽了各种方法。几乎每一轮的金融动荡都要求实行宽松的货币政策，而大多数情况下这些政策都只是暂时性的，当那些发生概率小但成本高的事件过后就会停止实行货币宽松政策。其他方法也偶尔被用到过。对危机事件成本和收益的评估还要看危机发生的本质是什么。

在应对 1987 年到 1988 年私人部门的自我反馈市场价格体系被迅速且明显地破坏的过程中，道义劝告是一个重要的方法。在解决 19 世纪 80 年代和 90 年代持续时间长、影响范围广的机构问题中，贴现窗口的贷款帮助加快了有序度过艰难时期的进程。"9·11 恐怖袭击"后此类贷款在把流动性调整到合适水平的过程中发挥了积极的作用。在这种情况下，采用什么应对办法还取决于事件发生前经济和金融市场的状况。当经济形势乐观、金融系统稳健的时候，对金融系统的冲击就会在经济形势中反映出来。

14.2　危机中的信息流

明显地，在及时、准确的消息很少快速变化的环境中，就危机境况作出判断必须考虑一系列的复杂问题。

历史经验告诉我们面临危机时一些重要的问题可能会出现。比如说，金融破坏会有多严重，有多少公司和市场参与者卷入了这场危机，它们的规模有多大？危机直接或间接蔓延的方向是哪里？合约双方是谁，他们各自的风险是什么？一家公司的失败和市场地位的循环会引发资产价格的变化，那么哪家公司又会受到资产价格持续变化的消极影响呢？金融危机可能持续多长时间？会出现金融服务的替代品吗？这些替代品的投入运行需要多久，难度又有多大？此外，还有一个亟待解决的问题：各种情况下的宏观经济和进入那种环境的最初状态是什么，最终状态又是什么？

解决这些问题需要大量具体的、最新和最及时的信息，而很多信息是目前无法获得的。即使是在最有利的环境中，要决定进行市场干预所需的相关信息也是未知（特别是当危机出现得太突然时）甚至不可知的。公开的资产负债表和利润表（或者过去的报告）只考虑了当资产价格和风险组合以不可预测的方式快速变化时的最初状态分析。除此之外，危机总是会揭示一些金融中介、终端供应商和资金需求方之间的相互关系。

中央银行以及其他参与危机管理的公司必须采取措施在危机发生前将未知信息领域压缩到最小，还应该制定一些方法以获取某些会被用到的信息。更多的信息不只是为了"越多越好"。政策制定者想要选择一条道德风险最低的道路，但是其在危机中处于很艰难的境地。政策力度不到位的危害会迅速、明显地显现出来，那就是金融经济市场会被进一步摧毁。在不必要的时候干预市场和制造道德风险是力度太大的表现，这样做的代价是决策制定者们沉溺于长期的干预，而这种做法永远不能被看做一种政策调整。这种政策下突发危机的风险最小化的自然趋势可能会因无知和不确定性而恶化。越糟糕的结果越容易被预测，你对市场上那些提供虚假信息的人的依赖度越高。

每次的金融动荡都不一样，但都告诉我们怎样筛选有用信息并提醒我们应该与哪些人分享信息。例如，期权和期货的清算机制是在 1987 年的危机中制定的；托管人的资产减损及其对借款的影响和规则制定者的反应是在 19 世纪80 年代末期和 90 年代初期受到广泛关注的；甚至在 1998 年国债价格受到冲击的时候，市场流动性也显示出了它的重要性；"9·11 恐怖袭击"后基础设施建设得到了空前的发展。

虽然知识对回答我之前提出的问题有帮助，但是更重要的是新的信息流。当今的金融市场里存在很多跨国公司，获取此类信息和作出令人信服的分析需要很多公司的通力合作。联邦金融机构检查委员会（FFEIC）由美国所有的储蓄机构组成，它是一个为了获取信息并加强规则制定机构间关系的座谈会。总统的工作团队本身也是 1987 年股票市场崩盘的产物。这场危机揭示了良好沟通和所有金融规则制定机构通力合作的必要性。除此之外，通过参加各种国际会议我们与外国专家建立了双边关系，例如银行监管方面的巴塞尔委员会、支付结算系统委员会、金融稳定论坛等。"9·11 恐怖袭击"后我打了很多电话，也接了很多电话，对方都是其他中央银行的人员，我与他们在货币政策团队合作或者在对付"千年虫"危机的团队合作中建立了良好的工作关系。虽然国家部门间的沟通很重要，但它只是二手信息的来源。信息的最好、最重要的来源是我们在日常经营过程中与其他金融市场参与者建立起来的联系。

不管危机的起源是什么，联邦储蓄机构通常都发现自己为评估和管理风险做了最大的努力。可以肯定的是我们拥有其他机构没有的专家和权力。但是我们也有责任将宏微观经济因素联系起来评估危机发生概率并且衡量市场干预的可能后果。因为我们承担着稳定物价和保持经济增长的责任，所以在研究整个金融系统与经济系统之间关系的领域我们有专业的知识和人员。中央银行至少需要搞清楚市场是怎样运行以及它对某个特定的激发因素会有什么样的反应。我们在支付系统运行中扮演的角色给我们提供了研究危机怎样传播的途径。在联邦储蓄机构中，监管责任使我们对银行系统有所了解，也使我们在解读其他机构信息方面更为专业。我们在董事会和储备银行里有宏观经济、银行业、支付结算系统以及其他各种金融市场方面的专业人才，而他们相互之间又都有联系。在联邦储蓄机构的同事是我们处于危机迷雾中时最佳的信息来源和过滤器。

虽然我们已经作出了努力，但在危机中进行判断所需的信息还有很多是未知甚至不可知的。金融危机在概念上属于"尾部事件"，它是与当局有关的"尾部事件"的下行可能性。在从未遇到过的环境中，市场参与者顶着压力作决策，而此过程中所用的信息又通常是不完全的，甚至是错误的。不确定性（在奈特不可量化风险的概念中）在这些情况下都是特殊的。不确定性驱使人们保护自己，他们通过卖掉正在掉价的资产来避免与那些可能丢掉自身金融优势的公司交易，并使自己的资产组合变为安全可靠的流动资产。市场机制在没能事先建模的情况下被测试。

在评估金融经济系统的持续潜在破坏性的时候，危机的蔓延是一个重要的潜在因素。而蔓延反过来又是心理学上的一个问题——人们在压力中会如何如反应？当压力环境消失后，道德风险也面临同样的问题，人们如何适应被干预过的市场？因此，很多被需要的信息在定量性概念上是不可知的。因此，专家就必须依靠经验和在目前情况下所能收集到的尽可能多的信息作出判断。

14.3　变化的金融系统以及可知、未知和不可知

近年来金融市场的演化过程曾经一度使人们认为金融系统已经变得更有弹性，并且对政府干预的需要更少。金融服务和地理因素上合理合法壁垒的降低、金融衍生市场的发展以及信用的资产化使得金融中介更加多样化，并且可以更快更好地管理危机，减少了对地区性和特殊性冲击敏感的专业银行的数目以及贷款者对某个特定银行的依赖度。因此，它使得经济对个别特殊危机的敏感度降低。

然而，我们现在知道实际情况并非如上所述那样让人乐观。如今的金融系统对一系列的冲击恢复了弹性，但对那些罕见事件的敏感度却大大提高，例如"经济大萧条"后美国房价的首次大幅降低与金融和证券市场的联系更加紧密。这种联系一部分是通过信用流的发出和传播形成的。这种趋势通过金融工程得到了加强，金融工程开辟了分散风险的新渠道。但是，在此基础上找到的解决方法却很复杂、很模糊。它建立在根据已知资产价格作出的复杂模型的基础之上，并且对未知和不可知事件更加敏感。这些方法投入应用后，金融系统保持了一段时间的稳定，经营者因此就变得自大起来。在金融稳定时期，危机发生的概率很小，而且破坏力不大。表面稳定的经济背后是金融界日益减少的资产和高杠杆率。

在这样的环境中，起源于房地产市场的不良势头迅速蔓延到了证券市场、银行业以及其他金融中介结构。这种势头揭示了信贷的产生与分配的不足之处。在把杠杆比率降低到安全水平的过程中，随着经济市场的萧条，这种势头在金融系统中的影响日益扩大，而信用资产却日益紧缩。日益滋长的风险规避心理损害了市场作价和流动性。市场上新出现的复杂联系使得金融系统在几类机构弱点面前显得很脆弱，而这些劣势在以前不被认为是影响系统稳定性的中心因素。很多重要市场参与者的危机管理系统还没有适应现代金融公司日益增长的复杂性，也没有适应信用产品市场的不同特点，对风险的真正管理依旧高

度依赖于流动市场上的交易。

危机的发生揭示了金融系统中规则制定者的监管还有待加强。规则制定者本身也不是很了解金融市场上不断演变的风险，就算他们了解，也没有采取及时有效的措施来解决问题。监管上出现了漏洞，尤其是在那些对整个金融系统特别重要的公司里。在解决问题的过程中出现了新问题。危机管理变得极度困难，而一些罕见发生事件的影响就蔓延到了其他金融经济部门。

我们接下来要做的事情就是通过建立稳健的金融系统来制定一套完整的规则体系，使其更好地服务于经济。我们必须把那个漏洞填上。每一家对金融系统很重要的公司都必须服从监管。金融中介对整体系统越重要，对它的监管就要越严密，就越应该要求其资本、流动性和风险管理必须与所扮演的角色相匹配。人们应该把系统看成一个整体。市场和参与者之间的相互联系可能会消失，这些联系显示了单个参与者对市场变化的敏感性。我们最终必须找到并应对那些给系统带来很大影响的制度，这些制度本身就有很多瑕疵而且可能对整个金融体系构成威胁。如果我们要避免始于 2007 年末那样的金融危机重演，那么私人部门和规则制定者就必须找到更好的方法应对未知和不可知。这些未知和不可知都是以市场为导向的金融经济体系发展的自发结果。

第 15 章　对未知事件和不可知事件的投资

Richard J. Zeckhauser

David Ricardo 在滑铁卢战役打响的 4 天前大量买进英国政府的债券，并因此大赚了一笔。[①] 他不是军事分析家，而且就算他是，他也没有能力来预测拿破仑到底会赢还是会输或者是不分胜负。因此，他投资的是未知事件和不可知事件。但他知道的是竞争很激烈，而且政府也很想卖出债券，他也知道拿破仑赢了后他输的钱要远远少于拿破仑输了后他会赚到的钱。

本文将讨论当未知事件发生的可能性不能通过已有的模型判断时怎样选择好的投资机会。这里讨论的很多投资是一次性的，这也意味着以前的数据是没用的。另外，本文还会阐述投资需要综合技能，例如房地产的发展预测。大多数读者缺乏这样的技能，但他们都知道谁拥有这样的技能。如果可能的话，跟着有技能的人投资总是没错的。

虽然投资为的是赚钱，但分析投资的重点却是怎样处理未知事件和不可知事件，以下将其简称为 uU。因此，我有时会谈到金融以外的突出问题，比如恐怖袭击，它也可以算做是未知事件和不可知事件。

---

① An earlier version of this paper appeared as "Investing in the Unknown and Unknowable," *Capitalizm and Society* 1 (2), 2006, Berkeley Electronic Press, www. bepress. com/ cas/ volⅤ iss2/ art5.

本文不讨论衍生问题，也不讨论过去的问题。[①] 简而言之就是避开了我职业上的寻常话题。它代表的是一个各种观点的混合体，这个混合体中有来自学术著作的灵感以及把这些灵感传授给他们的灵感，还有来自直接或间接向 uU 领域里成功的投资者学到的东西。为解开读者的疑惑，我在必要的地方做了脚注，其中有一些引用出自于杂志和书籍里的在线文章。读完本文你会发现有些是投机的思想，有些却可能成为座右铭。它们都按照顺序被标注了出来。

按照我们目前对话题的理解，这种不寻常的方法看起来是可行的。我对这个话题最初的想法很怀疑，就像统计学家所说的："先验分布是分散的"。考虑到这一点，合理的举例说明和谨慎的分类方法能够实质性地加强我们的信念，这就是说，要很谨慎地对未来事件作预测。

15.1 节将讨论风险、不确定性以及无知，其中无知在我们平常讨论的范围之外。15.2 节将讨论行为经济学以及人们偏离理性决定的趋势，特别是当涉及概率时的趋势，因为投资通常与概率挂钩。行为经济学理论遍布 uU 领域。15.3 节解释现在金融界流行的数学模型所扮演的角色。它阐释了一个很普通的道理：如果特别有天赋的人在一次投资交易中是你的对手，那么你最好不要投资。下半部分将讨论运用数学模型进行财务管理的争论，也就是说当你确实有机会赚钱时应该投资多少钱。15.4 节将详细说明当你有机会赢得更多的钱但对方信息比你多的时候，你应该在何时进行投资。15.5 节会讲到巴菲特的故事，然后作出合理的推断。15.6 节将会对全章节内容作一个总结。

15.1 风险、不确定性和无知

15.1.1 有效投资所面临的不断增加的挑战

有效投资的实质在于当未来世界变得可知时选择那些稍纵即逝的投资。就

---

① Ralph Gomory 关于未知和不可知的文章（1995）激发了我们的灵感。Miriam Avins 提供了有益的评论。Nils Wernerfelt 提供了有用的研究帮助。

像有效市场假说所论述的那样，当资产的未来收益率可知时，明智的投资涉及到复杂的最优化问题的解决。当然，这些概率通常是不可知的，于是我们才从资本资产定价模型（CAPM）中抽身出来，进入到不确定性世界中。①

如果金融界只是需要解决不确定性问题的话，那么善于估计概率的人就会成为金融界的成功者。这种技能常被认为属于"贝叶斯决策理论"，它会胜过复杂的最优化决策，成为实质性收益的推动者。

真实的投资世界经常会远离非知识水平成为另一个领域，在这个领域里，身份和未来可能状态的本质都是不可知的，这就叫做无知世界。在无知世界里，一个人没有办法估计未知世界状态的可能概率。就像传统金融理论在碰到不确定性时也遇到阻碍一样，现代决策理论进入到无知世界后也会遇到阻碍。我将利用 uU 这个字母缩略词来指代未来世界的状态和其出现概率都未知且不可知的情形。表 15-1 列出了三种逐步递进的类型，我会在下文逐条解释。

表 15-1　　　　　　　　　　**有效投资面临的逐渐增加的挑战**

	对世界状态的已知程度	投资环境	所需的能力
风险	已知概率	已知收益回报的分布	投资组合最优化
不确定性 U	未知概率	推出的收益回报分布	投资组合最优化决定理论
无知 uU	世界的状态不可知	推出的收益回报分布，通常是通过分析总结别人的投资行为得出来的互补技能会随着投资行为一起得到回报	投资组合最优化决定理论 互补的技能（理想状态下的）策略推理

本文关于未知事件的投资既有令人沮丧的结论，也有令人高兴的结论。第一个令人沮丧的结论是不可知情形存在广泛且是不可避免的。考虑到全球变暖、恐怖袭击以及有发展潜力的未来科技进步对金融市场的影响，这些结果就像 1997 年的亚洲金融危机、"9·11 恐怖袭击"以及 20 世纪末纳斯达克的兴起一样在发生之前没有丝毫迹象。

---

① 不确定性的旧时说法是不能算出其概率的情形，它是由奈特在 1921 年提出的。

这些不可知事件影响到了大批的投资者。但很多不可知事件都是特殊的，只针对个人的，因此它们只会影响到个别或少数人，比如说，如果我在离城市西边 10 英里的地方建一个能容纳 300 户人家的社区，会有人入住吗？越南政府会让我大范围地出售保险产品吗？我朋友新开发的软件能赢得公众的青睐吗？如果不能，那把该软件放在一个完全不同的应用程序里呢？我下面要讨论的这些特殊情形都有着取得超额投资回报的潜力。

第二个令人沮丧的结论是大多数投资者所接受过的训练，如果有的话，都适合应用在事件发生的状态和概率都已知的情况下，他们完全不知道怎样处理不可知事件。当碰到不可知事件后，他们都倾向于尽量避开，通过损害别人的利益来保护自己。但是除了最简单的投资之外，大多数的投资都要不可避免地卷入到不可知事件中。而且当真的身处其中的时候，他们可能都会犯严重的错误。

第一个令人高兴的结论是不可知事件以前通常都会而且会继续得到很高的收益。第二个令人高兴的结论是可以找到研究不可知事件的系统方法。如果这些方法得到了运用，它们就是获得可观预期投资收益的途径。可以肯定的是，一些实质性的损失是不可避免的，而其中的一些在事后会发现是本可以避免的。即使对那样的风险规避者来说，净预期收益也是非常令人满意的。

但是，如果你是风险规避者，就不要继续读下去了，uU 的世界不适合你。考虑这样一个比喻，如果在不可知情形中，你所搭建的桥梁没有一座坍塌，那么就是你把它们建造得太坚固了。同样，如果在不可知情况中你的所有投资在事后都亏了，那就说明你根本就不适合处理不可知情况。

巴菲特是不可知情形下投资的大师，因此他是本文的关键讨论对象，他认为玩合约桥牌是商界最好的训练活动。打桥牌需要玩家一直对不可知情形出现的概率作出估计，在一个回合里面他们要作很多的决定，而且还得经常权衡得失。但玩家必须不断地与导致坏结果的好决定讲和。如果一个人想要在对不可知情形投资的时候获益，这种调停技能是必须要具备的。

15.1.2　未知事件的本质

许多被我们归类为不可知的事件就像未预料到的雷声一样突然出现，没给我们任何准备的时间。但是这些事件一旦发生，它们看起来就没那么奇怪了。人类的大脑有一种惊人的能力，它可以解释为什么我们应该能事先预料到"9·11恐怖袭击"或者1997年亚洲金融海啸和2005年的印尼海啸的发生，人们认为两者分别是由汇率暴跌和水下地震引起的。人类有把自己的记忆与事后解释联系起来的癖好，特别是当星期一早上的橄榄球比赛中被四分卫打击后。这种癖好阻碍了预测未来极端事件发生的能力。我们从错误估计和决定中吸取的教训还不够多。

有些不可知事件的发生会持续一段时间，就像苏联政府的垮台。考虑到大多数的股市都会震荡，从1996年11月开始，纳斯达克的市值在4年里翻了5倍。然后开始反跌，在3年内跌了2/3。相似地，从2008年5月到2009年3月股市大范围暴跌，其中有一半是缓慢下跌，只有在2008年秋季的一小段时间里垂直下跌。这种趋势不能被称做是"晴天霹雳"，它们最多也就算是把一个气球吹大后再慢慢把气放掉。回顾起来，这些明显的动荡没有不可知事件的显著特征，金融市场以前也有那样的表现。如果任何时候的证券价格都反映了所有的相关信息，由于对未知的好的或坏的消息很难作出准确的预测，那么股市长时间地朝一个方向变化也是不太可能的。同样，在25年前，美国死于艾滋病的患者只有31人，但艾滋病今天却可以和恐怖主义相提并论了，没有人会想到这种在世界范围内传播的疾病会杀死成千上万的人，严重摧毁了很多贫穷国家的经济。

我们应该害怕uU事件吗？巴菲特曾经发现几乎所有的惊喜都令人不快。大多数的uU事件都是不良事件。这更多是一种感觉，而非事实。不可知事件通常很难被辨别出来，例如恐怖袭击事件的减少或是得了致命疾病后又痊愈。在任意一天死亡的可能性都很小，但患者总是觉得恢复无望。因此，消息一天天地变坏，就像金融市场里股价上涨的希望越来越小。B. F. Skinner是伟大的行为心理学家，他告诉我们在各种干扰力量下被迫作出的行为是最难停止的。如果你投入到了事情中，随着时间的推移，你最终会得到回报。相似地，当一系列进展步调不一致的事情结束时，一个人很难感觉到。如果发生的事情令人不快，人们也不知道事情什么时候才可以结束。

现在让我们把关注焦点移到突发事件上。要想被称之为突发事件，就必须有不同寻常的特征，不管是好的还是坏的。偶然经验是指通过阅读地方、国家或国际头条新闻得出的，这些经验使我们发现突发事件通常都是不好的。现实与以前的电视节目"百万富翁"不同，人们不会随便敲开你的门然后塞给你一大把钱，在伊拉克发生的恐怖袭击的次数远远多于被制止的次数。

金融领域是一个好坏事情对半发生的领域，当我们把突然发生的不寻常事件算进来后尤其如此。截至 2004 年底，美国境内有 250 万人是百万富翁，该统计资产不包括他们的房产（数据来源于 money. cnn. com/ 2005/ 06/ 09/ news/ world＿wealth/ ）。毫无疑问这些百万富翁肯定都遇到了好事情。有些事情是很多人都遇到过的，比如房价的持续上涨，但是还有很多事件只是被个别或少数几个人碰上。这些事件包括未预料到的高薪工作、想到一个高收益的商业项目，或者是拥有价值原先被低估的房产等。

我们听到过买彩票中奖事件，这种突发事件的小概率和高收益性使其颇具报道价值。与此相反的是，那些造就了一大批房地产业百万富翁的 uU 事件大多数只出现在了国家的粗略统计中。除此之外，与杂志背面的广告不同的是模仿那些"幸运儿"的做法也不一定是好事情，因为除了钱和明智的投资选择之外，还需要额外的投资技能和相关信息。因此，很多使人受益的 uU 金融事件不按时间顺序发生。相比之下，没有收益的 uU 金融事件如 2008 年 9 月发生的取消赎回权事件与其他不好的事件如纵火和谋杀，它们都能得到媒体的关注。想要获取有关这些 uU 金融事件的信息，仅仅依靠报纸是不可能的。

现在我们来看积极的一面。考虑到极端事件的发生，按对称比例发生的事件值得我们注意。我们假定财物价格的变化是升降对称的。考虑到负价格不可能出现，这些变化肯定是按百分比而不是绝对值计算的。[①] 如果数据只是在平

---

① 这里的说法有时也表达为事情按几何方式而不是算数方式变化，或者说价格的对数有一个一般的对称分布。研究最多的例子是对数正态分布。具体内容参看由 E. Limpert 和 W. Stahel 编写的《生活就是对数正态分布》（http：// www. inf. ethz. ch/ personal/ gut/ lognormal/ brochure. html），里面详细讨论了这个分布的实用范围。

均数上下发生小范围的波动，那么百分比和绝对值计算之间几乎没有差别。因此，100美元的价格每年上升或者下降3%与上升103/100或者下降100/103是没有差别的。但是若变化不是3而是50的话，百分比计数就很有用了。此时价格就会变为100（150/100）或者100（100/150），其平均值为117。如果价格很接近比例对称形势的话，很多人相信事实上就是这样，那么大的波动既是好事又是坏事，称其为坏事是因为它承担着很大的风险，而称其为好事是因为它同时也代表着高收益率。

很多百万富翁通过投资使自己的资产增值了十倍甚至百倍。如果某项投资具有下文所述的全部三项特征但却没有得到很高的收益的话，事情就会显得很奇怪了。这三个特征为：（1）uU事件所拥有的特征；（2）这些投资需要额外的互补技能的支持，因此这类投资不适合于一般的市场；（3）合约的另一方不可能得到更多的信息。这就是说，如果你能辨别什么时候进行此类投资什么时候避开此类投资的话，那么你就很适合对uU事件进行投资。

同时具备以上三个条件的投资项目很有诱惑力，但这不是每天都能碰到的。即使某人真的遇上了，也不可能像投资者希望的那样想赚多少就赚多少。它不同于那种在价值被低估的纽约证券交易所进行交易然后大赚一笔的行为，起码大部分人做不到。因此，对uU事件敏感的投资者应该经常寻找新的投资机会。这就是为什么巴菲特一直坚持按照伯克希尔—哈撒韦公司的年报来寻找新的投资机会的原因，也是为什么很多富有的私人投资者频繁寻找新的投资工具和交易项目的原因。

15.1.3 唯一性

很多uU情形应该在原来的基础上再加一个U，即唯一性（unique）。加上U变为uUU后，那些试图利用过去信息来作投资决定的套利者就没有机会继续套利了。而那些因为作了错误决定而在事后被严厉惩罚的人也不会因为相同的原因再次受到处罚。没有来自精于世故的利益维护者们的竞争造就了头入价值被低估的有价证券的机遇。

很多成功的投资者，从David Ricardo到巴菲特，都通过投资uUU事件而赚了钱。据说Ricardo通过购买滑铁卢债券赚了100万英镑（多于今天的5 000

万美元），大约相当于其财产的一半。① 同样，巴菲特也赚了很多钱。虽然巴菲特最著名的企业是内布拉斯家具商场和喜诗糖果以及他在华盛顿邮报和可口可乐之类公司的长期投资，但保险却是伯克希尔—哈撒韦公司那些年的财富来源。保险需要 uUU 思考，另外还需要认真地分析什么时候投资什么时候撤资。巴菲特和伯克希尔公司知道特定情形中的不可知事件是最好的赚钱机会。他们所投的保险公司从未发生过信用违约掉期。然而，很多专家把对巴菲特成功投资案例的讨论当做为 uUU 投保的情形，因而都远远避开了，但巴菲特却把这些情形看成是需要承担风险的赚钱机会并且把这些机会都牢牢抓住了。

推断 1：uUU 投资（未知性、不可知性和唯一性）吓跑可创造诱人低价的投机者。

一些 uU 情形看起来是唯一的，而实际上并不是，因此它们被归为传统的类型。公司收购的竞标就是这样一种情形。当一家公司竞标要收购另一家公司时，它通常不知道接下来会发生什么，这看起来好像具有唯一性，但是由于之前发生过很多这种类似的情况，这样的情况因而不具有唯一性，就好像虽然每个孩子都具有唯一性，但对运动鞋制造商来说他们都是一样的。

15.1.4 奇怪的原因和厚尾现象

对 uUU 事件的投资是很极端的。我们都对贝尔曲线（也叫正态分布）很熟悉了，它很好地描述了在投掷硬币的大量实验中正面向上的次数。但是像这样可以被严格控制发生的实验很少见。人的身高经常被认为是符合贝尔曲线的。但是实际上有很多人的身高不是太高就是太低，原因可能是激素分泌不正常，也可能是基因不正常。平均水平模型在很多情况下都不能用来描述"尾部事件"，当投资被过多地干预时，情况也是如此。不管对 1987 年 10 月的经济

---

① Ricardo 的主要竞争对手是 Baring 兄弟和 Rothschild 一行人。读者不用为 Rothschild 这些人抱不平。从 1814 年到 1828 年的 15 年里，他们通过投资 uU 事件使自己的资产翻了 8 倍，而 Baring 兄弟却在同一时期丢掉了很多财产。

危机有什么样的解释，它都不是由用于解释市场动态的普通因素导致的。[①]

更普遍的情况是，金融市场和一般投资行为似乎比布朗运动具有更多的"尾部事件"。这可能是因为基本的潜在因素能激发更多的"尾部事件"，也可能是因为很少发生的反常事件或奇怪的原因导致极端行为的出现，也有可能是两个因素同时作用的结果。uU模型和uUU模型更适用于第二种解释，虽然它对于两者都适用。[②]

15.1.5　互补技能和 uU 投资

很大比例的 uU 投资以及其中比例更大的一部分属于 uUU 范畴，它们使得互补技能能够获得丰厚的回报。比如说，近年来美国的很多富翁都是从房地产业发家的。那些知道在哪盖房子、怎么盖以及盖什么房子的人就能够赚到钱。房地产开发商能赚到钱是因为他们拥有互补技能以及对技能的综合运用。简单来说就是这些投资行为的回报是来自于某些稀有技能的综合运用以及对投资公司的明智选择。高科技领域的先驱们，如比尔·盖茨这个极端的例子，他们资产的倍增是对其科技领域洞察力和远见的回报。[③]

可惜的是，我们中很少有人拥有成为房地产开发商、风险投资者或者高科技开拓者的技能。但如果是要成为普通股票市场投资的成功者呢？这个目标的

---

① Hart 和 Tauman（2004）认为市场危机的发生可能只是单纯地与市场参与过程中信息的流动有关，在这个过程中没有新的信息出现。他们注意到 1987 年的危机——每天变化 20%——在没有重要新信息出现的情况下照样发生了，而且危机发生后经济市场也没有什么不好的事情发生。普通信息的流通导致的股市暴跌与任何传统的解释都不一样，因此它当然属于 UU 事件。

② Nassim Taleb 和 Benoit Mandelbrot 假定很多金融现象的分布都服从某个定律，这也意味着相关幅度不同变化的可能性只与它们发生的概率有关。因此，市场下跌 20% 对下跌 10% 与市场下跌 10% 对下跌 5% 是同样的效果（www.fooledbyrandomness.com/fortune.pdf）。功率分布是典型的厚尾现象。在经验研究中，经济学家经常假设与预测的偏离都服从正态分布。这使得计算变得相对容易些，但是证据表明尾部事件比正态分布显示的数目要多很多（Zeckhauster 和 Thompson，1970）。

③ 互补技能还能使那些钱不多的投资者获益。我的一个好朋友 Miriam Avins 搬到了巴尔的摩，因为以前的那所房子旁边破败得就要变成社区花园一样。他的新邻居脾气很暴躁。她（Miriam）知道怎么推进项目，而且她很珍惜房子可以带给她的未来价值。她的房子的价格在 3 年内翻了翻，而且她家里人也做得同样好。

实现所需要的互补技能是不同寻常的判断力。那些对投资和撤资时间点敏感的人就能获益，因为错误定价是有可能发生的。

巴菲特不同寻常的判断力更多地与一般的公司结合，例如石油生产商和软饮料生产公司。他简直就是处理日常任务的天才，例如：他擅长判断人的管理才能或者预测公司的发展。他通过预测公司发展前景来解决不可知事件。但他还有其他的优势。有很多投资机会自动找上门来是因为很多公司看重他的判断力、领悟力以及他的诚实，然后请他作出投资决策并参与董事会，也就是说，这些优势来自于他的互补技能，而非他的资本。而且通常他被以这些理由请过去的时候，都能享受到折扣价格。当他在一个公司投资太多的时候也会亏损，就像 2008 年秋对高盛银行和通用公司的投资，但他的损失会相对减轻一些，因为他拥有两个公司 10％ 的优先股，这都与他之前的投资决策所能赚的钱没有关系。那些能在股票市场投资中运用互补技能的人在有限竞争市场上通常也会占据有利地位。但如果当他们预测某项投资的收益很高但却缺乏胆量或资本的时候，这些技能也不会发挥作用。一般人应该吸取的教训就是：不要模仿巴菲特投资，这与不要模仿费德勒打网球是一样的道理。他们两个都拥有别人学不来的技能。如果你没有巴菲特所拥有的技能，那么你就只能是个大胆的拣股者。

另外，你还应该注意那些拥有互补技能的伟大投资者们是如何解释他们的成功的——巴菲特将他的成功归结于年报。任何给 MBA 上课的风险投资者，以及那些给我的学生上课的成功投资者们则将成功归结于行为金融学。[①] 几乎没有哪个投资于 uU 的成功得益于他们窃听到的秘密，就像电影《毕业生》里面会会悄悄给人暗示的 "塑料"。Mayer Amschel Rothschild 有五个 "孩子"，个个都很聪明、自律、忠诚，而且相互独立。当然 "孩子" 指的是互补技能。有了这些，就有了 uU 世界的投资奇迹，Rothschild 也就拥有了大量的财富。

[①] 他们在我哈佛的投资决策与行为金融学执行项目上发表了讲话。第一位是巴菲特在 20 世纪 80 年代的搭档 Charlie Munger。最近的两位是来自 GMO 的 Jeremy Grantham 和来自 Baupost 集团的 Seth Klarman。一些投资的高人的确有独门秘技，但他们从不示人。因此，Renaissance Technologies 套期保值基金所取得的难以置信的成功完全是依靠数学模型和计算机模型，除此以外别无他法。

在提出关于互补技能的定理之前我想提一个关于作决策的问题：你被邀请加入一个叫做 Tengion 公司的董事会。这个公司成立于 2003 年，致力于利用患者自身的细胞来开发人类组织和器官（生物组织和生物器官）。这项技术的目标是利用人体的再生功能，它有可能使器官出现问题的大人或小孩利用自身的细胞（同体细胞）重新长出那些坏掉的器官。

由于你之前没有听说过生物器官这个术语，所以这个情形对你来说毫无疑问地是属于 uU。你同意加入的一个主要好处是可以利用公司的内部人员和风险投资者这个平台来进行投资。那么你会怎样选择呢？

我遇到这样一个选择的问题是因为很多年前我与 Tengion 公司的总裁在另外一家公司成功地合作过。他是一个很正直也很有能力的人。我对这种 uU 情形很感兴趣，就选择了加入并且进行投资，因为我在相关的生物领域内也会对这种情况下的公司进行风险投资，这些公司都有成功的记录，而且还有专业技术。他们会承担我个人力所不及的那些责任。这种投资机会一般人是没有的。况且我能够从风险投资的互补技能上获益。

15.1.6　跨斗投资

这些企业就是"跨斗投资"：投资者坐在一辆由大马力机动车拉着的三轮里。"跨斗投资"首次对普通人开放可能是多年前的伯克希尔·哈撒韦公司。人们可以跟着巴菲特一起投资，然后对于他提供的服务支付一点费用。（近年来他的收入（每股价格）已经达到 10 万美元，没有奖金也没有期权）。但是在 20 世纪 60 年代那个时候有谁知道巴菲特这个人呢？又有谁料到他日后会成为投资界的大师，而那时的收入又那么少。那时认识巴菲特且看到了他非凡投资才能的人在 uU 情形中就处于有利地位。

定理 A：拥有互补技能的人从 uU 投资中能够获得超额利润。有机会的时候就要跟着这些人一起投资。

你有勇气运用定理 A 吗？在 2006 年的 1 月，假设你是一个西方投资者，正在决定是否要向俄罗斯天然气工业股份有限公司（Gazprom）投资，这家公司在那时是国有的天然气领域的巨头。俄罗斯政府正在想办法吸引来自西方金融机构的投资。股票被作为美国储蓄证券（ADR）出售，然后很快就被列为场外柜台交易。公司的盈利极大，而且其天然气的价格远低于世界平均价格。从积极方面看，大家都知道俄罗斯政府的很多精英都是投资者，而且它在各个领域都在大幅提价。

这很明显是"无知情况"，或者也可以被叫做 uU。世界的未来状态是未知的。现任政府以后会继续当政吗？它会把俄罗斯天然气工业股份有限公司变成政府吸引西方投资的例子吗？如果会的话，它会把同样的政策运用到其他公司吗？它是作为外交政策的一种手段来提价的吗？它会引起世界范围内天然气价格上涨吗？它会信守承诺完成向欧洲输送天然气的管道工程吗？还有什么问题你没有想到？哪些答案会明显地影响你的投资收益？当然你还得确定作为公司股东的西方投资者有没有明显的劣势，例如特定的税收或者次级投票权。最后，如果在考虑到上述这些问题的情况下你的投资仍能获利，此时你应该向俄罗斯政府打听一下什么时候改变公司外部人员的投资环境，还要弄清楚一旦环境改变你是否处于不利地位。

你永远不可能从 Gazprom 公司的投资案例中得到关于不可知事件情况的足够信息。继续讨论下去的主要问题可能是推论 1 和定理 A 的运用。如果你能轻松地判断出俄罗斯的精英们是按照自己的意愿在投资而且政府不会歧视外国投资者或至少目前不会的话，你就作出了一个理智的"跨斗投资"。①

15.2　行为金融学和决策陷阱

近几十年来，行为决策学动摇了整个金融和经济界。行为决策学基本上说明了各个领域的人们作决策的状态与 Jimmie Savage（1954）和 Howard Raiffa（1968）所推崇的状态有偏差，他们两人是理性决策的典范。例如，这些偏离"轨道"的人们会被变成"提款机"。他们愿意花钱从赌博 A 中抽出身来加入

---

① 这项投资在 2006 年 1 月 6 日由沃顿商学院赞助的会议上被披露，当时本章作为会议论文参加讨论。当时股票价格是 33.6 美元，到 2008 年春天涨到了 60 美元，但是之后就随着俄罗斯油价和股票市场的下跌而不断下跌。

到赌博 B，然后当赌博 A 只把外形改变而实质未变并重新起名为 A 后，他们又愿意花钱从赌博 B 转到赌博 A。

这不是理性投资的做法，然而不幸的是，行为决策学有着很强的叙述有效性。行为决策学对 uU 情形的投资有着重要的启示。当考虑到自己的行为后，我们必须特别小心。不要陷入自己行为循环发生时所表现出来的偏见和决策陷阱中。一般在定义上，uU 情形也是指那些我们的经验不能发挥太大作用的领域。在 uU 情形中，我们不会遇到光靠直觉就能作判断的情形。

事实上在处理不可知情形时几乎我们所有人都会陷进那些重要的决策陷阱中。本节将讨论两个话题：过度自信和回忆偏见，然后我们把主要精力转移到第三个话题上：概率和收益中的误判的差别。但是决策陷阱太多了，其中的一些会在本文的后面部分讲到。由 Daniel Kahneman、Amos Tversky（后者被提名，但还未获奖就去世了）① 共同创作的诺贝尔奖获奖作品和 Charles Munger（巴菲特的合作伙伴）创作的《穷查理宝典》 （*Poor Charlie's Almanack*）分别展示了这种陷阱在学术领域和金融领域的讨论。

行为金融学理论至少有三个主要的缺陷：第一，在竞争市场上，它所描述的反常情形会被当做套利机会。第二，这些反常情形只出现在被精心设计过的情况下，它们就像视觉幻影一样，引人入胜但与日常事物没有关系。第三，这些情形确实描述了人们的行为，但却不是它们应该有的表现方式。第一个缺陷与我们所要讨论的内容关系不大，竞争市场和套利行为在很多 uU 情形中都不会出现，特别是在那些我们感兴趣的情形里。第二个缺陷相对来说也不太重要，因为其实 uU 情形就是那些由视觉幻影主导的世界。uU 世界不是游乐园。第三个缺陷我会在下面部分重点讨论。这一部分是为了帮助人们在投资时作出理智决策。

让我们先来看一下偏见问题。

15.2.1 过度自信

当个人在评估自己不太懂的内容有多少时，大多数人都对自己知道的知识

---

① 参见 nobelprize. org/ nobel _ prizes/ economics/ laureates/ 2002/ public. html。

过度地自信（Alpert 和 Raiffa，1982）。就这一点而言，附录 A 可用于让你自己测试能力。在 8 个未知内容中，例如芬兰那一块，你被要求首先提供自己的中间估计值，然后提供 1∕4 和 3∕4 处的百分率估计值，之后就是 1% 和 99% 处的百分率估计值，这些都被称做是"惊喜点"。理论上，一个人有 2% 的可能估计到自己"惊喜点"之外的内容。而实际上，即使是在被警告过的情况下，人们认为这个数值差不多能够达到 35%。[①] 一个简单的道理就是：人们认为自己对不可知情形的了解比实际情况要多得多。

推断 2：对自己的知识过度自信的人会掉入 uU 情形里没有收益的投资的陷阱。他们就像复杂生物金融系统中的绿色植物，另外，这个系统中住着几只狮子，像巴菲特这样的人，还有像你和我这样的羚羊，最后就是大片供我们食用的"绿草"。

15.2.2　回忆偏见

应对 uU 情形的第一个教训是你要了解自己。了解自己的一个好方法是回顾过去的成功和失败。然而，由于人们没有一个长期记录，因此自然就会进入对过去的假设：我真的会对发生的事件这样评判吗？我真的会作出有收益的投资决策而避开亏损的决策吗？我会把 2001 年新年那段时期的纳斯达克股票卖光吗？不幸的是，人类并不善于处理这类问题。他们被大量的回忆偏见误导了。[②]

通过分析《纽约时报》的文章我们追溯到了 2001 年 9 月 11 日，那时完全没有预料到美国会发生恐怖袭击；那很明显属于 uUU 事件。但这和 1 到 3 年后记者告诉我内容并不一样。人们被要求对美国发生大型恐怖袭击的可能性作一个现场评估，再对 2001 年 9 月 1 号袭击发生的可能性作一个估计，然后对这两个数据进行对比。超过 300 个哈佛大学法律系学生和肯尼迪学院的学生接受了调查，31% 认为现在发生的可能性小一些，而 26% 的人给出的这两个数

---

① 2001—2006 年的每年秋天从投资决策理论和行为金融理论中得出的近似平均值，以及政策制定的分析框架 API－302。前者是一个主持稿，后者是由 Richard Zeckhauser 在哈佛大学的肯尼迪学院讲授的。

② 参见 Gilbert 在 2006 年对合理性和可修正性问题作的深入讨论。

字相同。[①] 这让我们很难相信人们能够对过去发生的 uU 风险作出合理的估计。

15.2.3 被错误估计的概率和偏好

决策问题的两个重要组成部分是收益和概率。有效决策要求这两个数据都要准确。前景理论对行为决策理论的贡献最大也不会令人感到惊奇。前景理论发现一个人对收益性和可能性的处理一点都不理智。[②] 据我所知，没有其他理论对理性行为的预期效用损失研究能有更好的解释（然而一些强烈支持行为决策理论的人却认为被误导的是我们的标准。我们行为的指南是大脑感知结果的方式，而不是决策理论学家或经济学家所说的）。不管是否从前景理论或观察中找到了结论，人们似乎都没有从小概率事件中找到足够的差别。我们来看一下表15－2中所描述的实验，在实验中，人们被要求在A或B中作出选择。

表 15－2   **收益和概率**

	收益/美元	概率
A	2 000	0.01
B	1 000	0.025

理性的风险规避者应该都会选择B，因为它提供了更大的预期收益（25对20），却面临更小的风险。然而实验证明很多人都会选择A，因为行为决策理论认为人们对两个小概率事件的差别没有足够的区分。那我们来作进一步的推断，如果把阿姆斯特朗或者蓝鸟队赢得世界职业棒球大赛也看做偶然性或者特例的话，那么选择A的人数就会更多。当然也会考虑到偶然性，因为只有这样它们发生的概率才能和上面的例子相匹配。

这个假设的实验为另一个有关 uU 事件的实验打下了基础。这一次实验中，奖金的数额完全符合 uU 事件发生的概率，而奖金数额必须要有一个确定的数字。[③] 因此，偶然性可能就是指 10 000 吨重的小行星过去在离地球 50 000

---

① 参见 Viscusi 和 Zeckhauser（2005）。

② Kahneman 和 Tvershy（1979）。

③ 这个例子运用了过去发生的事件，但事件的主题是未知的。由于未来收益会受到某种形式的歧视，因此例子中的收益是能够立即得到的。

英里的范围内运行，也可能是指超过 100 万只哺乳动物去年从坦桑尼亚迁徙到了肯尼亚。实验开始后，我们让随机抽取出来的人估计这些偶然事件发生的可能性。然后我们把问题中小行星的距离和哺乳动物的数量逐渐改变直到其概率变为 0.03。这样一来，如果 50 000 英里的距离得到的概率是 0.05，那我们就把距离调整为 40 000 英里，以此类推。

假设我们已经把小行星的距离和哺乳动物的数量调整到了使最终的概率为 0.03，现在我们让重新挑选出来的人在 C 和 D 之间作选择（见表 15－3）。事件 C 和 D 的收益应该分别与其发生的概率相匹配。然而我们仍旧认为与选 A 或 B 的人数相比，更多的人都会选择 C 而不是 D，而这也正是动物迁徙偶然性的真实情形。[1]

表 15－3 　　　　　　　　**事件选择：收益和概率或者 uU 事件**

	收益/ 美元	偶然事件
C	2 000	在放有标注 1 到 100 的小球的容器中取到 17 号
D	1 000	10 000 吨重的小行星在距离地球 40 000 英里的范围里运行

这个问题更为复杂的一面是根据不同 uU 事件的偶然性来决定其收益。比如说，我们可能会通过改变迁徙动物的数量来使最后得到的概率为 0.01。表 15－4 描述了选择的结果。这时的收益就加倍以使得行星事件发生的概率是动物迁徙事件发生概率的 4 倍。我们可以再次假设更多的人会选择 E。[2] 人们不喜欢依据 uU 事件的偶然性来作决策，而根据概率的不同所作出的选择看上去不像人类的自然反应下所作选择。

---

[1] 　由于每个人对偶然性事件发生概率的估计各不相同，因此这个实验结果的得出是有缺陷的。一些人选 A 是因为它发生的概率大。理论上，在人们作出选择后可以问其对所选事件发生概率的估计值，然后只看那些估计数值比较小的人的答案。然而，一个人毫无疑问地会改变自己的期望概率值来使自己的选择显得更加理智。

[2] 　这个实验和 CD 事件选择的概率仅仅比数字概率稍微高一些，因为实验数据被重新调整以适合平均数值和个人选择的差异性。

表 15—4   运气选择：收益与 uU 事件

	收益/美元	偶然事件
E	2 000	调整跨过坦桑尼亚与肯尼亚边界的哺乳动物的数量
F	1 000	10 000 吨重的小行星在离地球 40 000 英里的范围内运行

Daniel Ellsberg（1961）早在提出 uU 事件之前就通过"五角大楼"文件让我们对"模糊性厌恶"保持警惕。在真实的实验中，实际上他展示了人们猜中硬币正面朝上的概率要大于猜中正面还是反面的概率，后者要更难猜一些。[①] 因此"模糊性厌恶"可能是指不确定性条件下对一般决策的推测性反应，因为通常情况下做实验的另一方知道的信息更多，例如卖出一种价值很难被评估的资产。[②] 不管对此有什么样的解释，Ellsberg 又作了进一步的讨论，看起来好像是事件发生的概率越不确定，厌恶度就越高。如果是这样的话，除了有主见的理性投资者外，uU 事件会吓跑其他所有投资者。到此为止，推断 1 就被解释清楚了。

15.3　金融和现金管理方面的数学专家

我认为金融领域的大部分财富是由那些可以有效处理未知事件和不可知事件的人创造的。这个推测在未来将得到更好的证实。考虑到大量受过教育的专家进入金融领域，那些在传统市场上通过投机倒把谋生的人正面临着来自特别聪明且消息灵通的专家的挑战。[③]

---

① 实际上，Ellsberg 的实验从一个容器中取出特定颜色的大理石，人们偏向于参与选中概率已知的实验，因此即使在不知道是哪边的情况下其也可以任意猜。

② Fox 和 Tversky（1995，585 页）发现"模糊性厌恶"是在有概率比较确定的事件存在或者知道更多信息的人存在时产生的，它在没有比较对象的情况中好像就消失了。当存在其他投资选择的时候，"模糊性厌恶"还与投资有关。

③ Paul Samuelson 对金融界的很多问题都感兴趣，他证明了这种挑战的存在。他注意到由前斯托尼布鲁克分校的数学教授 James Simons 发起的"复兴科技"可能是唯一在修正风险的基础上（在传统金融市场上）长期存在的显著力量。以上摘自 2006 年 7 月 15 号与 Paul Samuelson 的私人谈话。

相比之下，那些对未知事件作谨慎推断的人会得到足够的回报。这些推断可能包括未知领域的风险投资。这些推断可能把风险归入未知领域里。在未知领域里，金融专家的判断也不是完全正确的，或者他们也可能在一个熟悉的领域里走出一条全新的道路。[①] 有一个说法是如果擦皮鞋的男孩告诉了你股票、小道消息，那就说明你退出市场的时候到了。随着擦皮鞋男孩的离开和金融教授的大量涌入，新的明智之举可能是：

如果那些具有数学天赋的金融博士告诉你他和他的同伴已经被某领域聘用，那么这个领域里的超额收益很可能已经永远消失了。

相似地，一个领域越难投资，那么它与未知事件和不可知事件的联系越紧密，那些能妥善应对这些事件的人得到的收益就越高。不可知事件不能被转化为合理猜测，但一个人可以有自己的立场并且对自己的目标要求进行排列，这样的话未知事件和不可知事件大部分都是相关的。然后一个人还可以通过训练来避免自己的决策惯性，同时能还利用他人的决策惯性。

假设一个人愿意在自己有可能盈利的 uU 情形下投资，那么他应该在每个项目上投入多少呢？这个问题不同于通常的资产组合问题。它与"无知"有关，而且必须连续作出决策。数学奇才们已经在一些著作中讨论过这个问题，但经济学家对此却知之甚少，而这个问题在博彩界和数学界也被大量讨论。其中最有名的是 50 年前由 J. L. Kelly——美国电报电话公司的科学家发表的一篇文章。他的基本方程与 Claude Shannon 的信息理论有很大联系，这个方程可以计算你应该投入多少自己的资金到每个投资项目，盈利的概率和比率的概率是方程的两个参数。或许令人感到奇怪的是，未来投资机会的排列并不重要。

---

① 我见识过这样的道路，那是在 19 世纪 70 年代由我以前的商业合作伙伴 Victor Niederhoffer 找到的，那时他在日用品领域进行了风险投资。他的助手记录了每 15 分钟间隔的日用品价格，然后他利用一长列的 TRS－80 无线电广播室电脑对这些数据进行分析。他的这种创新性数据分析的灵感来自市场怎样运作的伴随理论，这种数据分析方法比专门的投资数据分析有更大的优势。Niederhoffer 沿着这条不寻常的道路继续走，在 1997 年的泰铢大幅度贬值中他输了自己的第一笔资金，现在正在把这笔钱给赚回来。来自 www.greenwichtime.com∕business∕scn-sa-black1jun18，0，3887361.story？page＝5&coll＝green-business-headlines。

所谓的凯利准则是指投资数目为 $W-(1-W)/R$，其中 W 是你赢的概率，R 是你赢钱时所赢得的数目与输钱时输掉的数目的比率。[1] 因此，如果你有 60% 的可能在公平的投资机会中盈利，那么你应该投入自己所有资金的 $0.6-(1-0.6)/1=0.2$，也就是 20%。

这说明了如果时间充裕，任何投资策略的价值最终都不及通过遵循凯利准则所得到的价值，凯利准则把投资组合的几何增长率最大化。这看起来可能太绝对了。但即使在最佳动态投资策略的数学领域里，假设所有的几率和概率都是已知的，我们还是会碰到 uU 情形。

Paul Samuelson 用一种幽默的语气抨击把凯利准则作为实际操作的指南这一说法。他的文章只用一个音节的单词。其摘要中写道："在 N 博弈中，那些把自己财富的对数变得尽量大的人（随着 N 增加，概率会变为 1）可以打败我这个只在风险承受限度内做投资的人。"[2] 简单地说，Samuelson 说明了凯利准则尽管在数学意义上是正确的，但却没有告诉我们当投资可获利时到底应该投资多少，因为该方程忽略了偏好性。

由于缺乏空间以及能力所限，我不能对连续投资问题展开叙述。但一些观察结果可能会有用：（1）大多数的 uU 投资在很长一段时间内都不能变现，而且这个时间会持续多久也不知道。今天投资赚到的钱在它们成为流动资产前不能用于再投资。（2）市场对流动资产的变现要收取大量的费用。[3]（3）理想的连续投资决策模型倾向于忽略真实世界里存在的挑战，比如一段时期里非流动

---

① www.investopedia.com/articles/trading/04/091504.asp. 在 一 个 有 趣 的 事 件 中，Elwyn Berlekamp 是伯克利大学著名的数学教授，也是凯利的实验助手，他利用不多的资金替 James Simons 作了很成功的投资决策。

② Samuelson, P. A.（1979）. Why we should not make mean log of wealth big though years to act are long. *Journal of Baking and Finance* 3, 305—07。

③ 例如，在房地产中，在未来几年内可以实现的有限合伙权益可能会被以低于预期价值 30% 的价格售出。这个显著的折扣反映了互补技能的必要性，拥有这些技能的人必须能够对特殊伙伴关系作出评价，并且要能将其出售。这些内容摘自与 Egger Dagbjartsson 在 2005 年 12 月的私人谈话。通过对 UU 情形进行有效评价、构建复杂金融合同以及与不同合作伙伴有效沟通，这家公司赚得了数目巨大的超额收入。在 Dagbjartsson 的公司里，作者是委托人，这段事业经历给了这篇论文创作灵感。

资产的不确定性。(4) 甚至对"菜鸟问题"文献里也有很多争论，例如对概率已知的事件立即投资的决心。总的来说，结论就是：(5) 在 uU 问题中，财务管理是很有挑战性的任务，即使对于那些赚钱机会很大的投资也是如此。当不可知事件发生时，就像 1987 年股票市场或者 1997 年亚洲金融危机里的"气穴股票"，不可预测的短期财务管理问题就会出现。例如，为了追加保证金而在市场上转移资金。这五点说明即使明白在一系列同时进行的能够获利的赌博中应该如何投资，在对 uU 情形进行投资时也没有多大用处，uU 情形的投资是更加困难的一项任务。

15.4　与另一方的人一起投资

金融界更加令人困惑的一个方面是国际货币市场的交易量。平均日交易量是 1.9 万亿美元，比美国一年的进口额稍微多一点。市场中肯定有套期保值的人，但是他们的交易量在存在复杂交易和收费高昂的交易人的情况下会减少很多倍。这和空中悬浮有着同样神奇的效果：所有的交易者都赚到了钱或者让他们自己以为赚到了钱。

现在我们来看一下宏观情形，你的对手有可能处于同样的情况中，但也可能没有。如果我们发现即使在只有风险和不确定性存在的情形中人们也会犯重大错误的话，我们就应该在确定处于 uU 情形时提高警惕性，至少这些人应该这么做。

15.4.1　Bazerman-Samuelson 案例和教训

假设你能百分百地确定某项资产对你的价值大于对其持有人的价值（前提是你很确信），而且多出的部分是 50%。假设她知道这项资产对她的真实价值在 0 到 100 的范围内，也就是说可能是 0 到 100 之间的任何数字。在一个由 Bazerman 与 Samuelson 共同设计的著名实验中（这个实验在下文简称为 BS），你可以独立投标。持有者如果能得到比自己所知价值更高的竞价的话，她就会接受你的竞标。那么你会怎样投标呢？

在教室里对实验对象做记录时，有代表性的竞价数字是 50 或 60，很少一部分人会说 20。学生的理由是资产对她而言的平均价值就是 50，因此提出的竞价是 75。他们的竞价利润空间相当大。假设你是竞标者，如果你出价 60，而她认为的价值超过 60 的话，就不会接受。这意味着她会接受竞标的情况可能会是 30，即 0 到 60 之间的中间值。而你的期望值应该是这个数字的 1.5 倍，即 45。那么如果你的竞价被接受的话，就会平均损失 15，即 60—45。这清楚地表明任何积极竞标的损失都是意料之中的事。这个故事的启示是即使实验对象是有决策分析能力并经历过多次实验的金融科班生，其在考虑分析交易另一方的决策时也是很差劲的。

一旦清楚细节后，从这个例子中得出错误结论的倾向也很明显。有些人总结出在只知道规律分布的情况下永远不要与知道资产真实价值的人做交易。实际上，BS 实验只是一个极端例子，几乎和视觉幻影差不多。你可能断定当你知道的信息很不准确而对方的信息很确切时，即使你占着绝对的优势也不要与其交易。

这样的结论是错误的。比方说，如果资产的真实价值均匀分布在 1 到 2 之间，然后你出价 2 的话就肯定会得到竞标，那么它的期望值应该是这个数字的 1.5 倍，即 2.25。前面的实验与这个例子的不同之处是这个例子中的信息差别很小。看到这里，想到在 100 到 101 之间均匀分布的概率，这几乎就不算区别（实际上，竞标 2 是概率在 1 到 2 之间均匀分布例子的理想状态，但是理想状态的竞标不应该被一般化）。

15.4.2 从其他事件中得出的推论

一般的经验是人们天生缺乏从"市场上交易者的行为是自愿的"这一事实中得出推论的能力。我们的本能和早些年的训练导致我们不会相信其他人，因为这些人与我们之间经常出现利益分歧。如果某人告诉你他的二手车很棒，此时你的怀疑态度和自己的感觉就很有帮助了。然而在研究推断怎样帮助人们作决定的实验中，Tversky 和 Kahneman 发现人们倾向于从理解自己不明白的情形中作推断。例如，即使一个人是站在我们这边，但我们对他的说法还是持怀疑态度。在考虑"跨斗投资"时，这种行为有很大的缺点，因为有些人确实拥有高于我们的"超能力"。考虑有相同利益的两个人处于相互对称的情形,他们对某项资产价值的先验分布也是相同的,而此项资产的价值取决于两个因素。这两个人都拥有关于资产价值的部分信息,而他们对已知信息的概率分布是相同的,因此他们的后验平均值和方差也是相同的。他们的目标是作出关于资产真实价值收益的决策。实验者要报出自己的最佳估计值,即平均值。在报出第一轮的估计值后,每个人会根据别人的结果重新调整自己的数据。如果一个人对自己的判断很坚定(怀疑),那么他重新调整数据的可能性就越小(大)。理论上,两种情况可能发生:(1)在第一次数据和第二次数据报出之前,中间有一半的时间里两个人的第二个数字差别都很大。(2)两个人第三次给出的数据应该是一样的。

实际上,除非参与实验的是 Robert Aumann[①](他在 1976 年写过的一篇叫做《同意分歧存在》的文章给了这个实验灵感)的学生,否则两个人的数据差别很大的情况一般不会出现,而且,在报出第三次数据时,他们的数据也不会很接近。

从这个故事得出的结论是我们既不相信同伴的信息,也深深怀疑自己的信息。同时,我们也缺乏对自己结论是否准确进行判断的能力。一个人应该学会发现信息分歧,这些分歧不经仔细寻找很难被发现。例如,一个卖家告诉你一项资产的价值,在你报出竞价之后他会选择接受或者拒绝(就像 BS 实验中那样)。这个时候你最好对资产可能的价值保持警惕,比如说,如果卖家接受竞标,那么他的资产到底值多少钱。

在金融领域,如果总是遇到对方信息比你多的人,这时你就要有自我保护意识。但是除非你有十分占优势的策略(即不管对方拥有什么样的信息,你的策略都占优势),否则最占优势的策略还是不投资。毕竟对方的信息可能刚好会使你损失一大笔钱。

这种悲惨的情形中有两个希望存在:第一,对方的信息把你逼上绝境的几率很小。第二,对手的策略完美无缺的几率也很小。毕竟,如果某种情形对你

---

①   Robert Aumann 与 Thomas Schelling 在 2005 年因为对博弈理论的贡献而获得诺贝尔经济学奖。

来说很难分析的话，那么对他来说也不会很容易。[①]

15.4.3　绝对优势和信息不对称

把这种情形分解为两部分是有好处的。第一，买家的绝对优势可能会使交易双方都获益。它代表了交易中的一般利得。就像上文描述过的那样，在很多金融情形中，买家的绝对优势来自他的互补技能。A 手头的闲置地皮对 B 来说可能更有价值。因此由于绝对优势的存在，如果 A 把这块地卖给 B 的话，双方都会受益。但是这种办法对有些情形并不适用，例如，A 预测英镑对美元的汇率会下跌，而 B 则认为会上涨。除非有信息不对称，否则这些情形中不存在绝对优势。

第二，如果交易双方都认识到了信息的不对称，那么只有信息更加灵通的一方才应该参与交易。从"既然你想做交易，那么你知道什么信息"中得出的正确推论是众所周知的"不交易"。理解这一点甚至会把普通人变为"计谋大师"。

定理 B：当信息不对称可能导致对手因为担心绝对优势而拒绝和你做交易时，你要找出对她来说很重要的领域里的绝对优势。你也可以找一下她的绝对优势，但大多数情况下她知道自己绝对优势的时间肯定比你早。

如果你是买家，那要当心了。被卖家发现的绝对优势可能根本不存在。例如，市场上的卖家很擅长向你解释你如何地有特质、这笔赔钱的买卖对你来说多么值得，还说这是甩卖的最后一天了，晚上他还得把钱上缴到他老婆那里去呢。不喜欢早上交通噪音的卖房人可能会含糊其辞地说他要搬到离他工作地点近些的地方，这看起来好像是绝对优势，因为交通噪音对你来说并不重要。旅游景区的商店经常会有"清仓甩卖"的活动。大多数这样的骗局都能成功是因为那些游客觉着自己得了大便宜。

---

① 考虑到不公平博弈的可能性，有时从别人的博弈来得出推论是危险的，特别是在不清楚别人偏好的情况下。伊拉克的大型杀伤性武器就是一个很好的例子。很多人相信此种武器不是因为伊拉克人聪明才造出来的，而是因为他们相信萨达姆可以通过巡视员的进入来保护自身及其政权，而那些巡视员其实并没有发现任何东西。

如果一个博弈论者写了一部音乐剧，这部剧可能会叫做"人类与玩偶"，它看起来就好像是一个描写三流赌徒的作品。"粗纱掷筛子赌博"游戏的监督人是 Nathan Detroit。他正在监督赌博场上的行为，并且让 Sky Masterson 对昨天的 Lindy 蛋糕促销活动下赌注，Nathan Detroit 之所以叫这个名字是因为他的相貌和赌博上的成功，而 Lindy 是当地一家有名的糕点店。Sky 拒绝下赌并且给 Nathan 讲了这样一个故事：

一天当我离开家要踏入社会时，爸爸把我拉到一边对我说："儿子，很抱歉不能给你一个更高的起点，我虽然不能给你很多钱，但却要给你一些忠告。在旅途中，如果有人向你展示他崭新的甲板，甲板的标签还未拆掉，那么这个人是在向你表示这艘船马上就可以出海，而他正向你投出'橄榄枝'。但是，儿子你要记住，千万不要接受，因为一旦你站到甲板上，你就要时时刻刻承担风险"。

至少在金融领域里，处理 uU 情形的一个关键要素就是评估别人可能知道或不知道的信息。你不可能拥有预测不可知事件的魔法，但你可以估计别人所处的情况。Sky 的爸爸从别人赌博的意愿中得出了推论。所以我们可以推测 Ricardo 并不是一名军事专家，而只是知道竞价人会很少，而市场收益会因为 uU 风险的存在而大打折扣。

15.4.4　竞争信息、不确定性和无知

假设你既不是巴菲特那样技术娴熟的投资者，也不是 Ricardo 那样脑子清醒的思考者，而只是一个可以时不时得到投资信息和机会的普通投资者。你的首要任务就是决定在哪个领域里投资。我们从未知概率开始讨论，见表15—5。

表 15—5　　　　　　　　　　**不确定性和不对称信息存在情况下的投资**

	其他人很容易估计	其他人很难估计
你很容易估计	复杂市场	他们是失败者
你很难估计	Sky Masterson 的爸爸， 你是失败者	巴菲特的再保险销售 加利福尼亚地震局

第一行相对比较简单，具体有两个原因：（1）你对其他投资者的情况会有一个合适的判断，就像一个房地产开发商在自己的市场上考虑交易的可能性。

这样的话，你就会对投资 B 还是 A 有一个合理的评估。（2）如果你想投资 B，那么就有盈利的机会。A 是典型的投资者较多的金融市场，在 A 市场上，人们认为价格相对来讲是公平的。

第二行要更有趣些，它引出了我们本章的主要内容。在 15.5 节，我们讨论巴菲特看到再保险的巨大商机，因为他知道自己处于 D 市场。他的保费非常高，而且他知道对方利用掌握的私人信息将局面翻转的机会几乎没有。C 市场包括这样一种情形：你掌握的信息很少，而别人也不会比你的多。成功应对这种难以估计概率的情形的关键是尽量知道对方是否比你有能力评估你们所处的形势。

保持对于对手信息比你多这一情况的警惕性，例如某个十分聪明的人向你提供太过有诱惑力的投资机会。事实也确实是这样，如果某个精于世故的人要和你做交易，而他又不知道你很难估计赚钱的概率这个情况，此时你就要保持警惕了。因为对方肯定有保护自己的秘密信息。这种情况下的可能损失非常大。

定理 C：如果交易双方都很难估计概率，那么就很容易估计对方对市场了解的程度了。

现在我们来看一下更极端的例子，即连世界状态都是未知的情形，全新科技领域里的天使投资是极端的例子，长期防范恐怖袭击的基础设施建设也是极端例子（见表 15—6）。

表 15—6　　　　　**无知和不对称信息存在情况下的投资**

	其他人知道	其他人不知道
你不知道	危险的投资环境	竞争程度不高
	"马后炮"式风险	"马后炮"式风险

在某些无知情形里，你可能坚信别人知道得不会比你多。这时你就处于 F 市场，大部分人都进不了 F 市场，里面有巴菲特等投资奇才的存在，而且去年 Rothschilds 家族也在 F 市场里获利颇丰。大多数投资者进不了 F 市场是因为他们总是在试图绕过 uU 情形，因为他们也可能处于 E 市场，即使很细致的评估表明处于 E 市场的可能性很小。除此之外，E 市场和 F 市场都存在"马后炮"式风险（MMQ）。一个人可能会因在无知情形投资后亏损而受罚，原因可能是作了出发点很好但结果却很糟糕的决策，也可能因为没有考虑对方知道的信息更多而实际并非如此的情况，或者是因为没有考虑到对方不会有更多

信息而实际并非如此的情况，但这种情况下的错误估计会被你的绝对优势所掩盖。这些指责是不应该存在的。但是因为实际遭受了重大损失而又缺乏信息，除了精于世故的人之外，这种投资在旁人看来显得很愚蠢。遭受过这些指责的投资者于是可能远远地避开这些投资机会。

我们带着这个知识点再来重新看一下俄罗斯天然气股份公司的案例。假设你是一名俄罗斯专家。毫无疑问，真正的俄罗斯专家比你知道的要多。这时你该怎么办呢？看起来最谨慎的做法首先是避免"马后炮"式风险。这种风险很可能会因为你拥有大量的不相关的专业知识而减少。但如果 MMQ 风险太大，那就要设法彻底避免。如果不能避免，而俄罗斯内部人员又确实参与了投资，那就在 E 市场投资，而且是做"跨斗投资"。你拥有额外的优势，因为很少有西方人会这么做，而他们是你美国储蓄证券投资的主要竞争者。[①]

推断 3：考虑到信息不对称和缺乏竞争同时存在，uU 情形的投资潜力都比较高。

在 E 市场和 F 市场上，其他投资者会试图利用我们，如果喜欢的话，我们也可以反过来利用他们。大笔资金在这两种市场上转手。

一个关键问题是识别什么情况下你可能会是失败者。有时这很容易做到。如果某个石油商的油价很低的话，那他肯定会接到很多订单，这些订单无疑都是来自油价较高的商家。他们毕竟都是垄断商，而且价格几乎都要低于市场价。他们甚至都没有任何内部消息。但可以肯定的是这些人利用了消费者中冲动和没耐性的人，或者那些不懂本文所提到的概念的人。

如果你能估测到概率的话，做一个失败者可能会成为你的优势。每个人都很不愿意被别人背叛。当损失可能是由背叛者而不是无关要紧的因素造成时，人们对胜算的需求更大（Bohnet 和 Zeckhauser，2004）。考虑到这些情况，在背叛也是一种风险的时候，潜在的回报与理性分析得出的结果相比要高得多。

15.4.5 在交易对手被提前通知的 *UU* 情形里投资

虽然你可能会遭遇 uU 情形，交易对手们却可能会拥有更多的信息。通常

---

① 在 2006 年 1 月，Gazprom 在西方国家投资美国储蓄证券，但很快就转向了场外柜台交易股票。

你不会知道他们掌握的信息是否更多。赌徒们认为在一局游戏里，如果你不知道谁要输钱，那你肯定就是那个要输钱的人。但这不会自动适用于 uU 投资。第一，对方可能也不知道谁要输钱。例如，如果你要买下一座未完工的商城，可能的情况是开发商没有资金了，而不是他说的不想再做租赁。第二，你可能拥有互补技能，例如与沃尔玛之间良好的商业关系，这会使你具有多种绝对优势。

15.4.6　多样的绝对优势 vs. 方程的选择

我们先把风险规避问题和财务管理问题搁到一边。在 BS 实验之后，进一步假设你能够毫无疑问地决定是接受还是拒绝 1。资产对他的价值是未知的 v，对你的价值是 av，其中 a 代表你的绝对优势。你对 v 的主观先验预测概率分布为 $f(v)$。先验的平均值是 $m<1$。[①] 在分拆模型中，三个参数描述了这种情形：多样性优势 a，对方得到消息的概率 p，以及在对方掌握信息的情况下对你不利的选择因素 s。[②] 因此，如果对方有相关信息，那么只有当资产对他的价值低于卖价时才会出手，这时 s 就是可能实现的平均期望价值的一部分。当然，考虑到 uU 情形的特殊性，我们不知道 s 是多少，但你应该根据对这个参数的主观概率分布估计其平均值。

如果你知道 $p=0$，而对方的信息也不比你多，那么如果 $am>1$，你就可以投资。如果你知道还有其他选择，即 $p=1$ 时，那么如果当你比选择所获的报酬大时，也就是说 $ams>1$ 时，你同样可以投资。你所得回报的方程式为：

$$am\,[ps+(1-p)\,1] \tag{15-1}$$

定理 D：显著的绝对优势可以为选择风险提供保护措施。当你的优势乘数很大时就应该在 uU 情形里投资，除非对方提前知道的概率很大并且所预测的选择风险特别大。

根据定理 D，如果式（15-1）的值大于 1，那么你就应该投资。

在实际操作中，你还有其他选择 t。因此，s 会随着 t 的变化而变化，相应

[①]　m<1 这个条件很重要，否则如果买方不知情的话就会拒绝和你交易。

[②]　在医疗保险中，人们逐渐参加回报更大的医疗计划的这个过程叫做逆向选择。

的方程为 $s(t)$。[1] 含参数 t 的收益方程为：

$$am[ps(t) + (1-p)1] - t \qquad (15-2)$$

如果当 t 的值为 t^* 时收益为正，那么你就应该以价格 t^* 进行投资。

15.4.7　利用优势乘数 vs. 选择博弈

上面的方程在交易双方没有商谈的情况下为是否投资提供了依据。实际上，大多数重要的金融交易都会经过好几个回合的讨论。这些讨论并非无用功。有时它们会提供新的有用信息，例如会计报表、地质报告或者股东认证等。双方的发盘也会揭露出一些信息。交易双方都知道信息不对称的危害很大，正如那些机构问题一样。

大家都知道如果新披露的信息被证明是真实的，而且如果买家知道什么样的信息有用，那么通过公开的讨论，所有的信息都会被披露。[2] 假设一个价值为 1 到 100 之间任意值的资产案例。第一个卖家肯定会报价 100，这也意味着未报价的人中最高价格是 99，然后当有人报价 99 后，还会有人报更低的价格，直到最后会有人报出 2。

当买家处在 uU 情形中时，就不会参与公开讨论，因为他不知道关于资产的任何相关信息。买家会对只有自己知道的信息进行保密。他会提供指南：报出对自己有利的条件，隐藏对自己不利的条件。[3]

在有优势乘数和选择博弈存在的投资中，随着卖家解释她为什么没有秘密信息或者披露证明 m 和 a 已经包含足够大的信息，投资活动通常会继续进行。

---

[1]　令 $\underline{v}$ 为 x 与 v 的条件均值。若对于任意的 v，$\underline{v}/v=$ 正数 k，那么 s 的值将为常数。若 $f(v)$ 是齐次的，这种性质将成立。比如，$f(kv) = k_n f(v)$，又如，从 0 开始的均匀分布和三角分布。

[2]　参见 Grossman（1981）关于公开讨论的内容。如果信息的披露成本太高，那么不太有用的信息就不会被知道，有用的才会被挖掘出来（Zeckhauser 和 Marks，1996）。

[3]　可以肯定的是，精明的买家可以这样推论："考虑到未知信息的数量，卖家揭示的信息相对较少。因此，我认为有很多有用的信息"。当卖家披露的信息很少时，那么只有 m 值高的卖家才会交易。更加精明的买家会在卖家不知道的情况下得知范围。然后他会说："我得到了某个范围内的不利信息，除非你告诉我全部范围，否则这个消息会永远成为秘密。你如果掩盖信息，我也会知道。"没有任何信息的最精明买家也会说同样的话。狡猾的卖家也有应对措施，例如坚持说已经告诉了对方所有的信息，比如，通过第三方的证明，如果对方真的拿到了证据，那就再说出一部分信息，但不是全部，寄希望于以后不发生类似的情况。

然而有时信息少的一方会因为不知道自己缺失哪些消息而拒绝继续交易。当普通的价值信息出现不对称时，或者像在真正的 uU 情形中信息不对称被怀疑存在时，双方都失去了事先采取措施的机会。

15.4.8　类似 *UU* 博弈的拍卖

拍卖作为一个完整的体系发生了爆炸式增长，拍卖对象从通信频谱到公司债券，而在 2009 年，有毒资产也成为了拍卖对象。对拍卖的经济分析也随之得到了发展，即研究怎样引导拍卖发展以及怎样竞标。通常的拍卖形式是知道信息的卖家面对一群信息很少的买家。卖家的一般说明要包括所有可能影响买家出价的因素，例如石油租赁的地理信息或者古董的年代问题，这是为了消除买家对最后得标者的责骂。当竞标对象如石油租赁对所有买家的价值一样时，最后的赢家就会受到来自别家的责骂。出价高的卖家要注意一种情况：所有其他买家都认为不值那个价，因此，他过高地估计资产价格最后赢得了竞标，但却会遭到别人的责骂。

真实的拍卖往往更加复杂。有时甚至都不知道拍卖规则。一般都按照基本的拍卖规则进行，例如热门市场上的房屋拍卖或者破产公司的拍卖规则。[①] 赢家本来希望在第一轮竞标结束后就有结果，却被告知还有一轮或者得重新商议标底。

通常是竞标商品的拥有者制定拍卖规则。理论上，所有的潜在买家都坚持认为自己已经了解规则。然而实际上却并不是这样。PUR 净水器的制造商 Recovery Engineering 公司（简称"Recovery 公司"）在 1999 年被拍卖时，在没有任何人知道其拍卖规则的情况下完成了拍卖，摩根士丹利在其中代表的是卖方。最开始的拍卖是在 8 月的一个星期一举行。宝洁和吉列两大公司竞标，另外一个公司表示对拍卖有兴趣，却因资金问题放弃了。吉列公司的竞标价为每股 27 美元，宝洁的竞标价是每股 22 美元。投资银行告知宝洁公司必须大幅度提高价格。我们可以想象吉列公司并没有接到类似的告知，而是自己推测出

---

① 　参见 Subramanian 和 Zeckhauser（2005），他们把"协商拍卖"这条术语运用到了此过程中。

价格目前还算是高的。那次拍卖被安排在星期五下午。吉列公司的投资银行美林证券公司在星期五要求一系列调查信息的知情权，并且请求将拍卖日期推迟到星期一。美林公司得到了部分所要求知道的信息，而吉列公司有几个月的时间来提出要求，但拍卖日期只是推迟到了星期五下午 5 点。正式拍卖时，宝洁出价 34 美元，而美林公司却绝望地宣布与吉列公司失去了联系。双方有过简单的交涉，但并未真正联系上。结果宝洁公司的出价最高，赢得了竞标。这宗 3 亿美元的交易结束了。但是如果当时吉列在第二轮竞标中出价 33.5 美元的话，会不会有第三轮竞标呢？这就不得而知了。

Recovery 公司的董事会因不可知问题感到困惑：吉列公司到底发生了什么？一个可能的推测是吉列从第一轮的结果中推测并没有在星期一收到出价低于其他竞标者的消息。它只是在等待第二轮的结果，然后会报出一个高于结果两美元的价格，而不是当时的 5 美元。[①] 吉列再也没有回到本次拍卖交易中。几天后 Recovery 公司了解到吉列公司遇到了资金问题，但当时并不知道。我们可以推测，在第一轮竞标结束后，吉列公司认为目前不是收购一家新公司的好时机。简单来说，这个就是规则不可知，策略不可知情况下的投资。[②] 当然这种情况并不常见。

2005 年末，花旗银行出资 30 亿美元收购了广东发展银行 85％的股份，广东发展银行是国有企业，却因资金问题被收购。就像《纽约时报》报道的那样，花旗银行"赢得了与广东发展银行协商收购问题的权力"。如果成功，它赢得的控制权可以使花旗银行改变广东发展银行的某些管理制度并对其未来的发展有一定的控制权……广东发展银行是大型银行中资金问题较严重的一家……几乎被坏账拖垮。[③] 花旗银行投资的是 uU 情形，它不仅知道拍卖的规则，

---

① Recovery 公司在与宝洁交易的过程中通过提出收取破产费激励新一轮的竞标，但是这项费用随着一个新买家支付的价格溢价而逐渐下降，直至变为 0。

② 当时 Recovery 公司的执行总裁 Brian Sullivan 在 2006 年 1 月的一次私人谈话中向我透漏了相关细节。Zeckhauser 当时出现在 Recovery 的董事会上是因为其具有"跨斗"特权，他是 Sullivan 的老师并为其找到了在 Recovery 工作的职位。

③ 2005 年 12 月 31 日，纽约时报，B1 和 B4。花旗银行与中国的几家国有银行都是合作伙伴，但这些银行对花旗来说更大的价值可以提供政治保护，而非价值信息来源。

还知道赢得拍卖之后的好处尚不明确。但它可能很确信的是别的银行没有得到比它更多的信息，而且也假设广东发展银行本身和政府（拍卖必须经过政府的同意）都不知道破产的银行到底价值多少，而政府和银行都很希望能限制外来控制权。"如果其他人都不掏钱，那么冲动购买就可能会获得巨大的价值"。

15.4.9 高、低收益的理想投资

在很多 uU 情形中，事件本身就与以后的收益水平相关，例如，一家技术供应方能否取得突破性进展或提供新的技术产品很难预见。这种问题在投资交易中的常见解决方法是提供由实际发生的事情决定的收益概率分布，这些事情大部分都与财务有关。这看起来把事情简化了，但就是在这样被简化了的投资情形中，精明的投资者也会时常感到困惑。

例如，在高科技领域的风险投资中，如果企业破产了，提供资金的公司要求全部资产的所有权也是不常见的。相似地，那些刚起步的公司如果表现不好，就会收到强行批准的融资要求，这些融资要求使得关于公司所有权的风险投资快速地发展。理论上，这些行为是公司经理工作的良好动力。而在实际中，经理的动力本来就够强了。未能盈利的典型风险投资管理造成了严重的后果，并且扭曲了其所谓的动力。例如，在实现退出后，其对经理们的"赌博行为"予以奖励。风险投资更严重的后果是大幅度增加了它们在公司所占的股份，而实际上公司并不值那么多钱。如果管理条例规定若投资结果不好就放弃所有权股份，而若公司经营业绩不错就增加所有权股份，这样的话风险投资可能会做得更好。

定理 E：在 uU 情形中，即使是技术娴熟的投资者也要权衡资产价值的变动性有多大。其目标是当资产价值升高时得到较高的收益。

毫无疑问，Ricardo 在购买"滑铁卢债券"时也考虑了定理 E。他知道如果惠灵顿获胜而且其债券升值的话，从英镑升值中赚的钱就会多于债券贬值后输的钱。

15.4.10 一个 uU 投资问题

现在要作一个更艰难的决定。阅读样本 15－1，它是一个油井投资机会的说明。你从来没有听说过大卫石油公司，而这封信又来得很突然，并且没有信

头。经过打听，你发现这家公司以前的东家是著名的石油公司 Marvin Davis，最近破产了。你收到了这封信是因为大卫公司从一个好朋友并且也是邀请你加入勘探的石油商那里买入了石油的勘探权。[①] 在法律程序上，Davis 公司有义务给你发出这封信。在继续读下去之前你先决定是投资还是坐等收取佣金。

样本 15—1

2005 年 9 月 19 日

开采权所有者：Richard Zeckhauser

回复：很好的建议

　　　　大卫石油公司

　　　　Devlin ♯1-12

　　　　俄克拉荷马州，沃希托河郡，12-T8N-R19W

先生们，

　　大卫石油公司（简称"大卫"）建议开采位于俄克拉荷马州，沃希托河郡 12-T8N-R19W 的一块油田，油田地表的位置是 FNL660ʹ，FWL1980ʹ，井底位置是 FNL1650ʹ，FWL990ʹ。供您参考的附件是我们的 AFE，显示出干井成本估计为 6 869 100 美元，完全成本估计为 2 745 400 美元。根据 2001 年 3 月 29 号签发的 450325 号，CauseCD200100725-T 号协议的相关条例，作为油田开发商，大卫诚挚地要求您从以下的两个选择中选出一个：

　　1. 参与油田的钻孔和竣工，然后通过 450325 号协议根据您的投资所占的成本比例参与最后的利益分红。

　　2. 放弃投资，选择把您的权益按 75％ 的净会计收入转让给大卫公司。

　　根据 450325 号协议的相关条例，自收到这封通知起的 15 日内请您按上述要求作出选择。若 15 日后仍未作出回复，我们将默认您选择了第二

---

　　① 那个人是 Malcolm Brachman，西北石油公司的总裁，也是你的桥牌牌友以及好朋友。不幸的是，Maicolm 在这期间去世了，这样一来的结果就是他不能给你提供建议了。

条，进而会按第二条的规定处理。请填写完下表后，寄给我公司一份复印件。本通知不会再另外重复发出。如果您有任何问题，请与我联系，电话(713) 439-6750，或者 Bill Jaqua，电话（405）329-0779。

大卫石油公司
Alan Martinkewiz
Landman

您的选择是＿＿＿＿＿＿号，日期：＿＿＿＿＿＿

姓名：＿＿＿＿＿＿＿＿＿＿＿

头衔：＿＿＿＿＿＿＿＿＿＿＿

公司：＿＿＿＿＿＿＿＿＿＿＿

以下是作者的分析和选择。他最先估计了一下情形。大卫公司不能将他排除出局，但也很明显地不是真心希望他投资。那封信实际上没有提供任何信息，甚至都没有信头，我们可以推测这是大卫公司不想让他投资的表现。大卫公司显然在是否开采油田的决策上下了很大工夫，最后决定投资。它一定认为油田的前景很好，而你作为生意上密切的合作伙伴应该会选择投资。

有了这些信息后，他向 Bill Jaqua——信中提到的一个联系人，询问了这口井的情况。经询问后得知这口井纯粹只是盲目的挖掘，没办法估计其成功出油的概率。之后就进行了一些地质上的勘探讨论，在讨论时，他假装自己什么都了解。然后他询问这种类似的盲目挖掘在近几年成功出油的概率是多少，他得到的答案是 20％到 25％。然后他又问如果出油的话平均收益率是多少，这次的答案是 10％到 1％。除此之外，如果这口井成功出油了，那么那块地上的其他几口井也可以。现在投资的话就会得到以后公司合作者的身份，当然也可以预测到公司之后的收益是极其乐观的。这看起来是一项收益很高的投资，并且对之后可能成功开采的油井有"上行选择权"。最终的结果是 Jaqua 热情地说明了大卫公司很乐于向你购买股份并向你支付佣金，因此他们在这封没有任何信息的通知上都没有写信头（事实上佣金只是油井净收益的1%，这在信上并未提到，而投资的话你则可以拿到净收益的76%）。[①] 总体来说就是，投资情形的结构和大卫把戏的本质向你说明了这次投资的必要性。而这口井还未开始挖掘。

大卫公司也处于复杂的情况下。它不得不在不占优势的情况下邀请它不喜欢的合作者，而所有的工作则得由它来做。以往的情况是拥有信息优势的一方尽力装可怜甚至演得很惨来博得别家公司的同情，这次的情况可不一样。大卫公司试着在 uU 情形中玩把戏，从而阻止合作者的投资。

15.4.11 回顾竞标问题

你曾经被问及如何解决关于决策的问题。现在回忆一下，在过度自信的表上找到自己的位置。结果见脚注。[②] 你也被问到了一些关于投资的问题：Tengion、Gazprom 以及 Davis 公司。回忆一下然后重新考虑自己的选择，在作出这些选择时你是否遵循了相关的原则，然后评估 uU 投资中更一般的含义。本文虽然指出 uU 投资中的陷阱，但同时也对 uU 投资中的投资收益持乐观态度。我们希望这些内容能够给你带来启发，哪怕只是一点点的启发。

15.5　一些忠告：羊群效应（HERDING）、信息串联（CASCADES）及崩盘（MELTDOWNS）

理解 uU 世界就代表你盈利的机会很大，但同时也意味着你要提高警惕性。我们将会讨论其中的三种：羊群效应、信息串联及崩盘。

---

① 信中还未提到的是收益的24%归优先索偿，而如果你选择拿佣金的话，大卫公司就会得到本应属于你的75%的收益。

② (1) 173，710，(2) 2716，(3) 2，007，901，(4) 130，119，(5) 13，(6) 12，212，000，(7) $259B，(8) 13.45%，(9) 853，000。

15.5.1 羊群效应

动物们聚在一起是因为数量多时比较安全。投资者也是这样。互相模仿可以避开指责，但不能保护其免受资产减值带来的损失，不管是个人资产还是市场的整体资产。资产的减值一般包括两部分：信息涌动和厚尾分布。当信息从一个人传到另一个人并且最后一大群人都知道的时候，就称做发生了涌动。就像之前提过的一样，"厚尾现象"是指金融资产价格的实际波动比从小的波动预测出来的更大，有时候价格波动甚至大到使人无法相信。

15.5.2 信息串联

当一个人从其他人的行为信息中得出推论时，就称做发生了信息串联。因此，一个人的信息串联可以影响到另一个人。信息串联的危险之处在于一个人很难估计自己最后到底得到了多少信息。当实际得到的信息少于应得的信息时，资产价格就会偏离其应有的数字。这种情况也是 2008 年美国房地产价格出现暴跌的原因。每个家庭根据相关信息的指导买下一套看似划算的房子。基于此，花 30 万美元买下一套房子看起来是合理的，因为周围其他等值的房子已经卖到了 32 万美元。问题是所有其他的买房者也都是根据市场价作判断的。实际上，这里就发生了信息的羊群效应。每个人知道自己买的房子接近其正确价格后都很开心，也就是说房子以后要卖的话也可以按同样的价格卖出。但不幸的是，决定房子正确价格的基础太过"脆弱"。一个可能的情况是根据周围镇上的等值资产价格来定价，但这样做的结果也只是将信息羊群效应提高了一个层次。最后整个地区甚至整个国家都会发现房价在飞涨。

经济学家会说这样的市场上存在多样的平衡，有一个高价，就有另外一个低价。2007 年末的高价平衡能力被证明是不稳定的。一个中度的冲击就打破了高价平衡，资产价格迅速下降最后变成低价平衡。在 2007 年买房子的人都不会想到信息串联或者"尾部事件"。也就是说，他们没有想过当时的房价是以不可靠的信息为基础的，不管其上升还是下降，大的价格波动都很有可能发生。

在有些情况下，虽然金融系统里信息很充足，而且人们也会根据其他人的行为来及时调整自己的行为，但是很少有信息能被共享。考虑一个容纳 100 人的市场，每个人都拥有关于房价上涨还是下跌的信号，一个人有 70% 的可能得到房价下降的信号以及 30% 的可能得到房价上涨的信号，当市场人数增加时也是如此。人们按照顺序一个一个地决定是否买房，当一个人根据自己的信息判断出房价即将上涨时才会买房，尽管有一部分人是因为急需房子住才要买的。他们从别人的行为信息中作出推断。第一个人判断房价会上涨于是买了房。因第一个人是急需房子才买的，所以第二个人不能确定是否该买，因此第二个人的信息比第一个人的有价值。如果第二个人判断房价要跌，那他就不会买，然而他得到了上涨的信号，因此第二个人也买了房。第三个人得到了房价下跌的信号，但他想着 1 和 2 都买了房可能是因为得到了上涨的信号，因此第三个人的行为信号属于"少数服从多数"，这时房价就可能真的要上涨了。在这之后，不管得到的信号是什么，每个人都会买房。这就是我们说的信息串联。几乎可以肯定的是，单独从 100 个人那里得到的汇总信息会表明市场是下滑的，但是从第 1 到第 2 个人的信息串联却主导了整个市场。

15.5.3 崩盘

我们很容易从价格迅速上涨的市场上得出与资产真实价值偏离很远的价格。有人可能会这样说："在过去的 3 年里，价格几乎每年都上涨 8%，因此，我出的价格应该不仅只是房子租金的倍数（这是一个很普通的度量标准），还应该加上明年可能会上涨的部分。其他人也认为这样的房子卖 30 万美元算是比较合理的。因此房价就在'大家同意的情况下'定下来了。这样的说法可能是正确的，但它的理由基础太'脆弱'了。如果明年房价的上涨幅度不再是 8%，那么房价不仅会下跌，而是会彻底崩溃，因为高房价的基础只是人们"盲目的认同"。

在人们不向往的城市里就是另一番景象了，比如在印第安纳波利斯或者布法罗。房价在很长一段时间内都不会改变。它是房子租金的某个倍数，而且与未来的预期波动无关。也就是说市场上的信息很多，人们可以根据租房和买房哪个划算来作决定。

纳斯达克指数和加利福尼亚的房价具有指导意义。从 1995 年到 2000 年，纳斯达克的市值变为了原来的 6 倍多，并在 2000 年 3 月达到了顶峰。然后在一年内下跌了 60%。[①] 在 2007 年年中之前，加利福尼亚独立式住宅的平均价格在 8 年内变为原来的 3 倍，然后在 2007 年的后半年内又跌去了一半。[②]

在每个案例中，价格大幅下跌之前都经过了大幅的上涨。第一个案例中的投资者和第二个案例中的买房者都试着预测房价未来的走势。所有的市场参与者都在注视别人的行为，并且从他们的决策中得到安慰。随着价格的上涨，他们加入了"羊群"。一旦价格停止上涨，他们就按捺不住了，因为按预期的目前价值应该还是继续上涨的。这些参与者都是"厚尾事件"的受害者。于是崩盘就发生了。

定理 F：当信息的羊群效应可能发生时，一定要当心。如果信息是来自从过去对未来的推测，那就要加倍小心。

一些主要的市场参与者忽略了定理 F，于是使自己陷入了危险的境地。很多有名望的房地产投资公司损失了上亿美元。因为在买抵押证券时，它们加入了"羊群"的队伍。更令人惊奇的是，房利美和房地美这两家公司都因为没能仔细审视自己的市场而最终破产。

正如最近的一本写给商界和金融界总裁们看的书中第一章所写的那样，定理 F 说明高效的市场决策者必须到信息的来源地去找依据。也就是说要坚持不懈地找最原始的信息。这同时也说的是 Bill George 的故事，他是医疗器械巨头公司美敦力最新聘任的总裁，他亲自去操作室观看吓人的血管成形术中的导尿管实验。通过从源头着手，他发现公司的信息系统成功地掩盖了低质量的信息："人们不愿向上级传递不好的消息，而且工程师（或其他职位的人）还会否认某个问题的存在。"[③] 最后一句话点明了存在于近期房贷市场和金融机

---

① Yahoo Finance.

② California Association of Realtors, 2008.

③ 参见 Zeckhauser 和 Sandoski（2008）第 7 页到第 43 页。如果读者想要找到所有信息并避免羊群效应的话，这本书的第二讲（44 页到 72 页）也很有启发性。第二讲的题目是"让市场被野蛮人充斥"。其中心思想是"寻找并解决异议……（参与者）必须在辩论会上公开自己的观点……而且各种各样有根据的观点都有利于一个问题的解决，这样的话，人们就可以用新的眼光来看待问题"。

构的崩盘中的很多问题。

定理 G：当有证据表明市场的基础结构会发生显著变化时，一定要特别注意羊群效应，不管之前市场有多么稳定。

房屋抵押信贷市场在过去的几十年里都很稳定而且收益较好，但是它在过去的十年左右的时间里却经历了剧烈的变化。房屋抵押贷款最初来源于人们要向银行还款的义务，现在也进化出了很多衍生产品，很多的房贷抵押被打包到一起出售。这就大大减弱了银行保护人们资产安全的动力。同时也意味着没有人真正明白资产组合的风险特点。房屋抵押贷款市场第二个主要的变化就是房屋抵押贷款的首付极低，毫无疑问，它是在衍生产品的推动下发展起来的。确实，我们向前回顾到 2003 年，25％的新房按揭的首付款降到了 2％，甚至更低。[①]

投资公司经常警告我们市场过去的表现不一定能作为未来结果的指示。定理 G 告诉我们如果过去的基本假设被推翻了，那么过去的表现是完全不可靠的。当提到住房抵押贷款证券，以及定理 F 和定理 G 时，投资公司里的失败者就忘记了他们自己的警告。

在发出警告的同时，还要考虑一下统计推论的必然结果问题。在课堂上，我们习惯于从各种各样的实验中得出推论。因此，要决定一种降低胆固醇的新药投入市场后能否盈利，就应该做一个实验：把新药发给 100 个人，以前的药给另外 100 个人，然后观察哪个组在降低胆固醇方面的效果更好。这种独立实验模型可能不适用于金融市场。某一年的 100 家投资于住房抵押贷款证券的公司的表现和 100 次独立的实验完全不同。如果房地产市场上升，所有的公司都会赚钱，但是如果房地产市场下滑，所有的公司都会陷入困境。比起 100 个独立的观察实验来，某一年 100 个公司的表现更接近于一次观察。对冲基金宣称在价格经常波动的金融市场上有能力盈利，从 1987 年到 2007 年，它们的平均收益为 14％。但是直到 2008 年，对冲基金全年平均下降了 19.83％，这种说法才得到验证。[②]

---

① American Housing Survey for the United States：2007.

② 来自轩尼诗对冲基金指数的数据（参见 www.hennesseegroup.com/indices/index.html）。

15.6 巴菲特神话

我们以一个更欢快的故事结尾。下面的故事包括了对 uU 情形的恐惧（甚至那些技术娴熟的投资者也会如此）以及精明投资者利用这种情形的可能性。在 1996 年，我参加了国家经济研究局（简称"NBER"）关于保险的会议。一个主要的参与者是加利福尼亚地震局的顾问。他当时想要从纽约金融团体购买 10 亿美元的再保险，该保单在损失总额达到 50 亿美元后开始生效。地震当局出价是预估实际价值的 5 倍，但是没有人敢承保。因为当事人要求承保的条约中包含灾难性地震发生的可能性这条内部消息，而这是极不可能实现的。因此，这项投资的优势极大。实际上，受益方程中的 $a=5$，而 p 则接近于 0。定理 D 在这里得到了很好的应用，定理 D 衡量了绝对优势和信息劣势之间的相对力量。

我们将投资计划投入了实践，但最后却亏损了 9.999 亿美元。几天之后，我们了解到巴菲特飞到加利福尼亚买下了全部再保险金额。下面是他对此的解释。

……我们给加利福尼亚地震当局拟定了一份保险单，于 1997 年 4 月 1 日生效，与佛罗里达合约的可能损失相比，这一次是两倍多。我们将再一次承担风险。虽然这次的承保范围很大，但伯克希尔因大型灾难所致的"最糟情况"的税后损失可能不会超过 6 亿美元，而这只是我们账面价值的 3％，市场价值的 1.5％。想要了解这次情况的详细内容，请参看第 2 页的表格，并注意证券市场对我们收益的巨大影响。

——董事会主席致伯克希尔·哈撒韦（Berkshire Hathaway）股东的一封信，1996 年，www.ifa.com/Library/Buffet.html

对地震的再保险无疑是对未知事件的风险投资，但是它除了诱人的涨价趋势之外还有很多吸引人的特征。与大多数的保险不同，投保当事人对所承担的风险有内部消息的概率几乎为 0。因此，虽然巴菲特很注重财务管理，但他还是愿意承担百分之百的风险，而这是那些华尔街金融公司所避之不及的。那些但资产过亿的经济实体还没有准备好承担自己不能评估的风险。或许它们没有认识到其他人也没有内部消息这个事实，每个人盈利的可能性都是相同的。又或许它们是在担心"马后炮"式的风险。

阅读巴菲特评估 uU 情形中收益概率的方法也大有裨益，这个内容被收录在同一份年报中，具体内容如下：

那么我们在保险有效期内向投保人支付赔付款的真正概率有多大？我们不知道，也不认为计算机模型可以帮助我们计算其概率，因为我们不能要求计算机模型有很高的精确度。事实上，这种模型会使决策制定者出现证券投资的幻觉，因此也会使他们作出错误决策的几率大大增加。我们已经在保险业和投资业看到了类似损失的发生。见证过"保险组合"在 1987 年金融市场崩盘中的巨大作用的人会意识到计算机模型不应该用在这种情形中。

这段话基本上是巴菲特对华尔街公司说："就算你聘用 100 个聪明绝顶的博士来运行计算机模型，你也不会得到任何合理的估计概率。"竞争小、盈利机会大的 uU 情形确实存在。在这样的世界里，只有像巴菲特这样的人才能生存下去。

就像巴菲特已经在很多场合中提到的那样，一个亿万富翁在数学天才都害怕的市场中肯定会逃跑。2006 年的飓风满足了巴菲特非常想要的两个要求：高价和不愿参与的竞争者。因此他就投入了市场：纽约怡安（Aon）保险公司的经济人 Kevin Madden 说巴菲特的股价指数涨到了一年前的 20 多倍。在一些保险范围内，2006 年保险额达到了最大可支出的一半。2006 年 5 月 7 日，在一次采访中巴菲特说道："如果市场价格正确的话，我们的投资额比任何人都多……我们在一次投资中承担得起 60 亿美元的损失，但我希望这不会发生。"

通过思考"优势－选择问题"和观察巴菲特的投资方法我们至少可以学到两点。

定理 H：低估模糊问题是一种必须克服的天性，就像我们必须避免过度贪吃一样。

定理 I：不能因为你不知道风险存在而其他人知道就陷入启发式推理。要仔细思考对方知道的信息是否比你多。有时盈利机会很大，即使对方知道的信息可能比你多，也值得在未知情形上赌一把。

巴菲特在 2006 年又一次采取了大胆的行动。他宣布要捐出自己 85％的财产，即 374 亿美元，其中的 310 亿美元投到盖茨基金会。把钱放到盖茨基金会意味着这一部分将用于慈善事业。这个基金会是一家专注于医疗保险和教育的高效组织。该组织很快就被比尔·盖茨接手了，他敢于创新、有远见、意志坚定、互补技能很强，而且还拥有像在商界中一样有价值的从事慈善的能力。

15.7 结束语

这篇文章的推论多于结论，里面大多是故事性的叙述而非确切的数据。里面所提到的理论常常是假设且不确定的。但它试图回答的问题却很清楚：怎样在 uU 情形里理性投资？这个问题听起来几乎像是有矛盾的。但是对 uU 情形的认真思考可以大大改善 uU 事件可能发生的投资环境。这种思考包括对于影响投资收益的因素进行识别以及在类似环境中可能采取的措施。如果投资环境确实得到了改善，这种思考会带来实质性的收益。至少对金融决策来说，其收益可能远远大于普通环境中的投资，因为 uU 市场上的竞争小，而且资产价格可能远远偏离其真实价值。

在金融事务计划中，uU 事件到底有多重要？该问题本身也属于 uU 问题。但是如果我们只考虑那些主要影响个人投资者的因素，那么这个问题的维度要远远大于新闻报道所包含的内容。学会在 uU 情形中理性投资是保护自己不出现投资决策的重大失误并支持你不断成功的最佳途径。

参考文献

Alpert, M., and H. Raiffa（1982）. A progress report on the training of probability assessors. In Judgment Under Uncertainty: Heuristics and Biases. D. Kahneman, P. Slovic, and A. Tversky, eds., New York: Cambridge University Press, pp. 294—305.

Aumann, R. (1976) . Agreeing to disagree. *Annals of Statistics* 4, 1236—39.

Bazerman, M. , and W. Samuelson (1983) . I won the auction but don't want the prize. *Journal of Conflict Resolution* 27, 618—34.

Bohnet, I. , and R. Zeckhauser (2004) . Trust, risk and betrayal. *Journal of Economic Behavior and Organization* 55, 467—84.

Ellsberg, D. (1961) . Risk, ambiguity, and the savage axioms. *Quarterly Journal of Economics* 75: 643—69.

Fox C. , and A. Tversky (1995) . Ambiguity aversion and comparative ignorance. *Quarterly Journal of Economics* 110, 585—603.

Gilbert, D. (2006) . *Stumbling on Happiness.* New York: A. A. Knopf.

Gomory, R. (June 1995) . An assay on the known, the unknown and the unknowable. *Scientific American* 272, 120.

Grossman, S. J. (1981) . The informational role of warranties and private disclosure about product quality. *Journal of Law and Economics* 24, 461—83.

Hart, S. , and Y. Tauman (2004) . Market crashes without external shocks. *Journal of Business* 77, 1—8.

Kahneman, D. , and A. Tversky (1979) . Prospect theory: An analysis of decision under risk. *Econometrica* 47, 263—91.

Knight, F. (2001) . *Risk, Uncertainty and Profit.* Boston: Houghton Mifflin.

Munger, C. (2005) . *Poor Charlie's Almanack: The Wit and Wisdom of Charles Munger.* Order from www. poorcharliesalmanack. com/ index. html.

Raiffa, H. (1968) . *Decision Analysis.* Reading, MA: Addison-Wesley.

Samuelson, P. (1979) . Why we should not make mean log of wealth big though years to act are long. *Journal of Banking and Finance* 3, 305—07.

Savage, L. J. (1954) . *The Foundations of Statistics.* New York: Wiley.

Subramanian, G. , and R. Zeckhauser, (2005) . "Negotiauctions": Taking a hybrid approach to the sale of high value assets. *Negotiation* 8 (2), 4—6.

Tversky, A. , and D. Kahneman (1974) . Judgment under uncertainty: Heuristics and biases. *Science* 185, 1124—31.

U. S. Census Bureau, Current Housing Reports, Series Hi50/07, *American Housing Survey for the United States: 2007.* Washington, DC: U. S. Government Printing Office.

Viscusi, W. K. , and R. Zeckhauser (2005) . Recollection bias and the combat of terrorism. *Journal of Legal Studies* 34, 27—55.

Zeckhauser, B. , and A. Sandoski (2008) . *How the Wise Decide: The Lessons of 21 Extraordinary Leaders.* New York: Crown Business.

Zeckhauser, R. (2006) . Investing in the unknown and unknowable. *Capitalism and Society* 1 (2), Berkeley Electronic Press, www. bepress. com/ cas/ vol1/ iss2/ art5.

Zeckhauser, R. , and D. Marks (1996) . Signposting: The selective revelation of product information. In Wise Choices: Games, Decisions, and Negotiations. R. Zeckhauser, R. Keeney, and J. Sebenius, eds. , Boston: Harvard Business School Press, pp. 22—41.

Zeckhauser, R. , and M. Thompson (1970) . Linear regression with non-normal error terms. *Review of Economics and Statistics* 52, 280—86.

参与者及贡献者简介

Ashok Bardhan：加州大学伯克利分校商学院研究房地产和城市经济的资深专家。他拥有俄罗斯莫斯科大学的物理学和数学本科学位，印度新德里大学的国际关系硕士学位，以及加州大学伯克利分校的经济学博士学位。他工作经验丰富，主要在印度储蓄银行、孟买巴哈原子弹研究中心工作以及担任外贸顾问。他的最新研究是关于国际金融融合对房地产的影响，房地产经济和新兴经济体的房地产，商业外包和离岸研发，应对全球创新行为面临的困难，美国人才市场和外部冲击。与别人合著《加利福尼亚、美国以及其他地区的全球化和高科技经济》一书。此外，他还研究了互联网对房地产开发的影响。他最近的项目包括研究全球资本流动对美国利率、全球外包和城市群的影响。

Daniel Borge：风险管理顾问、奥纬咨询公司的顾问以及《关于风险》一书的作者。他是风险管理方面的资深专家，还是信孚银行的资深执行董事和公司策略制定者。在后一个领域里，他是风险调整资本回报率模型（简称"RAROC"）的发明者，RAROC 模型是在金融领域得到广泛应用的第一个风险管理系统模型。他和 Charles Sanford 合著了《风险管理革命》，此书在有关数学发展的专题研讨会上发表，共 60 页（美国数学学会，1997）；与 Eleanor Bloxham 合著了名为"企业风险管理：领导者现在需要知道的"一文，发表在 *Corporate Board Member* 上（2007 年 2 月 27 日）；他还独自创作了"风险管理与首席财务官：风险或机遇?"一文，发表在《企业财务评论》上（2006年 12 月合刊）。

Charles N. Bralver：塔夫茨大学弗莱彻学院国际商业中心执行董事。他还负责讲授国际商业项目的课程并管理新兴市场企业附属中心。以前，他是奥纬咨询公司的合伙人，负责欧洲区的运营管理，是欧洲区副总裁以及公司战略金融计划的制订者。在奥纬咨询公司任职期间，他为很多投资银行、商业银行、保险公司以及北美、欧洲和亚洲地区的私有证券公司制定了主要金融领域中的投资策略以及风险管理办法。他出版了很多刊物，其内容被包括《金融时报》、《经济学人》以及《新闻周刊》在内的很多出版物多次引用。他在研究经济和商业贸易方面的文章被出版在《应用企业金融杂志》上，而且成为很多商学院的教材的一部分。在担任奥纬咨询公司首席财务官期间，他发表了"首席财务官怎么样在角色与期望之间处理变化"（2006），这篇文章被奥纬咨询公司和雷诺士猎头公司合作出版。Bravler 活跃在很多企业以及教育机构和董事会中：他在 2007 年 8 月担任美国华平投资集团的高级顾问，还担任过奥维咨询公司高级顾问。他最近担任弗莱彻股东大会的督察员以及达特茅斯大学在国际事务投资中心股东大会的督察员。Bravler 先生拥有达特茅斯大学的历史和国际关系双学位，在该大学，他是一个 Rufus Choate 学者，还是弗莱彻学院的法学硕士。

Riccardo Colacito：在位于教堂山的北卡罗来纳大学的克南弗拉格勒商学院任金融助教。他主要专注于研究高频率数据的计量经济学、模型不确定性下货币当局的最优行为以及国际股票市场和美元市场之间的综合行为。他的研究成果发表在很多业内杂志上，包括《商业与经济统计》、《货币信用和银行业》。他取得了纽约大学的经济学博士学位，意大利博科尼大学的经济学本科学位和硕士学位。他还曾多次担任圣地亚哥加利福尼亚大学的访问学者。

Francis X. Diebold：Paul F. 和 Warren S. Miller 的经济学教授、金融和数据教授、宾夕法尼亚大学金融中心和沃顿商学院主任以及国际经济研究办事处研究助理。他在计量经济学、预测、金融和宏观经济学方面均有研究。他发表了大量文章，还在包括《计量经济学杂志》、《经济与统计评论》在内的很多杂志社担任主编。他是计量经济学会和美国统计学会院士，还是斯隆奖、古根海姆奖、洪保德奖的获得者。作为一个获奖常客和受欢迎的演讲者，Piebold 还在包括普林斯顿大学、芝加哥大学、剑桥大学以及纽约大学在内的很多学校主持过经济金融座谈会。Piebold 在商界和政界也很活跃，担任过很多金融公司、中心银行以及政策制定机构的董事会顾问。从 1986 年到 1989 年，他担任了华盛顿联邦储蓄制度管理委员会的沃尔克和格林斯潘的指定经济学家。他于 1981 年获得沃顿商学院的理工学士学位，而后在 1986 年获得宾夕法尼亚大学博士学位。

Neil A. Doherty：罗纳德 A. 罗森菲尔德教授以及沃顿商学院保险和风险管理教授。其专注的领域主要是公司风险管理，尤其是管理风险的金融策略。此类风险并不能使用传统方法以确保控制。他就这一领域出版了三本著作，并发表了数篇文章。这三本著作分别为：《企业风险管理》(1985)、《保险定价金融理论》(1987，与 S. D'Arcy 合著) 以及《综合风险管理》(2000)。他研究的另外一个领域是风险和信息经济学，发表了几篇关于逆向选择、信息价值以及信息不对称情况下的保险合约制定等方面的论文。他的论文被很多杂志转载，例如《风险和保险杂志》、《风险和不确定性杂志》、《政治经济学杂志》、《公共经济学杂志》、《经济季度评论》以及《金融杂志》。

Robert H. Edelstein：1985 年任职于加州伯克利分校，并活跃于房地产经济金融领域。他是一位杰出的研究者和作家，他的作品阐释了当今房地产业面临的主要问题。他写的关于房屋金融分析和房地产市场的文章频繁发表在著名的经济商业杂志上。他对房地产金融问题的研究先于美国国会。他提出了一系列新观点，并且为房地产市场和金融领域注入了强大的动力。他四处演讲，并担任政府机构和私人客户的顾问。他曾经是美国房地产和城市经济管理委员会主席及董事会成员。他最近在《房屋经济杂志》、《国际房地产评论》、《财产研究杂志》以及《房地产研究杂志》等刊物担任编辑，他还是亚洲房地产委员会的成员。此外，他还是好几家优秀公司董事会的成员。他拥有哈佛大学的经济学本科、硕士及博士学位。

Robert F. Engle：纽约大学斯特恩商学院 Michael·Aemellino 教授，以及加州大学圣迭戈分校经济系校长特聘教授。他是美国文学学院和科学学院、计量经济学会、美国统计局和美国金融研究会的会员。Engle 教授最近还应邀赴 Fisher-Schultz、William Phillips、Frank Paish 等地演讲。由于发明了以时变波动性分析时间序列的方法（简称"ARCH"），Engle 于 2003 年被授予诺贝尔经济学奖。除了 ARCH 之外，他的研究还阐述了一些现代计量经济学领域颇具影响力的概念，包括 GARCH 模型、共整合、弱外生性、带状普相回归、普通特点、自回归条件久期以及最新的 CAViar 模型等。在他的四部专著和上百篇学术期刊文章中，Engle 教授还把这些模型应用在证券、期权、通货以及利率问题的分析上。其最新研究还包括对经验市场宏观结构的调查报告。他还经常去金融机构做演讲并担任这些机构的顾问。他拥有康奈尔大学物理学硕士学位以及经济学博士学位，此外，他还是 Robert F. Engle 计量经济学委员会主任。在进入加州大学圣迭戈分校前，他是麻省理工大学的经济学助理教授。

Charles A. E. Goodhart：英帝国二等勋位爵士、英国不列颠学会会员、伦敦经济学院金融市场委员会成员、1987 年到 2004 年间任伦敦经济学院金融市场委员会副院长。从 1985 年开始直到 2002 年退休之前，查尔斯一直担任伦敦大学政治经济学院的银行金融 Norman Sosnow 教授。以前，他在英格兰银行担任了 17 年的货币咨询专家，然后在 1980 年成为首席顾问。在 1997 年到 2000 年 5 月这段时间里，他被任命为英格兰银行新货币委员会的外部独立成员。此前，他在剑桥大学和伦敦大学政治经济学院任教。除大量的文章外，他还出版了几本货币发展历史方面的专著，其中包括一本研究生教材：《资本、信息和不确定性》（1989 年第二版），两本货币政策方面论文的合集：《货币理论和实践》（1984）和《中央银行和金融系统》（1995），以及与金融市场、货币政策和历史相关的其他一些著作。闲暇时，他是一个牧羊人（但在这方面只会赔钱）。

Sir Clive W. J. Granger（1934—2009）：本书出版的时候他不幸去世了。他在很多领域都发表过自己的见解，包括统计与经济、预测学、金融学以及地理学。在过去的 30 多年里，他发明了理解事件序列数据特征的方法。在 20 世纪 60 年代，他在光谱分析领域的研究处于领先地位，光谱分析是一种把光分解为其组成部分的技术。在 20 世纪 70 年代，基于物理学领域的相关研究成果，他开始研究因果关系中的协整检验，这是一种当两个序列同时发生的时候识别"什么导致什么发生"的方法。这种检验方法现在已被应用经济学家广泛地运用。在 20 世纪 80 年代，他在共整合方面的研究也很领先，这是一种可以帮助我们理解几对经济变量之间长期相互关系的方法论，例如货币供应量与通货膨胀之间的关系。在他成果颇丰的几十年学术生涯里，Granger 获得了无数的奖项和荣誉。在 2003 年 1 月，他被称为美国经济学会"杰出研究员"，然后又在年底被授予诺贝尔经济学奖。他在 2005 年被封为骑士，随后成为剑桥三一学院的荣誉教师。他出版了 10 本著作并发表了超过 200 篇论文，还在全世界众多的学术会议上发表过演讲。Granger 于 1955 年毕业于诺丁汉大学，1959 年获得博士学位。然后在 1974 年进入加州大学圣迭戈分校，在他的帮助下，经济学院成为计量经济学领域里的世界顶尖研究中心。

Richard J. Herring：国际银行的 Jacob Safra 教授、宾夕法尼亚大学国际管理研究中心劳德学院主任和沃顿商学院研究中心主任。Herring 博士是金融制度和国际金融方面的专家，还是沃顿金融研究中心的创始人，在斯隆基金两笔巨额资产的捐赠下，沃顿金融研究中心建立了金融服务领域里的专门学术中心。Herring 博士为很多美国政府机构以及多边借贷关系提供过咨询。他是影子金融管理委员会的成员、两年一度跨国银行研讨会的联合主席以及瑞士达沃斯国际经济论坛的成员。最近他还成为了国际货币基金组织联合特遣小组、世界银行以及针对银行破产的巴塞尔金融稳定研究组织的成员。Herring 博士写的书和文章数量超过 75 篇/本，他最新出版的书名为《全球经济中的金融规则》（与布鲁金斯研究所的 Robert E. Litan 合著）。此外，他还是几家领先杂志的编辑以及《布鲁金斯—沃顿杂志》的合作编辑。在 1972 年进入沃顿学院之前，Herring 博士在普林斯顿大学任教。他 1968 年在奥柏林大学获得学士学位，1970 年在普林斯顿大学获得硕士学位，1973 年在普林斯顿大学获得博士学位。

Paul R. Kleindorfer：欧洲工商管理学院（位于法国巴黎的枫丹白露）杰出的研究教授和宾夕法尼亚大学沃顿商学院管理科学专业的 Anheuser-Busch 教授（荣誉退休教授）。Kleindorfer 博士 1961 年以优异的成绩毕业于美国海军学院（理学士）。1964 年到 1965 年依靠富布莱特奖学金在德国图宾根大学学习数学，然后在卡内基梅隆研究所攻读博士，并于 1970 年取得工业管理研究所的系统和交流科学博士学位。Kleindorfer 博士在很多大学和研究机构兼任了很多职务，例如，（1968 年到 1969 年）卡内基梅隆工业管理研究院、（1969 年到 1972 年）麻省理工学院、（1973 年到 2006 年）沃顿商学院以及（2006 年至今）欧洲工商管理学院。Kleindorfer 博士独立撰写或者与人合著了很多著作和论文，这些作品涉及决策科学、管理经济学以及风险管理等领域。

Donald L. Kohn：美国储备系统中的联邦储备委员会副主席。他于 1942 年 11 月出生于美国费城。他 1964 年获得了伍斯特大学经济学学士学位，1971 年获得密歇根大学的经济学博士学位。Kohn 博士是联邦储备系统的资深人员，在加入理事会以前，他于 2001 年到 2002 年期在货币政策委员会做顾问；于 1987 年到 2002 年在联邦开放市场委员会做秘书；于 1983 年到 1987 年在货币事务所担任主席一职；1983 年到 1987 年在货币金融政策研究所担任办公室副主任。此外，他还在理事会的研究统计局里担任了其他职务，例如，副董事（1975 年到 1978 年）、资本市场主席（1971 年到 1981 年）和经济学家（1975 年到 1978 年）。Kohn 博士的职业生涯起始是在卡萨斯州联邦储蓄银行任金融经济学家（1970 年到 1975 年）。他写了大量关于货币政策和联邦储蓄机构对这些政策的运用的论文年到。这些论文被各大机构大量发行，包括联邦储备系统、英格兰银行、澳大利亚储蓄银行、日本银行、韩国银行、经济研究国家总局和布鲁金斯学会。

Howard Kunrcuther：宾夕法尼亚大学沃顿商学院决策科学和公共政策 Cecilia Yen Koo 教授和沃顿风险管理与决策中心主任。他对社会公众怎样更好地处理发生概率小但影响大的科技性自然灾害事件有着持久的兴趣并在这一方面发表了大量论文。Kunrcuther 最近加入了（美国）全国科学研究委员会董事会放射性废弃物管理中心，成为（美国）全国科学研究委员会自然灾害董事会的一员，还是专门研究处理风险、弱点以及海洋性灾害实际成本的约翰·海因茨三世中心研究小组主任。他是风险研究委员会的杰出成员，并拿到了 2001 年的社会杰出成就奖。Kunrcuther 独立撰写或者与人合著了很多著作和论文，这些作品包括《灾难模型：解决危机的新方法》（与 Partricia Grossi 合著）、《沃顿决策方式》（与 Stephen Hoch 合著）。由于在保险行业的成就卓著，他被授予了赖特奖。

Andrew Kuritzkes：奥纬咨询公司总经理。他做过很多方面的顾问，例如，风险管理、规则的制定以及为美国、加拿大、英国、瑞士、德国、荷兰、中国香港和新加坡等国家和地区的金融机构和政策调整的组织性问题做顾问。他与很多组织在董事会和高级经理会议级别上有着广泛的合作。这些合作针对金融和风险管理方面的发展，具体包括风险评估和策略之间的关系、规则的影响、巴塞尔协议 II 的实施、积极的证券组合管理以及大规模抵押的发展历程等。Kuritzkes 先生在风险、金融结构和规则的制定方面有大量著述，也发表了很多演讲。他的文章出现在各大学术刊物上，包括《战略金融》、《风险》、《破产银行》、《银行战略》、《应用企业金融杂志》、《风险金融杂志》、《金融服务研究杂志》和《布鲁金斯－金融服务沃顿学报》。Kuritzkes 先生现任哈佛商学院的国际金融系统董事会顾问以及《风险金融》编辑。在加入奥纬咨询公司之前，他曾是纽约联邦储蓄银行的经济学家和律师。Kuritzkes 拥有哈佛法学院法理学博士学位，剑桥大学经济学本科学位以及耶鲁大学经济学硕士学位。

Robert H. Litzenberger：现任 Azimuth 资产管理有限责任公司的总裁。在这家公司，他管理精选基金。他曾在高盛投资银行任企业风险成本管理经理。他负责公司的发展、战略实施以及监管高盛公司全球风险管理系统，制定并监督风险极限以及与高盛的客户会面并对自己在高盛董事会上发现的问题作出综合评价。在此之前，Robert 是高盛固定收益部的衍生产品研究和质量模型主任。以前，他曾是美国国际集团金融产品公司的首席经济专家。他是《金融经济学的创立》（1988）一书的合著者，并且在金融学术前沿杂志发表了 50 多篇文章。从 1986 年开始，他就一直是宾夕法尼亚大学沃顿商学院的教师，在那里，他是投资银行方面的爱德华霍普金森主席，最近还成为了名誉教授。在加入沃顿商学院之前，他是斯坦福商业研究院杰出的 C. O. G. Miller 教授。他是美国金融学会的前主席。他拥有南卡罗来纳大学博士学位、宾夕法尼亚大学工商管理硕士学位以及瓦格纳大学学士学位。

Benoit B. Mandelbrot：耶鲁大学数学科学学院 Sterling 名誉教授和 IBM 公司 IBM 研究中心名誉雇员（物理学方面）。他是《Les Objets Fanctual, 1975，1984，1989，1995》一书的作者（该书被译为多种语言，包括巴斯克语、巴西语、保加利亚语、汉语、捷克语、意大利语、罗马尼亚语和西班牙语）。他还是《自然的不规则形状》一书的作者（1982）（该书被译为汉语、德语、日语、汉语、俄语以及西班牙语）。他的论文集包括 *Fractals and Scaling in Finance*：*Discontinuity*，*Concentration*，*Risk*（1997），*Fractals*，*hazard et finance*（1997），*Multifractals and 1/ f Noise*：*Wide-Affinity in Physics*（1999），*Gaussian Self-affinity and Fractals*：*Globality*，*The Earth*，*1/ f Noise and R/ S*（2002）以及 *Chaos and Fractals*：*the Mandelbrot Set and Beyond*（2004）。他与 M. L. Frame Fractals 一起合著了《制图学和数学教育》（2002）并与 R. L. Hudson 一起合著《市场行为：另一个视角看风险、失败和成功》（2004）。他是美国艺术与科学学会的成员、美国国家科学研究会的成员、美国哲学会的成员以及挪威科学研究会的外籍成员。他获得的奖项包括 1993 年伍尔夫物理学奖、2003 年日本科学技术奖、1985 年美国科学协会巴纳德胸章奖、1986 年费城富兰克林研究院永久服务奖、1988 年斯坦梅茨奖、1988 年 LV 科学艺术奖、1989 年海法以色列理工大学科学与技术哈维奖、1991 年内华达奖、1994 年本田奖、1996 年 Medaille de Vermeil de la Ville de Paris 奖、1999 年乔斯哥特奖、2000 年欧洲地理学会里维斯·理查德奖、2004

年金融时报奖、2005 年波兹南大学奥尔里奇奖、2005 年华沙大学 Waclaw Sierpinski 数学奖以及 Casimir Funk Award of PIASA 奖。他还因为在加利福尼亚科技研究所的杰出贡献而获得杰出服务奖，以及由 Alexander von Humboldt Stiftung 颁发的 Humboldt Preis 奖。

David M. Modest：摩根大通公司（简称"摩根公司"）的总经理。在摩根公司的财务部，他在质量导向的贸易战略领域里孜孜不倦地耕耘着。Modest 博士以理科学士的身份毕业于麻省理工大学，并取得经济学方向的博士学位。从麻省理工大学毕业后，在成为加州大学伯克利分校哈斯商学院的终身教师之前他已是哥伦比亚大学的教师。在加州大学伯克利分校，Modest 博士是金融部主席，并获得了哈斯商学院教学奖。Modest 博士还在斯坦福大学和麻省理工大学斯隆管理学院任教。他的全职教学生涯是以美国长期资本管理公司的创建者身份开始的，在这家公司，他负责公司相关资产证券的业务，包括担保、可转换性、个股投资期权逃离以及定量长/短期股票策略。在美国长期资本管理公司之后，Modest 博士以总经理的身份加入了摩根大通，在那里，他负责建立和监管业主资本结构逃离和长/短期资产贸易部。另外，他还积极致力于提高摩根公司的内部风险管理能力以及为各大机构和个人客户提供最先进的风险管理服务的能力。

Alexander Muermann：宾夕法尼亚大学沃顿商学院保险和风险管理方向助理教授。他拥有伯恩大学数学方向的理科硕士学位以及伦敦经济学院的经济学博士学位。除了目前的职位之外，他以前还是金融市场协会的研究助理和瑞士联合银行股份有限公司华宝证券的定量分析师。他的研究专注于经济学角度的风险配置和管理。其最新的研究项目包括可预测的后悔对作决策的影响，而这些决策是在不确定性和不完全合同、市场力、破产以及外部影响的环境中对风险配置的均衡分析下作出的。

Mark V. Pauly：宾夕法尼亚大学沃顿商学院 Bendheim 教授、副院长以及医疗体系部门主席。他讲授的课程包括医疗、公共政策和管理、保险和风险管理以及经济学。Pauly 博士以前在西南大学做了 16 年的教授。他还为很多机构做过顾问，包括：大纽约医院协会、城市研究所、各种医药公司以及国家经济研究协会。Pauly 博士出版的书有《工作对身体有益：从经济和政治的角度分析与职业相关的医疗保险》和《疫苗销售：经济学角度的批判性讨论和金融长期医疗：政府的角色是什么?》）。他最近发表的文章有《健康维护组织里免费医疗保险的结构性动机和所用的医疗技术》、《未来美国的医疗保健体系：谁来关心穷人和没买保险的人?》、《新医疗技术的引进对医疗保险的影响》。Pauly 博士拥有弗吉尼亚大学的经济学博士学位、特拉华州大学的硕士学位以及泽维尔大学的学士学位。

Til Schuermann：联邦储蓄银行纽约研究部主任。在那里，他专注于风险评估研究，金融机构管理以及资本市场。其最新课题包括整合风险管理和信用风险分散化。另外，他还是沃顿金融研究中心的斯隆研究成员以及哥伦比亚大学教师。在 2001 年 5 月加入纽约联邦储备银行前，他在奥纬咨询公司做了 5 年的主管和研究主席。1993 年到 1996 年期间，他在贝尔实验室研究统计和人工智能技术来建立坏账预测模型，还研发了基于风险的管理决策工具模型。Til 在很多刊物上都发表过文章，包括《金融经济》、《银行与金融》、《货币》、《银行和信用》、《金融服务研究》以及《风险》等。另外，他还出版了《计量经济学中模拟推论》。他于 1993 年取得了宾夕法尼亚大学经济学博士学位。

Kenneth E. Scott：斯坦福法学院高级研究专家、Ralph M. Parsons 法律教授和商业名誉教授。他是银行法、公司法以及资产法中公共政策方面的专家。其最新研究专注于与银行政策和储蓄保险改革有关的法律进程和政府政策进程。另外他还在研究如何把新的经济学观点引入到公司法和政府问题中。Scott 的主要研究领域是法律、公司规章、资产、银行业以及变化莫测的金融服务。他是纽约、加利福尼亚以及哥伦比亚州的律师协会成员。他还出版了两本著作：《公司法和资产规则中的经济学知识》（与 R. Posner 合著，1980 年由 Little, Brown 出版社出版）、《电子时代的零售银行业务：电子转账的法律和经济学知识》（与 W. Baxter 和 P. Cootner 合著，1977 年由 Allanheld, Osmun

出版社出版）。自 1994 年以来，他就是《金融家》编辑部的成员。从 1992 年到 2001 年，他还是《金融服务研究》的编辑。他在法律和金融方面是一个多产的学者。他目前是美国世纪共同基金会的董事会主席。他 1949 年拿到了威廉玛丽学院的经济学学士学位，在这期间，他是班里的毕业演说致辞者、美国优秀大学生全国荣誉组织的成员。他于 1953 年进入普林斯顿大学成为 Woodrow Wilson 教师，并拿到了政治科学硕士学位。1956 年，他以法学学士的身份毕业于斯坦福法学院。

Nassim Nicholas Taleb：曾在大型银行里担任高级职务，主要研究复杂衍生资产的交易和风险管理（包括瑞士信贷第一波士顿银行、瑞士联合银行、巴黎国民银行、信孚银行等其他银行）。他还在芝加哥证券交易所独立工作。他于 1998 年创立了安皮里卡资本公司，来避免极端事件对投资组合的损害。他最近成为了决策科学实验室主席以及伦敦商学院的访问学者。他是马萨诸塞州立大学不确定性科学学院的院长兼教授，并且在纽约大学 Courant 学院讲授衍生模型。他拥有沃顿商学院的管理硕士学位和巴黎大学博士学位。Taleb 有很多著述，包括：《大概率事件的影响》（2007 年由纽约 Random House 和 London 出版社出版）、《我们都被随机事件愚弄了》（2005 年由 Random House 出版社发行第二版）以及《动态对冲：管理 Vanilla 和 exotic 期权》（1997 年由 Wiley 出版社出版）。他的作品被翻译成了 23 种语言。

Richard J. Zeckauser：哈佛大学肯尼迪学院和政治经济学院 Fank Plumpton 教授。他的很多研究是度量民主、分散配置的概率。他在政治方面的很多研究是探索改善人类健康的方法、使市场变得更加有效以及通过个人和政府机构的共同努力来找到有效的合适方法。他从 2004 年和 2005 年的论文合集包括 *Social Comparisons in Ultimatum Bargaining*、*Scandinavian Journal of Economics*、*Racial Profiling*、*Racial Profiling*、*Philosophy and Public Affairs*、*Informationl Strategy and Regulatory Policy Making*、*Minnesota Law Review*、*How Individuals Assess and Value the Risks of Climate Change*、*Climatic Change*、*Eliciting Honest Feedback in Electronic*

Markets、*Management Science*、*Aggregation of Heterogeneous Time Preferences*、*Journal of Political Economics*。Zeckauser 的最新研究项目被应用到了药店定价、诈骗、名誉、坏人、社会政策的坏账、伊斯兰和其他西方国家的信任问题、信息经济学和意大利文艺复兴、谈判和拍卖以及公共部门和私人部门的合作项目等方面。